三木健

沖縄・八重山 五十年史

沖縄返還交渉から「オール沖縄」まで

不二出版

序文　この道はいつか来た道 ——南の島から見えるものは——

「船は、そのへさきが最も大きく揺れる。その最も揺れの大きいへさきに立って見るとき、船の安全も、行方もわかるという。もし、日本を船にたとえるとすれば、やはりその先端である辺境の揺れが、最も大きい。その最も揺れの大きい辺境に立って見るとき、日本の行く末を見通しうるのではないか——」

一九八〇（昭和五五）年に刊行した私の初めての単著『八重山近代民衆史』（三一書房刊）の「あとがき」の一節である。もっとも島に住んでいる私たち自身は、「島」を「辺境」と意識したこともなければ、それで卑屈になったこともない。これは己の位置する島社会を、俯瞰的に見ての話であるが、近年、自衛隊のいわゆる「南西シフト」を見るとき、半世紀も前に書いたこの一節が再び頭の中によみがえってきた。

私は一九四〇年二月の生まれだが、早生まれなため学年は一九三九年生と一緒であった。この年の七月には「白紙招集」と言われた国民徴用令が敷かれ、国民を紙一枚で重要産業の労働に駆り出すことが可能となり、翌年には大政翼賛会が発足、国民あげての戦争遂行体制が敷かれた。日独伊の三国同盟が締結され、中国大陸での戦争遂行体制に拍車がかかった。

こうした時代の流れに抗して、立憲民政党の斎藤隆夫が帝国議会の代表質問で政府の対中国政策を「ひとたび戦争が起きれば、徹頭徹尾力と力の対決であり、八紘一宇とか聖戦だのと言っても、空疎な偽善に過ぎない」と痛烈に批判した。斎藤の「反軍演説」として知られる有名な演説である。（奇しくもこの演説のあった二月二日は私の誕生日である）。ところが斎藤はこの演説で「聖戦を冒涜するもの」として、議会を除名処分される。誰の言い分が正しかったのか、それは後の歴史が証明している。

だが、斎藤演説の指摘は過去のことなのか。昨今の政府の一連の「南西シフト」をめぐる対応は、斎藤の反軍演説を想起させずにはおれない。「台湾有事」は「日本有事」とはやし立て、「九州疎開」だの「避難壕の設置」だのと危機感を煽り立てる昨今の風潮は、仕掛けられた危機感を煽り立て、逃げ惑う鶏を籠の中に追い込んでいく様子を想起させずにはおかない。

日本中どこもそうした危機感に煽られることなしに暮らしているのに、沖縄だけを避難壕だの、九州疎開だのとあおり立てている光景は、やはり異常と言わざるを得ない。与那国島の町長が追い詰められたように「一戦を交える覚悟が今こそ求められている」と東京で発言して物議をかもしたが、仕掛けられた状況とはいえ、指導者は危機感や「戦意高揚」を煽るのではなく、今こそ冷静な対応が求められている。

そうした中、二〇二四年八月一日に、私の故郷である石垣市の市民会館大ホールで「武力攻撃予測事態」を想定した説明会が開かれた。市民二〇〇人余りが参加し、市民五万人余を六日間で九州などへ一時避難させるための意見交換会である。市側は航空機や船舶について説明したが、参加者からは「避難と疎開はどう違うのか」とか、ろうあ者等の障碍者などへの対応など質問が相次いだという。市側の説明によると、一日の輸送人数は航空機で約一万四八五人、船舶で約四二九人。小学校単位で集合し、市が確保したバスで空港や港に向かう。市では避難に遅れた市民や、避難誘導のための市職員が市内にとどまることを想定し、駐車場を兼ねた二〇〇〇人規模のシェルターを設置するという。

翌八月二日には与那国町でも「台湾有事」を想定した国民保護計画にもとづく島外への住民避難について、町民との意見交換会が町の離島振興総合センターで行われた。前年の九月に行われてから二度目の会合であるが、住民三〇人ほどが参加したという。翌日の『八重山毎日新聞』の報道によれば、九州疎開で航空機一一便を飛ばし、町民全員を福岡に移動させるという。そのあと市民は、指定された地域へ移動する。故郷の電気、水道、ガスなど島内のライフラインは、すべて供給停止。家畜などは牧場へ放牧し、水飲み場などは今後検討するという。

この後、参加者との意見交換が行われたが、町民からは「島外ではなく、島の東側に避難場所を作るのが当然だと思う」とか、「島外へ避難しなければどうなるのか」などの質問が出された。説明に立った内閣官房参事官は「罰則はないがあくまでも法律上は義務だ」と説明したという。ライフラインのすべてが停止され、事実上は住めない状況となるのだ。

石垣市長は一日の説明会で「有事が迫っている時に残る人がいると、その人を守るために市職員も残らないといけない」と述べ、「全員移動が大原則だ」と述べたことについて琉球新報は八月四日の社説で、国民保護法では「自発的な意思にゆだねられるものであって、その要請に当たって強制にわたることがあってはならない」と明記されていることを挙げ「市職員の安全確保の問題を持ち出して計画に従わせようとするのは自治体の対応として問題が大きい」と指摘している。島を離れたくないという市民感情からすれば、当然なことである。

また、『琉球新報』は、二〇二四年八月一〇日の社説で「国民保護法の基づく避難実施要領を作成するなら全国一律の対応が求められるのが当然である。なぜ先島の避難のみ想定されなければならないのか」と疑問を投げかけているが、政府からそれに対する説明はない。

さらに住民を退去避難させて後の問題がある。二〇二四年八月六日に石垣市内で行われた北京工業大学講師の大城尚子さんが「軍用地に伴う土地収用問題」について行った講演会で、国民保護法で武力による紛争に際会すると土地や家屋がケースによって地権者・所有者の同意を得ずに国が使用できる点に注目し、「有事で先島諸島の住民が九州に疎開した後、収容された土地・家屋などが返還されない恐れもある」ことを指摘している。

それは国民保護法第八二条で土地等の使用と、第一一三条にある「応急公用負担等」では「有事」が起こると地主の同意がなくとも、強制的に土地の収容が可能ともとれる文脈になっているからだ。住民を一カ月以上も避難させている間に、土地が国に巻き上げられ、地主には戻らないという想定である。これと似たようなケースは、去る沖縄戦の時にもあり、石垣島のあらたな飛行場用地に農地を接収された農家が、戦後も長い間、その返還運動に悩まされた歴史を想起させる。

それにしても沖縄県内でこうした議論がされていることについて、多くの国民はどう見ているのか。時あたかもパリ・オリンピックの真っ最中で、メダルの行方に浮足立っている国民には、想像もつかないことだ。米兵による沖縄女性への性的暴行事件も絶えず、最近は犯人逮捕の事実さえも公表されなかった。外務省、警察がグルになって隠蔽されていた。二〇二四年六月の沖縄県議選への影響をおもんぱかっての隠蔽工作ではないのか、と勘ぐられるありさまである。戦後八〇年、こうした米軍基地をめぐる状況は、何も変わっていない。そうした状況下で、「台湾有事」は「日本有事」と結び付け、「南西シフト」をめぐる自衛隊の南西諸島への展開である。

二〇二四年六月に友人の慶事が台湾であり、久しぶりに台北を訪れたが、街行く市民は落ち着き、夕方ともなれば屋台で夕食をとる人たちでにぎわっていた。いつもながらの光景であるが、日本での「台湾有事」の風評が、どこかで誰かが作り上げ、日本の「南西シフト」に利用しているとしか思えない印象を抱いた。

話は飛ぶが、二〇二三年九月、石垣市内の住宅地で、戦時中に構築された自然壕を利用したトーチカが、ひょっこり姿を現わし、話題となったことがある。岩をくりぬいた壕の中から外が見られる銃眼がくりぬかれ、敵が上陸してくれば、その銃眼から鉄砲を撃つつくりである。地元の新聞に写真入りで報道され、町の話題になった。似たような銃眼を持つ岩窟は、島の東海岸にも見られる。しかしそれが街中で見つかるのは珍しい。せっかく出てきたのだから保存できないか、という市民の声もあったが、スーパーマーケットの建設予定地ということで、結局、記録保存して取り壊された。

この時期に戦時中の遺構が姿を見せたのは、偶然とは思えなかった。私には「みなさんはあの戦争のことを、もうお忘れですか」と、出現した岩窟が問いかけているように思えたものだ。石垣島には戦時中の避難洞窟や、日本軍の構築した戦争遺跡が、今も野山に残されている。しかし、地権者との絡みなどもあり、戦争遺跡として十分に活用されているとは言いがたい。それだけにこの岩窟を保存できれば、戦争など再びしてはならない、という警告の役割を果たしてくれたのでは、と思ったものである。

最近読んだ詩人・茨木のり子の詩の一節に「戦争の記憶が遠ざかるとき／戦争がまた／私たちに近づく」というのがあった。この詩は戦後二〇年たってから世に出たようだが、あれから数十年もたつ今読んでも、否、今だからこそ実感させるものがある。だから戦争を近づけないために「戦争の記憶」は、遠ざけてはならないのだ。

総理大臣まで務めた自民党の麻生太郎副総裁が、出張先の台湾で「戦争をする覚悟が求められている」と公言して、顰蹙を買った。先の与那国町長の発言もそれに呼応して「一戦を交える覚悟を」とのめりこんだ形となったが、今、政治家に求められるのは「戦争をする覚悟」ではなく「戦争をしない覚悟」である。その「覚悟」をもって、相手とひざ詰めの交渉をし「武器よさらば」に持ち込むことではないのか。

二〇二三年、政府や自治体が音頭をとって沖縄で進めた「島外疎開」だの「住民避難」など、どうみても「作られた有事」としか思えない。防衛省の軍事専門家たちが、シナリオを描いたものか。自衛隊の島々への駐屯に向けての

「地ならし」は明らかである。「南西シフト」で、奄美、沖縄本島、宮古、石垣、与那国と琉球弧の島々では、二〇一四年ごろから自衛隊の駐屯地建設が進み、ミサイルが配備され、緑豊かな島々の景観が一変した。

最西端の与那国などは、はじめは自衛隊の通信所という触れ込みで建設されたが、それが完成するや数年後に陸自の駐屯地へと変貌した。「通信所ならよかろう」その建設受け入れを表明した当時の与那国町長は、数年たって駐屯地に様変わりした姿に「そんなはずではなかった」と、悔しさを吐露していた。この与那国駐屯地のケースは、軍事施設は状況次第でいつでも変わり得る、という教訓のようなものだ。自衛隊の機能が、「盾の守り」から中国大陸への先制攻撃を可能とする「槍」へと変身したことを見せつけるようなものである。

しかし駐屯地は、敵対化する相手側からすれば、攻撃の的を作るようなものである。それゆえに配備が進み要塞化すればするほど、島々への攻撃対象は増し、島は「標的の島」と化す。沖縄県民は過去の戦争体験から、経験的にそのことを学んでいる。今ではその体験者も年々少なくなり、戦争記憶の継承が大きな課題となっている。沖縄戦の体験者や旧南洋群島など移住先での戦争体験を記録し、その遺産化がすすめられているのはそのためである。

戦後八〇年が経ち、戦争体験者は年々少なくなり、今や時間との闘いである。沖縄の新聞はその記録化のためにこれまでも多くの紙面を割き、その遺産化に努めてきた。あと数年もすればその戦争体験者もいなくなる。このため近年は戦争体験を持たない人たちが、体験者から聞いた話を伝えていく役割を担いつつある。島々の要塞化が進むにつれて、そうした危機意識が高揚していく半面、長いものには巻かれろと、あきらめムードも瀰漫してゆく。じっとそれを待つ為政者たち。島々の行く手にあるのは、何なのか。

二〇二二年にロシアのウクライナ侵略やイスラエルのパレスチナ・ガザへの侵略などが勃発、戦争の映像がテレビで日常的に放映される日が続く。その激しい地上戦の様子は、沖縄戦の体験とも重なり、重苦しい記憶をよみがえらせる。第二次世界大戦後の東西冷戦の幕引きを果した旧ソ連邦最後の大統領ミハエル・ゴルバチョフは「戦争は政治の敗北である」という箴言を残している。現今の世界情勢は、このゴルバチョフの言うとおりである。ロシア軍の戦車が隊列を作り、北のベラルーシ側からウクライナに初めて侵攻した二日後に、ゴルバチョフは侵攻の事実を知り、直ちに止めるようプーチン政府に忠告したが、その声は届かなかった。そして侵略は「政治」の敗北へと進んでいく。

私はゴルバチョフが二〇〇一年に、初めて沖縄を訪れた時のことを思い出す。同氏が沖縄に来たがっているという情報をいち早くキャッチし、私の勤務していた琉球新報社が那覇市とタイアップして、同市の市政八〇年記念講演を企画した。当時、私は事業担当役員でもあったので、ゴルバチョフ財団との交渉役を担ったが、初めて那覇市民会館でゴルバチョフを迎えたとき、その笑顔がとても素敵であった。大勢が詰めかけた那覇市民会館での講演を聞きながら「東西冷戦の時代は終わったのだ」と改めて実感した。そして沖縄の米軍基地の撤去につながることを期待した。

話は戻るが東西冷戦に終止符を打った一九八九年、地中海のマルタ島での会談に臨んだ当時のアメリカの大統領ジョージ・H・W・ブッシュは、ゴルバチョフの笑顔に接し「この人なら信用できる」という確信を得て、戦後四四年にわたる長い冷戦を終わらせるサインをしたという逸話を、後で知った。まさにその時「政治」が戦争に勝ったのである。

当時、私は編集局の論説も担当しており「東西冷戦崩壊の恩恵を沖縄にも及ぼせ」と社説に書き、米軍基地の撤去を期待したものだ。残念ながら極東は遠く、冷戦崩壊の恩恵を受けることはなかった。そのころから中国が巨大な軍事力を背景に台頭し、極東・アジアの情勢は混迷を深めてきた。二〇二二年にはロシアが、ウクライナに軍事侵攻し、双方の応戦で戦争は一層混迷している。三年目に入った二〇二四年になっても、停戦の見通しは立っていない

（二〇二四年九月現在）。

その戦争も収束しないうちに、今度はイスラエル軍が隣接のガザに人質となった自国民の奪還とイスラム原理主義的組織ハマスの掃討を目指して侵攻し、多くのパレスチナ住民を巻き添えにした。狭い地域での戦闘は幼い子供たちまで巻き込み、ここでも「宗教」が前面にはびこり、「政治」は敗北したままである。同地での戦争は軍民混在の沖縄戦の光景とも重なり、暗澹たる思いである。

石垣島で私が生まれたのは一九四〇年二月であるから、ちょうど太平洋戦争の始まるときである。まさに戦時色が島を覆いつくしていた時でもある。いよいよ米英軍が攻めてくるというので、一九四四年六月に台湾に戦時疎開した。母親に連れられ二つ下の弟と三人で、当時台北に石垣から移住していた母方の祖父母を頼っての縁故疎開である。しかし疎開した台北もほどなくして米英軍の空襲が始まり、自宅の庭先につくられた防空壕に駆け込む日々が続いた。いよいよ台北にも危険が迫り、南の新竹州の山奥に祖父母や親戚と避難した。疎開先で台湾人の家族から親切にされた体験は、今も脳裏から消え去ることはない。

石垣に引き揚げたのは敗戦の翌一九四六年一月である。北風の吹くなか、小さなポンポン船で木の葉のように揺られて与那国につき、二晩、風待ちして滞在した。島には駐屯していた敗残兵もいた。それからようやく石垣島に帰還した。一年半ほどの台湾疎開ではあったが、幼いながらも戦時下での思い出は、生涯忘れることのない台湾への熱い思い出として今につながる。

しかし、私のような縁故疎開ではなく、集団疎開した島の人たちは、食糧難や病気、あるいは引き揚げの際の苦労などで明暗が分かれていた。また疎開船が台湾に向かう途中、米英軍の銃撃に遭って遭難した人たちもいる。疎開船が銃撃で沈没して魚釣島に漂着し、一〇〇人余が四八日間も無人島で生活し、戦後になって奇跡的に帰還した。その人たちの中には、私と同年の女性もいた。私がその中にいなかったのは、偶然としか言いようがない。

台湾疎開をせず、島に残った多くの住民は、軍の命令で島の中央の於茂登《おもと》山周辺の山林に疎開させられた。にわか作りの掘っ立て小屋で、マラリア蚊の襲撃を受け、高熱を発症し次々と死傷者が出た。一家でかかり、看病するのも高熱を出している家族という惨状が続出。島の医師団が記録したその惨状は、さながら地獄絵そのものである。その死者数三六〇〇人余。世にいう「戦争マラリア」である。毎年、終戦記念日にはその慰霊祭が営まれ、焼煙の絶えることはない。

石垣市の街中にある市民公園の一角に「戦争放棄」と大書された憲法九条の石碑が立っている。戦時中に学徒動員され、青春を奪われた体験を共有する人たちが建てた不戦の記念碑である。大切な青年期を戦争に奪われ、骨身にしみて「戦争をしてはならない」と誓った人たちが建立した碑だ。しかしこの人たちも黄泉の国に召され、もうこの世にはいない。

こうした戦争体験を共有する市民には、同じ山中に再び駐屯地が設置され、軍備増強へと向かう現状には耐えがたいものがある。駐屯地設置に反対する人たちの中には、戦争マラリアで家族を失った体験を持つ人たちも多い。その中の「いのちと暮らしを守るオバーたちの会」の会長をしている山里節子さんもその一人だ。小学校からの私の二期先輩で八人家族のうち祖父、母など五人も戦争で亡くしている。八重山で二度と戦争はさせない、という身に染みた思いがある。島のシンボルである於茂登山の裾野に忽然と姿を現した駐屯地に、やりきれない思いが募る。長い「戦後」に終止符を打ち、「新たな戦前」へと向かう現状にどうたち向かうべきか。故郷は戦後八〇年を経て、いま重大な岐路を迎えている。

沖縄・八重山五十年史——沖縄返還交渉から「オール沖縄」まで——●目次

序文

Ⅰ 辺境から見えるもの

Ⅱ 施政権返還と沖縄

Ⅲ　米軍基地をめぐる攻防――大田県政から「オール沖縄」へ――

Ⅳ　沖縄ジャーナリズムの旗手として――偏向報道批判に抗して――

Ⅷ　民衆史を掘る――西表炭坑――

沖縄本島周辺

八重山列島

I 辺境から見えるもの

沖縄から日本への渡航証明書に貼り付けられた三木の写真（1960年）

1940年、石垣島に生まれた三木健は、明治大学を卒業した1965年に琉球新報に入社。

以来、沖縄の中でも更に〝辺境〟出身のジャーナリストとして、沖縄・八重山から歴史を見つめて来た。

〝辺境〟から見えるもの――沖縄の新聞記者として――

簾内敬司・松本昌次編『さまざまな戦後　第二集』（日本経済評論社、一九九五年）

アメリカーがやって来た

一九四五（昭和二〇）年一〇月、疎開先の台湾から戻った故郷の石垣島は、ひっそりとして侘しかった。山中に疎開していた人たちが街に戻ってきていたが、猖獗したマラリアの後遺症がまだ残っていた。私は六歳になっていた。同年代の隣近所の友だちも、マラリアや食料難のため青白い顔をしていた。

島に駐屯していた日本軍が島を去って、入れ替わりにアメリカー（アメリカ兵）が上陸してきた。石垣島は空爆は受けたが、沖縄本島のような地上戦闘はなかったので、敗戦直後もそれほど米軍の数は多くはなかった。石垣島に上陸用舟艇で上陸したアメリカ兵は、カーキ色の軍服に身を包み、カービン銃を手にして大通りを闊歩した。

米兵が上陸した日、私は家の陰に隠れてのぞき見した。〝鬼畜米英〟は、人を見つけたら食べてしまう、という先入観を抱いていたので、正直いって初めて見る黒人兵にはびっくりした。見つかりはしないかとガタガタふるえながら、壁の節穴から息をころしてのぞいていた。

次々に上陸してきた米兵は、そのうち街にあふれ、私たち少年はいつしかその米兵のあとをついて歩くようになった。彼らはガジュマルの木の下で少年たちを集めては銃をクルクル回して銃術を披露し、なんとも香ばしい白いチューインガムを分けてくれた。沖縄ソバの店に入ると、フォークでソバをくるくる巻いて食べて見せ、私たちギブミー少年ののどをごくりとさせた。

陽気なアメリカ兵の行動は、少年たちの〝鬼畜米英〟観を変えた。米軍は広場に住民を集めて軍楽隊による演奏をしたり、夜になると映画を上映して、アメリカ社会の生活ぶりを紹介した。瀟洒な住宅、洗濯機やテレビ、マイカーの生活は、私たちにとって夢のような話であった。

空襲で焼け残った校舎を整備し、茅ぶきの校舎（馬小屋校舎といわれた）を建て、六・三・三制の学校が始まった。とはいっても、八年生やジュニア・ハイスクールなど旧制中学校のなごりがまだ残っていた。

私は敗戦の翌四六年に登野城《とのしろ》国民学校へ入学した。戦前の国民学校名がそのまま使われていたが、翌年には、登野城初等学校と校名が変わった。毎日のように校内の瓦礫の片付けをしたり、校舎建設の作業にかり出された。

当時の学校日誌には、「児童腰掛用空箱、石垣町配給所より購入（百五十二個）」とか「仮教室用茅刈作業、五年八束宛、六年以上十束以上」「仮教室、机、腰掛、釘打付、壁、一年生机、腰掛修理」「縄なひ、六、七、八年男子三十尋宛」といった記録があちらこちらに出てくる。

私たちは配給所から払い下げてきた空箱の釘をていねいに抜きとり、板は板、釘は釘と分けて並べた。解体した箱板で机や腰掛けをつくったのである。茅は校舎の屋根や壁に使われ、縄はそれを固定するのに必要であった。それらを生徒たちにも割り当てて作業をさせたのである。四角い石や木箱の上に板をのせて腰掛けることもあったが、二人掛けの椅子はさながら弥次郎兵衛のようで、一人が立ち上がると、もう一人の生徒がひっくり返ることがよくあった。

教科書もほとんどなかった。学校日誌にも「一年生用読方教科書編集」とある。先生たちが独自でガリ版刷りの教科書を編集していたのだが、私は友だちのものを写本して使用した。

茅ぶきの校舎は燃えやすく、よく火事にあった。苦労して建てた校舎が、一夜にして灰になった。そのたびに学校裏の松林に米軍用のテントを張って仮校舎とした。なんとなく解放感があって、子どもの私たちは無邪気に遊んだものだが、教職員にとってはたいへんなことだったろう。

戦火で焼け残ったものの一つに、小学校の奉安殿があった。校門の突き当たりのところにあり、敗戦直後、その前で最敬礼をする先生もいた。

なぜ敬礼をしなければならないのか、不思議であった。奉安殿は私たち子どもにとって、かくれんぼや鬼ごっこなどの遊び場にすぎなかったからだ。ある日、奉安殿の鉄の扉が開かれ、のぞき見する機会があったが、戦前の教科書が詰め込まれていた。この奉安殿はその後の校舎建設の際にも取り壊されることなく、皇民化教育の遺物として、一九九五（平成七）年現在も校庭の片隅に保存されている。

皇民化教育を受けてきた先生たちにとって、頭の切換えは大変なことであったろう。皇民化教育から民主主義教育へと一八〇度の転換である。なにをどう教えたものか手さぐりであったに違いない。戦前のなごりの「週訓」に「標準語励行」が板書されているかと思えば、授業の始まりに級長が「スタンダップ」（起立）をかけ、「バウ」（礼）の号令で教壇の先生に一礼してから着席した。

時折、アメリカ軍人の学校視察があった。子どもの私にはものめずらしいだけで、誰が何しにやってきたのか知る由もなかったが、当時の学校日誌をひもといてみると「教育副隊長フィリップ少佐学校視察来校」とか「ウイリット教育副官よりの配給品、教職員用洋服上下、靴」とかいうのがある。また、アメリカーのおえらいさんが来島するというので、飛行場に通じる沿道に出迎えにかり出されたこともある。ジープに乗ったアメリカ将校は、にっこり笑いながら砂ぼこりをあげて走り去った。これも占領軍政下教育の現実であった。

ほとんどがはだしか下駄ばきであった。米軍のＨＢＴという作業服を縫い直したシャツやズボンに、これまた米軍用のカバンを肩からぶら下げていた。戦災孤児を収容した孤児院が家の近くにあり、その子たちと一緒に米軍のチリ捨て場をあさりに行ったりもした。シーレーション（米軍の携帯食糧）やワシミルクの残りものを拾ってきた。

敗戦の荒廃から復興へ

戦争マラリアの爆発的な流行や食料難などを住民はようやく克服しつつあった。戦災復旧が一段落した一九五〇年代に「八重山復興博覧会」が郡民あげて大々的に開催された。それは戦後の混乱期から復興期への転換を示す一大行事であった。登野城小学校や石垣中学校、八重山高等学校が会場に当てられ、大人はもちろん、八重山の全児童生徒がこの博覧会に出品した。

小学校五年生だった私は、水彩画と瓢箪をペーパーでみがいた飾り物を出品した。それが会場に展示されたのを見るのは胸躍るものだった。この博覧会を契機に、敗戦の荒廃した八重山にも、少しずつ明るさが見えはじめた。

日本本土との航路も再開され、本土からの品物が沖縄本島を経由して入荷するようになった。うれしかったのは、東京で発行された少年向け月刊誌が見れることだった。『少年クラブ』『少年』などの雑誌のほか、いろんなものがあったが、月に数便しかなかった沖縄本島航路の船が、雑誌を乗せて入港するのは、月のどのへんと予測がついていた。その船が島の沖合いに姿を見せると、きっとこれでくるにちがいない、と胸をわくわくさせたものだ。

インクの匂いのするそれらの雑誌は、いまだ見ぬ都会の香りであり、日本の香りでもあった。親しい友人たちと回し読みした。手塚治虫の「鉄腕アトム」(当時はアトム大使と言っていた)や山川惣治の「幽霊牧場」といった西部劇の劇画に読みふけった。

雑誌には、いつも自分で組み立てる付録がついていて、これがまた楽しみのひとつだった。それが幻灯機やカメラなどのときは跳び上がらんばかりによろこんだ。なにしろ物のない時代だけに、こうした付録は子どもの歓心を買うに十分であった。

雑誌には俳句の投稿欄があり、見よう見まねで指を折り折りつくった俳句が掲載されたときのよろこびといったらなかった。賞品にシャープペンが送られてきたが、そんなものは見たことさえなく、使うのがもったいなかった。入選したのは、「夏の朝　足あと続く　浜辺かな」と「夕やけの　人より長く　影をひき」という二句であったが、いまもって忘れていないのは、あのときのよろこびがいかに強かったかを示している。

島内の文化活動は活発であった。戦前から台湾など外地に行っていた八重山出身の文人たちが引き揚げてきて、新聞発行や演劇、音楽などの文化活動を始めたことが刺激となった。

戦火をまぬがれた印刷機や鉛の活字が八重山には残っていたことも幸いした。『八重山文化』などの雑誌が発行された。八重山童話協会が発足し『青い鳥』という童話雑誌が出版され、私もそれを読んでいる。

後に、こうした文化活動を「八重山の文芸復興」と呼ばれたことが、いまでは一般化しているが、この現象は沖縄本島でさえ見られない八重山特有のものであった。沖縄本島では、そのころようやく人々が収容先のテント生活から各々の村やまちに戻ってきたばかりであった。

敗戦直後の八重山では、食料難とマラリアの流行が住民を恐怖に陥れていたが、沖縄県八重山支庁の行政機能は完全にまひしていた。支庁長が空襲で爆死し、指示をあおぐべき県庁も消滅して存在していなかった。一時期八重山自治会が結成され治安の維持や戦災復興に当たっていたが、そのうち米軍の軍政要員が上陸して日本の行政権の停止を宣言し、新しく八重山支庁会がスタート、支庁長に宮良長詳が就いた。新支庁長は米国海軍政府の布告にもとづいて、食糧物資や生産手段や重要施設などの接収を行った。旧日本軍の食糧物資や機械などが旧軍部と関係のあった一部の人たちによって占められていたため、それを戦災復興にまわすための強行手段であった。

接収されたものは自動車や船舶、鉄工、造船などがあり、その中には製材所も入っていた。祖父と父が経営していた山菱製材所もこのとき補償つきで没収された。

強制接収に対して不満を抱く有力者たちが集まり、八重山共和会を結成したが、その多くは戦前島外から来て住みついたいわゆる寄留民が多かった。私の祖父・専太郎もそうしたグループの一人として名を連ねている。この共和会はやがて民主党という政治結社へと発展、宮良支庁長を擁するグループは人民党を結成し、白黒闘争といわれた激しい政争を展開する。

しかし宮良支庁長は、一九四六年一〇月、軍政官ラブレス中尉と衝突、辞表をたたきつけて辞任、後任に医師の吉野高善が就任した。吉野は住民救済や産業振興のため石垣島の未開拓地の開拓を行うことを決め、開発の大きな障害となっているマラリアの撲滅や道路網の整備、移民による新しい村の建設などを打ち出した。

開墾地での少年時代

製材所を接収されて家業を失った父・義行は、石垣島の伊野田《いのうだ》（現在の大野地区）に入植し開墾を始めた。在郷軍人として敗戦の憂き目を見たのが、厭世的な気分をかりたて、密林に身を寄せることにさせたのかもしれない。

伊野田は石垣島の北部に位置し、石垣の市街地・四箇《しか》（登野城、大川、石垣、新川の四カ字の総称）から五里（二〇キロ）のところにある。途中の白保《しらほ》村までは車の走る道路があり、轟川までは馬車道があったが、その先は、人馬が通れる道しかなかった。

八重山民政府（八重山支庁は一九四七年三月、八重山民政府と改称され、支庁長は知事と呼ばれた）は、轟川以北の桃里《とうざと》や伊野田を入植地と定め、入植のための道路建設を米軍に頼んだ。大浜村長の上間貞俊が熱心で、吉野知事や軍政官のマクラム中佐に道路開さくを訴えたことが効を奏した。米軍はブルドーザーやグレーダーなどの建設機械を貸与し、短期間のうちに道路は完成した。

出来上がった道路は、マクラム道路とかリースン道路、オグデン道路というふうに米軍将校の名で呼ばれた。

父が伊野田に入植したころは、ちょうどこの道路工事の最中であった。

伊野田の入植地までは、マクラム道路を通った。私は休みのたびにこの道を通って伊野田までかよったが、開さく間もない道路は少し雨が降るとぬかるみ、橋のない通路《とうろ》川は干潮にならなければ渡ることができず、しばらく潮が引くのを待つこともあった。

入植当初の伊野田の開墾場は、それこそジャングルの木一本一本を切り倒し、それを焼き払い、少しずつ畑地を広げるところから始まった。密林の中の茅ぶきの家に父をはじめ数人の男たちが起居していたが、それこそ敗残兵のようであった。入植してもすぐには作物はつくれないから収入がない。そこで父たちは塩がまを海辺につくり、塩炊きをして商った。ドラム缶をたたきのばした平なべをかまどの上に三つほど並べ、海水を沸騰させ、濃度の順に移し替えていく。一番奥のなべには白い結晶ができる。それをすくって天日に干し、袋に詰める。海水はいくらでもあり、燃料の薪も開墾で倒した木がいくらでもあったから、ほとんど元手なしでできたわけだ。

私は海水が塩を生むことがめずらしく、よく塩炊きを見ながら薪をくべる手伝いをした。かま場から海を眺めると、まばゆいばかりの白砂の浜の向こうに、コバルトブルーの海が広がっていた。浜辺は私たち子どもにとって天国であった。貝を拾って空き缶に入れ、それに海水を入れて煮て浜辺で食べた。

近くの川ではえびやうなぎがたくさん捕れた。台湾人の入植者がバッテリーを引っ下げ電流を川に流して感電死させる方法でよく捕っていた。私たちは木の実を石でくだき、黄色の汁を川に流し魚をマヒさせて捕った。ガーナンという木の実だが、体についた汁をそのままにしておくと、やけどのように肌が水ぶくれになる。すぐ下の弟とえび捕りに夢中になって、体についた汁を洗い流すのを忘れ、体のあちこちに水泡ができたこともあった。

開墾地の奥から山を越えて裏石垣の野底《のそこ》へ抜ける山道があった。猪が出没するというので、私は開墾地で働く兄貴分の青年と、時折出かけた。猪害対策のために警察から貸与された米軍用カービン銃を肩にして後を追った。銃は連発式の弾倉がはずされ単発式になっており、弾の支給も何発と決められていた。山中でこれをぶっ放すと、幾重にもこだまして銃声が山に吸い込まれていった。

開墾はジャングルの木を倒して焼き、下にころがっている石を片付けて畑地をふやした。冬休みにその石の撤去を手伝っていると石の下にハブがとぐろを巻いて冬眠していた。そのハブを殺して鎌で首を切り落とし、皮を裏返すようにしてはぎ、内臓を取った後、胴体をカマドの火であぶる。それを一〇センチほどの長さに輪切りにして、粉ミルクの空缶に入れておやつ代わりにしゃぶった。

腹わたの脂肪のところはナベで溶かし、ビンに詰めて傷薬にした。はぎ取った皮は木の棒に、こんどは戻すようにしてかぶせていく。天日に干して乾き上がると皮がしまって丈夫な杖になった。血清もない時代で、指をハブに咬まれ、猛毒が体内に回らぬうちに鎌で指を切り落とした、という話をよく聞いたが、幸いにも一度も咬まれたことはなかった。

こわいのはハブよりもマラリアであった。敗戦後の石垣島のマラリアは、戦時の山中疎開で爆発的に流行し、その後一時下火になりかかっていたが、沖縄本島からの八重山入植が始まるようになってから、再び流行の兆しがみえはじめた。八重山入植の促進は、戦後外地からの引き揚げ者による人口増の食料難解消のため、さらには沖縄本島での軍事基地建設の土地接収促進のため、米軍にとって必要なことであった。

米軍は本国からマラリアの専門家を呼んで調査、マラリア撲滅の計画を立てさせた。それに携わったウイラー博士の名にちなんで、この撲滅計画を「ウイラープラン」と呼んでいたが、「マラリアは八重山開発のがん」だとして一大キャンペーンが展開された。

マラリア蚊の発生しそうな川や水たまりの清掃が地域住民によって行われた。私たちも伊野田の開墾地に出掛けるときには、キニーネをいつも服用し、夜寝るときには蚊帳をつるか、肌に蚊よけのリペーラントという薬をぬった。すべて米軍からの支給品であった。キニーネは黄色の薬で、これを常飲すると、顔が黄だんのように黄色くなった。それでも服用を怠ってはいけなかった。

マラリアにかかると、三日おきくらいに高熱がきて、体がガタガタふるえる。それを繰り返すうちに体力が消耗し衰弱していく。幸いにも私たちはかからなかったが、移住地ではよく見かけた。

石垣市登野城にあった私の家の東隣に、八重山民政府の衛生部長をしていた大浜信賢医師がいて、マラリア撲滅のため日夜奮闘していた。屋敷の中には、防蚊対策のための白いＤＤＴ（殺虫剤）の入った缶が積まれていた。

米軍の物量作戦と、関係者の献身的努力がなければ、撲滅事業は実を結ばなかった。衛生部長は「マラリア撲滅税」の創設を議会に提案した。さすがにこれは反対にあって実現しなかったが、撲滅事業に賭ける熱意のほどが偲ばれる。

一九五〇年代に入ると、沖縄本島からの移住者が、相次いで石垣島の北部に入植した。入植地の近くには、明治、大正時代にマラリアで廃村に追い込まれた跡地もある。伊野田や星野にも、新しい移民が沖縄本島の大宜味《おおぎみ》村から入植した。先発隊が切り開いた切り株だらけの開墾地に、茅ぶきの掘建小屋をつくり、人々は着の身着のままの生活を始めていた。まるで難民のような生活であった。

星野の他に、伊野田や大里、さらには裏石垣（と当時呼んでいた）の米原、大富、吉原など新しい入植部落が次々と誕生した。一九五〇年に朝鮮戦争が勃発し、沖縄基地の重要性を再確認したアメリカは、沖縄で本格的な基地建設に乗り出した。沖縄本島で土地接収を受けて土地を奪われた人たちは、八重山に土地を求めて移住するか、南米のボリビアに移民していった。

沖縄の基地建設をスムースに進めるためにも、米軍当局は八重山移民計画に力を入れざるを得なかった。五三年にはオグデン副長官自ら移住地の視察に訪れ、その力の入れようを誇示した。

沖縄本島では基地建設のための大規模な土地接収が発表された。ブルドーザーによる強引な接収は住民の反発を買い、やがて「島ぐるみ土地闘争」へと発展していくが、そうしたなかで、八重山開拓はどんどん進められた。

父の開墾地も少しずつ密林が切り開かれ、耕地が増えてきた。田んぼに畑、豚舎、それにお茶も栽培し乾燥小屋もつくられた。そうした折の五三年、猛烈な台風が島を襲った。米軍統治時代はアメリカ式に台風に名前がつけられ、そのときの台風はキット台風と呼ばれたが、島の人たちは「ピーカジ」と呼んだ。

ピーカジとは「火の風」という意味で、猛烈な風が雨の代わりに潮を伴って吹きつけたため、山の樹木が、まるで紅葉でもしたかのように赤くなった。ピーカジは移住地の住宅をなぎ倒し、作物を枯死させ、大きな打撃を与えた。父の開墾場も被害を受けたが、ピーカジの最中に父が畑に水をまいたため、野菜や芋の葉は枯れずにすんだ。芋の苗を隣近所に分け与えてよろこばれたことを覚えている。

父の死と弔い合戦

開墾が軌道に乗り、父はその開墾地を買うことになった。借金をして二二町歩余という広大な土地を手に入れた。

開墾場購入の直接の動機は、借地では新たな事業展開のために必要な資金が借りられないからであった。当時、土地は米国財産管理課が管理していた。しかし一九五三年にその管理下から離れることになったので購入のチャンスがきたのだった。父の書いた「復金借入による事業目論見書」には、当時の農場の現況として、既耕地七町歩、このうち水田一町歩、茶園一町歩、畑五町歩、未墾地一三町歩、不可耕地および道路約二町歩、また牛七頭、豚九頭などの記述がある。

そして「今年（一九五三年）末製糖工場を設立、一九五四年にはこれらを強化、協同組合法による一五屯協同製糖所を当農場内に設置予定」と今後の事業計画を記し、また製茶についても「伊野田茶協同組合事務所を当農場内に置き、私が組合長を勉めて居ります。一九五五年度に製茶工場設立予定」と書いている。

土地のメドをつけた父は、開墾場内に新しい家を建てることにし、自ら設計して工事に入った。父は建築関係の専門学校を出ていて建築にはくわしかった。三角形が力学上最も安定していて、屋内の梁を三角形にしてあるのは、そのためであることなどを教えてくれた。

家は部屋が四つほどの茅ぶきであったが、子どもの私には結構な大きさに思えた。この家がほぼ完成したころ、知人が「息子が与那国花酒をもらってきたので、新築祝いに飲みましょう」と言ってきたので、父は一夜酒を飲んだ。与那国花酒は度数が六〇度を超える強い泡盛で、火をつけると青い炎を上げて燃えるほどだ。それでこの酒を飲むときは、特に濃度の高いうわずみをこぼしてから飲むように言われているが、そんなことをしたのかしなかったのか、翌日から父は胃が痛いといって寝込んでしまった。

胸が焼けつくように痛いといって氷で冷やしていたが、そのうち黒い血便が出てきた。医者が言うには胃腸がただれている、とのことであった。どうやら疲労した体に花酒を飲んだのがいけなかった。氷を買いに私は毎日走った。しかし病状は回復せず、数日後に意識不明となり、とうとう息を引きとった。一九五四年八月九日、父四二歳、私が一四歳の中学二年生のときだった。

母に子ども五人、それに買ったばかりの土地の借金を残して父は逝った。そのころ隠居していた祖父は、息子に先立たれたくやしさで「この親不孝者め、親より先に逝くやつがあるか」と怒りをあらわにして、まわりの人たちをどぎまぎさせた。祖父と父はあまりそりが合わなかったが、親子の情愛がなかったわけではない。その証拠に祖父は「坊主のお経よりわしのお経の方がありがたい」といって、死後四九日の間、毎晩一日も欠かさずお経をあげた。

読経の間、私たち孫はその後座にすわらされた。お経は「般若心経」や「弘法大師和讃」などであった。おかげで「色即是空、空即是色」とか「いろはにほへとちりぬるを……」といった経文を、意味もわからぬまま、いつしか空んじるまでになった。

四九日も過ぎたある早朝、祖父はふんどし一丁になって井戸端でつるべの水を頭からかぶっていた。なにやらぶつぶつ言いながら、何度も水をかぶっていた。それを見たまわりの者は「ウシュマイ（八重山方言で男の尊称）の気が狂った」とびっくりした。

しかしそれは水垢離であった。水垢離とは神仏に祈願するため、冷水を浴び身体のけがれを去って清浄にする儀式で、武士が出陣を前にこれをやったという。祖父は、息子が命と引き換えにした開墾を引き継ぐことを決意し、〝出陣〟の儀式をしたのである。「息子の弔い合戦だ」というのが祖父の口ぐせであった。そしてこの日、しばらくは戻ってこないと宣言し、五里離れた伊野田に出かけていった。

事実、祖父はそれからしばらく開墾地に留まったまま戻ってこなかった。老骨にむち打ち、大地をはいずり回るようにして、開墾に打ち込んだ。糖尿病の持病があったが、徹底した食事療法をとっていた。父が戦時中使用した軍用水筒に白湯を入れて、いつも持ち歩いた。この水筒をわが家の家宝にせよ、と言うこともあった。親子二代の命を助け、苦労を共にしてきた水筒を見て、苦しかった時代のことを忘れるな、というのが祖父の教えであった。祖父にはいろいろな意味で感化を受けた。

明治生まれの祖父は、小学校も中退して学歴らしいものはなかったが、戦後のもののない時代からずっと『実業之日本』という経済誌を読んでいて、日本経済の動向にも関心を寄せていた。

そんなことから父がやり残した製糖業に力を入れ出した。開墾場では父の代からサトウキビを栽培し、牛車による製糖をしていた。父は伊野田一帯に製糖工場がないのに目をつけ、隣部落の人たちにも呼びかけ、前述したように協同組合による小型製糖工場を計画していた。一日当たり一四、五屯の製造能力を持つ、二五馬力のディーゼルエンジンであった。祖父がその計画を引き継ぎ完成させた。

冬の製糖期になると、伊野田や伊原間《いばるま》方面からのサトウキビが搬入され、エンジン音が響き、にわかに活気を呈した。祖父はそのころ開墾地に「三木農場」と大書した看板を掲げていたので、移住地一帯ではよく知られるようになった。弔い合戦だと称して息子の夢を叶えるため、粉骨砕身頑張った祖父の初志は、見事に実を結んだのである。

ある日、祖父は私に言った。「世間では孫がかわいいというが、ほんとうは子がかわいいのだ」と。なぜわざわざ孫の私にそう言ったのかよくわからないが、持病をおしてまで開墾に打ち込んだそのわけを、こうした言葉で言いたかったのであろう。とかくそりの合わない祖父と父だっただけに、私はその一言がうれしかった。

父の死後間もないころ、私は九死に一生を得る事故に遭った。トラックに積み上げられた薪の上に乗って、伊野田の農場から石垣の街へ帰る途中でのことである。すでに日はとっぷりと暮れ、夕闇が迫っていた。トラックはライトをつけ、大浜という部落に入った。うず高く積んだ薪すれすれに道路を横切るようにして電線が低く垂れている。その下を通るたびにクラクションで合図がくる。その都度、薪にへばりついて電線をよけた。一度そうして通過したと思って頭を上げたとたん、私は電線に首をひっかけ、トラックの荷台からころげ落ち、地面にたたきつけられた。

ところが、私はかすり傷一つ負わずにすっくと立ち上がり、トラックの後を追って走りだした。死んだか、と思って集まってきた人たちはあっ気にとられていた。母は、死んだ父が守ってくれたのだろうといって、仏壇に手を合わせマブイグミ（落ちた魂を拾うまじない）をした。

父の死後、母は祖父のすすめもあって、石垣市登野城の地に店を構えた。学資のかかる子ども五人を養育するには、どうしても現金が要る。そのために店をもつことになった。母も必死であった。もともと戦前は石垣市で一番のお菓子屋の娘であったが、自ら店を持つのは勿論はじめてである。バスターミナルの真向かいに店を開いた。お菓子やいなりずしなどを並べ、店の奥ではかき氷やアメリカン・コーヒーを出した。石垣島で初めてソフトクリーム製造機を入れ、それを作って売ったら、これが評判となって繁盛した。おかげで私は本土の大学に私費留学することができた。

アメリカ統治下の異文化体験

敗戦直後、街を闊歩していたアメリカ兵たちも、社会が落ちつくにつれて次第に姿を消し、沖縄本島に引き揚げていった。代わって石垣市街地の西のはずれに民政官府と呼ばれた軍政官の広大な官舎がつくられた。金網をめぐらし、芝生をしきつめた白い壁の建物に、島の私たちはアメリカ社会の片鱗を見る思いがした。

市街地の北側には琉米文化会館が建てられた。米国民政府が直轄する文化機関で、私たちは略して「文館」と呼んでいた。全琉球を五つのブロックに分け、北は名護から石川、那覇、宮古、石垣の五カ所に建てられたものの一つであった。アメリカ式の開架式図書室や、小ホール、視聴覚ライブラリーなどがあり、一時期文化活動の拠点となっていた。米国の沖縄統治の住民懐柔策の一つとして設置され、琉米親善の諸行事もここを拠点に行われたものだ。なにしろ文化施設のない時代だけに、私たちは大いに利用した。

はじめて水洗トイレが備えつけられ、手洗いだと思って手を突っ込んだ友人もいた。私はよく図書室に足を運んだ。本を読むためではない。ここに並べられたアメリカのグラフ雑誌をめくるのが楽しかったからだ。なにしろ英語がわからないので何の雑誌か覚えていないが、いろんな写真からアメリカ社会を想像して楽しんだ。大自然、機械化農業、文化的な暮らしなどが載ったこれらのグラフ雑誌は、私を未知の世界に誘ってくれた。

たまには翻訳物のアメリカの小説を読んだりもしたが、それほど熱心な読者ではなかった。書架の中には、共産主義の脅威について書かれた本などもあり、アメリカの文化政策の意図が窺われた。市街地に立っている文館の掲示板には、時々反共ビラが貼られていた。中には人民党委員長・瀬長亀次郎の足首にはめられた鎖がソ連につながり、鎌とハンマーを手に琉球列島に襲いかかろうとしている絵入りのものもあった。

沖縄の恒久基地化を目論んだ米国は、土地接収への反対や、日本復帰運動を共産主義運動だとして弾圧しており、八重山でも「日の丸」を掲げた教師がアカ呼ばわりされて、指弾されることもあった。そのころの私は詩人ホイットマンに代表されるアメリカのフロンティア精神や、ジェファソンやリンカーンにみられるデモクラシーに憧れを抱いていた。そうしたアメリカ建国の精神から、沖縄の現実がいかにかけ離れているかを自覚するようになったのは、大学に入るため上京してからであった。

中学三年の夏休み、私は初めて船で沖縄本島に旅行した。小学校からの親友が那覇に転校していたので、その彼を頼っての旅行であった。初めて見る那覇の街は、大都会のように見えた。星条旗がひるがえる広大な米軍基地に圧倒された。米兵の姿が街にあふれ、グラフ雑誌で見たアメリカのようにすら思えた。

那覇の国際通りは、さながら映画のセットのようだった。表通りは商店街だが、その一歩裏は亀甲墓が甲羅を並べていた。平和通りは闇市よろしく、あちらこちらでたたき売りをしていた。夜ともなれば、紅灯の巷に女が立ち、客の袖を引いていた。カーキー色の軍服を着けた米兵たちが、それをひやかしてふざけていた。コザのまちは米兵であふれていた。広大な米軍基地の住宅は、沖縄の中のアメリカであった。

友人はものめずらしがる私を、あちらこちら引っぱり回した。浦添市の高台にできて間もない伊波普猷の碑にも連れていってくれた。「沖縄学の父」と称される伊波普猷の存在を、このとき初めて知った。数年後、東京で私は伊波の書いた『孤島苦の琉球史』を読み、深い感銘を受け、琉球史への目を開かされたが、中学時代の伊波の記念碑との出会いは、運命の糸のようにも思える。

そのころから沖縄本島の米軍基地建設のための土地接収が激しくなり、いわゆる「島ぐるみ土地闘争」が、燎原の火の如く広がりはじめていた。東京に留学していた石垣出身の学生たちも、帰省すると演説会を開いて、米軍の不当を糾弾した。私はその演説会を聴きに行った。

一九五五年九月、六歳になる少女が米兵に暴行されたうえ、殺害されるという事件が、沖縄本島の石川市で起きて大問題となった。少女の名をとって「由美子ちゃん事件」と呼ばれたこの事件は、八重山でも反響を呼び、学校で報告された。軍事裁判の公開を求めて沖縄中が抗議した。軍事裁判は犯人に死刑を宣告したものの米本国へ送還となり、結局うやむやのうちに事件は処理された。

こうした事件の処理は、住民の反感を買い、土地闘争にますます火をつける結果となった。土地接収を勧告したプライス勧告に対し、地代の一括払い反対などを柱とした土地「四原則」の貫徹が叫ばれた。石垣島でも一九五六年六月に「四原則貫徹八重山住民大会」が開かれ、教師たちもそれに参加した。八重山高校では講堂に全生徒を集めて、土地問題についての説明会が開かれたりした。

しかし私はそれほど熱心ではなく、自らすすんで何らかの行動に移すことはなかった。私はむしろ内向的で、外国の文学作品を好んで読んでいた。トルストイやゲーテ、モーパッサンやアンドレ・ジイド、そしてヘルマン・ヘッセを愛読した。これといった傾向はなかったが、日本文学よりむしろ外国のものが、どういうわけか好きだった。

文芸部に籍を置いて文芸誌をつくったりしたが、クラブで西表島を旅行したとき、そこに戦前から炭坑のあったことを、はじめて知った。そのこと自体が後の西表炭坑史の研究に直接結びついたわけではないが、潜在意識として残っていたことは否定できない。

私の文学好きが見込まれたか、文館通いをしていた高校二年生のとき、文館で演劇をやるので、それに出演してほしい、との誘いを受けた。秋田雨雀の「埋れた春」という初恋物語の主人公である。演出は反米行動をしたとして琉球大学で「永久除籍」の処分を受けた先輩であった。

四原則貫徹県民大会に琉大生が積極的に参加したとの理由で、米国民政府は琉大への援助打ち切りを通告。大学当局は援助を再開させるため学生ら七人を停・退学もしくは謹慎処分にした。いわゆる第二次「琉大事件」であるが、そのうちの一人が私の先輩だったわけで、彼は帰省して悶々としていた。

彼を少しでも勇気づけようとした友人たちの計らいであったか、こともあろうに琉米親善をモットーとする文館が、この演劇の演出を彼に依頼したのである。先輩もさぞや複雑な心境であったかと思うが、その辺は八重山ではおおらかといえばおおらか。傷心の先輩に「埋れた春」は果して何をもたらしたか。

私はといえば「埋れた春」を残して、やがて島を離れる日がやってきた。

〝沖縄〟に目覚めた大学時代

一九五八年に高校を卒業すると、東京に出たい、と思った。大学に入るのが目的というよりは、島での生活から解放されたい、という気持ちが強かった。高校を卒業すると、そのまま島で就職するか進学するか二つの道があった。進学も沖縄本島の琉球大学に進むか、本土の大学に行くかの二つの道があり、本土留学（そのころは留学と呼んだ）にも国費と私費の二つがあった。文学にこって成績もよくなかったので、とても国費は無理であった。

そこで私費留学で親のすねをかじることにした。

沖待ちの本船に乗るため、はしけで別れのテープをひいて出発したときは、生きて再びこの島に戻ることがあるだろうかと思った。本土への旅は、それほどの覚悟を要した。那覇に着いた私は米国民政府出入管理局に出向き、「日本渡航証明書」をもらい受けた。沖縄本島と与論島の間に横たわる見えざる境界線・二七度線は、この証明書なしでは越えることができなかった。俗にパスポートと呼ばれた証明書には「琉球住民三木健は留学のため日本へ旅行するものであることを証明する」と書かれていた。

東京にいた母の姉夫婦を頼っての上京であった。東京は見るもの聞くものすべてがめずらしかった。初めて見る雪でさえも私の心を躍らせた。大学は文学方面に進みたかったが、祖父が反対した。「文学ではめしは食えん。法律ならよかろう」という。反対すれば学費を送金しないと言われ、ともかくも明治大学法学部に入った。同大学を選んだのは、そのころ明治時代の文学作品が好きで、なんとなくロマンがありそうな気がしただけのことだが、入学してみるとマスプロ化した大学に失望した。


送金額は月に三〇ドルという制限があった。三〇ドルは島では一カ月分の給料に近い。当時の円で一万八〇〇円だった。しかしそれでは不足なので、小包で送らせたアメリカ製の缶コーヒーなどを上野のアメ横で売って足しにした。東京に留学した多くの沖縄出身学生がそうしていた。

相前後して上京した那覇の友人も早稲田大学に入り、彼を中心に同人雑誌を出すことになった。創刊号の特集テーマが「大学生活は如何にあるべきか」であった。私はその中で「今日の大学に最も欠けているもの、それはあらゆる意味での人間性の接触だ」と書き「ヒューマンリレーションの復活と、歴史への積極的参加（多少大袈裟であるが）はぼくの学生生活を貫く二大指針である」と書いている。

私はその人間関係の復活を求めて、学内評論誌を出しているあるサークルに入った。そのころは六〇年安保闘争の高揚期で、私もサークルの仲間たちと国政を論じ、国会デモに参加した。先の同人誌に「歴史への積極的参加」云々と書いたのは、こうした大衆運動への参加のことを意味していたが、別にセクトとは関係なかった。

六〇年安保の最中にあっても、私の頭の中は沖縄のことでいっぱいだった。学内誌に「沖縄における人権の問題」とか「集成刑法の問題点」といったものを、かじったばかりの法律知識を駆使して書いたりした。「アメリカ建国の精神と沖縄」という論文を郷里の八重山毎日新聞に書いたが、米国の沖縄統治がいかにアメリカ建国の精神からほど遠いかを論じたもので、これは文館で得た知識のいわばお返しであった。

あれほど日本中を巻き込んだ安保闘争ではあったが、安保条約の国会通過を阻止することはできなかった。そのことで私たちのサークル仲間も、大きな挫折感にとらわれていた。日本の政治を根本から変えるには、もっと日本人の精神構造まで掘り下げなければだめだといって民俗学の研究に入り、いまでは押しもおされぬ柳田国男研究者になった先輩もいる。

私は「祖国への不信――ある沖縄青年の悩み」という一文を書いて、安保闘争で高揚した政治状況の中でも、沖縄のことが視野に入っていないことへの不満をぶつけた。カストロがキューバ革命でバチスタ政権を倒し、米軍基地と手を切ったことに共鳴した。カストロの書いた『わがキューバ革命』を沖縄に重ねて読み、いつの日かカストロのように沖縄に戻って高等弁務官を追い出すのだ、と自らに言い聞かせた。

日本の政治に失望した私は、アジア・アフリカ作家会議の後につくられた「アジア・アフリカ仲間の会」という小さなサークルに入った。彼らは茨城県の百里基地問題や、アフリカやらの問題に、それぞれがテーマを持って参加していた。私も沖縄のことを報告したりしたが、問題に取り組む彼らの真摯な姿勢に強く引きつけられた。その後も彼らはそれぞれのテーマを持続させ、いい仕事をしている。

一九六一年一月、郷里の祖父が息をひきとった。八一歳であった。ちょうど大学の試験の直前で帰ることができなかった。帰るにしても船を乗り継いでの帰省ではとても臨終には間に合わなかった。私はその代わり、天国の祖父あてに手紙を書いて送った。「現世の苦しさから解放されて、華のうてなでゆっくり休んで下さい」と。

祖父は一応の成果をあげたあと、農場を手放した。石垣市が上水道工事のため市有地を払い下げることになったため、農場を売って戦前から借りていた浅橋通りの市有地を購入した。その後はまた元の隠居に戻り、朝な夕な石垣港の桟橋の突堤に杖をついて散歩していた。西表島に沈む夕陽をいつまでも眺めていた姿が忘れられない。

一九六二年の夏、当時籍を置いていた社会思想史ゼミ（中村雄二郎教授）のメンバーと沖縄調査に帰省した。各地でアンケート調査を実施して『沖縄戦後世代の社会意識』という報告書をゼミ仲間とともにまとめたが、それが沖縄問題の評論をしていた英文学者・中野好夫の目にとまり、雑誌『世界』でも何度か引用され紹介された。

そうした調査活動のなかで、沖縄関係の著作を読むことになったが、伊波普猷の書いた『孤島苦の琉球史』は、はじめて知る琉球史だけに深い感銘を受けた。以後、琉球史への関心は絶えることなく今日まで続いてきた。ひとえにこの著書のおかげである。

さらにそのころ読んだ著書で感銘を受けたものに溝上泰子の『受難島の人びと』がある。島根大学で家政学教授をしていた著者が、一九五九年に琉球大学の招聘教授として三カ月間滞在したときの体験記であるが、米軍統治下の沖縄社会に対する鋭い、しかも力強い記述に、私は目からうろこが落ちる思いをした。とりわけ自らが招聘を受けた琉大家政学科について論じた次の文章が、私に一撃をあびせた。

「琉球大学の家政学科がアメリカの援助で尚王城址に邦貨何千万円の家政ビルを建てて、那覇市街を見下しても、琉球の人びとの家庭生活と何らのかかわりがないとすれば、一体、家政学科はどういうことになるのであろうか」

家政学科批判のこの文章は、私に学問することの意味を問いかけるものであった。何のために学問をするのか、私は改めてその根本的な問いを突きつけられた思いがした。読後感を著者の溝上先生に書き送った。それが機縁で先生とは一九九二年に亡くなるまで、親交を続けさせてもらった。先生は晩年、墓を建てるつもりで著作集全一五巻を完成された。日本のすぐれた教育者であった。

そのころから私は、沖縄の現実問題を考え解決していくためには、伊波普猷らの沖縄研究との結合が必要だと考えるようになっていた。それを私流に「新・沖縄学」と名づけ、郷里の新聞に「新・沖縄学のすすめ」を書いて載せた。

そして私は、この「新・沖縄学」を私なりに実践していく道として、沖縄の新聞記者になることを選んだ。一九六五年四月、琉球新報の記者として入社、以後三〇年余もこの道一筋で歩むことになる。

新米記者時代の「復帰」取材

琉球新報に採用されると、記者としてそのまま東京支社（その頃は東京総局）に配属された。東京には五人の記者がいて、沖縄関係記事を毎日那覇の本社に送っていた。駆け出しのころの東京での主な守備範囲は、日本政府の沖縄担当部署であった総理府の特別地域連絡局（特連局）や首相官邸、国会審議、各政党の沖縄対策特別委員会、沖縄返還運動、外務省を中心とする沖縄返還交渉、それに沖縄県人会や沖縄関係の学術研究など広範囲にまたがっていた。

地元沖縄から琉球政府の行政主席、局長あるいは各種民間団体や、復帰運動関係者の上京要請活動が結構多く、新米記者は席のあたたまる暇はなかった。入社したてのころ、東京から那覇の本社に記事を送る手段は電報であった。報道用の特別料金であったが、いつも頼信紙を持ち歩き、夕方になると大手町電報局に駆け込んで打電した。受信した本社では、カタカナの電文を記事に仕立て直す当番がいて、この作業が結構大変だった。

六〇年安保闘争のころ、国会や首相官邸にデモをして、突入を図ろうとしたこともあったが、記者になって実際に中に入ってみると、その空疎な内部に政治の実像を見る思いがした。

入社前年の一九六四年一一月に第一次佐藤内閣が発足していた。翌六五年一月早々に琉球立法院（現県議会）が沖縄返還の対米交渉を要求する決議を与野党一致で採択した。戦後二〇年が経っても状況が変わらないことに沖縄は苛立っていた。一月に訪米した佐藤首相はジョンソン米大統領に初めて沖縄問題を持ち出した。佐藤政権は八年間の長期政権となったが、終始沖縄問題が絡んでいた。八月には首相として戦後初めて沖縄を訪れることになるが、それは沖縄地元の復帰運動の火に油を注ぐことになった。

日本社会党や日本弁護士連合会などは米国の沖縄統治は憲法違反であるとして、瀬長亀次郎人民党委員長らを原告に東京地裁に裁判を起こした。「沖縄違憲訴訟」といわれるもので、私はこの裁判に起訴のときから取材でかかわった。日本国憲法といえば、入社して一カ月もたたない五月三日の憲法記念日に、憲法特集の記事を書かされて面食らったこともある。日本国憲法をもっと沖縄の読者に知らせよう、という入門的な特集記事であったが、法学部出という理由で私にあてがわれたのだった。

戦後二〇年間の本土との分離によって、沖縄の各面にわたる立ち遅れが目立っていた。本土は高度経済成長で社会資本の整備がどんどん進むのに、沖縄は米軍統治下におかれている間に本土との格差が広がった。こんなことから日本国憲法で保障された諸権利や水準を沖縄にも――ということで、教育関係者や福祉団体が格差是正を要請するため上京した。新聞でも「〝県並み〟を考える」という企画が紙面を飾ったりした。

六〇年代後半になると、沖縄大衆運動が大きな盛り上がりを見せてきた。米軍の任命であった行政主席の公選を求める動きや、教職員の政治活動を禁止した教公二法案の阻止闘争といった戦後沖縄の歴史の中で大きな転換となった大衆運動が高揚し、それに刺激されて沖縄返還をめぐる論議が、中央政界でも話題となってきた。

一方ではベトナム戦争が泥沼化し、沖縄の嘉手納基地からB52のベトナム出撃が行われた。一九六八年一一月一九日、B52が嘉手納基地を離陸しようとして失敗、爆発炎上するといった事故が起きた。その九日前には初の主席公選で革新の屋良朝苗が当選したばかりであった。B52爆発事故は沖縄中をゆるがし、ただちに「生命を守る県民共闘会議」が結成され、翌年二月四日にはゼネストが設定された。同六八年一一月には佐藤首相が自民党総裁に三選され、アメリカではジョンソンに代わってニクソンが当選した。役者がそろい、いよいよ沖縄返還交渉が本格化した。

私はこうした状況に備えて、六七年に外務省の記者クラブに沖縄の記者として初めて加入し、返還交渉を取材することになった。

当時の外務大臣は三木武夫であった。私が記者クラブに加入し、最初の大臣記者懇談の日、クラブの幹事が「大臣、当クラブは政府より一足先に沖縄返還が実現しました」と言って、私を紹介した。すると三木外相は立ち上がって私に手をさしのべ「それはよかった。頑張って下さい」と握手をした。

三木外相はそのころ「国民外交」を標榜し、官邸の佐藤首相との違いを出そうとしていた。書生っぽいところがあり、議論好きな人だった。記者クラブの懇談でも、よく記者と議論した。勿論、オフレコである。

ある日、沖縄問題で返還のあり様をめぐって論議があった。そのころ、駐米大使の下田武三がしきりに〝核つき自由使用〟でなければアメリカは沖縄の返還に応じないだろうという発言をして物議をかもしていた。記者懇談のとき、私が「あんなことをしたら沖縄で暴動が起きますよ」と言ったので、外相は「暴動？　君それはおだやかでないね」とびっくりしていた。事実、その後沖縄のコザ市で反米暴動が起きたのである。

一九六九年はほとんど返還交渉の取材で明けくれた。前年の一一月、第三次佐藤改造内閣が発足したとき、三木外相は閣外へ去り、代わって愛知揆一が就任したが、佐藤派の愛知は、手堅さで知られていた。一一月の佐藤・ニクソン会談で、一九七二年の「核抜き本土並み返還」が合意されたが、その交渉のため佐藤首相が若泉敬という密使を送り、核の自由使用で密約を交わしたことは知る由もなかった。

それから七二年五月一五日の沖縄復帰の日に向けて、準備作業が進められたが、七一年は沖縄にあった毒ガスの撤去や、通貨のドルを円に切り替える問題、さらには沖縄返還協定をめぐる国会論戦で明けくれた。

二七年間の米軍基地の重圧からの解決にはほど遠かったが、ともかく施政権だけは日本に戻ることになった。沖縄側の大衆運動の高まりが、施政権返還なしに米軍基地を維持していくことを不可能にさせた。そのために米国は施政権を手放したともいえる。

沖縄側では住民不在のこうした返還のあり方を「第三の琉球処分だ」として、抗議を繰り返した。一八七九（明治一二）年に明治政府によって琉球王国が武力をもって廃止させられた琉球処分、そして第二次大戦後、沖縄の意思とは関係なくサンフランシスコ講和条約第三条によって沖縄が分離された第二の処分、そして今度の処分という捉え方である。

住民は来たるべき「世替わり」に不安を抱いた。「復帰不安」という言葉がしきりにいわれた。目ざとい本土資本は、七二年の復帰を見越して、沖縄各地の土地の買い占めに走った。

私の故郷の八重山でも、農地や景勝の地が買い占めにあった。復帰前年の七一年、未曾有の干ばつにあい、サトウキビが枯れた。離島の人たちは借金返済のため、土地を手離した。共同体が内部から崩れ、西表島では廃村に追い込まれた村もあった。

こうした国家の統合過程における〝辺境〟の扱われ方について、私は苛立ち、怒りを禁じ得なかった。国家とは何か、国家への統合とは何か。そうした問いは、沖縄の歩んできた道を、いま一度ふり返るという作業へと私を駆り立てた。それは当時の沖縄出身青年が、大なり小なり体験したことでもある。

特に私の場合、生まれ島の八重山群島のことから逃れることはできなかった。国家から最も遠いところから逆に中央を見すえることで国家の統合（沖縄返還）の本質が見えてくるのではないか、と思ったのである。そのことが専門家でもない私を地域史研究に向かわせることになった。下準備期間を経て、一九七三年三月に「東京・八重山文化研究会」を発足させ、私は事務局長として会の運用に当たった。こうして沖縄返還交渉の取材と、八重山の近代史研究の間を、私は行ったり来たりした。

その道程で、私は高校時代に見た西表炭坑のことが気になり出した。あの歴史はいったい何だったのか。そこで働いていた坑夫たちは……？　私の疑問はしだいにふくらみ、調べていくうちに、いつしかその暗い坑道に引きずり込まれていった。

そのころ写真家の岡村昭彦さんが東京支社にやってきて「沖縄の新聞こそベトナム取材をすべきだ」と提言、その取材方法などを教えてくれた。そして本社社会部の記者が岡村さんの紹介でベトナム取材に派遣された。

ある日、岡村さんは福岡の上野英信さんからもらったといって一冊のガリ版刷りの冊子を私にくれた。『西表島の概況』と題したその小冊子は、戦前の一九三六年に西表マラリア防遏班が出したものだが、岡村さんが私にくれたのは、上野さんが主宰する筑豊文庫が戦後復刻したものだった。それには戦前からの西表炭坑の沿革史が書かれていた。

私はそれを一つの手掛かりとして西表炭坑を調べることになる。そして『西表炭坑概史』という冊子にまとめると、さっそくお礼に筑豊の上野英信さんに送った。以来、上野さんとは一九八七年に亡くなるまで交流することになる。岡村さんはあのころ筑豊文庫に寝泊まりしながら、岩波新書の『南ベトナム戦争従軍記』を書いたことを後で知った。

ちょうどその頃、沖縄出身の写真家・石川文洋さんが東京支社を訪れ、ベトナム戦争を従軍取材するが、プレスカードを得るには身元保証書が必要なので、琉球新報にお願いしたいと願い出た。そのとき以来、何十年ものおつき合いをしている。

日本復帰を前に沖縄社会は激しく揺れ動いていた。米軍基地で働く労働者の大量解雇が相次ぎ、全軍労（現全駐労）はストで対抗していた。

一九六九年には私の勤める琉球新報でも、一人の労組役員の配置転換をめぐって労使が対立し、春闘はストとロックアウトの応酬となり、ついに新聞発行が一六日も停止した。そのころ、私は組合の東京分会長をしていたが、東京支社でもロックアウトで締め出され、情況がつかめないなかで分会をまとめるのに苦労した。

復帰不安が渦巻き騒然としたなかで、沖縄は一九七二年五月一五日を迎えた。私はその日を沖縄で迎えたかったが、仕事はそれを許さなかった。仰々しい東京での返還記念式典を取材しながら、むなしい気がした。戦争で失った領土を外交交渉で取り返したと佐藤首相らは自画自賛したものだが、「領土」の中には生活者としての住民がすっぽりと抜け落ちていた。そこに沖縄地元とのギャップがあった。その夜、私は午前〇時にひとり机に向かっていた。沖縄の空に復帰の秋《とき》を告げる船の汽笛が鳴りわたる光景を想像し、感慨にふけった。

沖縄返還交渉を中心とする私の取材任務はひとまず終わった。勿論、その後もまだまだ問題が山積していたし、現在もそれはある。しかし私は一区切りをつけるため、一〇年に及んだ東京での記者生活を引き払い、一九七六年三月に那覇の本社に転勤した。そして沖縄での新たな記者生活が始まった。

本社転勤から足掛け二〇年。その間いくつかの部署をわたり歩いた後、一九九三年五月に編集局長に就任した。私の記者生活も三〇年を迎えようとしている。来し方を顧みて、これでよかったのかと後悔はつのるばかりである。新聞人としてどれほどのことをなしえたろうか。もっとやるべきことがあったのではなかったか、後悔先に立たずである。

戦後五〇年を迎え、沖縄はいま来たるべき二一世紀に向けて模索を始めている。沖縄のあるべき姿とは何か、国際化時代といわれる中にあって、沖縄の進むべき道はどのようなものか、そのために沖縄の新聞はいま何をしなければならないか、戦後五〇年という歴史が問いかけている。沖縄の戦後史とともに歩んできた私の人生もまた、新たな転機を迎えている。

Ⅱ 施政権返還と沖縄

1976年頃、沖縄県庁での記者会見を取材する三木健

沖縄返還交渉の頃、三木は琉球新報の記者として、外務省の記者クラブに加入。交渉の最前線で取材活動をおこなった。その取材手帳をもとに『ドキュメント沖縄返還交渉』が2000年に刊行された他、様々な媒体で多くの記事を執筆した。

沖縄返還交渉取材の頃

今もあの日のことを、はっきり覚えている。一九七二（昭和四七）年五月一五日の夜のことだ。

東京・東久留米の借家で、夜中の〇時、まんじりともせず思いに耽っていた。復帰したことを告げる船舶の汽笛が聞こえ、同時刻に最後の高等弁務官・ランパート中将が星条旗をたたんで専用機に乗り込み、嘉手納を飛び発つ様子が目に浮かんできた。二七年に及ぶ米軍統治が終わりを告げたというのに、複雑な思いが交錯し、なかなか眠れなかった。

その頃、私は琉球新報社東京総局報道部の駆けだし記者をしていた。そもそも沖縄の新聞社の記者になろうと思ったのも、世論を喚起し、理不尽な米国統治を終わらせるのだ、という動機があった。

学生時代に起きたキューバ革命に刺激され、カストロがバチスタ政権につかまり裁判にかけられたときの四時間余におよぶ法廷陳述をまとめた『わがキューバ革命』（理論社、一九六一年）を愛読した。同じ米国支配下にあり、サトウキビの島であるキューバに沖縄をオーバーラップさせ、沖縄解放の夢を見ていたのだ。

一九六五年入社と同時に東京総局報道部配属となり、数人の先輩記者たちと首相官邸や国会などを拠点に、沖縄取材に駆けまわっていた。その年八月、現職の総理大臣としてはじめて佐藤栄作が沖縄を訪問した。

そして一九六九年、沖縄返還交渉が本格化するのを前に、私は沖縄記者として初めて外務省の記者クラブ（霞クラブ）に加盟した。同クラブには全国紙やテレビの記者だけで、地方紙の加盟はなかった。その後、沖縄タイムスも加盟した。

記者クラブに加盟して最初の大臣記者懇談の時、クラブの幹事が「大臣、当クラブは沖縄記者を迎え、一足先

『うるまネシア』一四号（Ryukyu企画、二〇一二年五月）

に日本復帰しました」と私を紹介。当時の三木武夫外相は立ち上がり「そうか、おめでとう。君、頑張りたまえ」と握手を求めてきたものだ。

同外相は沖縄の基地問題の態様をめぐり、いち早く「核抜き本土並み返還」を唱え、「白紙」と態度を鮮明にしない佐藤首相と対立、総理の座を争って外相を辞任する。まさに霞に包まれた外交交渉を追って駆け回った。外務官僚相手の取材は、まるで禅問答のようだ。その都度、記事を那覇の本社に送信するが、紙面には限度があり、細部に至るまでは書ききれない。沖縄の知らないところで、沖縄の命運が決められようとしている。

私は事の重大さに気付き、外交交渉を取材できる数少ない沖縄記者の一人として、できるだけ記録に残しておこうと誓った。帰宅後に取材ノートを整理し、それを原稿に纏めた。リアルタイムの記録である。しかも東京にいて日米両政府と、沖縄の三つの地点の動きを見られる立場にいたので、その相関関係で書くことが出来た。

これが拙著『ドキュメント沖縄返還交渉』（日本経済評論社、二〇〇〇年）である。返還交渉の取材は二九歳のとき、拙著の出版は五九歳のときである。出版が一九六九年の外交交渉から三〇年も後になったのは、ひとえに私の怠慢による。その頃になってアメリカの側から次々に当時の外交文書が公開されてきた、ということが出版のチャンスとなった。

今年（二〇一二年）、日本復帰四〇年というので、当時のことが検証されるに及んで、この記録も歴史の証言として引き合いに出されることしばしばである。

外交交渉で見られたアメリカの立場はただ一つ、自由に使える沖縄基地の確保である。それは四〇年経った今も変わりない。アメリカはそれを維持するために二七年間、施政権を手放さなかった。しかし、それは沖縄の基本的人権や自治権の抑圧となり、沖縄民衆の反発を招いた。やがてそれらは日本復帰運動へと収斂されていくが、対するアメリカは施政権を返還することで、自由な基地を保持しようとしたのである。

そもそも問題解決の手段であったはずの日本復帰も、それ自体が目的化され、復帰すればすべてが解決されるかのような「復帰幻想」を抱かしめたのも否めない。民族運動としての復帰運動は、時の日本政府の望むところでもあったのだ。

一九七五年、私は東京勤務を終え、那覇の本社編集局に転勤となり、政治部記者として復帰まもない屋良県政を担当する。その頃、同僚記者三人と正月の年始あいさつにかこつけて、那覇市松川の屋良朝苗知事の自宅に行ったことがある。

話の前後は記憶にないが、お屠蘇気分も手伝って屋良さんに「沖縄の独立をどう思うか」と聞いた。いささかのためらいもなく「あり得ません」と答えたことだけはよく覚えている。日本への復帰運動を指導してきた人として当然と言えば当然であるが、その即答ぶりが印象に残っている。

三人はその足で近くに住む私たちのボスである池宮城秀意社長の自宅に押し掛けたが、その酒座でも社長に「沖縄の独立をどう思うか」と矛先を向けた。少し間をおいてから「すべきだね」とポツリ語ったのが印象深い。これも話の前後はアルコール蒸発して忘れてしまったが、返答だけは記憶している。

池宮城さんは一九五〇年代の沖縄の地位をめぐる論争の時も、アメリカの信託統治を主張した人として知られているが、この人の「ヤマト嫌い」は晩年も変わりなかった。

それにしても片や大衆運動の指導者、片や言論界を代表するオピニオン・リーダーの二人の対応の違いをどう受け止めるべきか。復帰四〇年たって、いまだに多くの県民は「日琉同祖論」のくびきから解放されてはいないが、手段が目的化しないよう、自由な精神だけは持ち続けていたいと思う。

『ドキュメント沖縄返還交渉』抄録

『ドキュメント沖縄返還交渉』（日本経済評論社、二〇〇〇年）

序　章

沖縄はいま、一八七九（明治一二）年の琉球処分以来の歴史的な転換を迎えようとしている。いわゆる「世替り」である。ここ数年の動向は沖縄の将来を左右せずにはおかない。それほどの大激動期である。おそらく後世の史家は、この激動期の沖縄について、あるいは沖縄返還交渉について、さまざまな評価を試みるにちがいない。

政府はすでにこの返還交渉を〝歴史的な交渉だ〟と自画自賛してやまない。私もこの交渉が〝歴史的な交渉〟であることを否定しない。しかしその意味するところは、政府がいうように「失われた領土を話し合いによって取り戻した」からではない。それは沖縄の返還という国民的要求を逆手にとって、日本の将来の針路をより危険な方向に押しやったからだ。またしても沖縄は、政府に利用されてしまったのか。

私は東京の取材活動で日米交渉を担当したが、それを顧るときいつもある衝動にかられる。それは返還交渉の経過を誰かが書き留めておかねばならない、ということだ。そのいらだつ気持をおさえがたく、この困難な事を始めることにした。

もとより、返還交渉の真相を一部始終書き留めることは、交渉の担当者でもない者にとっては至難のわざだ。交渉にかかわるおびただしい会議や会談の記録、それに訓令のたぐいは、大部分が秘密のベールにつつまれたまだし、これは後世になってしか明らかにできないものかもしれない。しかしそれにもかかわらず、この記録に挑戦しようというのは、いま書き留めておかぬと、歴史に埋れてしまう……という思いがあるからである。

ここで書こうとしたことは「返還交渉はいかにして進

められたか」ということである。まず、本土政府の対米交渉の方針はいかにして決められたか、という政策決定の問題があり、次に交渉の過程で何がどう問題になったかということがある。これに対し、沖縄や本土の国民はどう受け止め、対処してきたか。そして最後に、交渉はどのような結果をもたらしたか——ということが、大雑把にいってあると思う。

交渉の〝力学〟はアメリカ政府の立場や軍事的要因は当然のことだが、沖縄の民衆運動が絶えず一本の線として底流をなしており、さらに本土の世論や、野党各派、そして自民党内部のさまざまな派閥がある。また、韓国や台湾といった極東の周辺諸国の動向も交渉に少なからぬ影響を与えつづけてきた。これらのことを、できるだけ網羅的に、しかもそれぞれを関連させながら書くことにつとめたつもりである。

また、経過からみて、①一九六八年一一月の佐藤改造内閣成立前後から、六九年四月の岸元首相の訪米までを交渉準備期とし、②四月末の東郷アメリカ局長渡米から、六月三日の第一回愛知外相—ロジャーズ国務長官会談までを交渉の第一ラウンド、③その直後のアスパックから、七月末の第二回愛知・ロジャーズ会談までを第二ラウンド、④八月上旬開始された東郷・スナイダー折衝から九月一二日の第三回愛知・ロジャーズ会談までを第三ラウンド、そして、⑤一〇月一日の愛知・マイヤー駐日大使会談から、一一月二一日の佐藤・ニクソン共同声明発表までを最終ラウンドとして、おおまかに区切ってある。

なお、ここにまとめた一九六八年末から六九年末のほぼ一年にわたる記録は、「沖縄返還交渉史」の一部分をなすものである。しかも戦後の返還交渉史全体のなかでは、最も重要な時期である。これほどの長い外交交渉も、日本の外交史にはなかったに違いない。沖縄返還を決めた日米共同声明は、条約の締結にも等しいものであった。沖縄の一〇〇万県民にとっては、この交渉に命運がかかっていたのだ。それを思いあえて筆を執ったのである。

第五章　交渉の最終ラウンド

一　再開された東京交渉

ワシントンでの外相談を終えると、交渉の舞台は再び東京に移った。外相より一歩早く帰国した東郷アメリカ局長は、一八日午前首相官邸に佐藤首相を訪ね報告した。東郷局長は核問題や自由発進の問題について、依然として相違点が残っていることや、B52の出撃権についても、米側が固執している点を報告した。核については米国の国内法で核の存在は明らかにできない建前になっているため、この点を共同声明でどう表現したものか。

また新たに問題化したB52の出撃権についても、沖縄返還にこれを認めることは、事前協議の〝予約〟になり、日本国内の反発は必至となる。米側は、①現実に起こっている戦争について終結を〝予約〟することはできない、②出撃権を失えば議会の反発を招く――などの理由をあげて、この問題に固執している背景を説明した。

首相への報告を終えて出てきた東郷は「ベトナム出撃問題は結局棚上げされるのか」との記者団からの質問に「日本としては予約は困る。しかし米側としても、返還したら翌日から何もできないというのでは話にならない。二年先がどうなるかわからないということは双方にとってやっかいなことだ」と語り、その間の事情をにおわせている。核問題についても「あと二カ月で詰めなければならない」と語り、九月末から始まる東京交渉で〝仕上げ〟になることを語った。

政府はまた外務省の千葉一夫北米課長を一九日沖縄に派遣し、屋良主席に交渉の経過を報告させた。屋良は、B52が返還後も沖縄駐留するのではないか、とする事前の情報に対し「われわれはB52の撤去を要求しており、返還後も沖縄に駐留するようなことになれば大きな問題だ。それは本土の沖縄化にもなる問題なので、一九日に来沖する千葉北米課長にただしたい」と反発を強めていた。一九日沖縄入りした千葉は同日午後、行政ビルに屋良主席を訪ね、交渉の経過を概略次のように説明した。

「〝核抜き〟に対しては米国に抵抗は強いが、日本としては譲れない点であり、基地の態様は総合的にみて本土並みが達成されなければならない。基地の態様については、いくつかの案が考えられているが、このうちのいくつかが解決されたということではなく、全体がワン・パッケージで解決されると思う。七二年返還を主張している。核問題は両国にとり最大の問題だが、ニクソン大統領は佐藤首相の訪米直前に結論を出すと思う。共同声明の骨子は七月段階でできており、完成にさしかかっているが今回の愛知・ロジャーズ会談で一一月の佐藤・ニクソン会談の御膳立てや合意ができたわけではない。B52の返還後の沖縄駐留については基本的になにも決まっていない」（『琉球新報』九月二〇日朝刊）。

屋良主席はもっぱら聞き役に回って具体的なことは言わず「県民の気持を生かして交渉してほしい」とだけ述べている。千葉課長はこの報告のなかで、沖縄復帰準備のため、「特別地域対策庁」の設置と、現行の日米琉諮問委員会に代わる日米混合委員会（仮称）を設置することが政府内で考えられていることを説明している。千葉はそれを伝えることで、一九七二（昭和四七）年の沖縄返還がもはや不動のものとなったことを示したのである。

これより先の九月一三日、外務省の牛場信彦事務次官は、愛知・ロジャーズ会談の結果について「安保条約そのものはさわらず、共同声明の枠内で沖縄返還を図ることで大体合意したと考えてよい。しかし全部の問題が詰まったわけではないので、一一月の首脳会談までに東京で事務レベル折衝を続けることになるだろう。そのさい、沖縄返還に伴う財政問題も出てくるだろう」と述べ、米国資産など財政問題が出てくることを明らかにした。

さらに牛場事務次官は「佐藤・ニクソン会談で共同声明の内容について最終的に煮詰めなければならない問題も残るだろう。それは特に核の取り扱いの問題だ。また戦闘作戦行動については大体煮詰まったが、実質面と表現の仕方の両面から今後も詰めなければならない」と語っている。

牛場が核問題や作戦行動について「実質面と表現の両面」から詰めなければならないと語ったことは、極めて意味深長である。それは「実質面」を保証しながら、いかにそれを「表現」のオブラートで包むかということであり、さらにまた日米両国の〝お家の事情〟を配慮して、双方が都合のいいように解釈できる「表現」にするかということでもある。そこに外交をあずかる事務方の〝手腕〟が発揮される、というわけである。

九月末にはアメリカ側のマイヤー駐日大使やスナイダー沖縄担当公使も東京に戻り、事務レベルでの東京交渉が再開されたが、「実質面」をいかに共同声明に「表現」するかという微妙なことでもあり、最終段階に入った交渉はますます水面下にもぐり、なかなか表面に顔を出すことはなかった。

二　返還の国内態勢づくり

沖縄の一九七二年返還が見えてきたところで、政府は返還に向けての態勢づくりを始めた。一つは沖縄返還にあたっての日米間の引き継ぎをスムーズにするための日米合議機関の設置である。二つは沖縄と本土との一体化を進めるにあたって、行政機関としての沖縄対策庁の設置、三つは沖縄にある米国の資産の買い取り問題、四つは沖縄独自の法律を本土法に接続するための法制面の整備である。そして五つは沖縄返還後の米軍から自衛隊への肩代わりである。

日米協議機関の設置は外務省で検討しているもので、一一月の日米首脳会談で正式には決めるが、さまざまな移管措置を検討するためのものであった。那覇に設置されている日米琉諮問委員会を改組してこれに充てる、という考えが支配的であった。日米琉諮問委員会は六七年一一月の佐藤・ジョンソン会談の際合意をみたもので、同委員会の目的は「琉球諸島の施政権が日本国に返還される時に、同諸島の経済社会構造が日本本土におけるものと円滑に統合されるよう準備を行なうため、ならびに琉球諸島の住民の経済的な安定、保健、教育および福祉を増進するため、高等弁務官の権限内にある経済的および社会的事項ならびに関連事項について、高等弁務官に対し、助言および委員間で合意された勧告を行なう」（諮問委設置に関する交換公文）というものであった。

目的の範囲は幅広いようだが、結局のところ高等弁務官の権限内の問題に限られていることや、助言や勧告という機能しかもっていなかった。これでは各省庁がそれぞれの所管の問題について個別に準備に取りかかり、琉球政府や米民政府と折衝したのでは、いたずらに混乱を招きかねない。このため返還のめどがつけばこれを改組して、諸準備に対応できる組織に改める必要があった。

もう一方の「沖縄・北方対策庁」の設置は、沖縄の本土との〝一体化〟を促進するためには、現在の総理府特別地域連絡局（特連局）では不十分であるとして総理府が要求しているものだ。特連局はサンフランシスコ条約で、日本固有の領土で施政権がない地域を対象としたもので、琉球列島の沖縄と北方領土を対象としている。特連局を窓口として琉球政府に対する〝援助〟が、この二十数年間行なわれてきた。「日政援助」といわれるものである。

ところが一体化を促進するには、一つの局では対応しきれない、というものである。このため床次徳二総理府総務長官は、荒木行政管理庁長官に対して、その設置を次のように述べて求めた。

「一一月の首相訪米まで沖縄返還のめどがつけば、政府としては強力な復帰準備を急がなければならないが、現在の特連局の機構では、とうてい追いつかない。政治的にもまた実際の行政面でも、対策庁の設置は必要だ」。

行政管理庁としてはかねてから新たな行政機関は設置しない、という基本方針をもっているため、荒木長官は検討を約束しただけで、設置するとは言わなかった。財務当局の大蔵省も、対策庁の設置となると人件費だけで一億一〇〇〇万円の増加になるとして、設置には消極的であった。ちなみに、そのころの特連局の人員は六一人であった。また地元沖縄にその出先とし日本政府沖縄事務所（前身は那覇日本政府南方連絡事務所）があったが、そこには七五人が配置されていた。総理府の要求は本庁に三一人、出先に五〇人の増員を求めるというものであった。

その年に琉球政府から出された沖縄援助の概算要求は約六〇〇〇億であったが、これでは到底本土との格差を是正するには足らない額であった。琉球政府からは次年度からの沖縄援助についての基本的な考えとして、①国政事務と県政事務を区分し、国政事務は全額国庫負担にする、②県政事務については他府県と同じような交付税に準ずる、③格差是正のための特別交付金を支出する、④産業基盤整備、経済振興のための財政投融資を拡大強化する――などが出されていたが、総理府特連局では沖縄から国税を徴収していない今の段階で、他府県と同じような交付税方式を適用するのは時期尚早として見送っている。ただ国政事務相当分については、配慮することにしていた。

いずれにしても沖縄返還のめどが立った段階で「沖縄・北方対策庁」および出先の「沖縄局」の必要性が政府のなかからも、国会のなかからもいわれるようになり、一一月の日米首脳会談待ちとなった。またこのころから各省庁で「沖縄対策室」設置の必要性も指摘され、一一月の首脳会談を注目するようになった。

なかでも内閣法制局では、沖縄の法制上の問題点について、総合的に検討するため「沖縄法制調査室」を次年度予算で設置して、法制面からの一体化を進めることにした。同調査室は、①沖縄の法制の現状とその運用状況、②本土の法制との質的な相違、③沖縄の法制の制定の経緯やその背景——などを検討するほか、奄美大島が返還されたケースなども参考にしたいとしている。

沖縄が復帰すれば、本土法が当然適用されることになるが、二十数年もの間、米国施政下で別の法体制のもとにあったため、一度に全面適用となるとさまざまな混乱が予想される。それを緩和するため、ある程度の移行措置がとられなければならない。そのためには特別措置が必要となってくる。何百とある法律を、一つ一つ見極めながら適用措置をとることは、それだけでもたいへんな作業であった。

沖縄の米国資産の問題は、第二次大戦後、米国が沖縄に投資した開金、水道、電力などの公社をはじめ、琉球政府庁舎など多くの施設を本土政府が買い取るという問題である。この問題については六九年六月の愛知・ロジャーズ会談の際、米側から非公式に持ち出され、いずれそのリストを提出したい、としていた。このため政府は大蔵省の松川道哉審議官（国際金融局次長）、戸塚岩夫参事官らを八月末に沖縄に送り込んで調査をさせている。松川審議官は「米国資産の買い取りが外交折衝になるかどうかわからないが、日本政府としても折衝に備えた対応資料が必要なので下調べに来た」と語っている。

問題の性質上、日本側から持ち出す筋合いではないが、米側は奄美返還や小笠原返還などの例を持ち出してくる可能性は十分ある、と見ていた。政府としても沖縄返還をスムーズに運ぶためには、カネですむことなら……という腹づもりがあったようだ。

しかし、琉球政府は九月一八日午前九時から開かれた局長会議で協議した結果「本土政府が米国から買い上げるべきではなく、それらの施設、資産は沖縄住民にそのまま引き継がれるべきである」との統一見解をまとめた。屋良主席はこれまでにも「沖縄住民に譲渡すべきものであり、補償の必要はない」との考えを明らかにしているが、どうも雲行きがあやしくなってきたため、改めて「統一見解」をまとめたのである。統一見解はさらに次のように述べている。

「ガリオア資金（占領地域救済資金）は沖縄住民の生活援助や復興対策のために投入されたものであり、それから生じた利益金などもすべて沖縄住民のものと考えるべきである。したがって、本土政府がこれらを米国資産として買い上げるべきではなく、沖縄住民にそのまま引き継がれるべきである」。

米国が沖縄に投じた資金は、自らの統治の必要性により投じたものであって、それらをいまさらおれのものだから買い取れというのはまことにおかしな話である。しかしそれがどうもおかしな方向になりつつあった。九月二七、八日の両日アメリカでケネディ財務長官と会談することになっている福田赳夫大蔵大臣は、この会談で米国資産の買い取りについて米側から持ち出す公算が強いと判断、先に沖縄の調査を行なった松川審議官を会談に立ち会わせるため米国に派遣した。こうして米国資産の買い取り問題が、新たな問題として浮上してきたのである。

三　沖縄防衛構想と四次防

沖縄返還に向けての態勢づくりのなかでも、特に政府にとって大きかったのは、防衛の肩代わり、つまり自衛隊の沖縄への配備であった。これは沖縄返還に向けての「態勢づくり」以上のものがあった。というのは一九七二年度から五年計画で始まる第四次防衛力整備計画（四次防）のなかに沖縄防衛計画が入ることで、四次防の〝質的転換〟ともかかわっていたからである。

沖縄返還交渉のなかで、返還後の米軍基地の態様がどのようなものになるかという問題とは別に、防衛庁では返還後の自衛隊の展開について早くから関心をもっていた。もちろん、沖縄で米軍が果たしている役割、機能と、自衛隊が担う役割とは異なったものとなるが、それにしても自衛隊は米軍のどの部分を肩代わりするのか、その点について防衛庁の内局および統合幕僚本部では関心をもっていた。

このため六九年七月に防衛庁は米軍基地調査団を派遣、八月には板谷統幕議長と高級幹部を相次いで沖縄に派遣している。また九月には小幡久男防衛事務次官も初めて沖縄を訪れ、米軍基地を視察したほか、ランパート高等弁務官とも会談している。小幡次官は九月三〇日からインドネシアのジャカルタで開かれる「アジア地区軍事情勢検討会」（駐在武官会議）に出席する途次沖縄に寄ったものだが、一連の防衛庁幹部による視察で沖縄への自衛隊派遣が検討されたのである。

そのころ佐藤首相ら政府首脳は、しきりに「自主防衛」論を強調し、「国を守る気概」をことあるたびに述べていた。沖縄返還にあたってこうした「頼もしい日本」を印象づけることで、米側の心証を良くしようという意図もあったが、同時に次期四次防策定に向けての地均しということもあった。

九月二五日島根県松江市で開かれた国政に関する公聴会「一日内閣」での演説で、佐藤首相は一一月訪米で沖縄返還について決着をつけることを冒頭で述べたあと「沖縄の祖国復帰が実現することは、名実ともにわが国が一本立ちすることだ。安全保障という問題もこれまで以上により主体的に考えねばならない。わが国の防衛は国力、国情に応じて自衛力を整備し、その足らざるを日米安保条約で補完するというのが政策の基本だが、きびしい国際情勢に対応して国家と国民の安全を確保するためには、国民の独立心、自分の国は自分で守るという気概がさらに強く要求される」と述べ、沖縄返還と防衛に対する気概を再度強調している。

さらにまた「国際社会における日本の立場を展望してもアジアの安定という問題について主役を果たすのは日本であり、米国はむしろ側面的協力ということにだんだんなろう」と〝アジアの主役〟さえ強調したのである。

防衛問題を論ずるなかで〝アジアの主役〟が強調されたことで、〝軍事大国〟への意図と受け取られかねないと懸念したのか、翌日の記者会見では「軍備拡張を意味するものではない。先進国への経済協力強化などの国際的要請にこたえるということだ」と釈明している。ともあれ、沖縄返還と自主防衛がセットで言われるようになった。

一〇月八日開かれた衆院内閣委員会で、民社党の受田新吉議員が「一日内閣」での佐藤首相発言に関連し「これまでの日米安保体制をわが国防衛の基調にするとの考え方から、自主防衛を基調にし日米安保を補完的なものにするとの考えに切り替えるのか」と質問したのに対し、有田防衛庁長官は「日米安保体制は堅持するが、内容的には自主防衛を強化する方向ですすめたい。特に通常兵器による侵略に対しては、日本が主役を演ずることになろう。その意味で限定的自主防衛である。自主防衛を積極的に推進することは、独立国家として当然である」と答弁している。

また有田長官はこの答弁のなかで四次防の基本方針として、①沖縄防衛、②海上自衛力の強化、③基地周辺対策、④兵器の国産化の推進——をあげたうえで、返還後の自衛隊の駐留について「沖縄そのものの面積は小さいが、海域、空域は相当あり、やはりそこは自衛隊が責任を持つ。また、沖縄は災害が比較的多いので、施設隊を多く配置しなければいけない。配置に当たっては、こうした地理的条件を考慮しなければならない」と述べるとともに、自衛隊の配置に当たっては原則として現在の米軍基地以外の新規土地接収は行なわず、米軍との共同使用で臨むことを明らかにした。

有田長官が四次防策定にあたっての基本方針のなかで「沖縄防衛」をあげたことは注目しなければならない。有田長官自ら述べているように、沖縄は島こそ小さいが点在する島々の有する海域は広大であり、それは本州の海域にも匹敵する面積である。海域の上の空域も同様である。

沖縄返還によってこれらの広大な海域と空域を日本が米軍に代わって防衛することになるとなれば、日本の防衛体制にとって大きな変化である。有田長官が四次防の基本方針のなかで、「沖縄防衛」とともに「海上自衛力の強化」をあげたのも、その辺の事情を裏づけている。

四次防では特に兵器の「近代化」が求められていた。海上自衛隊でいえば艦船の増加とともに、高性能の潜水艦やヘリコプター搭載の護衛艦の建造などがあげられる。また艦対艦のミサイル開発も話題にあがっていた。自衛隊の通常兵器の水準は、すでに最高水準のものとなっており、総合力でもアジアで一流となっているが、四次防でさらに飛躍を図ろうとするものであった。

それとの関連で問題となったのが「自衛の範囲」の問題である。自衛力の整備はどこまで可能かという問題は、当然、憲法が定める「自衛の手段」との関連で問題となった。これまでの政府の見解では「わが国の生存と安全を保持するという正当な目的を達成する限度を超える兵器は、憲法がその保持を禁止するものと考えるべきで、これが攻撃的ということばで出ていたものと思う」（高辻法制局長官）という発言にみられるように、攻撃的兵器は自衛の範囲を越え、憲法の禁ずるところだ、との解釈をとってきた。

しかし四次防策定のなかで、何が攻撃的で何が防衛的かについての線引きが次第にあいまいになってきた。従来「長距離爆撃機」は「他国に脅威を与える」との理由で攻撃兵器とみなされ、その保持を否定していたが、長距離でない「戦闘機」なら保持できるとなり、その使用にあたっても従来は「わが国の地上における侵略に対処するため」（増田防衛庁長官）と使用に一定の条件をつけていたが、有田長官になって「わが国の領土、領海へ入る前に排除する体制をつくる」として、公海上にあっても爆撃機を使用することをほのめかしたのである。この「地上」から「領海」へと使用範囲の拡大が、沖縄返還を前にして打ち出されてきたのである。

かくして防衛庁はこの年の一〇月末までに「沖縄防衛構想」をまとめた。同構想は、①陸上については沖縄への着・上陸侵攻を排除し、米軍出動など民生安定にあたる。②海上防衛は沖縄周辺の海域の哨戒、港湾の維持管理、南西航路確保に必要な防衛力を保持する。③防空については、領空侵犯の脅威、局地防空の任にあたる――というもので、米軍が沖縄に期待している極東における核抑止力の役割を除いて、沖縄における通常兵力による局地防衛は、すべて肩代わりする、というものであった。

この基本方針に基づき、具体的な自衛隊の配備計画がまとめられた。たとえば陸上自衛隊なら機動力と独立性をもつ混成部隊四〇〇〇人から五〇〇〇人を配備し、地対空ミサイル・ホークを引き継ぐ場合はそれに相応する部隊を送る。海上自衛隊は護衛艦三隻、掃海艇三隻、揚陸艇一隻などで編成した基地隊を置くほか、対潜哨戒機P2J一個飛行体（一八機編成）を配置する。航空自衛隊は次期主力戦闘機F4ファントム一八機で編成される一飛行隊や、ナイキ・ハーキュリーズ（対空誘導弾）やレーダー・サイトを米軍から引き継ぎ、バッジ・システム（自動防空警戒管制組織）に組み入れる――というものである。

このように政府の「沖縄防衛構想」は、一一月の日米首脳会談を待たずに、具体化が進められたのであった。

四　盛り上がる抗議行動

沖縄返還交渉が進み、もはや一九七二年返還が動かし難い事態となるにつれ、沖縄内部の動きも活発化してきた。と同時に、これまで沖縄復帰が見えてこない段階では、ただ「返せ」というだけで一致していた各政党や諸団体も、復帰が具体化してくるにつれ、その方法論をめぐって考え方の相違が表面化してきた。これまで復帰運動の中心的役割を担ってきた沖縄県祖国復帰協議会（復帰協）にまずそれは表面化した。

六九年三月二二日に開かれた復帰協の第一四回定期総会においてそれは現れた。執行部が提案した運動方針のなかの「基地撤去」「安保廃棄」に対して、海員組合の代表が「いったい基地撤去は県民世論を集約したものなのか。世論調査でも本土並み基地の態様は四一％もいる。祖国は安保条約が適用されており、その現実を認めないといけない」として、方針の修正を求めた。

それに対して社青同の代表が「復帰運動の原点は反戦平和である。反戦平和の思想こそ復帰運動を支えてきた」として運動方針は当然だと反論する。喜屋武真栄会長は「復帰をはばんでいるのは何かといえば、基地であり安保である。したがって目標に基地撤去、安保廃棄をかかげ、それに一歩でも二歩でも近づけることが必要である」と〝統一と団結〟を訴えたが、海員組合や全繊代表は「一党一派の考えだ」と反発して退場した。

こうして路線をめぐる対立が影を落とし、革新政党間でも、佐藤訪米をめぐる対応に違いが出てきた。革新共闘を組んでいる与党三党のうち社会党や人民党は、佐藤訪米に「反対」「阻止」を主張しているが、最大与党の社大党は「反対」も「阻止」も打ち出せなかった。これは安里積千代委員長が、首相訪米に要求や注文はつけても、外交権は首相にあるのだから訪米そのものに反対はできない、という考えを明らかにしたからだ。八月三〇日同党中執委は、この委員長発言をめぐって五時間も論議したが結論が出ず、九月七日開かれた中央委員会で「本土政府が折衝しようとしている内容に反対し、即時無条件全面返還を要求する」ことを確認した。つまり「折衝しようとしている内容」には反対するが訪米そのものには反対しない、ということを言外ににおわせたものだ。また中央委のあと記者会見した平良幸市書記長は「他の政党や団体との統一行動は、他の政党、団体が訪米反対、阻止ということであっても、折衝の内容に反対するという点では一致するので統一行動が組めると思う」と語り、今後も復帰協と行動を共にすることを明らかにした。

革新共闘の要ともいうべき社大党の変化を受け、与党三党と革新共闘会議は一一月の佐藤訪米に向けての方針をまとめたが、それは「反対」とか「阻止」とかには触れずに「抗議行動をとる」という形で集約された。

妥協の産物ともいえるこの方針に本土政府や自民党は「戦術の転換」と受け止めて歓迎した。また本土革新政党の共産党は「現実的な対応」と評価したが、社会党内には「今後の運動をすすめるうえでやりにくい面もある」ととまどいを見せた。

革新共闘主催による「議会並びに行政報告時局演説会」が九月一三日から南部の佐敷小学校グラウンドで始まったが、各党とも本土政府の返還交渉の方式に批判が集中した。特にワシントンでの愛知・ロジャーズ会談の直後ということもあって、各弁士とも「事前協議の弾力的運用によって沖縄基地を強化するものだ」と批判している。

労働組合でも県労協（亀甲幸吉議長）が七〇年運動方針案で佐藤訪米の「意図に反対」という立場を打ち出し、一一月一三日に県内の全労組が統一行動をとる計画を提案した。全軍労（上原康助委員長）も「訪米意図に反対」の方針を出したものの、具体的な闘争方針は出していない。復帰協は一一月一日の執行委員会で一一月の首相訪米に向けた一連の行動計画を決定した。

それによると、①一〇・二一国際反戦統一行動日に加盟団体は午後からストを含む職場集会を行ない、全琉六ブロックで大会を開く。②一一月一三日、嘉手納で「核つき・基地自由使用返還をたくらむ佐藤訪米反対、即時無条件全面返還要求県民総決起大会」を開き、基地にデモ行進する。③一一月一七日の佐藤訪米当日は全県民が抗議ストを行ない、県民総決起大会に結集する――などとなっている。

また県労協は一〇月一六日開かれた第一五回定期大会で、これまで五年間にわたって議長を務めた全逓出身の亀甲が退き、新しく官公労委員長の仲吉良新が議長となり、〝仲吉新体制〟が発足した。議長に就任した仲吉は「さしあたり一一月闘争に全力投球する」と抱負を述べ、一一月の佐藤訪米に向けた取り組みを強化していく方針を打ち出した。訪米「反対」とか「阻止」とか言葉ではなく、具体的な抗議行動で沖縄の意思を示すことになった。

こうして開かれた一〇月二一日の国際反戦デーには、復帰協主催の「沖縄返還・ベトナム反戦・安保廃棄一〇・二一統一行動各地区大会」では、沖縄全体で二万人（主催者発表）が参加した。大会では「佐藤自民党政府は、核つき・基地自由使用返還を推し進めており、真の返還をかちとるのは大衆的な戦い以外にはない」との宣言を採択した。

大会のあとデモ行進したが、途中、革マル派学生の一団が巡査派出所に火炎瓶を投げ込み、九人が逮捕された。また嘉手納基地では中核派の学生とみられる五人が同基地北方の一六号線から金網を乗り越えて基地内に突入し、Ｂ52が発進した直後の滑走路で気勢を上げているところを基地内警備兵に逮捕される事件があった。

この日、本土各地では全国七六四カ所で四五万人が集会などに参加した。社共共闘による東京・代々木公園の中央統一集会には約八万人（主催者発表）が参加した。既成左翼に反発する新左翼グループのべ平連なども二万人の独自集会を開いた。実力行使を主張する反日共系学生各派は、同時多発的なゲリラ闘争を展開した。夜に入って新宿駅周辺に結集し、警官隊とゲバ棒で激しくわたりあった。このため首都圏の国電は夕方から夜にかけストップした。

大衆闘争が盛り上がった矢先の一〇月二四日、Ｂ52戦略爆撃機が水爆を積み、中国、北朝鮮に対する戦略パトロールないし緊急発進待機の任務につかせている、との共同電が『琉球新報』『沖縄タイムス』の一面トップで報じられた。この記事は「沖縄米軍基地関係者及び軍事情報筋」が得ている「信頼できる情報」として報じられたもので、四機が沖縄に常駐し、南ベトナムの爆撃に毎日嘉手納から発進している六機のうち初めの二機がそれだという。

「水爆パトロール」というのは、二五メガトンの水爆二個ないし四個を搭載し、北米大陸―北極圏、スペイン―ソ連南方、極東の三方面で二四時間パトロールしているもので、米軍の戦略核兵器の一環として位置づけられている。沖縄には六四年ごろから開始、グアム島ＳＡＣ第三航空師団所属のＢ52が分遣されている――というものだ。

この報道は折からの沖縄返還交渉でＢ52などの自由発進が問題とされてきただけに、大衆運動の火に油を注ぐ形となった。特に地元の嘉手納町では町当局が緊急対策協議を開き、古謝得善町長が米軍に抗議したほか、町議会も臨時議会を開いて抗議決議をした。立法院も動き出した。屋良主席も一〇月二〇日にはフィアリー民政官をたずねて真偽のほどを確かめている。同民政官は「報道は根拠のないもので事実無根」と否定している。外務省も「ありえぬことだ」と否定したが、「水爆パトロール」の真偽は別にしても、いまも南ベトナムへの渡洋爆撃が繰り返されているという現実に改めて注目するところとなり、B52撤去の声が再び盛り上がりをみせてきた。

五 〝胸突き八丁〟の東京交渉

九月二七日、三週間ぶりに帰国した愛知外相は、一〇月二日午後二時から自民党本部で開かれた外交、安保、沖縄、地方の四部会の合同会議に出席し、一連の外遊報告を行なった。外相はこの報告のなかで次のように語った。

「六月二日のニクソン大統領との会談を皮切りに始まった沖縄返還交渉は順調に進んでおり、わが国としては七二年中に核ぬき・本土並みで返してほしいという主張を繰り返してきた。こんどのロジャーズ長官との会談では、九合目まで行きたかったが、八合目までしか行きつけなかった。これからも胸突き八丁でむつかしいところだが、残された問題は東京で詰めることになっている」

出席した議員のなかからは「沖縄問題と経済問題をからませるという報道があったが事実か」とか「自由化の問題と沖縄交渉とはからませるべきではない」などの意見が出された。中曽根康弘は「経済をからませると清流に泥を混ぜるようなことになり、好ましくない」と注文をつけた。外相は「沖縄問題と経済問題が関係ないとは言えないが、それを主張しているのは、国務省ではないことを考えてもらいたい。意見は慎重にうけたまわっておく」と答えている。外相の答弁の裏を返せば「国務省からではないが他の省から出ている」ということになる。農産物の自由化を要求している商務省などが、あの手この手で日本に圧力をかけているのだ。

愛知外相は自民党の合同会議の前日一日、外務省でマイヤー駐日大使と会い、今後の交渉のやり方について協議している。その結果、①これまでの日本交渉で問題になった点について、合意を求めていきながら共同声明の文案作成にとりかかる、②これからは毎週一回愛知・マイヤー会談を開いて協議を重ね、五週間以内に共同声明の文案をまとめる——ことになった。

共同声明の文案作成は、これまで東郷アメリカ局長とスナイダー沖縄担当公使との間で行なわれてきたが、政治的な判断を求められる問題が出てきているため、交渉を外相と大使との折衝に移したのだ。日米交渉はいよいよ〝胸突き八丁〟にさしかかったのである。

こうした矢先、米統合参謀本部議長のホイーラー陸軍大将が日本を訪れた。同議長の来日は、韓国―沖縄―南ベトナム―日本という順で行なわれた一連の極東視察の一環である。統合参謀本部議長といえば、陸・海・空・海兵四軍を統括する制服組では最高の地位にある。一九六二年に陸軍参謀総長となり、六四年に現職に就任した。任期は二年であったが、ジョンソン前大統領のときに再起用された。そしてジョンソンからニクソン大統領と二代にわたってベトナム戦争を遂行してきたタカ派中のタカ派である。北爆の推進論者であり、六七年にはハイフォン港封鎖を進言したことでも知られている。

ホイーラー議長は八日午後、佐藤首相や愛知外相と個別に会談した。首相との会談には日本側から保利官房長官、木村同副長官、東郷アメリカ局長、米側からはマイヤー駐日大使、マギー在日米軍最高司令官が同席。議長は首相に「米軍がアジアに出ているのは戦争のためではなく、アジアの平和のために戦争が起こらないようにするためだ。このようなことから沖縄の軍事的役割りに理解を示してもらいたい」と要請した。

またベトナム情勢について「現在、ベトナムの戦局は最良の状態となっている。テト攻撃に失敗した解放戦線は、戦術転換をしているように思われる。これまで南ベトナムでは解放戦線七、北ベトナム軍七、軍三の割り合いだったたが、現在では北ベトナム軍七、北ベトナム解放戦線三となっていり、解放戦線の打撃は大きかったようだ」と説明している。

沖縄問題については「近く佐藤首相はニクソン大統領に会うことになっているが、相互理解によって安全保障が十分確保され、しかも両国政府が満足のいく解決が得られるよう期待している」と沖縄の軍事的役割に理解を求めている。これに対し佐藤首相は「私も総理であると同時に自衛隊の最高責任者であり、わが国の安全に心を痛めている。ニクソン大統領も同様だろうし、そういう理解の上に立って協力を得たい」と述べ、一時間二〇分に及んだ会談を終えた。

愛知外相との会談では、外相が沖縄返還と関連して日本が唯一の被爆国であることを説明し〝核ぬき〟への理解を求めたのに対し、「あなたと意見を異にする点もある」と議長は述べ、〝核ぬき〟に対する米軍としての立場の違いをほのめかしている。

同夜、東京からワシントンに向かったホイーラー議長は、一一日にホワイトハウスで開かれた緊急会議に出席し、極東情勢について報告している。レアード国防長官も参加してのベトナム軍事情勢が中心ではあったが、東京での沖縄返還問題についての会談の模様も当然報告されたものとみられる。日本側が要求している〝核ぬき〟返還が、核戦略上に与える影響や、連日沖縄の嘉手納基地からベトナムを爆撃しているB52が、沖縄返還によってどのような影響を受けるのか、などについても協議が及んだに違いない。その際、ホイーラー議長が、制服組の最高責任者としてどのような意見を述べたか、日本の主張と「異にする意見」を展開したであろうことは想像に難くない。このように現実に戦争を遂行している軍当局者の意向が、沖縄返還交渉の背後にあることは明らかだ。

と同時に交渉の背後にあるもう一つの要素として、米国の世論、それを反映した政党や議会の動向もみておかなければならない。それを知るうえで、ここに興味深い資料がある。それは一〇月七日に米共和党上院政策委員会が発表した「日米関係における沖縄」と題する覚え書きである（『琉球新報』一九六九年一〇月一〇日朝刊、ワシントン発時事特派員）。

「覚え書き」は、まず「沖縄はベトナム行きの兵力にとって重要な補給地域であり、その空軍基地はB52を発着させ、その海軍基地はポラリス潜水艦を受け入れることができる。沖縄は核兵器と運搬手段の貯蔵庫であり、朝鮮、ベトナムにおける戦闘作戦のために利用されてきた」と沖縄の米軍基地の果たしてきた役割を書いている。

このあと最近の日本と沖縄で起きているナショナリズムと平和主義が、沖縄の本土復帰を求める機運をつくり出していること、一九六八年の初の主席公選で「即時無条件全面復帰」を求める政権が誕生したことを紹介。これまでの沖縄の戦略的重要性から、なにがなんでも施政権をもつとする従来の考え方から「もし、現在の日本との友好関係を維持しようとするならば、沖縄の日本への返還、それもすみやかな返還は避けがたいという考え方」が生まれ、その線で交渉が進められているが、交渉者たちはいくつかの条件を求めている、と次の三点をあげている。

①現在の沖縄の軍事基地は全部そのまま存続する。②東ならびに東南アジアの全地域に対する作戦基地として沖縄基地を利用する権利を保持する。③沖縄に核兵器を貯蔵する権利を保持する――。

「覚え書き」は、このうちの三点目の核貯蔵の権利保持に、疑問を提している。理由はこうである。

「佐藤首相が沖縄交渉の成功を現在の日米同盟関係の維持と自民党の政権保持を絶対条件としていることははっきりしている」

「佐藤首相の観点からいえば、問題は返還が行なわれるかどうかではなく、いかに早く、どんな条件で返還されるかである。そのうえ佐藤首相の公式声明は首相が現在日本本土で安全保障条約に基づき米国に適用されている作戦上の制限を沖縄の米軍にも適用したいと望んでいることは疑問の余地がない。このことはまた沖縄からすべての核兵器を撤去することを意味する」

「もし佐藤首相が勝利を持ち帰ることができなければ一九六九年の選挙で勝つ見込みが少なくなると多くの観測筋はみている。その場合米国は未知のおそらくは敵意を持つ政府と安保条約の交渉を行なわなければならず、日米間の同盟関係が終わりを告げる可能性が十分にある」

つまりこの「覚え書き」が言わんとしていることは、〝核ぬき〟など米側が譲歩してでも佐藤を窮地に追い込まぬ方が長い目で見て日米安保体制堅持のうえからは賢明である、ということである。アメリカが沖縄交渉で自己主張を貫いたとしても、日本の保守政権を崩壊に追いやっては、元も子もなくなるではないか、というわけである。ホイーラー統合参謀議長たちのようなコチコチの軍人たちが、目先の利益だけで沖縄を手放そうとしないことに、政治的な観点からの判断を求めたものでもある。

ニクソン政権としては、戦略的な要請と、一方では政治的な観点という両面から沖縄交渉に臨むことが求められているわけで、そのことはそのまま日米共同声明に投影されることにもなる。そうしてそれは非常に高度な政治判断を求められることでもあった。

それを示すかのように、一〇月から週一回の割で始められた愛知外相とマイヤー大使との東京交渉は、前半はベトナムへの発進の問題などで進展はあったものの、後半になるとほとんど進展がみられなかった。特に〝核ぬき〟の問題になると、マイヤー大使は「本国からの訓令がきていない」ことを理由に確約を避けている。むしろ〝核ぬき〟の問題を切り札にして、作戦行動の自由について、なるだけ日本側から譲歩を引き出そうとしていたフシさえみえた。

この問題についてのアメリカ側の立場は、現にベトナムで戦争をしているのに、沖縄が返還されたあと、翌日からB52の発進ができなくなるのでは困る、というところから発している。安保条約を改訂することなく、返還後の沖縄にも同条約を適用することは了としつつも、事前協議によって自由作戦行動が阻害されるようでは困る、というのである。したがって、日本政府が事前協議において「イエス」という保証がほしいというのが米側の主張であった。日本側はそれでは事前協議の〝予約〟になり、国民や国会は納得しないと反対した。米側は、日本にも国内事情があるように、米国にも国内事情がある、返還後に手足がしばられるようでは米国議会の承認が得られない、としてねばってきた。

日本側は七二年の沖縄返還時に、ベトナム戦争が果して継続しているかどうかもわからない、それを前提にして言うのもどうか、と疑問を提し、一時は沖縄返還の時にベトナム戦争が終わっていなければ〝再協議〟するということでどうか、という案も出されたが、それも「イエス」を前提としているようで好ましくない、ということで見送られた。またベトナム戦争やB52などの生々しい用語も共同声明には使用せず、抽象的な表現にすることになった。結局この問題は、米側は事前協議に応ずるかわりに、日本側は米側の立場を十分に理解する、ということを明記することで落ちついた。

それにしてもそもそも「事前協議」とは、どのようないきさつで設けられ、これまでどのように運用されてきたのか。ここで見ておくこともこの交渉を理解するうえで必要なことであろう。

日米安保条約は、その第六条で「日本国の安全に寄与し、並びに極東における国際平和および安全の維持に寄与するため、アメリカ合衆国は、その陸軍、空軍および海軍が日本国において施設および区域を使用することを許される」としている。そしてその使用にあたっては「別個の協定および合意される他の取り決めにより規律される」(同条第二項)としている。「別個の協定」とは地位協定であり、「他の取り決め」というのは、運用に関する事前協議を定めた岸・ハーター交換公文である。六〇年の新安保条約になってから取り決められたもので、ある一定の条件以上のものについては日本との間で事前に協議する、というものである。

ここで一定の条件というのは、①配置における重要な変更、②装備における重要な変更、③日本から行なわれる戦闘作戦行動——の三つである。当時の政府は、これによって米軍の極東における紛争に日本が巻き込まれるのをチェックできると国民に説明している。当時の藤山愛一郎外相などは、これは一種の拒否権である、とさえ強調していた。しかし締結した当時からその実効性を疑う声が政府関係者のなかにさえなかったわけではない。元駐英大使の西春彦などは拒否する能力もない日本がこうした取り決めを結んだのは、「条約改正上の致命的欠陥だ」と批判している。

拒否権的側面が強調された事前協議だが、沖縄返還がしだいに現実のものとなるにつれ、政府の国会答弁は「イエスもありうる」と弾力的運用に大きく転換しはじめる。六九年四月朝鮮半島で撃墜された米大型偵察機事件のあと、ニクソン大統領は護衛戦闘機をつけて再び日本から発進させることを明らかにした。社会党などは「当然、事前協議の対象とすべきだ」と主張したが、「実戦の戦闘作戦行動とは言い難い偵察行動は、この協議の対象範囲には入らない」との態度をとっている。

また交換公文では事前協議のひとつとして、「米軍の日本への配置における重要な変更」をあげているが、それがどのようなことをさすのか。外務省は六八年四月プエブロ号拿捕事件のあと、「陸上部隊の場合は一個師団程度、空軍の場合はそれに相当するもの、海軍は一機動部隊程度の配置」という見解を明らかにした。前記の偵察機撃墜事件のとき、米国は第七一機動艦隊を編成して日本海に投入した。これが日米の港に寄港すれば「一機動部隊程度」に該当するが、政府は「事前協議の対象となる日本への配置とは、わが国の施設区域を本拠として駐留することであって、寄港は配置の変更にはあたらない」との見解を示している。エンタープライズ号の寄港もこの見解に立って対象外とした。

また事前協議のもうひとつの対象に「日本から行なわれる戦闘作戦行動」がある。これについては日本の基地を飛び立った戦闘機や艦船が、日本を離れた後に戦闘任務をおびてベトナムに出動しても「米軍の単なる国外への移動」ということで、事前協議の対象とはならないのである。

このようにこれまでの事前協議についての解釈や運用をみると、全くしり抜けにも等しいものである。もともと事前協議に関する交換公文自体が、六〇年安保改訂の際、国民の目をごまかすための形式的なものだ、という批判があったが、あれから一〇年を経て、再び沖縄返還交渉で国民の反発をかわす手段として使われた感がしないでもない。

次に〝核ぬき〟の問題である。〝本土並み〟返還を言う以上、〝核ぬき〟でなければならないことは明らかである。初の被爆国として、核を認めるわけにはいかないという根強い国民感情がある。これを無視しては、到底国会の了解を得ることはむつかしい。だからなるべくならわかりやすい形で日米共同声明に明記したい、という要望がある。それは米国がはっきりした作戦行動の自由保証を求める国内事情と似たようなところがある。

しかし米側は、核戦略上どうしてもできない。そこで日本側としては妥協案として「沖縄にも本土同様安保条約と非核三原則を適用するとの日本政府の意向に対して、米政府が理解を示した」という表現でどうか、と提案したのである。

「非核三原則」とは核兵器について「製造せず、保有せず、持ち込ませず」というもので、六〇年安保の国民的要求のなかから生まれた国会決議である。したがってこれを適用することになれば、アメリカは当然沖縄の核を撤去しなければならないと日本側はみる。「理解を示したのだから、当然撤去しているはずだ」というのが、この場合の日本側の解釈である。

ここで非核三原則が、米側との関係で問題となるのは「持ち込ませず」という部分である。アメリカが日本に核を持ち込もうとするとき「持ち込ませず」というものだが、核の場合は事前協議の「装備における重要な変更」

にもあたるから、当然その対象となるはずである。ところが政府がとった対応は、詭弁としか言いようがないものである。

たとえば六八年一月、米第七艦隊の主力エンタープライズ号が佐世保に入港した際、それに示した国会答弁である。社会党の江田三郎は「エンタープライズが第七艦隊戦力の中核であり、常時核武装されているが、エンタープライズが核装備のまま佐世保にきたこと、この船の寄港が日本本土に核兵器を持ち込ませないとの日本のこれまでの政策のはっきりした変更を意味するのは明白な事実である」とただしたのに対して、佐藤首相は次のように答弁したのである。

「重要な装備の変更、いわば核兵器、核武装というような装備の重要な変更であるから、その持ち込みの事実があれば、事前協議の対象になるわけである。わたくしども日本としては、持ち込みはいけないということははっきり申しあげている。またアメリカ自身も日本政府の意思に反した行動はとらないという約束をしている。したがってただいまの心配は一切ない」

一言でいえば「事前協議にかけてこないから核は一切ない」ということである。エンタープライズ号を沖縄基地に置き替えてみれば、やはり何も言ってこないから核はない、という論理になるのであろうか。

もうひとつ注目しておかねばならないのは、六八年一月の国会で、佐藤首相が非核三原則に関連して、「核四政策」なるものを打ち出してきたことである。核四政策とは、①非核三原則の堅持、②核軍縮への努力、③米核抑止力への依存、④核エネルギーの平和利用――を指している。ここで注目しなければならないのは、①の非核三原則の堅持と、③の米核抑止力への依存である。つまり、日本の非核三原則は、米国の核の傘を前提にしている、と佐藤首相が言っている点である。佐藤は国会で次のように述べている。

「日本の非核三原則は、沖縄の巨大な米軍基地をはじめとする核抑止力を前提にして成り立っており、非核三原則だけを取り出して決議するのは好ましくない」

これは非核三原則を国会で決議することを野党が提案したときの反対の答弁であった。アメリカの核の傘への依存を前提として日本の防衛が成り立っている以上、日本はアメリカの核戦略に反対する立場にはない、ということである。沖縄返還交渉の過程で非核三原則を持ち出して日米共同声明をうたおうとするとき、こうした非核三原則のもつあいまいさを見落としてはならない。結局、核の取り扱いは大統領の専権事項として、日米首脳会談で決着がはかられることになった。

六　佐藤訪米をめぐる内外の情勢

一〇月末の三〇日に外務省で開かれた愛知外相とマイヤー大使との会談で、一一月の日米首脳会議の議題と日程がほぼ固まった。首脳会談は一一月一九日と二〇日の二回行ない、二一日に共同声明を発表する。初日の会議で沖縄問題を、二〇日にベトナムや軍縮などの世界情勢について会談することになった。

共同声明の案文は〝核ぬき〟の表現を除き、ほぼまとまっており、外務省当局は「共同声明はペンからタイプライターの段階にさしかかっている」とコメントした。愛知外相は一一月五日にマイヤー大使と会ったが、ここではほとんど進展はなく、一一月の早い時期にマイヤー大使が佐藤首相に会って、東京交渉を締めくくることにした。

この日、佐藤首相は一時帰国中の下田駐米大使を首相邸に呼び、一時間余にわたって米側の状況を聞いた。会談には保利官房長官、木村同副長官、愛知外相や牛場外務次官らも同席した。もっぱら大使の報告が中心であったという。

下田大使はこのあと外務省で記者会見し、積み残されている核の問題について「米国政府の態度は六月以来変わっていない。これは国防省は沖縄返還後も核を置きたいとしており、国務省は日本の政治的立場を考慮しようとしている。それぞれの立場の調整がついていないからだ」と述べるとともに「私は首相訪米の前にこの点を含めて米側の回答を求めたが、返事が来るかどうかわからない」と述べた。

この会見の冒頭、下田大使は「米国内では佐藤総理訪米前にこれに反対であるとか阻止するという動きにとまどっている。また、沖縄から米上下両院議員一六〇人に復帰に反対であるとの手紙を出しており、誠に遺憾なことであり、沖縄返還交渉にブレーキをかけるものだ」と激しい調子で批判した。沖縄から米上下両院議員に書簡を送った団体についてはは明らかにしなかったが、あとで外務省関係者に聞いたところ、どうやら「沖縄人の沖縄をつくる会」という保守派のグループらしかった。

　同グループは一〇月一〇日の地元紙に五段通しの意見広告を出し「沖縄は沖縄人のものだ！　われわれは日本復帰を急がない」との見出しで「日本復帰を急いではならない。一九七二年こそわれわれの要望を世界に示し、かつ貫徹するための住民投票の年にすべきである」と主張し、「適切な方法により、日米両政府および関係者に対して具体的行動を起こそうではないか」と訴えている。

　その「具体的行動」が米上下両院議員へ書簡を送付することになったようだ。同会の責任者は沖縄ナショナリストで知られる崎間敏勝であるが、この意見広告の冒頭署名人には、元行政主席で沖縄保守政界の大物の当間重剛が名を連ねていた。一定の影響力を持つ人だけに、その名を見た愛知外相も「元主席ともあろう人が……」と不快感を隠さなかった。

　こうした折、米上院議会で、ちょっとしたハプニングが起きて日本政府をあわてさせた。それは一一月五日の上院議会で起きた。民主党のバード上院議員から提出された国務、司法、商務各省歳出法案に対する修正案の形で、沖縄問題についての決議案を賛成六三、反対一四で可決したのだ。この決議案は「大統領が対日平和条約第三条に関連したいかなる領土の地位の変更を行なった協定あるいは了解は、上院の助言と同意なしには効力を持たないことを上院の多数の意見とする」というものであった。

　バード上院議員は、この決議案の提案の趣旨説明のなかで次のように述べている。

「日本政府は米国が日本の安全を保障し、沖縄に数億ドルを支出するよう望んでいる。昨年の支出は二億六〇〇〇万ドルに達した。しかし日本は米国の行動に制限をつけようとしている。日本は沖縄に影響のある米国のいかなる行動にも拒否権を望んでいる。米国が極東で引き続き重要な役割を維持しようとする限り、沖縄基地の無期限使用の維持が不可欠である。

　沖縄の将来の地位をめぐる問題は、単に行政府の決定ではない。平和条約を批准したのは上院であり、この条約によって米国は沖縄の無期限使用を与えられた。同条約のいかなる変更も、上院の承認を求めなければならない。上院の同意なしに行政府が日本に約束するのは賢明でもなく、望ましくもない。上院が外交政策の分野で憲法上の責任を果たそうとするなら、対日平和条約のいかなる変更も上院の批准を受けなければならないことを明らかにしたい」

このようにバード議員の提案は、外交政策に関する上院の権限を行使してその責任を果たせ、というものであったが、その内容は「沖縄の地位のいかなる変更も承認が必要」というのである。この提案に対して民主党のマンスフィールド議員は「米国が日本を一人前の国であり、太平洋での同盟国、友人として扱うつもりならば、大統領の手をしばらないで協定を作り上げるために、大統領にできるだけの余地を与えるのがよいと考える。上院は現在進行の微妙で危険な交渉が太平洋地域の安全保障、福祉に決定的な影響をもつことを理解すべきである」と述べ、交渉中の大統領の手足をしばるべきでないと字句の修正を求めた。マンスフィールド議員は「この字句修正は佐藤首相とニクソン大統領を拘束しない。これは上院の権利を守るだろう」と結んだ。

また民主党のステニス議員は「沖縄に関する協定の実質変更の問題は、全太平洋地域での政策体系にとって死活的な問題となりうるし、特にこの政策の軍事的側面についてはそうである。もしこの政策を変更し沖縄を手放すのであれば、その決定に当たり上院は重要な役割りを果たすべきである」と主張した。

民主党のフルブライト議員も「政府が上院の多数意思決定を尊重し、政府と議会の関係を再確認する動きを見せることを期待する。バード案は上院の責任ある地位を取り戻す必要を思い起こさせる。政府が深くコミットする前に、上院と協議するよう期待する」と議会の尊重を主張した。

これらの意見に対して共和党のグリフィン議員は「私は五日朝国務省から、議会特に上院は沖縄に関して結ぶかもしれないあらゆる協定について十分協議を受ける、との保障を得たことを発表したい。この決議案は非常に不適当な時期に困難かつ微妙な問題を提起する。この決議案は政策問題であるように思われるので、支出法案の付加条項としてはなじまない。適当な時期まで採決は延期したい」と反論した。

さらに共和党のスコット議員も「国務省は日米双方で多くの政治的、軍事的考慮に多くの影響を与える高度に微妙な問題を交渉するためにできるだけ手をしばられたくないと思っている。私は沖縄をできるだけ早く好ましい条件で日本に返すよう交渉することに賛成である。日本への復帰は沖縄の人々の希望であり、われわれはすべてそれを理解している。バード決議案の棚上げを動議として提案する」として棚上げの動議案を出したが、これは二四対五四で否決された。

バード決議案は、結局マンスフィールド議員が出した上院の事前了解を削除する、という修正案をバード議員が同意したため、前記のような形で決議された。この決議は法的な拘束力をもつものではなかったが、日米間の了解事項を上院の討議に付す、ということになったのである。

上院での決議に対して米国務省は、日米交渉に影響を与えるものではないし、議会と十分に協議していくという従来の方針に変わりはない、と論評した。ワシントンでは政府の独走をチェックするという上院の姿勢を示したもので、沖縄返還そのものへの賛否を求めたものではない、と受け止められていた。

保利官房長官は六日午前の記者会見で「この決議は米国の制度からみて、法的に行政府を拘束するものではないが、政治的、道義的に行政府に対し相当に強い影響力をもつことは当然と思う。この決議が佐藤・ニクソン会談に実質的な影響を与えるとは思わないが、佐藤首相の訪米が近づくにつれ、米国朝野の関心が日を追って高まっていることの証拠だと思う」と述べている。外務省はこうした米国議会の動向を探り、時には議員に日本側の立場を説明するため、北米一課の担当職員を急遽ワシントンに派遣した。

米上院が行政府の独走をチェックするため、バード決議を採択した背景にはベトナム戦争がある。大統領府が議会を無視してどんどんベトナム戦争に深入りしていったという反発があり、その反発がバード決議にも反映されていた。民主党のフルブライトなどは、その代表格であった。

秋に入ってアメリカではベトナム反戦運動が燎原の火のように広がり始めていた。一〇月一五日開かれた〝ベトナム抗議デー〟には、全米各区地の五〇〇もの大学で授業のボイコットや抗議集会が開かれ、戦死者名簿を読みあげるなどの行動をとった。前年の大統領選挙でマッカーシー民主党上院議員を平和候補にかつぎ出した「ベトナム・モラトリアム委員会」などが中心となって推進したもので、ベトナムからの「即時全面撤退」を掲げていた。

ワシントンでは三万五〇〇〇人がローソクを灯して夜の街をデモした。泥沼に入ったベトナム戦争で、アメリカ国民の間には厭戦気分が広がっていた。「アメリカの息子たちは、なぜベトナムで死ななければならないのか」と、ベトナム戦争に素朴な疑問を抱きはじめていた。

ニクソン大統領は一一月三日、バード決議の前日に全米向けにテレビ・ラジオ放送で演説し「青年の平和への気持ちはわかる。私もあなた方と同じように平和を求めている」と述べたものの、米地上戦兵力の秩序だった全面撤兵計画を立てている、と述べただけで、具体的な和平策を示すことはなかった。かえって和平交渉では北ベトナムの出方にかかっている、と強気の姿勢さえみせた。

しかしベトナム戦争はもうたくさんだ、とする国民の圧倒的な声は、じわりじわりと包囲網を縮めていた。ベトナム戦争が早く終息することは、日本政府にとっても沖縄返還交渉を進めるうえでも好ましいことであった。

七　屋良主席最後の訴え

一一月の佐藤訪米、そして日米首脳会談の日程が明らかにされるにつれ、沖縄内での動きも一段とあわただしさを増した。それに先に報じられたB52の〃水爆パトロール〃が拍車をかけた。一〇月二八日、琉球立法院の社大、人民、社会、無所属の革新議員団は「B52水爆パトロールに抗議し、その即時撤去を要求する決議」の発議手続きをとり、自民党に超党派で決議するよう求めたが、自民党がこれを拒否したため、与党議員だけの発議となった。

自民党は二八日午後から開かれた立法院本会議を自民単独で開会し「沖縄の施政権返還に関する要請決議」を採決した。この決議を本土政府に渡すため、院代表を派遣することも決めた。革新三党は「真に沖縄がおかれている現実や将来を考えない党利党略の不当なものである」として本会議での採決に加わらなかった。

革新三党は返還決議について本会議前に合同会議を開き調整を行なったが、佐藤訪米を認め、県民の立場からの要求決議をしたいとする社大党と、訪米に反対し即時無条件全面返還を主張する人民、社会両党との間で調整がつかず、統一した決議案を上程することができなかった。先に述べた佐藤訪米をめぐる革新三党の考え方の相違が露呈したのであった。

行政府の屋良主席は、少数与党で立法院に提出した人事案件や重要施策がことごとく自民党の反対にあい、苦悩を深めていた。そればかりではない。その与党との関係でも溝を深め、孤立していた。宮古の下地島にパイロットの訓練飛行場を誘致する問題で、軍事利用との関連で与党の支援が得られず、二転三転していた。

一一月四日午前行政府は臨時局長会議を開いて訓練飛行場の「誘致」を決定したが、午後から開かれた与党連絡会議では了解は得られず、見切り発車となった。

もともと与党側が誘致に反対したのも、復帰後、自衛隊などが共同使用し、軍事利用されることを懸念してのものであったが、行政府側は復帰後の地域振興のためにも必要として、軍事利用はさせないとして誘致に踏み切ったのである。

屋良主席はこの日の与党連絡会議で、近く上京し外相や首相と会い、沖縄の要望を伝える考えであると表明した。屋良は「沖縄には訪米阻止、反対、激励の動向があるが、主席は復帰に対する県民の要求を伝える責務がある」と説明した。与党側からは「主席が佐藤首相へ要請するのは誤解を招く恐れがあるので、要請の内容には慎重を期してもらいたい」と注文をつけている。

屋良が上京したのは、それから三日後の一一月七日夜のことだった。翌日八日午前、外務省に愛知外相を訪ねた屋良は、①核ぬき返還、②完全本土並み、七二年返還の実現――の三つを柱に「沖縄では核つきやB52の発進に不安がある。もし核を撤去せず、現在本土の二〇〇倍もある基地の密度を本土並みにしないなら、結局沖縄にしわ寄せがくることになる。この点、外相としても積極的に努力してもらいたい」と要請した。

これに対して外相は「共同声明はワン・パッケージとして、特別取り決めはつくらないよう米国側と話をすすめている。すべては佐藤・ニクソン会談で決着をつけるが、私としては核ぬきを含め日本側の要望をまとめる自信がある」と述べるとともに、基地への不安について「県民の不安もよくわかるが、これも復帰までのことで、復帰後は事前協議もかぶさり、日本政府の言うとおりになる」と説得している。

佐藤首相への要請は、一〇日午後三時五〇分から首相官邸で約三〇分間行なわれた。佐藤はこの日一日、沖縄デーであった。午後一時半から西村民社党委員長、二時半過ぎからは公明党の竹入委員長とたて続けに党首会談を行ない、日米首脳会談に向けての要望などを聞いている。

両党首とも完全本土並み返還や国政参加の実現などを要望した。社会党の成田委員長は「国民を愚弄する茶番劇だ」として会談を拒否した。首相としては各党の要望を聞いて首脳会談に臨んだという恰好をつけたかった。その意味では屋良主席との会談も、一連の会談の締めくくりとして設定されたのである。会談が急遽この日に設けられたのもそのためだった。

総理室から接見室に入ってきた佐藤はにこにこしながら「屋良さんを抜きにして返還交渉をするとおこられるからね」と冗談を述べたが、緊張した屋良はほんの少し頬が緩んだだけだった。会談は政府側から保利官房長官、木村同副長官、山野総理府特連局長らが同席したが、沖縄側は屋良一人だった。

「佐藤総理大臣に訴える」という文書を用意した屋良は、やおら立ち上がると、それを取り出して読み始めようとした。首相らはびっくりして「座ったままでどうぞ」と言ったが、屋良は「沖縄からの最後の声です。重要なことですから立って読みたいと思います」と、実直な校長先生のように読み上げた。

要請文は「佐藤総理大臣閣下」といささか大時代的な表現で始まっていたが、内容は二五年間も異民族支配下におかれ、米軍基地と同居してきた県民の心情や不安、返還交渉への疑念といったものを切々と訴える内容であった。

「私たちの主張する即時無条件全面返還は、ややもすると、非現実的な観念論として受け取られがちであります。しかし、このような理解の仕方は、沖縄県民の思いつめた心情をくんでいると思いません。この主張にこめられた沖縄の心を、正しくきめ細かく理解され、現実的に受け止めてこそ、真に正しい復帰が実現すると思うのであります」

屋良はこう前置きして、伝えられる「本土並み」について「単に法律制度上の本土並みということだけでなく、基地の機能や規模、密度等にいたるまで、十分に考慮が払われているかどうかということであります」と注文をつけた。

そのうえで、①沖縄の即時無条件全面返還の実現②核兵器やB52戦略爆撃機ならびに毒ガス兵器等の完全撤去③原子力潜水艦の寄港中止④基地の自由使用や攻撃兵器の発進不許可――などを申し入れ、復帰に向けての国政参加や経済不安の解消などを訴えるとともに「私たちももとより県民の新しい歴史の創造と運命の開拓に主体性を発揮して全力を傾注してあたる決意であります」と自ら決意のほども示したのであった。

じっと聞き入っていた佐藤は、屋良の朗読が終わると「私は復帰なくして戦後は終わらないと言ってきたが、皆疑問をもっていた。しかしいま目前にきている。困難はあるが、また自分としても不安はあるが、だいたい日本の主張どおりになろうと考えている。沖縄側のいろんな意見はすぐにはできないにしても、大綱としては県民の納得のできるよう誠意をもって最善を尽くす考えだ」と述べた。会談は約三〇分で終わった。

一連の東京要請を終えた屋良は、沖縄に帰る前日の一二日、宿舎で記者会見し会談の印象を語った。屋良は「一連の会談で一九七二年に返還されることは明らかになったが、すべては一括して首脳会談で決着をつけようということである。総理はすべてが県民の要求どおりにいくかどうかはわからないが、その大綱においては県民が納得できるものとなろうと言っていた。しかし、私がかねてから主張している返還の際の基地の性格、機能、密度などがどのようになるかは今のところ不明である」と語った。

ひととおり記者会見が終わってあと、屋良は「私の生きているうちに返還が実現するとは思えなかったのですがねえ」としんみりともらした。これはおそらく屋良の本音だったろう。二五年間も米軍基地にどっぷりとつかり、そのしがらみから抜け出すことのできない沖縄の現実を体験している者にとって、復帰を現実のものとして受け止めることは、にわかに信じがたいことであった。しかしそれがもう目前に迫っている……。屋良の頭の中には、さまざまな想いが駆けめぐったことであろう。

しかし屋良は一三日、沖縄で官公労などが佐藤訪米に抗議してゼネスト並みの統一ストを打つとの沖縄側の情勢を聞かされ、とたんに厳しい表情になった。「大衆運動に対してとやかく言えないが……沖縄の置かれている立場を十分理解して、いきすぎのないよう祈りたい」と言葉少なに語った。去る二月の二・四ゼネスト回避で苦労したことが、一瞬、脳裏をよぎったのかもしれない。

佐藤訪米抗議統一ストは、かつてない盛り上がりをみせた。沖縄県祖国復帰協議会主催の「一一・一三県民総決起行動」は一六組合が朝から二四時間スト、四二組合が時限ストや年休行使の行動をとり、官公庁や学校、市町村それに民間企業の一部が機能麻痺に陥った。この日午後、東京から着任した屋良も、官公労の組合員に阻止され、琉球政府構内に入ることができず、主席公舎にたてこもった。

同日午後二時過ぎから那覇市内の与儀公園で開かれた「核つき、基地自由使用返還をたくらむ佐藤訪米反対、一切の軍事基地撤去、安保廃棄、一一・一三県民総決起大会」には、六四団体、五万七〇〇〇人が参加と主催者は発表した。大会は「核つき、基地自由使用返還は新たな差別と屈辱をもたらすものだ」と登壇者は口をそろえて糾弾した。大会はこのあと四キロ先の那覇軍港までデモ行進した。軍港前では万余の人が坐り込み、一号線は麻痺した。

夕方六時四〇分ごろから学生グループから火炎瓶が投ぜられ騒然となった。楯で投石を防ぎながら直進してきた機動隊と激しくぶつかりあい、一号線はさながら市街戦の感を呈した。一時退散していた学生たちは、夜になってから再び軍港に押しかけ、基地の金網にロープをかけてよじ登るなどの行動に出た。新聞はこの日の行動を「戦後最大の実力行使」と表現している。重軽傷者が三一人、検挙者が一九人も出た。

本土でも総評傘下の六四単産が早朝から統一ストを含む実力行使を行ない、〝七〇年安保〟のスタートを切った。政治闘争を目標とした総評の統一ストは、六六年の一〇・二一国際反戦デー以来、三年ぶりのことであった。

とりわけ沖縄側の住民意識は大きく変わりつつあった。それはひと言でいえば、民族主義的な要素の強かった六〇年代前半までの「日の丸復帰」から、反戦意識と結びついた「反戦復帰」への転換であった。もはや本土復帰は自明のこととなりつつあった。復帰そのものが目標となった時代は過去のものとなりつつあった。人々は米軍基地そのものが変わらずして施政権のみを返還することに疑問を抱きはじめていた。ここに一一月一二日朝刊の『琉球新報』の「声」（投書）欄に載った一教師の投書がある。その一節には次のように書かれている。

「佐藤訪米を私たちがいかにとらえ、いかに対処するかということは今後の沖縄、いな日本の社会をも規定づけるのでよく吟味しなければならない。ただ単に、早く帰ればよいではすまされない。復帰は実現したけれども、基地災害のもとにいつB52や核の爆音で死ぬかもしれぬ社会であっては復帰した意義がない」

とりたてて組合の活動家でもない一教師の意見だが、彼はただ早く帰ればよいではなく、どのような形で帰るのか、に意義を見出しているのだ。これは県民のごく一般的な共通認識といってもよいものになっていた。だからこそ、一一・一三統一行動にあれだけの盛り上がりをみせたのであった。

万余の人たちが抗議行動を起こしたこの日も、嘉手納基地からはB52爆撃機が飛び立ち、ベトナムの人たちの上に爆弾の雨を降らせていた。あすをも知れぬベトナム行きの〝アメリカの息子たち〟は、その脅怖をまぎらわすため、基地の歓楽街に繰り出し、やけくそに酒をあおった。逆に命拾いして帰還した若者たちは、歓声をあげて夜の街に繰り出しはしゃいだ。それに伴い犯罪や公害も増えた。B52や大型輸送機C5Aや戦闘機が、連日爆音を基地周辺の村々にまき散らした。

「ベトナム戦争は米国の金もうけのための戦争で、正義の戦争ではない」――。一一月六日、米陸軍第一特殊部隊群本部中隊所属の一兵士がこう叫んで中隊を脱走、日本に亡命を求めた事件が起き、沖縄の人たちを驚かせた。二二歳の一等兵で、キューバ生まれのニューヨーク市民だが、黒人なるが故に部隊内で差別され、一〇カ月間ベトナム戦争に参加、一年前に沖縄の部隊に配属されたという。ベトナム戦で弟が戦死したことからこの戦争に疑問を抱き、良心的兵役拒否の立場から日本への亡命を申し出たのである。アメリカ人兵士でさえ、いまやベトナム戦争に正義を見出すことはできなくなっていた。「正義なき戦争」のために、沖縄の基地が使われることは、沖縄の住民にとってはがまんのできないことだった。

八　佐藤・ニクソン会談と共同声明

佐藤訪米に抗議する統一行動が全国的に展開された一

一月一三日の午後三時から、首相官邸では佐藤首相、愛知外相、保利官房長官らが集まり、訪米の団結式を行なった。またこの日午前には、外相や外務省の鶴見経済局長を呼び、繊維など経済問題についての対応策についても話し合った。これはバード決議以来、米国内では沖縄問題と繊維問題とをからませる動きが強くなってきたためだ。

政府としては両者をからませることは米側のペースになると判断、沖縄問題は経済と切り離し、首脳会談の初日で沖縄の決着を図りたい考えだ。しかしワシントンに滞在している田中沖縄担当大使から、米国内の空気が繊維問題で変化していることが報告され、最終日までずれ込むのではないか、と懸念する見方も出てきた。沖縄問題では佐藤首相に一任していた自民党のなかにも、経済問題では貿易自由化で大幅に譲歩せざるをえないのではないか、との観測も流れた。

一方、国内では一〇・二一国際反戦デー以来、過激派による訪米阻止の動向が激しくなり、学生たちが沿道や羽田で火炎瓶を投げ、角材で攻撃してくるのでは、という情報が伝えられた。首相官邸の入口には警視庁の装甲車が二台常駐し、ジュラルミンの楯を手にした機動隊員が道行く人を監視していた。

首相官邸から羽田までの移動は、保利官房長官の提案ですでにヘリコプターが使用されることになっていた。高速道路で過激派の学生たちが車を横倒しにして火炎瓶で放火すれば、それだけでたちまち羽田行きは不可能となる。警視庁はもし道路を使用した場合の警備は、東京都内で三万人、羽田で一万数千人は必要とはじいていた。それがヘリを使用すれば、羽田に集中できるというわけだ。

〝本番〟に備えて、首相官邸から羽田へのヘリ作戦のリハーサルも行なわれた。長崎国体から東京に戻った天皇・皇后を羽田に出迎えるため佐藤首相が官邸からヘリで飛んだ。訪米に備えてのリハーサルを兼ねていた。首相はすこぶるご機嫌であった。首相以外の要人は、前夜から羽田周辺のホテルに泊まることになった。出発は一七日の朝ということになっていたが、その時間の発表は警備上の理由から伏せられた。

そのころ各新聞の紙面は〝沖縄もの〟の特集や連載であふれた。テレビは特番を組み、日米首脳会談に備えた。

沖縄には全国紙を中心に六社、通信社二社、テレビは地元局を除く三社がそれぞれ支局を置き、二、三人の支局員を配置していたが、一一月に入って動きが活発化したため、各社とも〝取材班〟を編成して送り込んだ。その数は全体で八〇人余りにものぼった。首脳会談の行なわれるワシントンにも二〇社から六〇人余りの特派員が取材のために送り込まれた。外交交渉の取材でこれだけの特派員が派遣されたのも異例のことだった。琉球新報からも島袋数也東京報道部長が同行取材することになった。

取材各社にとって、アメリカと日本との時差は悩みのタネだった。というのは、日米共同声明の発表は、現地時間の二一日午前一一時ごろと予定されていたが、これは日本時間の二二日午前一時ごろで、朝刊の締め切りとの関係で頭の痛いところであった。ただでさえ翻訳調で難解な共同声明を、わかりやすく報道するには、あまりにも時間が少なすぎた。そのうえ、これに対する反響も載せなければならない。そんな取材現場の悩みもおかまいなしに、一七日の出発日がやってきた。

その日は朝からあいにくの小雨だった。ヘリコプターを使うには好条件とはいえなかったが、それでも予定どおりヘリを使うことになった。午前七時過ぎには首相官邸に早々と保利官房長官が姿を見せ、八時過ぎには同行する愛知外相も姿を見せた。官邸の上空には報道各社のヘリコプターが音をたてて旋回している。

首相官邸中庭に面したベランダに佐藤首相が寛子夫人と姿を見せたのは午前九時過ぎだった。チャコールグレーのコートに身を包み、手には皮手袋と帽子を持っている。中庭にはすでに自衛隊のヘリが待機していた。待ち構えていた記者団から、いまの心境を聞かれた佐藤は「明鏡止水といったところか。でもこの雨じゃあねぇ」と空を見上げて笑った。そして「けさのテレビを見ていたら、私を応援してくれているようだ。むずかしい交渉だがやってこようという最後のハラが決まったよ」と、手を振ってヘリに乗り込んだ。あっという間にヘリは官邸の中庭を飛び立ち、羽田へと向かった。

この日、警視庁は二万人の警察官を動員し、羽田をはじめ首相官邸、霞が関一帯を厳重警備した。特に羽田では空港に通ずるすべての道路に警備車や放水車を配置し、厳重にチェックした。前夜、東京・蒲田地区を中心に反日共系学生が火炎瓶を投げつけて交通を麻痺させていた。

この日も午前六時過ぎから再び行動を開始して蒲田の交番を襲撃した。前夜の事件で一四〇〇人近くの逮捕者を出した。一つの事件では空前の逮捕者であった。一七日は沖縄でも県民総決起集会が開かれたが、嘉手納ロータリーでは過激派学生が火炎瓶を投げ、嘉手納基地の水釜付近のゲートから基地内に突入して学生二人が逮捕された。北谷《ちゃたん》町の第一ゲート近くでは学生たちがタイヤにガソリンをかけて燃やし機動隊と激突、機動隊員が火傷で重傷を負う事件も起きた。

この日午前八時に行政府ビルに登庁した屋良主席は、首相出発の様子を伝えるテレビに見入っていたが、詰めかけた記者団から感想を求められるなど対応に追われた。屋良はちょうど一年前のこの日、初の主席公選で当選し、沖縄返還を訴えたことを思い出していた。そしてそのテンポの速さに驚くとともに、基地の問題でなお不安を隠せぬ様子だった。

ヘリコプターで羽田に着いた首相一行は、空港ターミナル一階の貴賓室で待機していた三〇〇人もの人たちに「最善を尽くしてきます」とあいさつした。空港には松田衆議院議長、川島自民党副総裁、田中角栄同幹事長らが見送った。沖縄からは西銘順治沖縄自民党総裁や星克立法院議長、大城真順訪米激励団団長、それに大浜信泉南方同胞援護会会長、吉田嗣延同事務局長も出席し「成功をお祈りします」とあいさつを交わしていた。佐藤は沖縄から来た代表たちに「遠路はるばるご苦労さん」とお礼を述べていた。午前九時五六分、首相らを乗せた日航特別機は、バンザイ三唱の〝歓呼の声〟に送られて、羽田を飛び立った。

日米首脳会談の第一回目は、一一月一九日午前一〇時（日本時間二〇日午前〇時半）からホワイトハウスで開かれることになっていた。これより先、一八日に首脳会談を開くにあたっての予備折衝が開かれた。日本側から森外務審議官、東郷アメリカ局長、吉野駐米公使、米側からスナイダー沖縄担当公使、トレザイス米国務省経済担当次官補で、ここでは主に繊維の自主規制、残存輸入制限、資本の自由化問題が中心で、その点で前進をみたと報じられた。しかし沖縄返還にあたっての核の問題については、頂上会談で決着することが、すでに合意ずみだとか、さまざまな憶測が流れた。いずれにせよ日本側としては繊維問題とはからめずに、初日で決着する方針でいたから、予備折衝でこの問題に前進をみたことは、好い環境ができたといえた。

第一回目の佐藤・ニクソン会談は、佐藤首相歓迎式のあとニクソン大統領の執務室で二人だけで行なわれた。日本側の随行員の愛知外相、木村官房副長官、下田駐米大使、森外務審議官、東郷アメリカ局長らは、米側のロジャーズ国務長官、ジョンソン国務次官、マイヤー駐日大使、スナイダー沖縄担当公使、フィン国務省日本部長らと共に会議室で待機した。

会談は一時間四〇分にわたって行なわれた。沖縄問題を中心にアジア情勢や国際情勢について意見を交わした。沖縄問題では当然、核の問題やベトナム情勢との関連で沖縄基地を使用する問題も話し合われたとみられる。会談の終わりごろに愛知外相が呼ばれ、執務室に入っている。

会談後、日米双方は「会談は友好的かつ建設的だった」と短いコメントを発表しただけだったが、会談を終えて出てきた佐藤首相は「会談はうまくいったか」との記者団の質問に「まあまあだ」と答え、愛知外相は大きくうなずいていたという。それが暗号でもあるかのように、各紙は二〇日付夕刊の一面トップで「沖縄返還、大筋で合意」(『毎日』)とか、「沖縄返還初日で決着」(『朝日』)、「沖縄七二年・本土並み返還確定」(『読売』)と報じた。しかしこれはマスコミ用語でいう「予定稿」に近いもので、核の問題などくわしい中身については、推測の域を出なかった。

それでも首脳会談の二回目(二〇日)は経済問題、三回目(二一日)の最終会談は、事実上儀礼的なものとなるので、沖縄返還に関する限り〝大筋〟では当たらずとも遠からずであった。気の早い日本側の報道について、ホワイトハウスのジーグラー報道官は「沖縄とアジアを含む様々の重要な問題を討議した。ニクソンはまだ結論を得ていない」、と説明して〝合意〟報道を打ち消したが、もはや遅かった。〝大筋合意〟の報道は日本中を駆けめぐった。

その情報は沖縄の屋良主席にも伝わった。主席らは那覇市内の八汐荘に本陣を移し、琉球政府の局長らとともに泊り込みで交渉の成り行きを見守っていた。二班に分かれたチームを編成して、外務省や日本政府沖縄事務所からの情報を取り寄せていた。マスコミの取材陣が大勢押しかけ、いまかいまかと待ち構えていた。まさに「沖縄の命運が決まる日」であった。

会談初日の結果は、日本政府沖縄事務所からもたらされたが、屋良主席は「七二年返還について合意できたというが、これは予想どおりで、また当然のことである。しかし返還時期の決定はそれなりに評価したい。だが問題の核について共同声明で明らかにされるというだけで、県民の希望がどの程度入れられたか心配だし、共同声明でも核ぬきについてあいまいになるのではないか不安だ」と談話を発表している。

首相官邸で留守番をしていた保利官房長官は「第一回会談で一応沖縄問題が決着したのではないかと思う。これは沖縄返還問題と繊維問題がからまなかったからだとみられる」と昼過ぎの記者会見でコメントした。いずれにしても、日米共同声明が出ないことには、その内容は明らかではなく、すべては日米共同声明待ちとなった。

首脳会談の二回目は、予定どおり二〇日午前一〇時（日本時間二一日午前〇時）からホワイトハウスで開かれ、経済問題を中心に話し合った。日本の貿易政策や資本の自由化問題などが中心議題となった。そして最終日の第三回目の会談が二一日午前一〇時過ぎ（日本時間二二日午前〇時過ぎ）から始まり、共同声明が採択され会談は閉幕した。そして日米共同声明が発表された。

共同声明は翻訳口調で日本語としては、まことにまずい文章である。これは英文をベースにしてつくられていることのなによりの証左でもある。それににわかには理解し難いように書かれている。日米双方の要望や立場というものを、一つの文章のなかに折り込んでいるので、まことに玉虫色に輝き、双方が都合よい解釈ができる余地を残してつくられている。

日米共同声明は、極東の安全保障に対する双方の認識や韓台平和と日本の関係、沖縄の局地的防衛任務と七二年返還、その際の基地の運用にあたっての日本の保証、施政権返還に向けての準備、自由化の促進など一五項目にわたる長文のものである。日米双方が練りに練ってつくりあげた合作である。

沖縄返還について共同声明は「両者は、日本を含む極東の安全保障をそこなうことなく、沖縄の日本への早期復帰を達成するための具体的な取り決めに関し、両国政府が直ちに協議に入ることに合意した。さらに両者は立法府の必要な支援を得て前記の具体的取り決めが締結されることを条件に、一九七二年に沖縄の復帰を達成するよう、この協議を促進すべきことに合意した」（六項）として、一九七二年返還を明記した。これが七二年返還合意の部分である。

首相は復帰後の「局地防衛の責務は日本自体の防衛のためこれを負う」ことを表明し、沖縄の米軍基地について「保持することに合意」している。その際には「日米安保条約及びそれに関連する諸取り決めが変更なしに沖縄に適用されることに意見の一致をみた」としている。いわゆる〝本土並み〟である。しかし首相は日本の安全は極東の安全なくしてはありえないとの認識に立って「沖縄の施政権返還は、日本を含む極東の諸国の防衛のために米国が負っている国際義務の効果的遂行の妨げとなるようなものではないとの見解」を表明した。「米国が負っている国際義務」のなかには、ベトナム戦争の遂行も当然入っていよう。

問題の核問題については、次のようにうたわれている。

「総理大臣は、核兵器に対する日本国民の特殊な感情及びこれを背景とする日本政府の政策について詳細に説明した。これに対し、大統領は深く理解を示し、日米安保は条約の事前協議制度に関する米国政府の立場を害することなく、沖縄の返還を、右の日本政府の政策に背馳しないよう実施する旨を総理大臣に確約した」（八項）。

ひらたく言えば、アメリカは日本政府の核政策に深く理解を示すけれども、同時にそれは事前協議制度の米国の立場を害しないという保証を前提として（核ぬきを）実施します――ということである。「事前協議に関する米国の立場」とは、有事の際には核を持ち込むことにほかならず、そのときは「害することなく」了解する、ということである。日本政府は、核について米側が「深い理解」を示したことをもって〝核ぬき〟の保証を得たとし、米側は有事の際に核を持ち込むことを日本は保証した、ということになる。共同声明が双方都合のいいように解釈できる見本のようなものであった。このことは、交渉の過程で、有事核持ち込みを認めることと引き換えに、米側が〝核ぬき〟に応じたことを示している。

またベトナム戦争との関連で、共同声明は次のようにも述べている。

「両者は万一ベトナムにおける平和が沖縄返還予定時

に至るも実現していない場合には、両国政府は、南ベトナム人民が外部からの干渉を受けずにその政治的将来を決定する機会を確保するための米国の努力に影響を及ぼすことなく沖縄の返還が実現されるように、そのときの情勢に照らして十分協議することに意見の一致をみた」（四項）。

つまりこれもわかりやすく言えば、沖縄が返還される七二年に、まだベトナム戦争が終わっていないときは、アメリカの基地使用に影響しないよう再協議しましょう、というものである。Ｂ52の発進問題で、米側が固執した点が、このような表現となって明文化されたのである。もちろんここにはＢ52の文言は出ていないが「米国の努力」のなかにそれらは含まれていると解釈すべきであろう。

共同声明が発表されたあと、愛知外相はホテル・ワシントンで日本人記者団と会見し、共同声明について「解説」している。解説を加えなければならないほど理解し難いということを外相自身も承知しているというよりも、これは「日本側としての解釈」の仕方を披露したものであった。

愛知外相は七項の返還時の基地の態様について、安保条約および関連取り決めがそのまま沖縄に適用されるのであるから、当然沖縄も事前協議の対象となり「自由発進などは全くなくなります」と述べ、八項の「事前協議に関する米国政府の立場を害することなく」という文言についても「個々の具体的事態につき事前協議の際の許諾をあらかじめ予約したり保証したことではございません」と解釈してみせた。

また八項のいわゆる〝核ぬき〟について「米国政府の最高責任者である大統領の確約であるからには、返還時における核兵器の撤去についてこれ以上の明確な保証はないのであります」と述べ、先の「事前協議に関する米国政府の立場を害することなく」という点についても、核持ち込みが「事前協議の対象となるべき性質」のものであることを再確認したもので「これによってわが方が〝有事持ち込み〟を認めるという保証を与えたものではありません」と強弁した。

また佐藤首相もこの日のホテルでの記者会見で次のように強調した。

「今回、私とニクソン大統領の間で合意した沖縄返還の大綱は、一九七二年中に沖縄が核兵器の全く存在しない形でわが国に返還され、返還後の沖縄には日米安保条約およびその関連取り決めが、そのまま本土におけると全く同時に適用される。何ら変更されないで、そのまま適用される。事前協議についても、何ら特別の例外を設けないということである。これは、まさに政府の対米交渉がすべて貫かれたことを意味する」

また首相は最後に、「返還に当たっては、なんら特別の条件がついていないこともはっきりしているので、この機会にはっきり申し上げておく」と断言している。

こうした日本政府の〝解釈〟に対して、米国政府の交渉に当たったある高官（実はジョンソン国務次官）は、日米共同声明では沖縄返還に当たって「核兵器を貯蔵する権利を行使しない」として核兵器を撤去する意図を示したが、再持ち込みのケースを想定して「緊急の際は事前協議に対する権利を保留する」と述べたのち、その際に「ノー」という回答を想定していないとの立場を表明したという。

また自由発進の問題についても同高官は、佐藤首相の演説内容からみて、必ずしも事前協議での否定的な回答を予想していないと語り、「イエス」の予約が何らかの形で得られたことをうかがわせている。このように日米双方で解釈の相違が出てくるのも、日米共同声明がきわめてあいまいな表現であるためで、そこからさまざまな憶測を生む原因にもなっている。野党各派も共同声明に〝核ぬき〟の明文がない以上〝核隠し〟であると非難した。

共同声明の発表が伝えられた沖縄でも、明暗が相半ばした。那覇市内の八汐荘に陣取って発表を待っていた屋良主席は、七二年の返還めどがついたことを知らされ、万感胸に迫るものがあったようで、目をしばたたき光るものがあったという。「一〇〇万県民の多年にわたる成果である」と返還のめどがついたことを評価したものの、返還後も基地が維持されるという点については「平和な島を建設したいという県民の願いとは相いれないものがある」との声明を発表した。ちなみに屋良はその声明の冒頭で次のように述べている。

「今回の日米共同声明によって、いよいよ一九七二年には、沖縄県民念願の祖国復帰が実現することになった。私はこれまでの苦難に満ちた沖縄の戦後史の一コマ一コマを思い浮かべながら、万感胸に迫る思いでこれを確認した。これは終戦以来、この日の到来するのを堅く信じ、あらゆる困難を乗り越えて、ひたすら祖国復帰を要求しつづけてきた一〇〇万県民の多年にわたる成果である。私はこの際、長い間酷使に耐え、ついにこの民族的宿願を達成し得た県民の勇気と、情熱と、良識を永遠に記念し、これを民族的偉業として後世に語り伝えることのできることを誇りに思う」

しかし屋良声明は、①核ぬき本土並みへの疑問、②日米安保の長期継続、③広大な基地の継続使用――などに対する不満や不安を列挙し、規模や密度のうえからも〝本土並み〟になることを訴えた。

沖縄自民党は七二年復帰決定を歓迎し、那覇市内では青年会議所の人たちによる「日の丸」パレードもあったが、県民の多くは静かにこの決定を受け止めていた。おそらくは県民一人一人の胸中にも復帰へのよろこびと、基地への不満が相半ばしていたのである。復帰協は「返還は当然だ。基地の問題は納得できない」として二六日にも県民大会を開いて抗議することになった。

九　首相の帰国・主席の苦悩

日米首脳会談を終えた佐藤首相の一行は、一一月二六日午後三時着の日航特別機で帰国した。空港には保利官房長官や田中幹事長ら政府・与党関係者のほか、沖縄から上京した星立法院議長、平田高等裁判所判事らの姿もあった。しかし屋良主席の姿は見えなかった。タラップで「バンザイ」の歓声に応えて帽子をふる首相。空港内には約二〇〇〇人が出迎え、首相は帰国にあたってのステートメントを読みあげた。

「私はただいま一〇日間にわたる米国訪問を終えて帰ってきた。私はなによりもまず全国民の皆様に対し、今回の私とニクソン大統領との会談の結果、われわれ全国民の待望する沖縄の祖国復帰が一九七二年中に核抜き、本土並みという国民の総意にそって実現することとなったことを報告する」

沖縄県民のご苦労に対し感無量と述べたあとで「沖縄が豊かな県となり、また本土復帰が沖縄県民一人一人にとり物質的のみならず、精神的にも真に意味のあるものとなったときに、はじめて沖縄の本土復帰は完成するものである。かかる信念のもとに、全力をあげてこの歴史的事業に取り組んで行こうではないか」と呼びかけ、大きな拍手を受けた。一行は川島自民党副総裁の音頭でバンザイ三唱をしたあと、自衛隊のヘリコプターで首相官邸に向かい、皇居で帰国の記帳をすませた。

ちょうどそのころ、前夜上京していた屋良主席は、東京・赤坂のプリンスホテルの一室に閉じこもり、テレビで帰国の様子を観ながらだれにも会わなかった。前夜からほとんど寝ていない。眉間に一文字のしわを寄せ、羽田に行くべきか否かで悩みに悩み抜いたのである。

実は屋良の上京は、はじめは佐藤首相らが帰国する二六日以降に予定されていた。そして二六日の羽田での首相出迎えはしないということで政府・与党連絡会議で決めていた。それが二五日の局長会議で急遽上京することになった。本土政府筋から非公式に「三権の長が出迎えるように」との意向が伝えられたのである。もし出迎えなければ、二六日以降の首相との会談もおかしなものになるし、来年度の政府援助予算もどうなるかわからない――と圧力がかかり、与党の反対を承知のうえで上京することになった。

屋良が上京するとの情報を聞きつけた社大、人民、社会の与党三党の代表者や喜屋武復帰協会長らが主席公舎に押しかけ「羽田で首相を出迎えることは、県民が今回の返還の内容を喜んでいるとの誤解を与えかねない。内容に不満を表明した主席声明とも矛盾する」と上京を二六日以降に延ばすように申し入れた。

屋良は、「本土政府から要請のあったものをことわって角を立てるのはよくない。それに首相の苦労に敬意を表する立場は主席声明でも言っている。上京の目的はあくまでも県民の疑問や不満をただすためのものである」として反対を押し切って上京したのであった。

上京した屋良は美濃部東京都知事や、中野好夫ら学者文化人の意見を聞いた。また沖縄側に電話を入れ与党の理解を求めたが得られず、ついに出迎えを断念した。二六日の午前一一時に沖縄の知念朝功副主席にそのことを伝えるとともに、総理府に床次総務長官を訪ね、出迎えできない事情を説明してことわった。長官室から出てきた屋良は、オーバーコートを長官室に忘れてくるほど思いつめていた。出てきても記者団には一切ノーコメントで、宿舎の赤坂プリンスホテルにこもったままだった。

大浜信泉南方同胞援護会会長が「せめて首相官邸で出迎えては」というすすめも受け入れず、部屋から一歩も出なかった。

そのころ沖縄では二六日午後六時から与儀公園で日米共同声明に抗議する県民大会が開かれ、約二万人（主催者発表）が参加し、B52撤去など「反戦平和」を訴えて国際通りをデモ行進した。中核派や革マル派の学生たちがヘルメット姿で参加し、一号線での坐り込みを主張したが、全体的にはデモは平穏だった。屋良が羽田に出迎えに行けなかった背景には、こうした沖縄側の動向があった。

屋良が羽田に出迎えに来なかったことを聞いた保利官房長官は「二度と官邸に入れるな。九州男児とも思えない」と激怒した。佐賀出身の保利は、沖縄もおなじ九州の範疇に入れているらしかったが、沖縄人には「九州男児」の意識はない。それはともかく、政府内には「主席は支持団体の言うがままに行動するだけで、首相を出迎えなかったことは礼儀を欠いた行為だ」と非難する声が強かった。礼儀を重んずる屋良だけに、その批判は痛かったろう。

屋良は二七日午前、再び総理府に床次長官を訪ね、改めて出迎えできなかった事情を説明するとともに、首相との会談を申し入れた。しかし床次長官は「首相との会見の手はずは、すでにご破算にしたので、実現はむつかしい」として不満を隠さなかった。この日夕方、屋良は木村官房副長官にも会い、首相との会談を申し入れたが、木村は検討の約束はしたものの明言はしなかった。

表向きは首相の日程がとれない、ということであったが、これまで屋良の申し入れでこのようなことはなかった。それに西銘沖縄自民党総裁、星立法院議長などは、二八日に首相と会う日程が設定されていた。しかし官邸から二八日午後四時過ぎから会うとの連絡が屋良のところにきた。木村官房副長官が、佐藤や保利をなだめたのではという見方が強かった。政府としても屋良をおこらせ、政府批判をさせるようなことをすれば、来たるべき総選挙にも響くとの判断が働いたことも事実だろう。

屋良主席が官邸に入ったのは、二八日午後四時四五分であった。その直前には西銘や星らが首相に会ったばかりである。会見には保利長官、床次総務長官、木村官房副長官、鯨岡総務副長官、山野特連局長らも同席した。

屋良は「羽田に出迎えることができなかったのは、沖縄の複雑な政治情勢があってできなかった」と説明すると、佐藤は「気にする必要はない。お互いに苦しい立場もあるので、おおらかにやっていこう。今後は連携を密にしていこう」と応じた。

屋良は返還交渉の苦労を感謝するとともに、共同声明でいくつか疑問となっている点についてただした。屋良はそのなかで「ベトナム情勢のいかんにかかわらず、七二年中に返還されるのか。返還の際に核はなくなるのか。自由使用もB52発進もなくなるとみてよいか」とただしたのに対し、佐藤首相は「そのとおり確認してよい」と答えている。

最後に新しい県づくりについてお互い協力することを約束して、四〇分間の会見を終えている。会見から出てきた屋良の表情には、ほっとした様子がうかがえた。首相官邸を出る道すがら、「悩みに悩んで、私は自ら出迎えるのを断念するという判断を下した。苦しい状況でした」と述べた。さすがに疲労の色が濃かった。

沖縄の大衆運動と本土政府との狭間に立って苦悩する沖縄の指導者。それはまた、新しい〝世替わり〟に向けての沖縄の苦悩を、暗示しているようでもあった。

施政権の壁に挑む——沖縄違憲訴訟の軌跡——

『琉球新報』一九八三年二月一六日付

二七度線の直感——米統治の不当性つく

復帰運動を側面から支える

一九六五（昭和四〇）年九月九日、東京千代田区の皇居近くの東京地方裁判所民事部につえをついた一人の老人と国会議員、それに弁護士がたずね、裁判の手続きを行った。窓口は民事だが訴訟の内容は「米国の沖縄統治は、日本国憲法違反である」という重大な内容を含んでいた。

沖縄統治の不当性を憲法からついたこの訴訟こそ、「沖縄違憲訴訟」の名で、以後沖縄が本土に復帰するまで一〇年にわたって争われた裁判である。

東京地裁につえをつき、老いの身をおして出向いたのは東京沖縄県人会長の神山政良、国会議員は社会党の衆議院議員・川崎寛治、弁護士はこの訴訟を中心的に支えた自治労顧問弁護士の鎌形寛之であった。

当時、沖縄はまだ日本に復帰できるかどうか、予測さえもつかない時代であった。沖縄住民は一片の布令・布告によって、その生活を左右されている時代であった。戦後二〇年にわたって日本国民が享受してきた基本的人権はおろか、日本国民の間ではあたりまえのことになっているさまざまな社会保障制度でさえも、著しく制約されている状況にあった。

その上、極東における最大の軍事基地となっている沖縄は、ベトナム戦争の拠点となり、ベトナムに向けての米軍の動きが活発に行われていた。本土への渡航はいちいち米軍のチェックを受け、政治家や活動家の渡航が禁止されたりした。こうした情勢に対応して、日本復帰運動も次第に高揚期を迎えた。

「沖縄違憲訴訟」は、こうした日本復帰運動を支える一環としてとりあげられた裁判闘争であった。すなわち米国の沖縄占領を容認している日本政府の不当性を追及し、復帰運動を側面からバックアップすることにあった。

辺戸岬から与論島の灯見る

訴訟の具体的な内容としては、渡航拒否による損害賠償請求と、原爆被爆者の医療賠償の二件だが、それは具体的な事案をテコに、施政権の壁を突き破ろう、というものであった。

いったい、この訴訟はだれが、いつ発案したのであろうか。それは鹿児島出身の社会党議員・川崎寛治であった。川崎はその発端について次のように語る。

「沖縄違憲訴訟の発端は、一九六四年一〇月に、日本社会党が第一次沖縄調査団を派遣したときです。私はその時の事務局長でした。鹿児島から船で行きました。着くと米軍支配下の沖縄に強烈な印象を受けましたね。北部、南部、伊江島の各班に分かれて行動しましたが、私は北部班で、北端の辺戸岬まで行きました。夜になると、そこから与論島の明かりが見えるのです。それがある面では強烈でした。あの明かりとの間に二七度線があるのか。そして自由に行けないのか、とね。教職員会の福地曠昭さんに案内してもらいましたが、福地さんの話によると、戦前は本島と与論とは嫁のやりとりやら、物資の交換などが頻繁だったという。それが全くできない。それは二七度線で断ち切られているためだ。いったい二七度線とはなにか、ということが辺戸岬から与論島を見たときの憤激でした。なにが分断しているのか。二七度線だ。では二七度線はどこからきているのか、そもそもその本質はなにか、ということから、憲法の問題がふと頭に浮かんだ。日本は戦前の大日本帝国憲法から基本的人権を尊重する日本国憲法に移ったのだが、憲法のなかで、憲法と沖縄とはどう考えるべきか、ということを自問して歩いていたのです。そのころは福地さんなどや、私と一緒に行った大原亨さんなども憲法と沖縄のことは分からなかった。しかし、ぼくはやっぱり憲法と沖縄は詰めないといけないと考えて、東京に帰って憲法を本格的に読み直し、政府の憲法調査会の議事録も読み通してみたのです」

渡航と原爆被爆賠償に絞る

「あの憲法調査会の議事録のなかにも、沖縄の二重国籍問題が出てくるんです。憲法では、日本国民は出生をもって始まる、とあるので国籍法との関係が出てくる。それから平和憲法では基本的人権は保障しているのに、それを阻害しているのは平和条約の第三条だということになり、そこで第三条で憲法との関係を詰めるところまで、漠然とながら考えた。なぜそういう発想が出たかというと、私は台湾で育ったためだ。台湾からみると沖縄は内地だ。その内地である沖縄が分断されているということに不信を持ったわけです。

そこで違憲訴訟を思いついたのですが、具体的になんで争えばいいのか、というので原爆と渡航制限の二つに絞られたのです。それまでには、ほんとにいろんな学者の意見を聞いて回りました」

このように、この違憲訴訟は川崎の〝直感〟からスタートしたのである。

憲法の内と外——基本的人権奪い返せ

あんな大がかりになるとは

一九六四年一〇月の第一次社会党調査団の北部一行を案内した福地曠昭（当時、沖縄教職員会調査部長）は、後に沖縄違憲訴訟の訴状まとめなどに奔走することになるが、沖縄違憲訴訟の〝発端〟について、川崎の証言を裏付けるように、次のように語る。

「一九六四年に社会党の調査団がきた時、わたしは川崎寛治さんと大原亨さんの北部班を案内して北部各地を案内しました。辺戸岬を見て、宜名真の坂を下りる車のなかで、わたしが人権問題などを説明していると、川崎さんはなんとかして日本国憲法が適用できないものか、と話していました。わたしたちは、日本国憲法というよりも、大統領行政命令第一二節に、米国憲法で保障されているものは、沖縄でも保障するとうたわれているので、言論、出版の自由が保障されていないのはおかしい、というふうに考えていました。

川崎さんらは、日本国憲法を沖縄にも及ぼすことができるんではないのか。自分には憲法学者や法律家の友人もいるから、東京に帰ったら話してみたい、と話しておられた。おそらく、それは直感的な感想だったのでしょう。

そしたら、東京に帰った川崎さんからすぐ手紙が来て、やれそうなのですぐ訴状の準備をしてほしい、というんです。それから東京では海野晋吉さん（当時総評弁護団長）とか、長野国助さん（当時国際法律家協会会長）とかいった有名な法律家たちが発起人になってやってくれましたが、あんな大がかりな違憲訴訟になるとは、ユメにも思いませんでした。しかし、この裁判の発端は、全く川崎さんの沖縄視察の直感でした」

憲法学者の敗戦ボケ

福地も言うように、沖縄調査から戻った川崎は、さっそく〝憲法と沖縄〟について、猛烈な勉強を開始した。

「わたしが沖縄から帰ってきて憲法と沖縄、憲法と沖縄と繰り返し言うものだから、わたしのところに出入りしていた古堅宗憲君が、そうかというんで彼も憲法を読み出した。また、憲法学者の星野安三郎さんにきてもらって、話を聞きました。あのころ、国会議員会館はオンボロの木造でね。暖房もないところで聞きました。そのころ、確か知念朝功さんだったかが来て、本土で保障されている民主的権利を沖縄にも延してくれ、と盛んに言っておりましたが、わたしは、それはおかしい。もともとあったものが奪われているんだから、それを奪い返す闘いでないといけない、というので憲法上の基本的人権を奪っている平和条約第三条は憲法違反だ、と言ったんです。

星野安三郎さんは、入って来るなり、憲法と沖縄って、いったいなんですか、と言ったものです。そこで沖縄を見てきた感想を述べ、本来、憲法でもっている権利が、平和条約第三条で奪われている。本来の権利を返せという闘いだ、と説明したら、星野さんは、憲法学者の敗戦ボケです、と正直に言われました。

星野さんが言うには、沖縄は憲法施行以前から切り離されてきている。それ以来ずっと異常な状態が続いているが、それをあたりまえと思っていて、憲法のなかで沖縄を考えることができなくなっている。つまり、憲法の外に沖縄をおいていた。だから憲法の内側で沖縄を考えないといけない、ということがわかったということを、当時の『法律時報』にも書いていています」

こうして川崎は、にわか〝憲法学者〟になって、明けても暮れても、憲法と沖縄とのことが頭から離れなかった。

衆議院予算委で異例の質問

この年一一月、首相の池田勇人が前ガン症状で首相を辞任、代わって佐藤栄作が首相の座につき、第一次佐藤内閣が発足した。ところが外相のポストが決まらず、佐藤が外相を兼務していた。新内閣発足直後の臨時国会が開かれ、川崎は一年生議員ながら、衆院予算委で異例の質問に立った。それも「沖縄調査の結果を存分にぶつけてみよ」という党側の計らいであった。

「一年生のわたしが、憲法と沖縄について論戦をはじめたんです。わたしも一年生議員で、ハナ息が荒かった。

そのときの質問でわたしが、総理あなたは沖縄に渡る考えはないか、と質問したら、佐藤さん、行きたい、と言い、それからアメリカにも渡りたい、と言われました。ちょうどベトナム戦争のトンキン湾事件の直後のことで、いろんなことがからんでいる時期だった。

そして、佐藤さんは翌年の一九六五年八月に、沖縄に初めて渡るのです。われわれは沖縄違憲訴訟をぶっつけるし復帰協は無条件即時全面返還という復帰三原則を打ち出すわけですが、それには違憲訴訟の準備のために、いろんなことが整理された、ということもあると思うのです。質問が終わると、先輩の岡田春夫議員が〝それは初めての議論だ、おもしろい、やれ〟と激励してくれました。また、時の外務省条約局長の藤崎万里さんが、この人も鹿児島の出身ですが、川崎さん、がんばって下さい、と言って激励してくれました」

それは、憲法と沖縄についての、本格的な論戦の前ぶれ、とでもいうべきものだった。

訴状の原案――損害賠償の線に賛同

訴状の作成作業に入る

年が明けて、一九六五年の二月、社会党は党委員長の佐々木更三を団長に、二回目の訪沖団を派遣、沖縄で復帰協と打ち合わせた結果、違憲訴訟を起こすことを決定、復帰協と沖縄連内にそれぞれ「沖縄違憲訴訟対策委員会」を設け、さっそく訴状の作成に入ることになった。

まず、沖縄側でどのような案件を裁判にのせるかについての検討がすすめられた。その訴状原案の作成にあたった福地曠昭は、その当時の苦心について、次のように語る。

「訴状をまとめるとき、日本国民であれば当然享受できるのにそれが妨げられているものはなにか、そしてなおかつ緊急性のあるものはなにか、ということから洗い出してみました。例えば原爆被爆者の損害賠償がありますが、それなどは県内に三〇〇人もの被爆者がいるのに、本土から切り離されているために放置され、医療の保障もなかった。当時私は原水協の調査部長でもあったので、その実態を洗ってみたのです。

また、当時、教員の給与は本土との間に二五ドルの差があったので、それなども同じ憲法下にすれば当然もらうべきだ、という経済上のメリットも考えて訴状をまとめてみた。さらに、渡航の制限については、それによって本土での結核の治療が受けられなかったとか、勉強するチャンスが奪われたとか、親の死に目にもあえなかったとかがありましたので、こうした深刻な事例をもとにして訴状をまとめました。この他にも義務教育教科書の国庫負担とか、税金の格差というのもひろいあげました。要するに、これまで米軍支配下にあって泣き寝入りしていた人たちの問題を集めたのです。当時、沖縄には弁護士はいなかったので、亡くなった天願俊貞さんにお願いして訴状をつくりました」

瀬長氏の原告反対の意見も

この原案のなかに「渡航拒否に対する違憲審査」には、当時の人民党委員長の瀬長亀次郎が名を連ねていた。四月、沖縄側からこの訴状原案が東京に送られてきた。この原案を東京ではどう受けとめたか、川崎寛治は言う。

「復帰協が違憲訴訟の訴状をそろえて持ってきたのは、一九六五年の四・二八前でした。それを基に東京の弁護団で詰めました。そのときに、渡航制限問題の原告に瀬長亀次郎さんがなっていることについてもめたことがあります。春闘をめぐって社会党・総評と共産党との間に対立があったので、瀬長さんを原告にすることについて、反対意見もあったのです。

しかし、私はこれは人権問題だ、というので瀬長さんを原告に入れてもらったのです。また、共産党本部も、裁判はアメリカ帝国主義を利するものだといって、瀬長さんが原告になることには非常に批判的だった。しかし、瀬長さんはこれを足場に東京に出たかったのです」

さて、訴状の原案が出そろって、こんどは、この訴訟の発起人をそろえることになった。川崎の話を続けよう。

「この違憲訴訟の発起人には、大内兵衛、中野好夫、神山政良、海野晋吉といった人にお願いしましたが、大内さんは当時、社会保障制度審議会の会長をしていました。鹿児島の先輩の佐多さんに同行してもらって、大内さんのところに頼みに行きました。そしたら大内さんは、明治時代、内地法、外地法という法律があった。植民地適用の法律と内地適用とがあったが、沖縄はその内地からはずされていた。外地法適用だった、とこう言うのです。

そして大内さんはそれにたいへん憤慨しておった。実践運動には自分はタッチしない主義だ、しかしこの違憲訴訟は分かる、私は代表になろう。しかし、私がタッチするからには、理論的にガッチリやってくれ、と言われました。

そこで損害賠償でやりたい、というと、それはよかろう、と言われました。あの行政協定違反の訴訟を砂川裁判でやったら、うまく統治行為論で逃げられたので、損害賠償での争いは非常に面白いと思う、と言って激励されました」

四・二八に海上で〝不法出国〟

そしてこの年の四・二八沖縄デーを迎え、川崎は本土側の団長として海上集会に参加する。

「そのときの海上集会で沖縄側の船に乗り移って向こうで集会をしようということになった。ところが船長が、それはできん、不法出国になるというので共産党さんは渡ることを拒んだ。それは以前に徳球などの例があったからでしょう。

そこで私は、よし私が渡ろう、そして私が不法出国で裁判にかけられてやろう。違憲訴訟で渡航制限を問おうとしているから、不法出国というならそのこと自体を裁判にかけてやろうと思ったので、沖縄側の船に乗り移ったのです。そして喜屋武さんと初めて握手をしました。

ところが、海上保安庁も遠くからそれを見ていたのに、それを黙認したんです」

こうした曲折を経て、東京側では一九六五年の六月に沖縄違憲訴訟弁護団が結成され、提訴に向けての本格的な作業が始まった。

渡航の訴状――日本復帰へのテコに

沖縄から東京に送られてきた一八件の訴状原案をもとに、東京の違憲訴訟弁護団で検討した結果、原爆医療の損害賠償と、渡航の制限に関する損害賠償の二件の案件にしぼられた。原爆訴訟の方は、丸茂つる、謝花良順、翁長生、真喜志津留子、真喜志オトの四氏が原告、渡航制限の方は瀬長亀次郎、平良康夫、比嘉照子の三氏が原告となった。

訴状のまとめは、自治労法律相談所の鎌形寛之弁護士を中心に、沖縄出身の古波倉正偉、金城睦、宮里邦雄らも積極的に参加した。弁護士としてこの訴訟と終始かかわってきた金城睦は次のように語る。

「わたしがこの違憲訴訟とかかわったのは、一九六五年の六月からで、この年の四月わたしは司法研修所を出たばかりのときだった。だからわたしの弁護士生活で携わった最初の大きな事件だった。わたくしとしては、法律家の立場から復帰運動へ参加したいと思っていたので、この訴訟にかかわることにしたのです。司法研修所を一緒に出た宮里邦雄も加わり、先輩の古波倉正偉弁護士もこれに参加していました」

自由法曹団など批判的

「この訴訟について、批判がなかったわけではありません。例えば自由法曹団などは〝国際的な民族問題を裁判に持ち込むのは、問題のわい小化だ〟と言って批判的だった。しかし、自由法曹団のなかでも、根本孔衛さんなどのように、〝法的解明もまた必要だ。それは運動のわい小化ではなく、拡大にもつながる〟と言って、積極的に参加した弁護士もおりました」

金城が言う根本弁護士も、この訴訟には終始積極的にかかわったひとりである。だが、訴訟に不安がなかったか、と言えばそうではない。

「当時はまだ日本復帰が実現するとは、とても思えないような状況のころでしたから、果たしてこの訴訟を、日本の裁判所が取り上げるのかどうか、という不安がありました。そのころ、大衆的な裁判闘争は他にもあったのですが、なにしろ、日本の主権にかかわる裁判ですから。そこでわたしたち弁護団も国際法の勉強から始めました。しかし、あまり参考になるようなものはありませんでしたね。訴えを起こしても大丈夫という確信は、そう時間がかかりませんでした。ただ、この訴訟が当初の目的、つまり日本復帰にどれだけ寄与できるだろうか、という不安は残りました」と金城は言う。

そういう不安は残しながらも、〝日本復帰などとうてい考えられないような状況〟のなかで、一歩でも二歩でも状況を突き動かしていく、そのテコになればというのが、この運動とかかわっていった人たちの心情であった。

平良氏は本土留学を断念

それはこの裁判の原告に名を連ねた人たちとて、同じであったろう。当時、沖縄人民党委員長であった瀬長亀次郎は、渡航の制限に対する損害賠償に名を連ねたひとりだ。

瀬長は、一九六五年四月二四日から三日間、神奈川県川崎市で開かれた「アジアのための日本大会」に参加するため、この年の二月一一日に、高等弁務官に対して、日本渡航証明書の発給申請をしたところ、三月一日、高等弁務官はこの証明書の発給を拒否してきた。このため、瀬長は、この大会で沖縄住民の考えを直接訴える機会を奪われたのであった。

さらに原告の平良康夫は、一九六三年三月琉球大学を卒業後、沖縄社会福祉協議会の推薦を受けて、日本社会福祉事業大学に入学するため、日本渡航の証明書発給を申請したが、やはり高等弁務官はこの発給を拒否。このため平良は本土に渡航することができず、やむなく沖縄において就職せざるを得なかった。こうして平良は「人生の重大な岐路において自らの志望を貫き得ず、計り難い精神的な苦痛を受けた」（訴状）というものである。

渡航制限で原告になった三人目の比嘉照子も、やはり平良同様に就職をするため、本土への渡航許可申請を出したところ拒否され、さらに本土留学のため、目的を変更して出したが、これに対してもなんらの理由も示されないまま、許可が認められなかったのである。

原告らの受けた措置は、当時の沖縄住民の置かれていた立場を象徴していた。特に瀬長の場合は、那覇市長の座を米軍によって追放され、反米運動の先頭に立っていた人だけに、この訴訟に加わった意味は大きかった。

被爆者の叫び――〝医療法〟適用は当然

憲法の谷間におかれる

渡航と並んで提訴することになった原爆被爆者の場合は、さらに被爆者たちの戦後二〇年にわたる重苦しい歩みがあった。そのころはまだ、沖縄の被爆者の実態さえもよくつかめていなかった。しかし、沖縄原水協の調査によって、一七二人の被爆者が確認された。本土のような専門医の治療も受けられず、病気のため生活苦にあえぐ被爆者の姿があった。

本土では一九五八年から「原爆医療法」が施行、被爆者手帳が交付されて専門医による治療が国の費用で実施されていた。しかし、沖縄の被爆者たちは、〝同じ日本の国民〟でありながら、米軍支配下にあるというだけで、この医療制度の適用からはずされていた。まさに、〝憲法の谷間〟におかれていたのである。

この原爆訴訟には、真喜志津留子さんと、そのおかあさんのオトさんの二人が親子で原告になっていた。真喜志さん一家は、一九四五年八月九日、長崎で被爆した。オトさんの夫康善さんは運よく長崎を離れていて助かったが、オトさんと長男夫婦、それに津留子さんの四人が被爆した。津留子さんは、当時一九歳だった。爆心地からわずか二・六キロの長崎市本原町でだった。被爆から二日後に、長男夫婦は亡くなった。

それから親子三人で、沖縄に引き揚げてきたが、薬代や診療費にあてるため、所有地を売り払ったり、息子の形見である勲章も手放して、生活をきり抜けてきた。そしてことあるたびに、原爆医療法の適用を訴えてきた。そこへ違憲訴訟の話――。

原告になった津留子さんは、いま、那覇市内で食堂をやっているが、その仕事の手を休めながらこう語る。

「わたしたちの被爆体験の苦しみは、とうてい口では言い表せません。思い出すのもいやです。しかし、これは語り継いでいかなければいけません。本土では、昭和三二年に原爆医療法が制定されているのに、沖縄のわたしたちには、その適用がない。そこで同じ日本人なのだから差別しないで適用せよ、と日本国憲法の下の権利を主張したのです。当時は米軍の支配下にありましたが、わたしたちはやむにやまれぬ気持ちでいましたので、米軍からにらまれるとかいった、別にこわいという気持ちはありませんでした」

「原爆医療法」第一四条第一項によれば「厚生大臣は被爆者が緊急その他やむを得ない理由により、指定医療機関以外の者から第七条二項各号に規定する医療を受けた場合において、必要があると認めるときは、医療の給付に代えて、医療費を支給することができる」とある。

帰郷後、毎月二回も通院

そこで訴訟では、「指定医療機関が存在せず、また本土の指定医療機関で治療を受けることが、極めて困難な立場にある者に対しては、その受けた医療について、医療費を支給すべき義務があることを定めたものと解すべきである。したがって、原告等が受けた前記医療は、原爆医療法第一四条第一項の緊急その他やむを得ない理由による医療に該当する」と主張している。

そして訴状は、さらに続けて「日本国民は法の下に平等であり、差別されることが許されない以上、沖縄県に居住する被爆者も、本土の被爆者と同様の補償を当然受ける権利があり、原爆医療法が適用されることはいうまでもない」と結んでいる。

ちなみに真喜志津留子さんは訴状によると「昭和二一年一一月沖縄へ帰ったが、激しい疲労がとれず、以来那覇市寄宮の大浜病院へ毎月一、二回通院し、昭和三二年四月一日以降現在まで、合計一〇万三六八〇円を支払った」というものである。

原水禁大会でアピール

そうした状況下にあった被爆者たちにとって、この違憲訴訟は、叫びにも近いものであった。当時、津留子が「二〇年間もわたしたちをほったらかしにした日本政府の責任は追及されるべきです。一日も早く、沖縄の被爆者が安心して生活できるようがんばっていくつもりです。違憲訴訟を通じて、わたしたちの苦しみを全国民に理解させていきたい」と述べていた言葉は、沖縄の全被爆者の心情を代弁していたといえよう。

そしてこの年の八月、津留子は、広島で開かれた原水禁世界大会に出席し、原爆医療法の沖縄への適用と、過去二〇年間にわたる治療費の支給を訴え、はじめて、この問題を本土にアピールした。

被爆者の問題に強い関心を寄せていた作家の大江健三郎からも、津留子あてに激励の手紙が届いた。手紙には平和に暮らす本土国民のひとりとして、津留子の訴えに自責の念にかられる旨がしたためられてあった。津留子は、いまもその手紙を大事に持っている。

提訴——国民への訴えが目的

勝ち負けは度外視

沖縄違憲訴訟が東京地裁民事部に提訴されたのは、一九六五年九月九日のことであった。地裁の窓口には、数人の弁護士のほか、東京沖縄県人会長・神山政良（故人）や、この裁判の火つけ役となった衆議院議員の川崎寛治らの姿があった。窓口で手続きを終えた神山、川崎、そして弁護団代表の鎌形寛之の三人が記者会見したが、神山は「この訴訟に対して裁判所側がどういう態度をとるかは予測できないが、勝ち負けは度外視しても、裁判の過程で沖縄の法的地位が国民の前に明らかにされればじゅうぶん効果はあると思う」と語っていた。

神山は東大を出てイギリスのオックスフォード大学に学び、大蔵省の外局である日本専売公社の名古屋専売局長まで務めたエリートであったが、晩年は東京沖縄県人会長として、復帰運動の先頭に立っていた。提訴した日について、川崎は次のように言う。

「この訴訟を東京地裁に入れたとき、県人会長の神山政良さんが、とても感激していました。神山さんは、おそらく門前払いになるのでは、と思っていたようです。果たして東京地裁が受けてくれるか、と心配していました。そこで、東京地裁がそれを受理したときには、とても感激しておられたことを、今でもなまなましく記憶しています」

佐藤内閣が〝先制攻撃〟

しかし、この訴訟が提訴される二日前の七日、日本政府は首相官邸で開かれた第二回沖縄関係閣僚協議会で

「沖縄には日本国憲法は適用されない」とする「沖縄の法的地位に関する政府統一見解」をまとめた。

その内容は「潜在主権は観念的には施行されているが、現在米国が施政権を行使しているので、現実には日本国憲法は適用されない」というものであった。国会でも沖縄の法的地位をめぐる論争が展開され、時の佐藤内閣が、それになんらかの対応が迫られていたのは事実だが、沖縄違憲訴訟に対する、いわば〝先制攻撃〟の意図がありありであった。

川崎寛治は「沖縄の法的地位をめぐって、裁判で争うというので、政府は沖縄の法的地位についての政府統一見解を出したが、佐藤栄作はこの裁判を気にしておったのです。裁判所に対するいわば先制攻撃をしたのは明らかですよ」と言う。

政府がこの閣僚協で持ち出してきた〝潜在主権〟は、両刃のやいばであった。「政府統一見解」でも述べているように、潜在主権しかないから、現実に日本国憲法は適用されないという見解と、潜在主権があるから日本国憲法の適用がある、というように両方に使われたのである。

その間の事情について、弁護団のひとりである弁護士の金城睦は言う。

両刃の剣〝潜在主権〟

「サンフランシスコ講和条約で認められた〝潜在主権〟、あのころ、法律家の間では〝法的怪物〟と言われていました。ところが、この訴訟を起こしてから、沖縄の法的地位に関する学界の見解が変わってきました。訴訟以前の主流は横田喜三郎さん（元最高裁長官）の見解で、これは沖縄への日本の主権は、いかなる意味においても及ばない、というものです。

ところが、この訴訟以後は、弁護団が主張した潜在主権論が通説になってきました。それは簡単に言えば、統治権は米側にあっても、日本政府は、国連憲章や国際条約、あるいは日本国憲法に保障された権利について守らせる義務があるというものです。この考えがもとになり、日本弁護士連合会の沖縄の法的地位に関する見解が出てきます。

また、この考えは、施政権返還要求の法的基礎にもなった、と言っていいでしょう。少なくとも日本が国連に加盟して以後というものは、国連による信託統治が成り立ち得ないのであるから、日本に施政権を返さなければならない、という考えは、日本復帰の理論的基礎になった、と思います」

復帰協・沖縄連のなかにつくられた沖縄違憲訴訟対策特別委員会は、提訴の日声明を発表し「サンフランシスコ条約第三条によって施政権が米国に委ねられていても、沖縄県民は日本国憲法でいう〝国民〟であることは、日本国民たる要件を定めている国籍法でも明らかである。決して外国の国籍を取得して、日本の国籍を失ってない。従って日本国憲法で保障する国民の基本的人権などすべては、われわれ沖縄九五万県民にも及ぶべきである」と、「政府統一見解」に真っ向から対決して、波乱の裁判闘争の幕を切って落としたのである。

原告の出廷——移動の自由求めて

国の答弁受け新たな対応策

提訴後、第一回公判が開かれたのは、一九六五年一〇月六日であった。今は亡き衆議院議員の中村高一が訴状の陳述を行なった。

「沖縄県人は日本国民の受けている諸権利の恩恵を受けていない。これが本訴状の重要なポイントである」と体の大きい中村は、声高に切り出した。「しかも日本国憲法は法の下に平等であるとうたっており、国連の人権宣言でも権利の保障がうたわれている。それが無視されているのが沖縄である……。これに対して国はどう考えているのか」と中村は、並み居る裁判官や法務省の人たちに問題を投げかけた。

国側の答弁書が出たのは、その年の一二月一日と意外に早く出た。国側答弁書の内容をひと言でいえば「日本国は、法的には沖縄住民の基本的人権に関する施政権を有していない。従って原告らの主張は、既にこの点において失当といわなければならない」ということであった。これは、基本的にはこの年の九月七日、沖縄関係閣僚協議会がまとめた「沖縄の法的地位に関する統一見解」と全く同じであった。

違憲訴訟は、この国側の答弁書以降、新たな対応策が求められてきた。すなわち、この裁判をテコに沖縄側の実態をいかに国民にアピールしていくか、ということであった。そこで原告団を中心に検討されたのが、原告をいかにこの法廷に出席させ陳述させるか、ということであった。

果たしてこの原告の陳述を裁判長は認めるのかどうか注目されたが、さすがに裁判所側もこれも拒むことはできなかった。こうして、一九六七年一〇月二〇日の第一三回公判に、原告・瀬長亀次郎の出廷が実現する。瀬長の上京は実に一一年ぶりのことで、これは本土でもかなり注目された。

本土への渡航拒否第一号

話は前後するが、瀬長の渡航拒否や、原告になったことに対する考えからまず聞いてみよう。

「本土への渡航を差し止められたのは、わたしが最初です。一九五六年に那覇市長に当選すると、那覇市を戦災復興都市として位置づけ、日本政府から広島などのように補助金をもらおうと思って上京する手続を取ったのです。そしたら米側はわたしのために布令を改正して、一七カ条の条件を付けてきたのです。

例えばどういう条件かというと、東京で会う人の氏名を書けとかいうのがあるのです。そこでそれを書かなかったり、書いてもそれがウソであったりすると、布令違反になるのです。そして違反するといかなる異議も挟みません、とあるものですから、違反と分かれば逮捕されても仕方がないようになっていたのです。

わたしは、那覇は一〇・一〇空襲で焼けているので、戦災復興都市の適用は当然だと思っていたので、渡航の申請を出したのですが、それが不許可になり、それ以後、許可は下りませんでした。

そこで違憲訴訟を起こそうということになり、沖縄人権協会の福地曠昭君を通じてやったのです。あのころの人権協会といえば、ほとんどわたしのことばかりでした。

憲法では移動の自由は認められているのに、それができんというのは何事かというので、この訴訟の原告にわたしがなったのです。訴訟は正しかった。国民の一員として保障されている移動の自由を認めさせるということは、なんびとも否定はできないと」

東京地裁から出頭命令

そこで一一年ぶりに瀬長は東京の法廷に証人として立

つことになった。

「裁判になって、私が原告として証言することになりました。弁護団を通じて東京地裁の裁判官に証言をするため出頭させてほしいと要請したのです。

そしたら裁判官はそれを受け入れて、私のところに出頭命令がきたのです。もしこれをアメリカが拒否すれば、国と国との問題、つまり国際問題になりますからね。そこでアメリカも認めざるを得なかったのです。

証人として上京するとき、当時嘉手納基地のジェット機の燃料が流れ出して民間の井戸に出てきたりして問題になっていたので、私はそれをビンに入れて持って行ったのです。米軍基地の非人間的な実態というものを知らせるために持って行ったのです。

そこで東京地裁で証言した時『裁判長、これは嘉手納住民の井戸からくんできたものです。これをここで燃してもいいか』と言ったら、裁判長は『分かった、分かった、ガソリンであることを認める』と笑っていた。とにかく私はその場で、米軍の基地というものが、人々の安全や平和を脅かすだけでなく、人間の尊厳までが否定されている、その実態というものを訴えたかったのです」


沖縄違憲訴訟は、一一年間に三六回の公判が開かれているが、瀬長の後、原告の真喜志津留子、平良康夫、翁長生らのほか、喜屋武真栄参院議員、上原康助衆院議員らも証言台に立って、沖縄の現状を訴えた。

結末と評価——復帰で一応の成果達成

沖縄違憲訴訟が提訴されて七年目の一九七二年五月一五日に沖縄の施政権返還が実現、訴訟は新たな段階を迎えた。この訴訟は、もともと、沖縄返還闘争の一環として位置づけられた運動としての裁判であったからだ。

復帰協も揺れ訴訟取り下げ

また、この沖縄の本土復帰を境にして、この裁判闘争の推進母体であった復帰協が組織問題で大揺れに揺れ、裁判の先行きは暗かった。さらに、本土復帰の実現により、裁判を継続していくだけの実効性にとぼしいということも、この訴訟の継続をよりむつかしいものにしていった。

そして運動論的にみても「沖縄公用地暫定使用法に対

する新たな訴訟を提起した方がよい」ということになり、一九七六年三月同訴訟に引き継がれ、沖縄違憲訴訟は、同年八月に取り下げられた。裁判の発案者である川崎寛治は言う。

「訴訟は、沖縄の本土復帰で一応の目的は達した、というので自然消滅の形をとりました。しかし、ぼくはやっぱり、沖縄に五三％の基地があり、日米安保が有事の際には発動するということを思うと、基地機能は変わっていないと思う。新しく軍用地法をめぐる違憲訴訟が出されてたが、そこのところを打ち破らなければ、平和な島にはならない。沖縄違憲訴訟が提起した人権とか、平和とかいうのは、まだまだだと思う。その意味では、公用地暫定使用法裁判に引き継がれていったのは、よかったと思っています」

国政参加実現に一定の役割

復帰協は、この沖縄違憲訴訟を取り下げるにあたり、この訴訟の成果を、次のように評価した。

①平和条約第三条の国際的不法性、日本国憲法との関連における違憲性を明らかにした。

②沖縄をアメリカの支配下に放置し、あらゆる人権侵害を容認してきた日本政府の責任を明確にし、追及してきた。

③沖縄返還協定の欺瞞性と、不法性を暴露することにより、即時無条件全面返還こそ、唯一の正しい沖縄返還のあり方であることを、明らかにした。

④沖縄返還闘争の一環とした取り組みにより、大衆運動の理論武装を強化し、平和条約第三条の不法性に対して、多くの国民に法的確信を与えた。

⑤原告の本土渡航実現をはじめとする渡航制限の緩和・原爆手帳の交付などの成果と、国政参加の実現に一定の役割を果たしてきた……。

弁護士活動制限にショック

この復帰協の「評価」は、この裁判にかかわってきた人たちの最大公約数とみてよいであろう。

ところで、この沖縄違憲訴訟を閉じるにあたって、どうしても忘れることのできない人がいる。弁護団を代表して、裁判闘争の牽引車となった弁護士の鎌形寛之である。

「わたくしが最初に沖縄とかかわったのは、教公二法闘争事件の裁判で弁護団を依頼されたときでした。初めて沖縄に渡るため、パスポートの申請をしましたが、一カ月以上もそれがおりないのです。やっと許可がおりて沖縄に渡ったときは、きのう教公二法事件の関係者は起訴された、と言っていました。起訴するまで渡航許可を出さなかったわけです。そのとき、沖縄の問題性を認識しました。そこでこの事件について干渉しようとしたところ、あなたは外人弁護士に当たるので、沖縄では弁護士活動は出来ない、といわれました。そう言われたときは、正直いってショックでした。そして沖縄に行くたびごとに、そのことを痛感しました。それで、こういう状況が今の憲法下で許されるのか、と強く疑問を持ち、いったいアメリカの沖縄占領とはなにか、ということに関心を持つようになり、沖縄違憲訴訟とかかわっていったのです」

さらに続けて鎌形は言う。

「今だから言いますが、あのころ、弁護士の間では憲法状況に対する認識が、沖縄と本土とでは違っていました。わたしたちからみると、沖縄の方々の見方は本土の憲法状況というものをたいそう理想化しているように思われました。そこで裁判の法律上の困難性というものについては、わたしたちは初めから認識していましたが、それでも沖縄の現状と憲法のあるべき姿をバックにしていけば、沖縄の返還を望む人たちの願いに、それなりにこたえることができるのではないか、と思っていました。米国の沖縄支配については、本土の方でもかなりの関心が盛り上がっていましたので、その時代背景というものと一体となっていけば、それなりの役割を果たせる、と思ったのです」

「憲法と沖縄」の認識広める

最後に、鎌形のこの違憲訴訟に対する評価を聞いて、この項を閉じよう。

「この違憲訴訟をどう評価するか、これはむつかしいことです。しかし、沖縄の状況に対してなんらかのプラスの役割を果たしてきた、ということは言えると思います。原爆被爆者の医療費補償の方は、復帰する前に実際的な適用が実現しましたし、渡航制限撤廃の方も、この裁判闘争のなかで、ある程度の自由が実現しました。

この訴訟の大きな目的であった復帰運動に、どの程度プラスになったかということですが、少なくとも、復帰運動の一翼を担った、ということは言えます。そして、日本国民に憲法と沖縄についての認識をするうえで、それなりの役割を果たしたのではないかと思います」

沖縄の復帰とは何か――民衆不在の領土返還――

『虹』一二号（伊波南哲主宰同人誌、一九七〇年八月）

後退する民主的権利

沖縄教職員会の福地曠昭さんが所用で上京された時、激励の意味もかねて何人かが集まったことがあった。その時の福地さんのあいさつがなかなか風刺的で、このごろ何かにつけ思い出される。自己紹介の中でこんなことを言われたのだ。

「中央教育委員の福地です。復帰すると、この教育委員制度もなくなるという。そうなると私も失業しないといけないので、このごろは復帰したほうが良いのやら悪いのやら、考えるようになりました」

もちろん失業云々は冗談だが、沖縄県民がアメリカの軍政下にありながらも、自らの闘いで守り抜いてきた民主的な制度を、単に日本復帰したからというだけで、〝本土並み〟に逆行させなければならないものかどうか、そのことの疑問を福地さんは投げかけたわけである。

周知のとおり、沖縄では教育委員は任命ではなく、住民による選挙によって選ぶことになっており、時の権力の支配からは独立するタテマエになっている。そのため、時に〝四権分立〟などとさえ言われてきた。本土では戦後の一時期実施されていたが、官僚機構が進むにつれ、中央集権へのくり込みの中で消え去ってしまった。

また沖縄では、本土ではすでに抹殺されて久しい教職員の政治活動の自由が守られている。もちろん守ってきたのは教師自身であり、それを支えた県民であった。しかし、権力はこの政治的自由を奪取するためにたえず策を弄してきた。就中、一九六七（昭和四二）年の教公二法闘争はその頂点をなすものであったが、この政治的活動の自由こそは、絶えず沖縄の社会を突き動かしていく原動力であったと言っても過言ではない。

しかし、今や〝復帰〟という名のもとに、この民主的な制度が抹殺されようとしているのだ。復帰とは何か。どこからどこへ復帰するのか。返還とは、誰から誰に何を返還することなのか。それはひとり沖縄の教育のみではなく、あらゆる面にわたって考えなければならない、いまや重大な問題となっている。

国益か県益か

沖縄の〝祖国復帰〟が熾烈な要求であった段階から、現実の問題になるにつれて、〝祖国〟との間に最近いくつかの摩擦が起こっている。いや、その摩擦は沖縄の森羅万象、あらゆる面で起こっているのだが、最近起きた一、二の例をあげたい。ひとつは米国系外資の導入をめぐる地元琉球政府と本土政府の対立、もうひとつは米国資産の買取りをめぐる琉球政府と本土政府の見解の対立である。

外資導入をめぐる対立とは、一九七〇年二月、米系外資で世界のアルミ・トップメーカーのアルミニウム・カンパニー・オブ・アメリカ（アルコア）社が、琉球政府に外資導入免許の申請をしたことに始まる。

本土アルミ精練業界は、やっと軌道に乗りかけた精練業をアルコアになぐり込みをかけられたのでは、これまで築きあげたアルミ精錬五社（日軽金、昭和電工、三菱化成、住友化学、三井アルミ）の利益が、たちまちにしてかき乱されてしまうと、アルコアの沖縄進出阻止を声明した。本土政府の通産省も、自由化もされていないアルミ精練を、たとえ復帰前であるとはいえ〝国益〟上認め難いとして、琉球政府に再三にわたって認可却下を要求しつづけた。

しかし、地元琉球政府側は、沖縄はこのまま復帰すれば人口は本土に流出し、過疎県になるのは火を見るより明らか。かくなるうえは、外資であれこれを導入することによって工業を興し、県民所得を確保していくほかなし、というわけで、いわゆる〝県益〟をタテに積極導入の姿勢をとった。

本土アルミ精練業界としても、アルコア阻止のため沖縄進出を余儀なくされ、精練五社の共同進出申請を行ったものの、アルコアの阻止ならず、一九七〇年六月二七日ついにアルコア社は琉球政府によって正式に許可されたのである。

但しこの認可には「復帰後は本土の外資政策に従う」との条件がついており、それによると、アルコア社は五〇％の提携社をつれて来なければならない。その場合の提携社は、既存メーカーの五社のうちからということが前提となるため、すでに本土精練五社が沖縄進出を決定している以上、事実上進出は不可能という見方を通産省ではとっている。

それはともかく、このアルコア社認可をめぐる〝国益〟尊重か〝県益〟優先かの見解の対立は、七二年復帰をめぐっての本土政府と地元との基本的な考え方の相異をまざまざと浮き彫りにしてみせた。もっともこの〝国益・県益論争〟には、いくつかの問題があり、そのまま首肯するわけではない。

たとえば琉球政府の主張には、アルコア社の沖縄進出が即、沖縄の県益であるかのような単純な図式があり、そこには巨大企業のもつ国内植民地的な収奪の論理のあることが見落とされ、本土で見られる企業誘致が地域住民にもたらす公害などの深刻な問題が、あまりにも甘く見られている。

一方、日本政府の主張するところの〝国益〟にしても、地域住民の利益（もしそれがもたらすとすれば）を無視して〝国益〟などあろうはずもなく、そもそも政府のいう〝国益〟なるものが、実は一部寡占資本の利益でしかなかったことを、このアルコア進出の一件は暴露したようなものだ。

沖縄を買い取る？

沖縄にある米国資産の買い取りについては、すでに日米間でその交渉が始まり、本土政府は相当の代価を払って、これら沖縄の米国資産（例えば道路とか、電力、水道施設などから、公民館のたぐいのものまで）を買い取る方針だ。ところが琉球政府は〝買い取る〟という姿勢そのものに基本的に反対している。

米国資産といったところで、それは施政権者として当然の義務行為であること、また、そもそも米国資産を生み出したものは、沖縄住民から得た利潤を増殖したものであって、本来的にこれは住民に帰属すべきものではないか、という理由にもとづく。

大蔵官僚の中には「買い取るといったところで、琉球政府がカネを出すわけではなし、関係のないことだ」と言う者がいるそうだが、どこがカネを出すか出さぬかではない。問題はこの二五年間の沖縄県民の営みをどう見、評価するのかという形で沖縄側は問題を突きつけているのである。

ここにも、物事を経済的合理性だけで割り切ろうとする本土側官僚の考え方と、問題をすぐれて人間的次元でとらえかえそうとする沖縄側との間に、ズレがありはしないか。

沖縄の七二年復帰メドがついた一九六九年一一月以降、本土政府の、対沖縄姿勢に転換のきざしが見える。それは「これ以上沖縄を甘やかすな」といった某政府高官の発言に象徴される高姿勢ぶりである。施政権の返還が決まる以前までは、対米関係を慮ってか、琉球政府に対する姿勢は、それこそ〝一国並み〟の扱いよろしく、どこかよそよそしささえ見られたものだ。

それが返還が決まるや「もう、こちらのものだ」という意識が頭をもたげてきて、こんどは逆に「甘やかすな」ときた。本土政府の役人がどっと沖縄にくり出し、やれあの資料をよこせ、この資料をつくれと指示し調べまくるさまは、あたかも明治政府の首里城明け渡しを連想させるではないか。

とはいえ、いまはまだ完全な施政権を本土政府は握っていない。そのために本土政府は無念の生ツバを何度か呑み込まざるを得なかった。アルコア社の認可もそうだ。通産官僚の抵抗は失敗したが、その意識の底流には「あと二年の辛抱だ。いまにみておれ」という意識がチラチラしている。

返還は住民の手に

これらのことは、ほんの一、二の例に過ぎない。現在の琉球政府から沖縄県へ移行する過程で、いろんな問題が露呈してくることは十分予想されることだ。その際の本土政府側の言い分は、あるいは言い分の〝尺度〟というものは、〝本土並み〟ということであろう。「沖縄が復帰するとは、あらゆる面で本土と一体化することであり、沖縄だけを特別扱いはできない」というのが、日本政府の復帰路線だ。

〝本土並み〟は、戦後のさまざまな問題を解決していくとき、ときに沖縄側がそれをテコにしてきたこともあった。例えば教育の問題にしても、学校の教材、図書、体育館など本土との比較によって、沖縄側を向上させる材料としてきた。沖縄は確かにおくれていたし、また現在でも確かにそういう施設整備の面ではおくれている。

しかし、そうした反面、不当に抑圧されてきたためその抵抗の産物として、沖縄の民衆自身が勝ちとり、築きあげてきたものが貴重な遺産として残されている面を忘れてはならない。教育の例でいえば、先にあげた公選の教育委員制度はその一例である。もっと大きくとらえれば、沖縄の民衆運動といってもよいし、あるいは直接民主主義といってもよいであろう。それらは本土並みの〝本土〟より一歩も二歩も進んでいたし、またいまも進んでいるのである。

本土には〝平和憲法〟というものがあり、これが軍隊の保持を否定し、言論の自由を保障し、国民の文化的最低限の生活を保障している、というふうに、少なくとも沖縄では受けとめ、それだからこそ復帰運動の目標のひとつに「平和憲法の適用」がうたわれてもいた。

それは異民族支配をはねかえす武器として、ある時は強烈に打ち出された。だが、それがいつの間にか本土復帰への〝幻想〟をかきたててきた面も否定できない。「憲法の適用さえ受ければこんなことにはなるまい」という悲願は、いつしか平和憲法があるから日本は〝平和国家〟なのだ、ということにすりかえられてきた面がありはしないか。

言うまでもないことだが、憲法があるから言論の自由がある、というものでもない。現に軍隊を保持することを禁じている日本国憲法にもかかわらず、その実力においては戦前の日本軍を上まわる二五万の自衛隊が存在しているのだ。

ものごとの保障は、ここにそれを勝ちとり、守り、育てようとする運動があってはじめてなされるのであって、権力は本質的にそれを保障するようなことはしない。だから戦後二五年間たえずさまざまな弾圧を受け、たとえば言論の自由や、自治権といったものを勝ちとる闘いを展開してきた沖縄が、いつしか本土のそれより進んだものになっている場合だってあるし、それは不思議でもなんでもない。

住民の自治権を見た場合、二五年間にわたる米占領支配の下で、その末期からはかなりの自治権が県民の手ににぎられてきたと思う。末期といっても一九六八年に主席の公選が行われ、屋良政権が誕生してからのことだが、もちろん、これは法律によって誰かが与えたものではなく、県民の血のにじむ闘いの結果として勝ちとってきたものである。

それは確かに米国支配下という枠の中であることは否めないが、ある面においては、本土のいわゆる〝三割自治〟などと呼ばれるものよりは、はるかに主体性を持っているのである。

その自治が、今や復帰によって崩れ去ろうとしている。何故だろうか。それは〝返還〟というものに対する基本的な認識の違いからくるのではないか。返還とは、施政権を米国から佐藤内閣の手に移すものだ、というとらえ方からすべてはおかしくなる。

施政権の返還とは住民自身に対して行われなければならない。だから復帰とは、真に住民の自治を保障するものでなければならないはずである。

この道はいつかきた道

だが、現実に進められつつある政府の復帰準備路線というものは、国策尊重や国益優先といったかたちで、再び地域住民の利害や権利を無視しようとしている。不幸にして沖縄は戦前の長きにわたって、国内植民地として資本の収奪を受け、日本帝国の〝南辺の守り〟として国土防衛の犠牲にされてきた。

その沖縄が四半世紀にわたる異民族支配から放たれて、再び同胞のもとへ復帰するや、〝同族支配〟のもとで収奪と差別に甘んじなければならないとすれば、これ以上の不幸はない。

一八七九（明治一二）年、明治帝国政府が軍隊を引きつれ、サーベルをガチャつかせて強制的に琉球処分を行ったのは、海外膨張政策に基づき、日本の〝南辺の守り〟を固めるためであった。住民の幸福などというものではなく、国策遂行、実に〝国益〟と称するもののためであった。

一八八六年の内務大臣山県有朋の沖縄訪問を皮切り

に、八七年には伊藤博文総理大臣、大山巌陸軍大臣、西郷従道海軍大臣、森有礼文部大臣といった明治帝国政府の首脳が相次いで沖縄を訪れ、帝国政府の皇民化政策が急速におしすすめられてゆく。その結果はどうであったか。太平洋戦争での沖縄戦の悲劇となって現れたのである。

いま、皇民化政策に代わって、一体化政策が進められている。そうして佐藤内閣は、自主防衛を強力におしすすめつつある。その中にあって〝沖縄防衛〟の占める比重はきわめて重い。七二年の沖縄返還の年からスタートする第四次防衛力整備計画では、この沖縄防衛がひとつの重要な柱になって立案される運びである。

一方、地元沖縄で現実に行われていることといえば、基地が〝本土並み〟に返還されるどころか、強化の方向に向かっている。そうして、ニクソンドクトリンの「アジアはアジア人の手で」という戦略再編成のシワ寄せが、いま沖縄に集中的に現れてきている。つまりアメリカのアジアからの〝撤退〟は、沖縄を永久基地として打ち固めることによって可能、というわけだ。

東洋一の嘉手納空軍基地には、新しく開発された超大型空輸機Ｃ５Ａギャラクシーがその巨大な翼を下ろすことになっている。ここから、アジアの各地に侵略の手を差しのべようというわけだ。

一〇〇余年前、ペルリは沖縄の戦略的重要性に着目し、ただちに同島を占領するよう時の海軍長官に建言している。その時は容れられなかったが、アメリカの野望は太平洋戦争で実現したともいえる。そして本土は、この日本列島のシッポ・沖縄を、あたかもトカゲが自らシッポを切り捨てて生きのびるように切り捨て、〝経済大国〟の繁栄をむさぼっているのである。

しかし日本経済はいま、このシッポ沖縄を、自らの統治下に組み入れようとしている。それは単なる領土の量的拡大のみを意味するものではない。〝太平洋の要石《キーストーン・オブ・ザ・パシフィック》〟を掌中に入れることによって、国民総生産力で資本主義陣営第二位にまでのしあがった日本は、「アジア安全の主役」（佐藤首相）として一層軍事的大国へとのしあがってゆこう。

いみじくもある自衛隊員は、沖縄返還後の日本を次のような川柳で予言した。

沖縄を背負ってアジア近くなり

沖縄に照射された日本のこの姿は、果たして〝いつかきた道〟でないと誰が断言できようか。

幻の賠償請求書――つぐなわれぬ沖縄の傷あと――

『時代』一巻一号（時代出版社、一九七一年七月）

「人権」軽視の「領土」返還

沖縄返還協定が締結され、一九七二（昭和四七）年にはいよいよ沖縄の施政権が返還されるというのに、沖縄民衆の反応は日本政府の予期に反し、よろこびよりも不安がますますつのるばかりである。四半世紀にわたる〝異民族〟統治から放たれて、「大和世《ヤマトユー》」に復帰するにあたって、あらためて県民がかみしめる不安感は、異民族支配にかわって、〝同族支配〟の下に置かれるのではないかというものである。

それというのも、沖縄の施政権返還交渉が、すでに「第三の琉球処分」と呼ばれているごとく、沖縄県民の意思と権利が果たしてどれほど保障されたかという、対本土政府への根強い不信感が人々のこころに根ざしているからだ。沖縄返還協定の内容を明らかにせよ、という沖縄の声はついに無視され、いわば〝当事者〟ともいうべき沖縄一〇〇万県民の頭越しに協定は締結され、沖縄は〝処分〟されたのである。

「戦争で失われた領土が、話し合いで返ってくるのは、歴史上まれにみる偉業である」

一九六九年一一月の佐藤・ニクソン会談で、沖縄の施政権返還の見通しがついたとき、日本政府首脳はこう自画自賛した。領土返還が歴史上まれなるものかどうかは別にして、このことばの中には、はしなくも日本政府首脳の返還交渉に対する姿勢があらわれていた。すなわち、佐藤首相ら政府首脳の交渉にのぞむ姿勢は、実に〝領土〟をとり返す〝失地回復〟の発想に支えられていたということだ。

このことは、明治以来の中央政府の対沖縄観が、今日に至っても基本的には変わっていないことを示している。こんどの〝世替わり〟が〝第三の琉球処分〟といわれるゆえんも、決してことばだけのものではなく、歴史的にも共通した深い根をもっているのだ。かつて日本帝国主義侵略の辛酸をなめてきたアジアの国々が、沖縄返還に警戒のまなざしを向けているのも、日本政府の沖縄交渉の姿勢の中ににじみ出た、帝国主義的な発想を本能的にかぎとっているからではないのか。

こうした日本政府の姿勢は、沖縄の民衆が〝復帰〟の問題を、すぐれて〝人権回復〟の問題としてとらえていたことと対照的であった。〝失地回復〟の交渉が、沖縄民衆の〝人権〟よりも〝領土〟へと目が向けられたのは必然でもあった。

ここにとり上げるいわゆる〝対米請求権〟の問題ひとつ見ても、政府の姿勢は明らかである。政府は沖縄民衆の生命と生活にかかわるこの請求権問題については、他の問題とくらべて冷淡でさえあった。たとえば政府は、沖縄の米国資産問題については、電力・水道・開発金融公社といった三公社、行政府建造物、はては軍用道路に至るまで、いわば施政権者として当然なすべき性質のものや、県民側から吸い上げた利潤によって運営されているものまで買い取ることを約束したのである。

これらの買い取りが、そのまま「施政権の買い取り」ととられることを懸念した政府は、しきりに〝有償引継ぎ〟であることを強調するが、表現はどうあれ買い取りにかわりはない。また外資系企業の取り扱いについても、その既得権益を認めるなど寛容な姿勢を見せている。

これに対して〝対米請求権〟の問題は、どう処理されたのか。ひと口に請求権といってもさまざまだ。米軍が使うだけ使って不要となった基地を、農耕には使用できない形で返されたときの復元補償、米兵による殺人、傷害、暴行などの人身損害補償、あるいは米軍演習海域に指定されたため漁場を奪われた漁民たちの漁業補償など多方面にわたっているが、いずれにしてもこれらの請求権は、二六年間にわたる米軍統治下の産物であり、沖縄民衆のいわば〝請求書〟ともいうべきものである。

これらの〝請求権〟補償要求に対して、米側は一九六三年までに一部おこなわれた、いわゆる「講和前補償」（敗戦の翌日の一九四五年八月一六日から五二年四月二七日の対日講和条約発行の前日までに起こった事件に対する補償）

ですべては終わった、として応じようとしない。そればかりか日本政府も、ある問題については「条約上請求権を放棄した」とか、「立証できる資料がない」などの理由で、沖縄側の要求に正面から応えようとはしなかった。

軍用地の再契約問題や、自衛隊の沖縄配備についてはたびたび調査団を派遣したり、多数の要員を送り込んで準備作業を進めてきた日本政府が、こと沖縄県民の請求権問題については、まとまった調査さえ行わなかったのである。

一〇項目の補償要求

これまで沖縄側から出されている請求権は、大別して一〇項目にのぼる。すなわち、①軍用地復元補償②軍用地の収得に伴う通損補償③入会制限に伴う損失補償④軍用地賃借料の増額要求⑤滅失地補償⑥つぶれ地補償⑦講和前人身傷害未補償者の補償⑧講和後の人身傷害に関する補償⑨漁業補償⑩基地公害に関する補償、である。

これらの一〇項目のうち、日本政府が対米交渉で解決しようとしたものは、軍用地の復元補償や人身補償などにすぎない。これさえドル出血をできるだけ押さえたいとする米側は、かたくなに拒否。最近になってようやく「根拠のあるものは応じてもよい」と軟化してきたといわれる。しかし返還後、日本の施政権下になったとき、果たしてどの程度応ずるものかわかったものではない。

関係市町村で結成する軍用地主連合会などの関係者が、不安をもつのはこうした点だ。「地主は補償責任の所在が不明のまま、問題が復帰後に持ち越されることに大きな不安を感じます。奄美大島の請求権が、返還協定の中でほうむり去られたように、沖縄軍用地地主の請求権が除去されてはならないのです」と地主たちは訴えている。

軍用地の復元補償

沖縄の軍用地は、沖縄本島に占める割合が一三・九％で、そのほとんどが本島中部地区の市町村に集中している。嘉手納、読谷《よみたん》などは八〇％、七〇％を基地にとられている。この基地は沖縄戦直後、対日本本土攻略の基地として、さらには朝鮮戦争への支援基地として、または対中国大陸に対するアメリカの極東戦略基地として、あくなき土地収奪の結果つくられたものである。

それらは法的手続きさえとられずに、米軍の銃剣とキャタピラの下に、強圧的に収用されていったものがほとんどである。その後、米軍は沖縄基地を再編確立していく中で〝不要〟となった土地の一部を返還するに至ったが、米軍は基地建設のためコンクリートやアスファルト、コーラルリーフで打ち固めた土地や表土が削られ、もはや農耕の用をなさぬ土地を原形に回復しないばかりか、これらに対する補償をさえ行おうとはしないのである。

自己の軍事目的のために使うだけ使った米軍は、不要となると、あとは野となれ山となれ、いや野山さえも残さずに地主に返してきたのである。「沖縄市町村軍用地地主連合会」では、この問題を対米請求権の中でも最も重要視しているが、それというのも、現に請求が却下されているものと、これから請求権が生じようとしているもの（形質変更を受けているが、返還されていないため、請求権が発生していないもの）を合わせると、その面積は、全軍用地の実に七〇％にものぼるからだ。

地主連合会の比嘉倶信会長は言う。「他人の土地を使用している者が、これに形質変更を加え土地の価値を低下させた場合、契約の終了に当たっては、賃借人は価値を低下させた土地に対して復元補償を行って返すのが義務であり、一般の契約法上の原則からいっても当然でしょう」と。

米側は、これまで一九五〇年七月一日前に米軍によって形質変更された軍用地で、六一年六月三〇日までに地主に返還された土地に対しては、請求もれの分を除いて、いわゆる「講和前補償」を行なった。

ところが、一九五〇年六月三〇日以前に形質変更がなされ、六一年以後に返還された土地に対しては、補償責任を拒否、これから返還が予定される土地に対しても、救済措置を講じようとしない。

ちなみに、六一年七月一日以降、七〇年七月三一日までに返還された軍用地の補償要求額は、四四〇万八八三六ドル五六セント（約一五億八七〇〇万円）で、一二九万一九二五・九三坪である。

米国政府がこれらの補償を拒否してきた理由は、対日講和条約第一九条A項の「日本国及び日本国民の米国への請求権の放棄」である。この一九条A項は「日本国は戦争から生じ、又は戦争状態が存在したためにとられた行動から生じた連合国及びその国民のすべての請求権を放棄し、かつその条約の効力発生の前に日本国領域におけるいずれかの連合国の軍隊又は当局の存在、職務遂行又は行動から生じたすべての請求権を放棄する」というもの。

ところが問題は、ここにいう「日本国及び日本国民」に沖縄が含まれるかどうかだ。沖縄軍用地地主連合会は、同会の中に復元補償対策研究委員会をつくって検討した結果、次のような反論をまとめている。

①日本は一九四九年以後、ニミッツ布告及び行政分離覚書により沖縄住民に対する統治権を完全に停止されていたから、講和条約締結当時、沖縄住民の請求権については、まったくあずかり知らぬ立場にあった。こうした地位にある日本国が沖縄住民の請求権を放棄する権限はない。

②同条約締結当時、沖縄住民は日本からまったく切離された米国の直接占領下にあった。従って沖縄住民は、条約締結について意思表示をする道を形式的にも実質的にも奪われていたのであるから、日本国の請求権放棄は、沖縄におよび得ない。

こうした沖縄側の見解に対して、日本政府はどうかというと、米側とまったく同一見解に立ち「対米請求権は、平和条約第一九条A項によって放棄されている」との見解を国会でもしばしば明らかにしている。この政府見解を聞いたある沖縄選出議員は「沖縄返還の困難さを説いた平和条約だったが、沖縄返還と同時に見事に日本政府の手によって政府を守る解釈が出た。まったく論理のすり替えだ」と述べている。

実際、なにかというと平和条約によって日本は沖縄に対する施政権を持っていないという理由で、なすべきこともしてこなかった日本政府が、こんどは、この条約の中に沖縄が含まれるとの理由で、なすべきことを回避しようとしているのであるから、沖縄にしてみれば、まさに踏んだりけったりである。

一体に、日本政府が沖縄県民のもつ対米請求権を「条約上放棄した」といっても、沖縄県民になんの了解もなく、勝手に放棄したことは、これが〝処分〟でなくてなんであろうか。そうしたやり方は、一九五二年の対日講和条約で、沖縄県民の反対にもかかわらず、沖縄をアメリカの軍政下に売りとばしたことを思い起こさせずにはおかない。かつて奄美大島は、その返還協定によって、対米請求権をほうむりさられた。奄美返還協定の中にわざわざ請求権の放棄をうたったこと自体、奄美住民に請求権が存在した証左ではないかというのが沖縄側の言い分でもあるのだが、それはさて置くとしても、いま沖縄県民が不安に思うのは、こうした過去の例が否応なく思い返されてくるからなのだ。

軍用地の取得に伴う通損補償

米軍による土地収奪は、市民社会における常識を認めなかった。軍用地取得に伴ういわゆる通損補償といわれるのもそのひとつ。

通損補償とは、軍用地取得の際、たとえば財産が破壊されたり、水利権が失われたり、離作を余儀なくされたりといったことに対する補償などをさす。地主連合会では、「復帰までに生じたこれらの損失に対しては、日米政府のいずれが補償の責任を負うのか明確にし、補償措置を講ずべきだ」としているが、政府は「損害を立証すべき資料がない」などの理由で応じようとしない。

問題が米軍基地内ということもあって、損害がどの程度かはっきりしていない。これに限らず共通して言えることは、米軍が強制収用した土地については、沖縄側で立証せよといわれても、それはできないのがあたりまえである。

入会権制限に伴う損害補償

現在、米軍は沖縄本島北部の広大な旧国県有林野を、演習場として使用している。このため山林は撃ち込まれた砲弾で無残な姿をさらけ出してしまった。かつてこの旧国県有林野は地元住民が林野材、木草、薪炭材などを取って生計の足しにしていたところだ。ところが米軍は接収するや、立ち入りを禁止し、こうした入会慣行を認めず、その利益を奪った。

地主連合会や沖縄県祖国復帰協議会などは「米軍の演習場として立入り制限されている土地のほとんどは、従来入会慣行のある国県市町村有林野であるため、地域住民に大きな損失を与えている。よって、これらの人たちの生活権擁護の立場から、適切な補償措置を講じてもらいたい」としている。

本土では、東富士、北富士、三沢などで入会慣行が認められているほか、住民の損失に対しては毎年見舞金が支払われていることをつけ加えておこう。

軍用地賃借料の増額要求

戦前の沖縄は、全戸数の七〇％に当たる戸数が農業に従事し、農業生産額は総生産額の六五％を占めていた。ところが戦後における米軍の土地接収で農耕地や山林がつぶされ、農村における生活は破壊された。戦前一戸当たり平均五・八反の農耕地も、戦後は三・五反に減り、余剰労働力は基地関係に吸収されるか潜在的失業層となって、基地経済へと繰り込まれてきた。

農民は、こうした中でたえず土地の返還を求め、返還されない土地に対してはそれ相当な使用料を支払え、という要求をくり返してきた。しかし、まわりの地代は年々値上がりしていくのにくらべ、米軍用地の地代は、できるだけ必要な土地を安価に確保するという軍事上の観点から、不当に安い価値でしか支払われてこなかった。

こうしたことから賃借料の是正を求める声が強くなり、これまでに琉球列島米国土地裁判所に訴えられた件数は九六一六件、要求額にして一〇一万七〇四九ドル八一セント（約三億六六〇〇万円）にのぼっている。この補償は誰が責任をもって行うのか。

つぶれ地及び滅失地補償

敗戦とともに米軍の占領下におかれて今日に至った沖縄では、戦時中に日本軍あるいは行政官庁によって、拡張あるいは新設のため市町村道に編入されたつぶれ地が、現在に至ってもなんらの補償もされずに放置されてきたというケースさえある。被害額がどの程度にのぼるものかは不明だが、関係地主に損害を与えている事実は否定できない。

琉球政府は「このようなことは、戦後処理が沖縄においてなんらの考慮がなされなかったことに起因するもので、当然国の責任において処理されるべきだ」としているが、この処理の方針もまだ決まっていないようだ。

沖縄の海の玄関・那覇港は、米軍のベトナム戦争物資の輸送港として重要な米軍基地のひとつだが、この港湾には約一万坪の土地が米軍によって海没させられた。しかもこの幻の土地に対する補償は、これまでなんらなされていない。

米軍ははじめこの海没地に対しては賃借料さえ支払おうとしなかったが、地主側の強い要求で土地代だけはどうにか支払われた。しかしこんど本土復帰するにあたって、これらの土地は私権の対象地とはみなし得ないため、地主の権利は復帰とともに葬り去られるハメになった。事態を重視した本土政府は、土地代の打ち切りを前提に、ようやく滅失地補償に応じようとしはじめている。

以上が軍用地にまつわる補償問題だが、これまで農民や地主たちが受けてきた痛手をかえりみず、その権利放棄にさえ一役買った本土政府が、こんどは地主との間に再契約をとりかわそうとすることについて、いま地主たちの間に不満が高まりつつある。

再契約とは、これまで地主が米軍に貸していた土地が、復帰によって賃貸借関係が消滅するので、こんどは日本政府が地位協定に基づいて新たな賃借契約をとりかわすことをいうが、約四万の地主のうち約四千人が、再契約の拒否を表明しており、それはやがて〝第二の土地問題〟として島ぐるみの土地闘争へと発展していく可能性をすら秘めている。

沖縄の米民政府は、一九七一年四月末に軍用地のうち約一五二万坪の土地を、六月三〇日付けで返還すると発表した。しかしこの返還地のほとんどは、軍用地でありながら耕作権が認められている、いわゆる「黙認耕作地」である。軍用地返還を叫ぶ住民のウラをかいたやり方というほかはないが、全島に散在する軍用地は、地主の権利と生活を圧殺してきたばかりではない。今後の沖縄開発の大きな障害になっている。

このため琉球政府では、関係市町村の意向をきいて「県民の必要とする土地の開放」をまとめて、那覇に置かれている復帰準備委員会に提出した。しかし権限外の問題だということで審議されず東京に持ちあげられたが、みるべき成果はない。

外務省は七二年復帰の〝目玉商品〟に那覇空港の返還をあげているが、これとて自衛隊の使用が予定され、住民の経済発展にどれほど寄与するか疑問を残している。単に住民の心をひくことをねらった小手先のやり方ではなく、真に県民生活のための軍事基地の返還が望まれよう。

講和前人身障害の補償

戦後四半世紀にわたる米軍支配は、沖縄民衆の人権をおびやかしつづけてきた。殺人、強盗、強姦、ひき逃げ、かっぱらい……こうしたことが日常茶飯事のごとく起こった。戦場から帰り、再び戦場へと向かう米兵たちは、戦場の心理と論理をそのまま沖縄の社会に持ち込んできた。

一九七〇年一二月の未明、基地の街コザ市で起きた〝コザ反米事件〟は、こうした沖縄民衆の鬱積した不満、怒りが、ついに発火点に達して火を吹いたものであった。沖縄の戦後をかえりみて、実に数えきれぬほどの事件が起き、人々が殺され、傷つけられてきたのだが、これらの人的物的損害に対する補償はどのように行われてきたのか。

一九四五年、沖縄が米軍に占領されてまだ民心も落ちつかぬころ、沖縄では各地で米兵による殺人や傷害事件が頻々として起きた。少年や少女までが米兵の銃剣で突き殺されるという事件まで起きた。

こうした混乱期から、五二年四月二八日の対日講和条約発効までの間に起きた事件の損害に対して、沖縄住民は根強くその補償を要求してきたが、対日講和条約発効時には要求は見送られ、戦後二〇年もたった六六年一〇月になって、損害賠償問題はようやく解決の道を開いた。

この時のいわゆる〝講和前補償〟によって支払われた額は、身体損傷および死亡（七二八人）が、八三一〇万三二六ドル（約二九九億二六〇〇万円）、不法行為による財産補償（二五七件）が八万九七ドル（約二八八三万円）であった。

ところがこの当時、①該当者の生活基盤が不安定で住所が確定していなかった　②該当者自身が講和前補償の内容を十分理解していなかった　③申請の時点で被災の証拠書類の完備に時間を要し、締切りに間に合わなかった、などの理由で、いまなお多くの補償もれが続出している。

講和前人身傷害未補償者連盟の調べによると、七〇年一〇月一〇日現在で死亡一六四件、補償額二八万七五三二ドル九五セント（約一億四五〇万円）、傷害一七〇件、補償額三〇万八〇一二ドル一一セント（約一億二〇〇〇万円）、合計三三四件、補償額五九万五五四五ドル六セント（約二億一四〇〇万円）が補償もれとなっている。

被害者はこれまでも根強く補償を米側に求めてきたが、米側は「補償請求権は講和条約一九条A項により放棄しており、さきの補償支払い（六三年の支払いをさす）は、恩恵的なものであり、追加金は認められない」とかたくなに拒否をつづけてきた。

こんどの沖縄返還協定において日本政府が、講和前の対日請求権を放棄したとの立場に立っていることは先にも述べたとおりだが、政府としてはこのことがただちに県民個々の補償要求をも消滅させるものではないとして、〝根拠あるもの〟に限って処理していく方針のようだ。しかしこれは県民の権利としての請求権を認めたうえでのものではなく、行政措置としての〝見舞金〟にしかすぎない。

講和後人身傷害の補償

講和条約発効後、米軍人、要員などにより、沖縄住民がこうむった損害に対する賠償は、一九五二年一二月に公布された「外国人損害賠償法」によって処理されるに至ったが、それによると、被害を受けた住民は事件発生後一年以内に各軍法務官に請求を行えば、損失の補償が行われることになっている。

ところが、ここでいう住民の〝請求〟は、〝権利〟としてではなく、もっぱら米軍の沖縄住民との親善関係の維持のためという〝恩恵的〟なものである。また、被害の認定は米軍が一方的に行い、しかも一万五〇〇〇ドル以上は、米連邦議会の承認を要するため、解決はいつになるものやらわからない、といった問題をかかえている。このため、これまで無数の事件が満足のゆく解決をみていない。

六六年五月一九日、勢水一雄さん（五〇歳）は、嘉手納空軍基地に面した道路を自動車運転中、B52の空中給油機KC—135の墜落により即死した。この事件については五万八〇四二ドル七七セント（約二一〇〇万円）の請求に対し、賠償額は一万四一二五ドル三三セント（約五〇〇万円）であった。

また、六三年二月、当時一三歳の上山中学校生・国場秀夫君が、横断歩道を青信号の下で横断中に、米兵の運転する車にハネられ即死するという事件があり、大きな社会問題となったが、この事件については一万二九三八ドル（約四六七万円）の請求額に対し、支払われた額は三一三三ドル（約一一〇万円）にすぎない。

さらに、六五年六月、中部の読谷村で米軍のパラシュート降下演習中のトレーラーが民家の庭先に落下、一〇歳になる棚原隆子ちゃんが下敷きになって即死した事件がある。同事件では八五一三ドル七九セント（約三〇〇万円）の請求に対して、四七八五ドル七六セント（約一七〇万円）が支払われたにすぎない。

琉球政府の調べによると、講和発効後（一九五二年四月二八日以降）の人身傷害事件の補償問題で未解決のものは一一件で、その補償要求額は一万七九七一ドル四一セント（約六五〇万円）となっている。しかしここに言う「未解決のもの」以外の「解決ずみのもの」が、実は問題なのである。

すでに述べたように米軍人、軍属にかかわる事件の損害賠償は「外国人損害賠償法」に基づいて処理されることになっているが、その査定たるや、まったく軍側の一方的なもので、住民側の合理的な抗弁の道は閉ざされている。

その結果どのような賠償額になったかは、さきに列挙したいくつかの例でも明らかなとおり、きわめて屈辱的なものだ。しかしそれでも被害者である住民は、泣く泣くそれで引き下がるほかはなかった。果たしてこれを「解決ずみのもの」として処理していいものか。

加害者が不明であるとか、基地内の事件ということや、琉球警察の米軍人犯罪捜査に限界があるという事情などから、損害の請求さえ行えなかったケースは、数えあげればきりがないほどだ。

この数年間を見ても、米軍やその軍属の引き起こす殺人、強盗、婦女暴行、窃盗などの事件は毎年一〇〇〇件を超え、交通事故も三〇〇〇件を超す多発ぶりである。しかもこれらの事件は、すべて米側が一方的に処理し、裁判すらも沖縄側に公開されないまま軍事裁判で片づけられてきたのである。それでも「解決ずみ」だといえるのであろうか。

沖縄人権協会の金城睦事務局長（弁護士）は言う。

「裁判を受ける権利等、損害賠償を求める正当な機会が存在しない状況下における、このような泣き寝入りの未補償請求権や、不十分な補償しか受けていないものの残余請求権は、日本国憲法が適用されると同時に、全面的に認められるべきことは、いうまでもないであろう」

と。

沖縄では本土復帰を来年に控えた今も、米軍人、軍属による犯罪事件は、あとをたたない。それどころか昨年（一九七〇年）の春ごろから、ベトナムにおけるアメリカの敗退、さらにはカンボジアへの軍事介入を反映して、沖縄における米軍人の心はすさみ、この種の事件は増加しつつさえある。しかし沖縄県民も黙ってはいない。事件の多発とともに民衆もこうした事件を放置せず、いい加減な米憲兵の取締りや、米側の取締りそのものにも集団で対抗する傾向をみせはじめている。

こうした最中の一九七〇年九月一八日、沖縄南部の漁業の街・糸満町で金城トヨさん（五四歳）が、米兵の車でハネとばされるという事件が起きた。米兵は酒を飲み、一五マイル地点を五〇マイル以上の猛スピードでとばして、金城さんを即死させたのである。ピストルをふりかざして事故車をとりに来た米憲兵に、怒った糸満の民衆が「証拠車を引き渡すな」と抗議して緊迫した。その場は「状況から見て米兵の有罪は間違いない」という沖縄側の警察の説得でやっとおさまった。

住民はこの事件を契機に「米軍凶悪犯罪糾弾協議会」を結成して米側に対し、①遺族に対する謝罪②完全賠償③裁判の公開、を要求した。ところが住民にとっては、またしても信じられないことが起こった。米側は軍事裁判で何らの理由も明らかにしないまま、犯人のワード二等軍曹に「ノット・ギルティ（無罪）」を言い渡したのである。これは沖縄住民の要求に対するノーという回答でもあった。

「人を殺して無罪、こんなことがあり得るのか」「占領意識まる出しの判決だ」「理由を明らかにしないとは沖縄をなんだと思っているのか」と住民は口々に叫んで怒った。基地の街コザ市で、黄ナンバー（外人専用車輛をあらわす）の車八〇台近くが、次々に焼き打ちにあったのは、この無罪判決が出てからわずか一〇日後の一二月二〇日のことであった。

指導者もなく、組織もなく、しかも起こるべくして起こったこの事件こそは、戦後四半世紀にわたって「極東の安全のために」という美名のもとに犠牲を余儀なくされてきた沖縄民衆の、最初にしておそらくは最後の〝一揆〟であった。

漁業補償

「漁場の中に沖縄がある」といわれるほど沖縄はまわりを海にとりかこまれ、漁場には恵まれている。しかしその恵まれた漁場も、米軍の射爆演習海域に使用され、満足に自分たちの漁場として使えなかったのが、沖縄の漁師たちだ。漁業損失補償については、これも講和発効前と以後にわかれる。講和前については、一九六七年一月のいわゆる講和の補償によって〝見舞金〟の支払いが行われているが、以後のものについては何ら解決をみていない。

沖縄各地の漁業協同組合から、一七件の漁業補償要求が琉球列島米国土地裁判所に出されているが、その補償要求額は訴願時までの累積分が一六三九万八〇三九ドル一五セント（約五九億円）、訴願時以後の年間補償額が一一八万二〇八一ドル四三セント（約四億三〇〇〇万円）だ。

このうち、読谷漁業協同組合の一件だけの審理が終了したが、裁決は「問題の水域には訴願人の主張する時期にその主張する権利は存在していない」との理由で棄却となった。

読谷漁協では「裁決は承服できない」として上訴中であるが、残り一六件と合わせて、審理の目安さえもついていないありさま。このままでは復帰までに解決できない、と沖縄の漁業権者たちはあせるばかりである。

戦前の沖縄には、旧漁業権法に基づく漁業権が五四件あった。ところが本土では旧漁業法に基づく漁業権が、国の特別立法措置で買い上げの対象となり、補償費として一八一億円が漁業権者に支払われたにもかかわらず、沖縄に対してはいまだになんらの補償さえ行われていない。日本政府は「本件は処理済み」として、沖縄の補償を完全に無視している。

琉球漁業協同組合連合会は「本土政府から何らの呼びかけもなく、ただ行政が分離されているとか、本土政府として処理済みであるとか、あるいは琉球漁業法に規定されている、というだけの理由で補償できないとすることは、一方的であり納得できない」とし、「もしこのようなことで補償できないとすれば、戦争、敗戦、行政分離等すべてが、沖縄住民の意志によって自ら招いたもので、その責任は沖縄住民が負うべきもので、本土政府は関知すべきものではない、というきわめて過酷な解釈も成り立つことになる」と、なかば居直りとも思えることばで、日本政府に働きかけている。

基地公害補償

東洋一の基地、嘉手納空軍基地の周辺には、嘉手納村、読谷村、北谷村などが隣接しているが、住民が飛行機の爆音に悩まされない日はなかった。特に嘉手納村は同村の総面積の約八〇％が軍用地に接収され、一万数千人の住民は残りの二〇％そこそこの土地に押し込められて戦後を送ってきた。

わずか数一〇〇メートルしか離れていない空軍基地から、けたたましいジェット・エンジンの爆音が、容赦なくたたきつけられてくる毎日であった。八〇、九〇、一〇〇とホンは上がり、学校の授業はしばしば中断させられてきた。精神病者がふえ、幼児や妊婦への影響さえみられた。嘉手納は別名〝爆音の村〟と呼ばれた。

一九六七年五月には、嘉手納村屋良地区の井戸水が、突然燃えだすという事件が起こった。原因は嘉手納基地内から流れ出た廃油が井戸に流れ込み、井戸水が引火して燃えだしたもので、「燃える井戸水」は沖縄の〝基地公害〟のすさまじさを物語るものとさえなった。中部の具志川村天願では、フォート・バクナー米陸軍部隊の廃油貯蔵タンクから油が流れ出て、砂糖キビ畑四万九五〇〇平方メートルが汚染された。

これらのいわゆる〝基地公害〟に対しては、そのつど外国人損害賠償法（米国連邦法第一〇号二七三四節）にもとづき補償の行われたものもあるが、騒音のように被害額の算定が困難なものや、〝燃える井戸水〟のように米側が自らの責任を認めようとせず、完全な解決をみていないものもある。このほか一九六八年に起こった原子力潜水艦の那覇港での異常放射能検出事件による魚の売れ行き不振の補償や、今年（一九七一年）一月の第一次毒ガス移送の際の沿道住民の休業補償などが、宙に浮いたままだ。

空からはB52やトレーラーが落ち、地上には毒ガスがただよい、海には原潜の放射能が、そして地下には燃える井戸水が湧き出す。沖縄の民衆は、こうして〝基地公害〟の中にどっぷりとつかって、戦後二六年間を送ってきた。果たして、七二年の本土復帰は、二七年間の〝受難〟になにをもってむくいようというのか。

（本文中の請求額などは、琉球政府、沖縄市町村軍用地地主連合会、それは件数にして約一二万件、請求総額にして約一〇〇〇億円にのぼった。

しかしその結果補償されたのは、総額にして約一五五億円で、請求総額の一五％に過ぎなかった。その内訳は、人身損害四億九〇〇〇万円、漁業補償三〇億円、土地関係補償一二〇億円である。それらは国の法的義務としてではなく、あくまで恩恵的な見舞金の形で支給された。

その後、漁業補償の三〇億円については財団法人「沖縄県漁業振興基金」として運用され、また、放棄請求権等補償推進協議会は、政府からの支給がはっきりしたため一九八一年五月に解散し、新たに対米放棄請求権被害者の援助事業を目的とする社団法人「沖縄県対米請求権事業協会」を設立し、①被害者の福祉増進②市町村が独自に実施する被害者のための事業への資金助成③公共団体が沖縄の文化高揚、地域振興のために実施する事業への資金貸付け、などの事業を発足させ、今日に至っている。

講和前人身傷害未補償者連盟、沖縄県祖国復帰協議会などの調査資料による）

追記（一九九二年四月）

沖縄の米国統治下で起きた請求権問題は、沖縄の復帰の時点で米国に対して原状回復あるいはそれに代わる損害賠償をさせるべき性質のものであった。また日本政府は、それを履行させる義務があった。

にもかかわらず日本政府は、沖縄返還協定第四条で対米請求権を原則として包括的に放棄し、例外的な放棄されない請求権（復帰前の恩恵的な支払い制度に基づくもの）や、特定の復元補償に関する米国の自発的支払いなどを認めさせたに過ぎなかった。

このため沖縄側としては、米国に代わって日本政府がその補償をするよう要求してきた。その結果、日本政府は政治的行政的措置として、根拠のあるものについては何らかの補償をするとの態度を表明。

それを受けて沖縄県は「放棄請求権等補償推進協議会」（会長・沖縄県知事）を結成し、一〇数項目の請求権の調査を行った後、三次にわたる補償要求を政府に提出した。

国益か県益か――沖縄返還と振興開発の課題――

『経済ハイライト』四〇三号（経済ハイライト社、一九七二年五月）

不安から怒りへ

一九七二（昭和四七）年五月一五日、沖縄は二七年間の長きにわたる異民族統治に別れをつげ、ついに日本の施政権下に帰る。それは〝ついに〟と言いたくなるほどの長く苦しい闘いの歴史であった。だが、その苦しい歴史に別れをつげ、新しい「世替わり」を迎える沖縄には、喜びはみられず、重くるしい空気がただよっている。

過去、沖縄民衆はそのエネルギーの多くを祖国復帰運動にかけてきた。それにもかかわらず復帰が現実のものになるにつれ、民衆の多くがそれに不安を抱き、むしろ失望をさえ抱き始めたのはなぜであろうか。

現実に日々生活をおびやかす通貨不安、吹きまくる解雇のあらし、不気味におしよせる〝日本軍〟、無言の圧力で自治をおびやかす本土政府の官僚たち、そして先行きの立たぬ沖縄の経済――。復帰が近づくにつれ民衆の心は期待から不安へ、不安から怒りへとかわってゆく。

「これで沖縄返還はあと戻りはないのであります」

一九七二年三月一五日、東京・永田町の首相官邸大広間で、沖縄返還協定の批准書交換式が行われたとき、福田外相はあいさつで語った。

佐藤首相はじめ日本側出席閣僚には、ヤレヤレという表情がうかがわれたものだ。山中総務長官のアイディアで使われることになった沖縄産泡盛の古酒が、なみなみとシャンペングラスにそそがれて乾杯を交わすうちに、三〇分足らずで交換式は終わった。

「一丁あがり」、佐藤首相はこう述べて至極ご気嫌であった。だが、首相官邸で一丁あげられた沖縄地元は、「日の丸」がひるがえるでなし、ちょうちんデモが行われるでもなかった。

それどころか、一五日の午後六時すぎから、沖縄県祖国復帰協議会加盟の民主団体や労働組合員ら約五〇〇〇人が批准書交換抗議の集会に参加。そして会場に参加しなかった多くの民衆も、二カ月後にせまった「世替わり」に、いいようのない不安と重くるしさを抱いていたのである。

折しも沖縄最大の労働組合である全軍労は、一六二九人の解雇撤回と間接雇用制度移行に伴う諸要求をかかげて、三月七日から組織結成以来の長期ストに入り、文字どおり「組織の命運」をかけた闘いが展開されていた。

米軍の解雇理由は、①在沖米軍の任務の変更と削減②部隊の機構統合③予算の削減というもので、全軍労はこの解雇を「間接雇用制移行に伴う合理化」だと受けとめ、三月七日ストに入り、基地の各ゲートで武装米兵と対立してきた。

沖縄では復帰を前に「復帰合理化」という言葉がよく使われた。それは企業などが復帰後の競争力を強めるため、合理化という労働者の犠牲の上に企業の体質改善を図ろうということを意味しているが、全軍労の解雇問題はいわばその「復帰合理化」の頂点であり、典型であった。

深刻な通貨問題

だが、復帰を前に、より深刻な影を県民生活に落としたのは、通貨問題である。沖縄の通貨は米軍の沖縄統治政策の必要から、一九五八年以来ドルを使用してきた。もとより沖縄が好んで求めたドル通貨ではなかった。それでも人々は自らの力で営々と生活を営み、経済活動をしてきた。

だが、アメリカのベトナム政策の破綻からくるドル威信の低下と、円切り上げによる県民生活への影響は、一九七一年の円切り上げ実施によって現実のものとなった。

県民はそうした事態のくるのをおそれ、本土政府が沖縄復帰対策要綱を作成した際、一ドル対三六〇円レートの保証を盛り込むよう要求してきたが、本土政府はこれを拒否し、「復帰時のレートによる」としたのであった。

復帰前に三六〇円レートによる通貨切り替えを行えとのたび重なる沖縄側の要求に押されて、本土政府は一九七一年一〇月九日、抜き打ちに手持ちドルの確認を行い、これに限って三六〇円の保証を与える措置を行ったほか、為替レートの違いからくる貿易為替の差損補償についても、本土政府が支出することになった。しかし、これは問題の根本的解決にはならなかった。

差損補償は物価抑制の実効をあげ得ず、琉球政府通産局は復帰を目前に控えた大事なときに、そのエネルギーのほとんどをこの業務に使わされてしまった。うまくやってもともと、しかも一〇〇%うまくゆくはずのものでないとあっては、まったくエネルギーの浪費であった。

それのみか本土への旅行者や、本土への生活費送金の差損補償はなく、法人が補償の対象からはずされ、ドルチェック以降の所得については、その補償は認められていない。

琉球立法院は三月三日「一ドル対三六〇円の即時通貨切り替えを行え」とする決議を全会一致で可決したが、これは一九七一年八月二四日、一二月二二日についで三度目であった。そして決議は同年一〇月のドルチェックを「姑息な手段にすぎない」とこきおろした。

通貨問題は、とりわけ労働者にとっては賃金が三六〇円で読みかえられるのかどうか、という深刻な問題をひきおこした。

このため沖縄の総評ともいうべき、県労協（沖縄県労働組合協議会）では、一九七二年三月七日に通貨の三六〇円レート切り替えとともに、賃金の三六〇円読みかえを要求して、三月一〇日につづく第二波の二四時間ストを決行した。

県下の主要単組は、この読みかえ補償をとりつけたが、中小企業や未組織労働者の補償は放置されたままだった。それは全体の三分の二に相当した。

通貨ストをバックに県民代表団、立法院代表、屋良主席らが相次いで上京、本土政府に要求をくりかえした。

特に、通貨切り替え要求県民協議会の平良議長（那覇市長）らは、二一万三三六七人の署名簿をたずさえて要求したが、本土官僚の反応はいずれも「実勢レートでしかできない」というもので、要請はことごとく入れられなかった。

このため復帰を前に物価はジリジリと上がり、賃金補償を求める労使間の紛争がたえず、企業は企業で三六〇円のシワ寄せの切り抜けに頭を悩まさざるを得ない、という社会的混乱を巻き起こすに至った。

こうした一種の社会混乱は、本土政府の復帰対策がいたずらに法制面における〝本土化〟に重点をおき、現実に県民の要求する問題には何ら応えようとするものではなかったことを如実に物語っている。

「施政権のカベ」乗り越えた自衛隊配備

「施政権のカベ」を理由に解決が見送られた通貨問題だが、「施政権のカベ」を乗り越えて、ひとり着々と準備が進行したのがある。自衛隊の沖縄配備である。

沖縄は過ぐる沖縄戦で人口の三分の一近くを失った。このため沖縄の家庭は、ほとんどが〝遺族〟だとさえいわれている。この血を流して得た貴重な体験は、戦後の米軍統治の下で反戦平和運動として受け継がれてきた。

それは米軍であれ自衛隊であれ、なんら変わらない。否、むしろ自衛隊のほうこそ、旧帝国陸軍から沖縄県民が受けたさまざまないまわしき悪夢をよみがえらせる存在として受け止められたのである。

一九七二年三月七日、東京の立川飛行場に、沖縄配備の陸上自衛隊の先遣隊が深夜の奇襲移駐をしたとき、地元紙（琉球新報）は三月一〇日、「侵略的な自衛隊の性格」と題する社説をかかげて次のように論評した。

「さきの第四次防衛計画予算の先どり、独走といい、こんどの立川基地実力占拠といい、かねてわれわれが自衛隊に対してもっていた不安、危惧がしだいに現実のものになりつつあることはまことに残念である。

われわれは、自衛隊の沖縄配備計画がいまの沖縄にとっては必要なものではないことを繰り返し主張してきたが、しだいに強大化し、侵略的性格をおびはじめた軍隊が、中国と境界を接し、しかも尖閣列島をふくむ沖縄にやってくることが将来の日本にとって不幸をもたらす結果になるであろうことを強く警告したい」

ところがこの警告をあざむくかのように、同じ三月一〇日に航空自衛隊の装備物資がひそかに沖縄に運び込まれた事実が明るみに出たのである。港湾荷役労働者の〝密告〟によってはしなくも暴露されたこの物資輸送は、自衛隊の〝本質〟を県民に認識させる結果となった。

新聞も「われわれはこれを機会に自衛隊の本質を直視し、それが沖縄に配備されることによって起こされるさまざまな害毒を改めて考えなければならない」と書きてた。

国会でも問題となり、ついに防衛庁幹部の処分、物資の本土引き揚げということにまで事態は発展したが、本土における関心は「国防会議の議を経ずに自衛隊が独走したことは、文民統制を犯すものだ」という主に〝手続き〟面に集中していたといってよい。

しかし沖縄での受け止め方は、それが手続きをあやまったから――というのではない。それよりもまさにそれが自衛隊だから、という点に理由があるのだが、こうしたところにも本土と沖縄との微妙な落差があった。

防衛庁はこうした県民の「反軍意識」を宣撫するため、沖縄出身隊員を先遣隊に織り込んだり、村落に公民館や道路をつくったり、という形で乗り出そうと懸命である。だが、反自衛隊感情は軟化するどころか、ますます高まるばかりである。

最近、二七年前の久米島での旧日本軍による島民集団虐殺の当事者のことが明るみに出て、その責任追及の火の手があがっているが、このことも自衛隊の配備が何を意味するかを改めて示唆する材料となっている。


こうして復帰不安はさまざまな問題を通し、いろんな形で現れているが、いずれにしてもこれらの震源地が、多かれ少なかれ軍事基地にあることは否定できない事実だ。沖縄の今後の開発を考える場合、しばしば「脱基地」が強調されるのはこのためである。

基地依存経済からの脱却――それはまさに沖縄経済のかかえる最大の課題であると言ってよい。琉球政府はこうした基地依存から脱却するため、一九七〇年九月に「長期経済開発計画」を策定した。

沖縄各界の有識者を加えた経済開発審議会を発足させて検討してきたものだが、同計画の中心は「今後における経済発展を主導するものは、二次産業に求められなければならないであろう」というように、いわば「工業立県」的な発想である。

問題含む企業誘致

長期計画は一九七〇年から一〇年後の八〇年には、人口一〇九万人が維持されるとの前提に立ち、県民総生産を約三一億ドル、一人当たりの所得を約二五〇〇ドルに引きあげようというもので、そのために第二次産業の所得構成比を七〇年の一八・七％から、一〇年後には三六・六％へと現在の二倍に引きあげる、としている。

そして電子、機械工業、石油精製業、アルミ工業、石油化学工業、造船業、鉄鋼業などの新規工業開発が打ち出され、「早期誘致を本土関係産業界に働きかけること」がうたわれた。

このように琉球政府の長期計画が、第二次産業主導型の工業開発構想を打ち出した背景には、当時の時代相が大きな底流をなしていた。

一九六九年一一月の日米首脳会談で七二年の沖縄返還が決まると、沖縄の経済界は大きな混乱に直面した。これまでの既得権益の保持が不可能とみるや、本土企業との合弁などによる系列化の動きが急増したが、その不安解消の上からも工業開発への傾斜が急に強まってきたのであった。

また、このころから人口の県外流出、特に若年労働力の県外流出も著しく、このままでは沖縄は過疎県となり、本土からとり残されるのではないかという危機感にも似た焦りがあった。それが過度の工業化への指向を促す原因となったことも否定できない。

これより先、沖縄返還の動きを察知した米系外資企業は、一九六七年から六八年にかけ国際石油資本のガルフ、エッソ、カルテックス、カイザー（その後断念したが）などが相次いで沖縄に進出し、日本進出のクサビを打ち込んだ。

いずれも石油精製と原油貯蔵施設の建設が目的であったが、その視野の中には巨大な眠れる市場である中国があったことが、すでに当時から沖縄では指摘されていた。まずガルフが中部勝連半島の先に浮かぶ平安座島の大半を買いあげ、エッソも中城湾で工場の建設にとりかかったのである。

一九七〇年六月に世界最大のアルミ精錬メーカーのアルコア社が、年産二〇万トンのアルミ精錬計画をもって、沖縄進出のライセンスを獲得した。アルコア社の沖縄進出は本土のアルミ精錬五社（日軽金、昭和電工、三菱化成、住友化学、三井アルミ）に大きなショックを与えた。

世界最大の生産量をもつアルコアが、沖縄の本土復帰とともに日本に上陸すれば、国内市場はひとたまりもなく攪乱されてしまう。アルコア断固阻止すべし、と常日ごろ競争の激しい国内アルミ精錬五社が、背に腹はかえられず結束してアルコア阻止に乗り出した。

〝アルミ戦争〟にみる本土対沖縄の関係

おさまらないのは沖縄側だ。復帰を前に本土政府がこれといった沖縄開発の施策もとろうとせず、沖縄が自らの生きる道として外資の導入を図れば「本土市場の秩序を攪乱する」だの、「国策、国益に反する」だのと身勝手なことをいう。本土側のエゴイズムではないかと――。「県益」を主張する琉球政府と、本土財界のあと押しで「国益」を主張する通産省とが対立、国益、県益をめぐって、地元のマスコミも激しい論陣を張ったものである。

沖縄の過去の歴史は、まさに「国益」の名によって「県益」が犠牲にされてきた歴史であった。それだけに、この「アルミ戦争」は、沖縄と本土との関係を考えさせるいくつかの問題を投げかけていた。

「アルミ戦争」は結局アルコアの撤退を前提に、本土のアルミ精錬五社が共同出資して沖縄に進出する、ということで収拾していくのであるが、アルコアをテコにしてでも本土の企業を誘致しようとした沖縄側のあせりを、如実にあらわした「事件」であった。

その後、精錬五社は一九七〇（昭和四五）年一二月に「沖縄アルミニウム株式会社」（中山一郎社長）を設立、初年度五万トン、最終二〇万トンまでを計画。目下その用地を求めて沖縄中部金武湾にボーリングを実施中であるが、進出の動機が動機だけに、いまだに進出に対する沖縄側の不信の念は消えていない。

それは屋良主席がお百度を踏んだ、松下電器の沖縄進出にしても同様である。松下電器の沖縄進出は、雇用効果の大きな電子産業の誘致を考える琉球政府が要請して決まったものだが、例のドルショックもあり、松下は沖縄南部の糸満市に一万坪の用地を確保したまま、一向に手をつけようとしていないのが実情である。

工業化に環境破壊の不安

ところが、琉球政府の長期計画が策定された一九七〇年ころから、情勢は大きく変化してきた。長期計画にもられた第二次産業、なかんずく臨海工業型を主導とする開発のあり方についての反省、ないしは批判が生まれてきたのである。その契機となったのは、七一年に大きな社会問題にまで発展した産業公害の問題であった。

ＧＮＰ信仰に対する素朴な疑問、工業化がもたらす環境破壊というあまりにも大きい代価は、沖縄の地域開発についても当然反省が求められ、その修正が要求された。

そして単に本土のあと追いをするのではなく、自然に恵まれた沖縄の環境を生かし、人間そのものを尊重する沖縄独自の開発方式の模索がはじまった。一度は「工業立県」の構想を打ち出し、企業誘致に奔走した琉球政府も、その基本的な考えの修正を余儀なくされている。

一九七一年一一月、本土政府に「最後の訴え」をするためにまとめた「復帰に関する建議書」（いわゆる「屋良建議書」）は、「本土における経済開発は所得水準の向上に重点がおかれたため大企業を中心とした高度成長策が推進され、人間尊重の精神が失われ、人口の都市集中、過疎化、公害を発生させた。同時に、大企業を中心とした開発が国家権力と結びついて行われたために、地域の独自性、多様性を失わしめた」と述べたあと、「したがって沖縄開発の方向は、工業開発より住民福祉を中心にした社会開発を優先すべきである」と述べているのである。

石油精製やアルミ精錬などのいわゆる臨海型装置産業は、雇用効果や自治体財源への寄与が少ないこと、逆に誘致には産業基盤整備の財政支出が大きく、しかも、公害発生の危険はまぬがれないとして、誘致に消極的な態度を示している。

長期計画のときに描いた「工業開発」から、屋良建議書の住民福祉優先の「社会開発」を――という考えは、大きな方向転換であるといってよい。だが琉球政府がこのことに気づくには、今すこし遅すぎた。

現実に沖縄で進行しつつある事態は、屋良建議書とは逆の方向に進みつつあるからだ。

すなわち、中部臨海工業地帯に外資導入した米系石油資本は、その後の通産省の行政指導によって本土石油資本との合弁が相次いで行われ、今や「ガルフ島」と化した平安座島から宮城島にかけては、実に二〇〇〇万キロリットルにおよぶ世界最大の石油貯蔵基地（ＣＴＳ）が建設されようとしている。

すでに三菱石油、アラビア石油が建設を計画、一九七二年一月には共同石油がガルフと共同出資して「沖縄共同ターミナル」を設立することになったが、このような本土石油資本の積極的な沖縄進出は日本の石油政策、とくにその備蓄能力を拡大することにあるが、ガルフの進出によって沖縄の立地条件が見直されたのをよいことに、その上にうまく相乗りした格好になった。沖縄は今や日本の国策上も最大の石油備蓄基地になったのである。

この石油ターミナル基地が呼び水になって中城《なかぐすく》湾から与勝半島、そして金武《きん》湾一帯にかけ、石油精製と関連企業アルミ精錬などの立地計画が進み、一大コンビナート群が遠からずできようとしている。

だが、果たしてこれらコンビナートの建設が将来の沖縄住民の幸福を約束するものなのか、きわめて疑問である。

すでに本土では拠点開発方式の工業開発が、地域住民の生活を破壊しつつあることが反省され、批判されているのであるが、現実に沖縄で進行している事態はそのテツを踏みつつあるのである。

その証拠に中部工業地帯では公害が発生、海洋汚染や大気汚染が早くも問題となっている。〝沖縄担当大臣〟の山中貞則総務長官でさえ国会答弁で「これ以上の石油企業の進出は好ましくない」と言わざるを得なかった。

一方、ほとんどが本土の中小企業や零細企業にあたる沖縄の地場産業は、復帰によって自立の基盤を失い、本土資本への系列化、ないしは地元資本同士の合弁、統合を余儀なくされている。

これまでの沖縄経済が本土経済圏とは切り離され、一国経済圏の下で外部資本の進出を沖縄の外資法でチェックし、輸入規制や物品税などで島内企業の保護育成にあたってきただけに、復帰によってこれらの保護防壁が取り除かれるとあっては、いきおい資本力の乏しい地元企業は、本土資本との提携などによってしか生きざるを得ない、というのである。

しかし、本土企業によっては、系列化に応じない沖縄地元企業に対して「製品を現金決裁で買え」とか「製品の取り扱いをさせない」などの脅しで圧力をかけ、地元企業の支配に乗り出しているところもあるという。

沖縄で社長をしていた人が、本土企業と系列化したために格下げとなり、幹部クラスが本土からやってくるといったケースが、あちらこちらで起こっている。

生き抜くために、背に腹はかえられぬ——というところだが、戦前の沖縄の経済活動が県外の商人によって牛耳られていたという苦い経験もあるだけに、土足で踏み込むような本土企業のやり方には、なにかやり切れなさを感じているのも事実だろう。

海洋博は起爆剤たり得るか

このように確たる開発のビジョンも施策もないなかで、最近にわかに脚光をあびているのが、沖縄国際海洋博覧会である。同博覧会は、一九七五年に沖縄で開催される世界でもはじめての「海洋」をテーマとする特別博覧会で、七二年三月二四日、パリの博覧会国際事務局（BIF）で日本の開催権が確定した。

国内でも開催を閣議で決め、沖縄国際海洋協会が七二年二月一日に発足、目下、博覧会のテーマや事業計画、関連公共投資などについての検討がすすめられている。

また開催地になる沖縄では、会場地を風光明媚な本島北部の本部《もとぶ》半島に決定、その受け入れ準備に追われている。

これまでのおおまかな試算では、会期は七五年の三月から八月までの五カ月間とし、会期中に延べ三六〇万人が訪れるとの見通しで、会場の直接投資が約五〇〇億円、関連公共投資を含めると二〇〇〇億円とはじき出している。

会場には、海中遊歩道、海洋博物館などの施設が、政府出展館として、あるいは企業館や外国政府出展館としてつくられる。そのプロジェクトの大きさ、波及効果の大きさは、文字どおり沖縄にとっては最大のもので、これにかける沖縄側の期待は大きい。

一九七一年を通じて、会場が決まった本部をはじめ、中部の読谷《よみたん》村、南部の糸満市、あるいは離島の渡嘉敷村や石垣市が激烈な誘致合戦を展開したのも、政府のいう「豊かな沖縄県」がいたずらにかけ声ばかりで、これといった具体的なプロジェクトを持ち合わせていなかったからにほかならない。

このように地元沖縄が、海洋博の第一の目標を、沖縄の地域開発ということに置いているのに対して、本土の関係企業は沖縄開発よりもむしろ海洋開発そのものへの寄与を第一の目的としていたきらいがあり、その点、沖縄での受けとめ方とややズレがある。

海洋博開催の決定より早く、沖縄では本土の企業が地元自治体に青写真を示したりして働きかけていたことも、海洋博に対して「本土企業のための海洋博」という印象を植えつけていた。

海洋博は沖縄開発の起爆剤たり得るのか。もしそれが沖縄開発の起爆剤としての役割を担い得るとすれば、海洋博を沖縄開発の基軸としてキチッと位置づけておくことが前提でなければならない。そうでなければ大阪万博のようにカネは儲かるかもしれないが、線香花火のようなお祭り騒ぎで「つわものどもが夢のあと」に終わってしまうだろう。

そのためには、これまでもしばしば本土や地元の学者たちによって指摘されてきた沖縄全体の土地利用計画の確立と、それを生かすための有効な手段がすみやかに実施に移されることが必要だろう。

だが、ここでも現実は本土の企業、土地ブローカー、個人による土地の買い占めが、沖縄の浦々まで席捲して、有効な土地利用計画は日増しに失われていきつつあるのが実情だ。


沖縄には一九五四年以来「非琉球人による土地の恒久的権利取得の規制法」があり、沖縄に籍をもたない人は、土地の取得ができないことになっている。しかし、事実上はまったくのシリ抜けで、ダミー（身代わり）による土地の買い占めが、全県的に潜行している。

景観のすぐれた広大な海浜や山間部が資本の力にものをいわせて買い占められ、離島では生活苦にあえぐ人たちの土地が、二束三文で買いたたかれているのだ。

特に海洋博開催の決まった本部半島周辺では、土地買いのブローカーが暗躍、町役場では土地台帳の閲覧がふえ、町民は土地売買の話で浮き足立っているという。町当局も土地を売らないよう、町民への働きかけをつよめている。

山中総務長官は一九七二年三月二三日、東京で開かれた第七回沖縄経済振興懇談会のあいさつで、本土財界に土地の買いあさりを自粛するよう暗に求めた。〝沖縄担当大臣〟としては当然としても、政府としては単にそういう消極的なことではなく、琉球政府（沖縄県）が土地利用計画に基づく土地の先行取得に必要な財源を、本土政府が確保するなどの抜本策が必要ではないのか。それこそ政府が真に沖縄住民のためを思うなら「世紀の偉業」と自画自讃してやまない復帰のための記念事業として実施するにふさわしいものといえるのではないだろうか。

世替わりの過渡期で——復帰七年目の現状——

『月刊琉球新報にみる情報と資料』三巻五号（琉球新報社、一九七八年五月）

進む過密と過疎現象

一九七二（昭和四七）年五月沖縄が本土復帰してから、七八年五月で満六年になる。復帰とともにスタートした沖縄県の「振興開発計画」も半ばを過ぎ、後半に入った。前半期が復帰による〝世替わり〟引き継ぎの過渡期であったとすれば、後半期はいよいよ本来の〝県づくり〟に乗り出す時期である、ともいえる。

事実、前半の五カ年間は、復帰記念植樹祭や特別国体、あるいは海洋博、そして七八年七月の交通方法の変更というように、復帰にまつわるプロジェクトが中心的に展開されてきたのであった。沖縄経済の〝起爆剤〟に、ということで計画された海洋博も、社会資本投下の面では一定の効果はあったものの、それを上まわる後遺症を生じて沖縄経済に波紋を投じてきた。

沖縄振興開発計画の目標は、本土との格差を早急に是正し、県全域にわたって国民的標準を確保するとともに、その優れた地域特性を生かすことによって「自主的発展の基礎条件を整備」し「平和で明るい豊かな県」を実現することにあるわけだが、現状を見た場合、これらがある程度達成されたものと、依然として問題を残しているものとがある。

沖縄県としてもこうした現状を分析し後期にのぞむため、「課題と施策」をまとめたところだが、ここで改めて復帰六年の現状を見てみよう。

まず、社会変動の動向を見るひとつの指標として、人口を取り上げてみる。一九七八年二月、沖縄県企画調整部がまとめた七八年一月一日現在の推計人口によると、沖縄県全体の人口は一〇七万三七七一人で、七五年国勢調査人口より三万一一九九人の増加、前年同月に比べて一万一四五五人の増で一・〇八％の増加だ。

推計世帯数は二七万九七四〇世帯で、一九七五年の国調世帯数より一万八八七四世帯の増加。一世帯当たりの人員は三・八三人、七五年国調時の三・九九人よりさらに少なくなり、かつての大家族沖縄も激しく核家族化が進んでいることを示している。

人口増加の実態をみると、一九七七年一月から同年一二月までの一年間に出生した人は二万一五八四人、死亡が五四六七人で差引き一万六一一七人の自然増、社会動態では一年間の転入者が八万五五一七人、転出が九万一七九人で差引四六六二人の社会減、これを自然増から差し引いて一万一四五五人の増加となっている。

一方、人口動態を地域別にみると、対前年同月比で増加したところは南部の二・一三％、中部の一・九二％、八重山の二・四六％などで、逆にマイナスとなったところは那覇の〇・一六％減、北部の〇・四〇％減となっている。

市町村では南風原村の八・三一％増をトップに浦添市の四・五〇％、大里村の四・四八％、北谷《ちゃたん》村の三・三九％と那覇市の周辺市町村が急増を続け、那覇市が逆に減少するという、いわゆる那覇市周辺の〝ドーナツ化現象〟が目立っている。

また、離島や北部では過疎化が進み、粟国《あぐに》村で七七年の一年間でマイナス六・六二％、渡名喜村で六・五二％、伊是名村五・三〇％、与那国町で四・二八％と、いずれも著しい減少をみせている。過密過疎の現象はここ当分続きそうだ。

広がる本土との所得格差

増え続ける人口の〝口〟は、いったいなにによって支えられているのか。ここでもうひとつの指標である県民所得の問題に目を転じてみよう。

県民所得については沖縄振興開発のフレームとして、一九八一年度に一人当たり県民所得を全国平均値のほぼ八〇％に引き上げることを目標に、振興計画の期間年度の平均として一一％の実質成長を見込み、八一年度の生産所得を九九〇〇億円（一九七〇年度価格）の所得フレームと想定している。

ところで沖縄県統計課がまとめた一九七六年度の県民所得は、九五四九億円で前年度比で六・〇％増となっている。これを県総人口で除した一人当たり県民所得は九〇万二八六四円で、国民所得（一二九万七九三八円）との格差は六九・六％となっている。国民所得との格差は七二年度が六二・七％、七五年度が七五・一％で七六年度は前年度より四・九％も全国との格差が拡大している。

一九七六年度の県経済は、海洋博終了に伴う観光収入の大幅減や、個人消費支出の著しい冷え込みなど消費需要が減退し、投資活動も民間の設備投資、在庫投資が依然として低迷を続けるなど、需要の落ち込みにあって沖縄県の成長率は実質で初めてマイナス成長（二・二％減）となっている。

所得を産業源泉別に県内純生産で見ると、第一次産業は五九〇億五二〇〇万円で一九七六年度は対前年度一七・六％の伸び、第二次産業が一九三七億七三〇〇万円で五・一％、第三次が七〇一七億二〇〇万円で五・三％の伸び。

これを構成比で見ると、第一次産業六・二％、第二次二〇・三％、第三次七三・五％となっており、相変わらず第三次産業の構成比が高い産業構成となっている。とはいえ第一次産業の構成比は、前年（七五年度）の五・六％からやや増え、わずかながら明るいきざしを見せてはいる。

〝消費型経済構造〟と高い失業率

産業構造をいま少し詳しく見てみよう。前述のように沖縄県内の産業構造は、極端に第三次産業の占める比重が大きいが、これをひと言でいえば極端な〝消費型経済構造〟だということだ。

第一次産業構成比の推移をみると、一九七四年度の五・八％、七五年度の五・六％、七六年度の六・二％と徐々に上向きになってはいるものの、振興計画の最終年次の目標である七・三％にはまだまだ時間がかかりそうだ。このように生産額の占める割合が小さいにもかかわらず、第一次産業従事者の占める割合は一六％台で全国の一二・七％と比べても高い。

戦後沖縄の第一次産業の推移をみると、一九五五年ごろまでは沖縄の就業者の大半は第一次産業就業者、とくに農業就業者が大半を占めていたが、高度経済成長のあおりを受けて他産業、とくに第三次産業就業者のウエイトが急速に高くなっている。

第二次産業の所得構成比は、一九七四年度の二一・六%、七五年の二〇・五%、七六年の二〇・三%と二〇%前後から動かず横ばい状態だ。その二〇%のなかでも製造業関係は八%に過ぎず、あとの一二%は建設業だ。つまり沖縄県の第二次産業の約六〇%は建設業ということになる。

これは沖縄県の第二次産業が土木建築業の公共投資に大きく依存する財政投資型の産業に支えられているということを意味する。しかも建設資材の大部分を本土からの移入に依存しているため、財政投資をしても歩留りが悪く、きわめて底の浅いものになっている。

さらに第三次産業をみると、七六年度の沖縄県内純生産七三・五%のうち、サービス業が二三・〇%、卸小売業二一・〇%、金融、保険、不動産業が一四・三%となっており、サービス業のウエイトが高い。なかでも観光関係の産業が伸びており、かつての米軍雇用にとって代わった。

底の浅い消費型の経済構造である沖縄県の経済は不況には弱い。とくに一九七三年末のオイルショック以降、この弱さが露呈した。また、七二年の復帰前後から米軍基地従業員の解雇が相次いで失業問題に拍車をかけ、雇用環境は厳しい状態を呈している。

沖縄県の完全失業者は、復帰前の一九七一年には年平均四〇〇〇人で失業率一・〇%であったが、復帰の年の七二年には一万一〇〇〇人で失業率は三・〇%にハネ上がった。一九七三年には一万三〇〇〇人で失業率三・五%、オイルショックを経た七四年には一万五〇〇〇人で四・〇%、七五年二万一〇〇〇人で五・三%、七六年二万六〇〇〇人で六・三%と、本土の二・〇%台からみても三倍強の異常な失業社会となっている。

復帰後の基地従業員の解雇者の推移を見ると、一九七二年が二七五二人、七三年が二一二四人、七四年が三六八六人、七五年が二〇七七人、七六年が二五二四人、七七年が四五一人となっており、復帰前からの解雇者は累計で一万八千人を超えている。

沖縄県の「労働力調査」によると、七六年度の失業者の五〇%を二〇歳代、三〇歳代まで含めると六五・四%

と大半を三〇歳代までの若年層で占めている。米軍基地従業員は年齢の若いほうから解雇されるので、そこらへんとも関連がありそうだ。

全体的に沖縄県内の雇用情勢が悪化している要因として、次のことが指摘できる。まず、①不況による会社やホテルの倒産で解雇者が出た②基地従業員の大量解雇が相次いだ③不況で県外（本土）求人が減少した④県外就職者のUターン者が増えた⑤これらの失業者やUターン者を吸収し得るだけの雇用の場が相対的に少ない、などである。

進まぬ米軍基地の返還

大量の失業者が米軍基地からはき出されているのに対し、米軍基地そのものは一向に返還されず、県振興開発の阻害要因として大きく立ちはだかっているのが、沖縄の現実でもある。

一九七二年五月一五日の復帰時から、七七年五月一五日までに返還された基地の面積は、全体のわずか七・四九％にしか過ぎない。しかも、そのうち地主の手に戻ったものは六・二六％でしかない。あとは自衛隊や運輸省などの手に移されている。

しかも、これまで返還された基地をみると、①返還の仕方が専ら米軍側の都合で行われている②返還用地が、ある一定のまとまりのある面積ではなく、細切れである③返還がバラバラでさみだれになり、先の見通しが立たない、ことなどが特徴となっている。

このような返還のあり方は、返還された用地の跡利用を著しく困難にしている。跡利用のためにはどうしてもある一定の面積を必要とするし、しかもそれが同時的に返還されていなければならないことはいうまでもない。

さらに跡利用を阻害しているのは地籍の問題だ。地主に返還されたといっても、個々の地主の境界は不明のままだから、手もつけられないというのが現状だ。この境界明確化のため、一九七七年の国会で「基地確保・地籍明確化法」が制定されたが、沖縄県が要望していた内容とは異なるもので、なお問題を残している。

沖縄県としては今後、基地跡利用のための特別立法措置を要請していく方針だが、基地確保のためには惜しみなくカネを出す政府が、どこまでこの跡利用のための費用を出すのか。

狭い県土の沖縄にとって、基地は地域開発の残された重要な拠点である。都市再開発もこの基地の跡利用を抜きにしては考えられない。基地の跡利用いかんが、あすの沖縄を方向づけするともいえる。

遅れた福祉施設整備

経済、産業の問題から目を転じて社会福祉を見てみよう。福祉や医療面についても復帰後、施設関係についてはある程度整備はされてきているものの、他の分野と比較すると最も遅れた分野である。

福祉関係施設の整備状況（七六年度）を見ると、老人福祉センターが四カ所で類似県（島根、徳島、高知、佐賀、宮崎、の各県）との格差は三九・三％、精薄施設の入所人数二四〇人で全国平均の五〇％、養護施設が二一〇人で類似県の五七・九％（全国平均の三三・六％）、保育所一万三九六三人で類似県の六七・九％（全国平均の四三・五％）、母子寮三八世帯で類似県の四二・七％という状況だ。児童館に至っては一館もない。


医療関係の整備状況を見ると、一〇万人当たりの医師数が六四・九人で全国平均の五〇％、看護婦が一〇万人当たり一一三・六人で全国平均の六二・四％、一般病床が一〇万人当たり二七〇人で全国平均の三二・九％という低い状態にある。

一般病院を設置主体別に見ると、主として県立や私立で、国立は一施設（都道府県平均は八・七）、市町村立は一施設もなく県依存型となっているのが特徴。沖縄県としてもこうした保健医療の供給体制を是正していくため、国や市町村への適切な配分と機能分担を図ることにしている。

また、救急医療や休日・夜間急病対策、無医地区や離島僻地の医療確保の問題も大きな課題となっている。医師の確保も大きな悩みだが、長期的には琉球大学医学部の早期開設に期待している。

社会福祉施設の拡充については、これまでの最も遅れた分野であるため、沖縄県としても一九七七年度から八一年度までの五カ年計画で「県社会福祉計画」を策定し、社会福祉の各分野における国民的標準を確保していく方針だ。特に総合老人ホームや在宅福祉対策、老人福祉センター、児童館、各種授産施設、保育所など今後力を入れなければならない点が多い。

整備進む学校教育施設

次に教育関係を見てみよう。沖縄県内の学校数は幼稚園が二二六園（うち私立は二七園）、小学校は二五〇校（うち私立二校）、中学校一四七校（うち私立一校）、高校（全日制）四九校（うち私立五校）、その他盲学校一、ろう学校一、養護学校九などとなっている。

一九七七年度の児童生徒の在籍数は幼稚園児二万四四五六人、小学校一二万八七六〇人、中学校六万四五九五人、高校五万二七三三人、教員数は幼稚園八六〇人、小学校五〇九九人、中学校三三七三人、高校二八九〇人。教員の男女別内訳は小学校で女子教員が男子教員の三倍弱、中学校では男子教員が女子教員の二倍弱、高校では三倍強となっている。

公立の小・中学校の規模別状況では小学校が一～四九人までの占める割合は一八・二％（全国平均は一六・一％）、五〇人から四九九人までが四〇・七％（全国五〇・七％）、五〇〇人から一四九九人までが三五・九％（全国三二一・一％）、一五〇〇人以上が五・二％（全国二・一％）となっている。いわゆる大規模校の占める割合が全国平均より高い。

七七年度の進学率は中学から高校の場合八二・九％で、全国平均の九二・九％より一〇％も低い。高校から大学への進学率の場合も二一・九％で全国平均の三四・二％より一二％以上も低くなっている。

教育関係の公共施設は復帰後重点的に整備されてきている。必要施設数値に対する現施設数値のいわゆる整備率は小・中・高・幼稚園とも七〇％台にきている。体育館は小学校が六六・五％、中学校七三・三％、高校九〇・七％に達しているが、プールは八％から三％と低い水準でしかない。

理科教育設備や産業教育設備も、二三％から六〇％台の整備状況で、小学校の給食実施状況も、全国平均の九〇・九％に対して沖縄は八一・六％と低く、しかも給食施設が復帰前に整備したもので基準面積に達しないものが多い。

公民館、図書館、体育館、野球場などの社会教育施設や社会体育施設の整備も本土より遅れている。とくに図書館蔵書の保有冊数に至っては、全国平均の四分の一という低さである。市町村財政が貧弱なことで整備が遅れているところから、国の十分な助成が望まれる。

文化財の保護も同様に財政問題が足カセとなって、県や市町村の対応が遅れている。沖縄県内の文化財は国指定が七五件（有形一二件、無形二件、記念物六〇件、民俗文化財一件）、県指定一六五件（有形五七件、無形一〇件、記念物九五件、民俗文化財三件）となっている。

しかし、沖縄県内には未指定の文化財がまだ数多いので、その保存整備が待たれている。専門職員の不足も深刻だ。無形文化財の振興面では後継者養成が進んでいるものの、施設の整備が遅れている。

慢性的な交通渋滞

沖縄では、一九七八年七月の交通方法変更を目前に、交通問題がクローズ・アップされているが、そうでなくとも人口の都市集中化や自動車の急増などによって、沖縄本島中南部の交通問題は社会問題化している。また、本土と沖縄の航空運賃の値上げ問題も、大きな影響を及ぼすだけに深刻である。

沖縄県内交通体系の特色は、本土他府県のように鉄軌道による交通機関がなく、専ら自動車などの道路交通に依存していることだ。ところが、この道路の整備が全国平均より著しく遅れているため、慢性的な交通渋滞に輪をかけている。

沖縄県内の都市計画区域の道路整備状況を全国平均と比べると、区域間の整備ずみ延長距離は全国平均の五二％、人口一〇〇〇人当たりの整備ずみ延長は六七％といった状況。このため、バスの定速運行も不可能となり、結局は乗用車やタクシーに依存、それがまたバス機能の低下を招くという悪循環をきたしている。現在、自動車の登録台数は二六万九〇〇〇台で、実に四人に一台の割合で狭い沖縄を走っている計算だ。

沖縄県としても、一九七八年七月の交通方法変更を機会に、道路の整備や高速自動車道の南部延長、モノレールや鉄道などの都市間交通の導入を検討しているが、抜本的な打開策が迫られている。

最後に、これまで紹介してきた県民所得や産業、基地、保健医療、教育文化、交通など、すべてをひっくるめた県民のくらし向きはどうなのか。

沖縄県企画調整部がまとめた「くらしの指標」というのがある。これはＧＮＰ（国民総生産）だけでは国民の福祉水準を十分測定し得ないため、①安全度　②健康度　③安定性　④利便・娯楽性　⑤教育・文化度　⑥豊かなくらし、の六つのデータから「くらし」の指標をまとめたものだ。

それによると北部圏域では安定度や教育・文化の面では県平均より高いが、「豊かさ」や利便・娯楽性の点では低い。中南部は逆に利便・娯楽や豊かさの面では平均より高いが、安定性に欠けている。

先島地域を見ると、宮古が安定性や健康の点では高いが、豊かさや教育・文化の面では極端に低い。八重山は逆に教育・文化面では平均より高いが、安定や利便・娯楽などの面では低い、という結果が出ている。

全項目（総合を含む七項目）が平均より上回っている市町村はひとつもなく、六項目プラスが那覇市、与那原町、沖縄市で、全項目が平均より下回っているところは大宜味、東の両村と本部町、城辺町、上野村となっている。福祉の偏在をなくし、バランスある県の発展を考えていくうえでの、ひとつの目安を示している、といえそうだ。

追記（一九九二年五月）

県民生活の全般にわたって「国民的標準を確保する」という振興開発計画の大きな柱の一つは、復帰二〇年経ってどうなったか。本稿との関連で大雑把に触れておこう。

第一次振計（一九七二―八一年）から第二次振計（一九八二―九一年）に至る二〇年間に沖縄に投資された振興開発事業費はおよそ三兆三八四〇億円で、このうち道路が最も多く、公共事業費の四割近くを占めている。次いで港湾・空港と、下水道・環境衛生がいずれも一七％強、その次が農業基盤整備となっている。その結果はどうなったか。

医療・福祉関係施設の整備状況を一九八九（平成元）年のデータで見ると、たとえば七六年に四カ所しかなかった老人福祉センターは二六カ所に増え、類似県の三九・三％しかなかったのが一〇〇％となり、格差はなくなった。

　一〇万人当たりの医師数も一三七・三人となり、類似県との格差は七五・七％にまで縮まっている。復帰七年目に全国平均の三二・九％しかなかった一般病床も一一四・一％となり、全国平均をわずかながら上回るほど改善されている。

　学校教育施設（九〇年度）について見ると、小中学校の校舎は九九％達成されたが、プールについては小学校が五七・〇％、中学校が四八・八％と依然として全国平均より低い。

　道路・公園などについては、一九八九年度のデータで見る県道の改良率が、八一・五％にまで達し、全国平均と比べると一四九・三％と全国平均を大幅に上回っている。舗装率も九八・五％に達し、これも全国平均より一〇七・四％と上回っている。

　しかし、これは従来からあった道路の改良舗装であって、道路そのものの普及率（一〇〇〇人当たりの道路面積）は全国平均と比べると六一・七％と低く、類似県と比べると三五・四％でしかない。つまり人口に比べて道路そのものの絶対量が少ないのである。そのことは沖縄の道路が朝夕のラッシュ時に慢性的な渋滞をきたしていることとも大いに関連している。

　自動車の保有台数も復帰七年目の二七万台から二倍の五〇万台に増えている。西暦二〇〇〇年には一〇〇万台を突破すると予測されている。都市の大量輸送機関としてのモノレール（那覇空港―西原入口）は、復帰後二〇年経っても走り出す気配はない。二〇〇〇年には稼動する見込みだが、いまのところそれ以外に交通渋滞が解消される見通しは暗い。

　ともあれ、過去二〇年間における公共投資が、ハード面にある程度の水準を確保してきたのは事実だ。復帰前の社会資本の大幅な立ち遅れを体験した者にとっては、それを評価するにやぶさかではない。

　しかし、施設の整備で振興開発の目的が達成されたと見るのは早計である。ハードに対応するソフトの問題は、依然として残され、先送りのままである。

　いささか戯画的に言えば、漁港はできたがそこから運び出す魚がないのである。開発に伴う海の汚染で漁業資源は減少し、漁業で生活できる社会環境が失われつつある。従って後継者もいない。

学校の施設は整備されたが、子どもたちは受験戦争のため塾通いを始め、教師たちはといえば、学校事務の処理に忙殺されて〝ゆとりある教育〟どころではない。

沖縄経済の活性化のためにと那覇空港隣接地につくられた自由貿易地域は、制度的な欠陥のために機能を発揮することができず、入所企業のほとんどが赤字を抱えて〝死に体〟の状態である。

なるほど道路の舗装は立派になったが、離島の部落内では、果たしてその必要性があるのか、と思うところまでアスファルトに塗り変えられている。舗装のために石垣がとり壊されてブロック塀に変わり、そのために屋敷林が倒されていく。家の中にはかつての涼風は吹かず、代わって輻射熱がこもって快適さは失われたという例もある。地域の人々にとって何がいま求められているのか。問われているのは、量ではなく質である。

短期集中型の開発は、新たな環境問題をひき起こした。赤土汚染に象徴される環境問題は、沖縄の将来にとって深刻な問題を投げかけている。

総じて言えば「仏つくって魂入れず」なのだ。そこらに沖縄振興開発特別措置法の根本的な問題がある。結局、振興開発計画は、本土の後追い開発のテンポを早めただけのことではなかったのか。沖縄が自立的発展をしていくための手立てが、どれだけ打たれたのか。一九九二年から始まる第三次振計では、まさにそのことが問われている。もちろん、地元沖縄側の自助努力が求められていることは言うまでもない。

押し寄せる本土化の波――復帰一五年沖縄の素顔――

『地方議会人』一七巻一二号（全国町村議会議長会、一九八七年五月）

象徴的な「日の丸」騒動

沖縄は一九八七（昭和六二）年五月一五日で、日本に復帰してちょうど一五年の節目を迎える。戦後の二七年間にわたる米国統治のようやく半分を越えたところである。この一五年間は、沖縄にとってどのような時代であったのか。

ひと言で言えば、それは本土化の時代であった、ということができよう。沖縄の歴史は常に本土への同化と異化の狭間を揺れ動いている。

明治以降に限ってみても、一八七九（明治一二）年の廃藩置県から一九四五年の敗戦までの日本化時代があり、そして四五年から七二年までの米国統治時代があり、さらに復帰後の一五年があるというように、近代以降の歴史をなぞってみても、これだけ大きな変化があったわけである。

このような変化を、沖縄では〝世替わり〟と呼んできた。それは主体的に世を替える、すなわち変革するというよりも、大抵の場合は他からのインパクトによって、沖縄の世が変えられてきた、というニュアンスを内包している。

そしてその時代時代の状況によって、沖縄人の心は大きく揺れ動き、あるときは本土に傾斜し、あるときは離反し、その揺れを繰り返してきたのである。

復帰一五年を経た今日、一方では制度的な〝本土化〟の波が滔々と押し寄せ、四七都道府県のなかに組み込まれる作業が進行してきたわけであるが、他面また沖縄のアイデンティティーや、独自性喪失に対する潜在的な危機感があることも否定できない。

本土化の流れを象徴するような事件のひとつが、「日の丸」掲揚や「君が代」斉唱をめぐっての騒動である。事の起こりは一九八六年の卒業式にあたって、沖縄県教育庁が各学校長に卒業式においては「日の丸」を掲げ、「君が代」を斉唱することが望ましい旨の通達を出したことに始まる。

このような通達を出した背景には、文部省による調査で沖縄は国旗の掲揚や国歌の斉唱が全国で最も低い、ということが明らかになってからである。すなわち沖縄県民は、日本国内で最も国家意識が乏しい――ということがあった。

一九八七年には全国一巡最後の国体（海邦国体）を控え、天皇が戦前戦後を通じて初めて沖縄を訪れることになっている。にもかかわらずこのような県民意識で、果たして天皇を迎えることができるだろうか――という懸念が政府当局にあったとしてもおかしくはない。

しかし県教育庁の通達は、学校現場に混乱を招く結果となった。卒業式当日まで学校長と教職員が対立していがみ合うという見苦しい光景が、あちらこちらで見られた。なかには生徒たちや父母まで巻き込んで、対立抗争を演じるところもあった。

「日の丸」「君が代」をめぐる対立抗争は、一九八七年三月の卒業式でまた再現された。沖縄市のある小学校では「日の丸」掲揚をめぐって、父母どうしが対立するところまで発展してしまった。三月二三日のことである。

この日、同小学校の屋上には卒業式に備えて「日の丸」が掲げられていた。これに反対する教職員が職員会議で校長や教頭に「日の丸」を下ろすよう要請、話し合いは平行線のままで、午前九時五〇分になっても決着がつかなかった。

この話し合いを廊下で見守っていた父母ら二〇人の中から「父兄はみんな待っている。時間通り始めて下さい」と大声がかかったのを機に、こんどは「日の丸」反対派の父母らが「今話し合いをしているところなんだ。意見があるならその後にしてくれ」と押し問答となり、さらに教職員も廊下に出てきて入り乱れて押し問答となったのである。

一連の「日の丸」騒動に対して、地元新聞の投書欄は、連日のように賛否両論が掲載されてにぎわった。「日の丸」反対派が「日の丸」を軍国主義のシンボルと見なして、その押しつけに反対すれば、賛成派は日本国民として当然のこと、日本復帰前に「日の丸」の掲揚運動を推進したのは、いま反対している沖教組の幹部ではなかったか、と反論するといった具合。論争は平行線をたどり、いつ果てるともない。

こうしたなかで沖縄県教育庁は一九八七年三月二四日に、沖縄県内における小中学校の卒業式での「日の丸」掲揚率を発表している。

それによると、「日の丸」の掲揚率は小学校二五四校のうち、二四二校で九五・三％、中学校は一五七校のうち五校だけが掲揚せず九六・八％であった。「君が代」のほうはテープによる〝斉唱〟を含めて小学校がわずかに三・五％（一〇校）、中学校が五・七％（九校）であった。〝完全制覇〟は時間の問題というわけである。

世論調査にみる県民意識

ところで復帰一五年が経って、沖縄県民は復帰したことそのものや、「日の丸」「君が代」を含む〝本土化〟について、どのような意識を持っているのであろうか。

ここにひとつのデータがある。一九八七年二月にNHK沖縄放送局が「復帰一五年の沖縄住民の意識」として行った世論調査である。

同調査（サンプル六二八人）は本土復帰への評価をはじめ、暮らしむきや沖縄経済発展の方向、県民性や米軍基地、国体、自然保護と開発など四三項目に及ぶ調査であるが、このなかのいくつかを見ることで、県民意識の片鱗に触れるとしたい。

まず、本土復帰に対する評価である。質問はこう聞いている。「沖縄が本土復帰して、間もなく満一五年になります。この一五年間をふりかえったとき、本土復帰についてあなたのお気持に近いものをお答えください」。答えは「非常によかった」一九・九％、「まあよかった」五五・八％、「あまりよくなかった」一三・六％、「非常に不満である」四・四％となっている。

積極的評価と消極的評価を合わせると、七五・七％となり、この数字は、復帰の翌年（一九七三年）に行われたときの三八％に比べてほぼ二倍になっている。なにゆえに復帰がよかったのか、次にその内実を見てみよう。

「復帰前とくらべて、現在よくなった点があれば、いくつでもおっしゃってください」という問いに対する答えを、その多い順にあげてみると「学校、水道、道路などの公共の施設が充実した」六一%、「医療保険や社会保険など社会福祉が充実した」五三%、「学校教育の内容や程度が向上した」三七%などで、逆に「悪くなった点」で多いのは、「観光や産業開発で自然が破壊された」四五%、「犯罪や社会の混乱や不安が多くなった」三六%、「沖縄の伝統的な文化やしきたりが失われた」二四%などである。

また、復帰一五年の感想を聞いてみると（カッコ内の数字は五年前の調査）「海が汚れ緑が失われるなど自然がそこなわれた」五八%（五四%）、「教育水準が高くなった」四三%（三七%）、「日本人としての自覚が強まった」二九%（二五%）、「生活が豊かになった」二三%（一一%）などで、逆に減ったものでは「復帰前の方がよかったと感じることがある」一八%（三二%）、「生活に落ち着きがなくなった」一四%（一七%）などである。

このように一方では社会資本の整備などで本土復帰を評価しつつも、他方ではそのことによる自然破壊や、伝統文化の喪失といったことに不安を抱く県民の複雑な心境が浮き彫りにされている。

また「天皇は尊敬すべき存在だと思うか」との問いには四四・五%が「そう思う」と答え、「そうは思わない」の二九・三%をしのいでいる。しかも、九年前の一九七八年時の三六%（そう思う）より増えて多数派に逆転している。「日の丸」に「親しみを感じる」人が五四%、「君が代」に「親しみを感じる」人が四二%となっており、本土化への意識と現状肯定の傾向が強まっていることを示している。

また、米軍基地や自衛隊の問題をみると、米軍基地に対しては五二%が反対して過半数を占めているが、自衛隊については「必要」二二%、「やむを得ない」四二%と多く、しかも復帰の年の「反対」派が六〇%であったのと比べると、ほぼ逆転した形である。

世論調査というものが、どこまで民意を反映し得るか、という疑問は残るが、県民意識がこの一五年間で確実に変化しつつあることは、事の良し悪しは別として認めざるを得ないところであろう。

遠い〝自立〟への道

しかし、このような世論調査に見られる県民意識は、沖縄の抱えるさまざまな問題に思いをいたすなら、あまりにもオプチミスチックに過ぎるであろう。

確かに世論調査の結果が示すように、復帰してこの方「学校、水道、道路など公共の施設が充実」し、「医療保険や社会保障など社会福祉が充実」したのは事実ではあるが、沖縄経済は復帰時の〝基地依存経済〟から〝公共投資依存経済〟へと体質がぬり変えられ、〝自立〟への道は、なおほど遠いのが現状である。

ちなみに、復帰の年（一九七二年）から一九八六年までの沖縄開発庁の累計予算額は二兆四五九九億だが、このうち公共事業費は一兆九七九六億円。また、沖縄県予算（一九八四年度）の公的部門の構成比は三四・八％で、全国平均の一七・四％と比べても二倍も高い。

復帰前の米国統治時代の社会資本の立ち遅れを思えば、財政依存型経済となるのはやむを得ぬ面もあるが、問題は今後これらを基にして、沖縄経済をいかに自立へと向けていくかである。

沖縄が復帰した年から一〇年間に第一次振興開発計画が策定され、さらにその後の一〇年間を第二次振計と定め、県民所得を全国平均の八〇％まで引き上げることを目標としたが、一五年経った現在でも七〇・五％の水準で全国最下位にある。

復帰当初、沖縄経済は第二次産業部門を二倍に引き上げることを目標としていたが、日本経済が高度成長から低成長時代へと移行し、本土企業の進出にはほとんど見るべきものがなく、目標達成は不可能に近い。

そうしたなかで農業や観光部門が、近年著しい伸びをみせており期待がもたれている。

沖縄は日本の最南端に位置し、亜熱帯地域特有の気候、風土に恵まれており、それを生かした花卉や野菜類の本土出荷が伸びてきている。

観光は、本土からの観光客が復帰の年の四四万人から近年は二〇〇万人を突破、二二三〇億円（一九八五年）の観光収入は、いまや沖縄経済を支える基幹産業になっている。

しかし、島嶼型経済である沖縄経済は底がまだまだ浅く、きわめて外からのインパクトを受けやすい。近年の円高ドル安で日本人観光客が海外に流れ出し、沖縄観光の先行きに一抹の不安を投げかけている。

また、県外の〝円高不況〟は雇用条件を悪化させ、ただでさえ全国一失業率の高い沖縄では、これから若い人たちの雇用の場をどのように創出していくかが問われている。

先のNHKの世論調査で「沖縄県で失業者が多い主な原因はどこにあると思うか」との問いに「県内に働き口が少ないから」と答えた人が四九・七％もいる。しかも「あなたは沖縄は住みよい所だと思うか」と問えば「住みよい所だ」というのが九一・一％も占め、さらに「沖縄に住みつづけたいと思う」というのが七七・八％の高率を占めている。沖縄県民の強い県内指向を示すものである。

このように県内指向が強いにもかかわらず、沖縄における雇用条件はますます厳しくなり、出口のない状況が生じつつある。その矛盾や不安をいつまで〝公共投資〟が支えてくれるのか。

今年（一九八七年）は国民体育大会が開かれる。沖縄国際海洋博覧会以来のビッグイベントである。これに向けての各種大型公共工事も峠を越した。

ポスト国体は、時あたかも第二次振計の後期五カ年間にあたるが、大型公共工事が山を越した後期こそ、この計画の真価が問われるときかもしれない。国体という一大行事をくぐり抜けて、県民の意識はまたどのように変わってゆくのであろうか。

もちろん、国体は単なるスポーツ行事にしか過ぎない。その単なるスポーツ行事である国体に、さまざまな政治的意味が付与されて進められ、あるいはそう受けとめられているところに、いかにも沖縄的な問題がある、と言えば言えなくもない。

政府や沖縄県側は「国体に天皇陛下をお招きすることによって復帰を完成させ、戦後に幕を引きたい」という。そのことから「天皇を政治に利用するものだ」との批判も生まれてくるわけだが、天皇来沖をひとつのメルクマールとして、先に見たような「日の丸」掲揚や「君が代」斉唱があるとすれば、政治的利用と批判されても仕方あるまい。

それとも「日の丸」「君が代」問題は、明治の琉球処分がそうであったように、国家統合過程における起こるべくして起きた問題なのであろうか。それにしても天皇来沖で沖縄の〝戦後〟に幕が引かれた後には、どのような時代が訪れるのであろうか。

沖縄経済の抱えるもの――日本の「ゆたかさ」と地域の実態――

『経セミ――経済セミナー』三八四号（日本評論社、一九八七年一月）

沖縄は日本の〝第三世界〟

沖縄はいま、工事ブームである。一九八七（昭和六二）年に沖縄で開催される海邦国体を控え、関連する大小の工事が行われているかと思えば、第二次沖縄振興開発計画（一九八二―九二年）のちょうどターニングポイントにさしかかっていることもあって、それにのっとった公共工事が各地で盛んに進められている。

一方、民間サイドにおいても住宅建設やビル建設などが活発で、那覇の街はちょっと歩けば建設現場にぶつかる、といったありさまである。

沖縄が戦後二七年間に及ぶアメリカの支配を脱して、日本の施政権下に〝復帰〟したのは、一九七二年五月一五日であった。一九八七年はちょうど一五年目にあたる。

この一五年間の沖縄経済の歩みは、果たして沖縄に何をもたらしたのか。

二七年間の米国支配の後に日本の経済圏に組み込まれた沖縄は、開発の後進性という点からみれば、日本国内の〝低開発地域〟であり、〝第三世界〟である。そして良くも悪くも、日本経済がこの国内第三世界にしわ寄せしてきたのが、復帰後一五年間の歩みであった。

日本経済が高度成長から低成長へと大きく転換していったその時期に、日本の経済圏に組み込まれていった沖縄は、本土との格差を抱いたまま歩んできた。たとえば県民所得はいまだに全国最下位、完全失業率は全国一の高さという現状にある。膨大な公共投資にもかかわらず、経済の自立への道はなお遠く模索状態にある。沖縄経済の抱える問題を、公共投資や産業構造などの各面から探ってみたい。

基地依存経済から公共投資依存経済へ

米軍支配時代の〝ツケ〟からの脱却

沖縄が米国支配下にあった時代、沖縄経済は「基地経済」と言われてきた。軍事基地に依存した経済構造を端的に表現したことばとして、日本復帰前にはしばしば使われたものである。「基地経済」の構造とは、さまざまな基地関係受取の県民総生産に占める比率が極端に高い状態を指している。

基地関係受取の主なものをあげれば、米軍人・軍属や特免外商たちの支出するドル、基地従業員の賃金、そして軍用地料などであるが、復帰前には、これらの割合が三五％前後を占めていた。もっとも高いときで四四％も占めることがあった。米軍基地の建設が盛んだった一九五〇年代の後半のころである。

いうまでもなく基地依存型の経済は、投下した労働が経済的な拡大再生産につながらず、皮肉にも基地強化へと収斂される構造を持っていた。沖縄に落ちたドル収入は、生産部門ではなく消費部門に流れ、二七年の間に第三次産業の極端な肥大化をもたらした。特にサービス部門に異常なほど偏り、第二次産業では米軍基地建設とかかわる建設業がほとんどを占め、製造業では見るべきものはなかった。いわば消費型の経済構造であった。

しかも、日本復帰前の沖縄の貿易は極端な入超で、その分を基地収入で補填するというものであったから、基地から得たドル収入は消費部門を通じて本土に吸い上げられるといった構造になっていた。「ザル経済」と揶揄されたゆえんである。

第一次沖縄振興開発計画以後

こうした第三次産業の極端な肥大という米軍支配時代の〝ツケ〟から、いかに脱却するか、これが日本復帰直後の沖縄経済の当面する問題であり課題であった。そして沖縄と本土との〝格差〟をなくし、〝本土並み〟へ引き上げていくことが目標とされた。一九七二年の日本復帰とともにスタートした第一次沖縄振興開発計画は、その目標を次のように定めたのである。

「沖縄の各面にわたる本土との格差を早急に是正し、

全域にわたって国民的標準を確保するとともに、そのすぐれた地域特性を生かすことによって、自立的発展の基礎条件を整備し、平和で明るい豊かな沖縄県を実現する」と。

そのひとつの指標として、具体的には、一人当たりの県民所得の水準を国民所得の八〇%まで引き上げる、ということが設定された。そしてそれを達成する方法(政策)として第一次振興計画では、新規産業の導入を通じて、生産所得を基準年次(一九七二年)の三一〇〇億円から、目標年次(八二年)には九九〇〇億円と三・二倍に伸ばす、とされた。産業別構成でも第一次産業を八%から五%へ、第二次産業を一八%から三〇%へ、第三次産業を七四%から六五%へと想定。第二次部門を二倍近く伸ばすことで県民所得の目標を達成しようとしたわけである。

しかし、七九年にいたっても県内純生産は目標の半分にも達せず、産業別構成でもほとんど見るべき変化はなかった。これは大幅な新規工業立地を主軸に、他産業への波及効果をもたらそうとした見込みがはずれたためである。それは日本復帰の翌年(七三年)におきたオイル・ショックで、本土企業の設備投資意欲が減退し、沖縄への工業立地に見るべきものはなかったことによる。

にもかかわらず沖縄経済がこの五年間、年平均六・七%(実質四・三%)という成長率を維持し、全国の六・一%(実質三・八%)より高い成長率を保ってきたのは、公共投資に負うところが大きい。社会資本の本土との格差是正のため、投資の主なものはその面に向けられてきた。道路、港湾、多目的ダム、空港、学校、各種福祉施設……などである。

沖縄振興開発事業費は、一九七二年の日本復帰の年には三七三億円であったが、七九年には一九三六億円に伸び、八六年には一九二一億円となっている。一九七二年度から八六年度までの累計予算総額は二兆四五九九億円で、このうち公共事業費が一兆九七九六億円である。

公共事業の主なものをあげると、道路が七八二四億円で全体の三五・一%を占め、次いで下水道・環境衛生等に三六五〇億円(一六・三%)、三番目が港湾、漁港・空港の三五五八億円(一五・九%)、四番目が農業基盤整備の二一八〇億円(九・八%)などである。

県民総支出に対する民需・官公需の比率を見ると、沖縄の官公需の構成比は、一九八五年度で三五・二％で、全国平均（一七・五％）の二倍近い比重を占め、財政依存度の高さを示している。このことは日本復帰後の沖縄経済が、基地依存型経済から財政依存型へと移行していることを示してもいいよう。

また別の指標を用いれば、一九七二年度の軍関係受取（軍用地料、軍関係雇用者所得等）は、県民所得の一九・八％であったが、七九年度には八・七％に下がっている。もっともこれは相対的なものであって、だからといって基地依存の面がなくなったわけではない。日本復帰後、七倍もハネ上がった軍用地料は、いまも年間二〇〇億円もの金を落としており、地主たちはその地料に依存している。

〝ザル経済〟の構造

沖縄から本土への資金逆流

一九八六年一〇月、東海銀行が発表した「都道府県別公共投資満足度」（一九八三年度基準）によると、沖縄県は東京都に次いで二位にランクされている。これは支払った税金が住民や企業にどの程度還元されたかを示すものだが、これで見ても沖縄経済の財政依存度の高さがうかがわれるのである。

もっとも、現実に地域住民がそれによって「満足」しているかといえば、これはまた別問題である。特に沖縄の場合は、公共事業の多くが本土企業によって占められており、公共事業として投資された資金の多くが、本土に〝逆流〟していく構造を指摘しなければならない。

これは公共事業の主要な担い手が本土企業によって占められているため、そのパイプを通して投資された資金の大半が本土に〝逆流〟していく、というものである。たとえば、西日本建設業保証の前払保証実績から主要官公庁の県内外業者受注状況を見ると、沖縄総合事務局（各省庁の出先機関の窓口）が一九八三年度に発注した工事のうち、沖縄県内業者が受注したのは二〇八件で県外業者が六五件、本土との構成比は七六・二％と二三・八％で、県内が上回っているが、それを金額ベースで見ると、県内業者は九七億八五一〇万円、県外業者は一二五億三二八〇万円、構成比は四三・八％と五六・二％となり本土業者のほうが多いのである。

一九八四年度の場合も同様で、件数では沖縄県内が二一三件（七四・七％）、県外七二件（二五・三％）なのに、金額ベースでは県内一〇八億二七九〇万円（五一・六％）、県外一〇一億三七五〇万円（四八・四％）といった状況である。

このほかにも、防衛施設庁関係の〝思いやり予算〟による公共工事があるが、これなどになると県外業者のウエイトはさらに高くなっている。基地関連工事の場合でも、日本復帰前は県内業者がほとんど受注していたが、復帰後はすべてが東京サイドで決まるため、県外業者によって大半は占められている。

工事請負業者には資本金、技術者数、完成工事高、営業年数などによって、AクラスからDクラスまでのランクがつけられている。上位のAクラスには県外業者一一〇社に対して、県内業者はたったの二社しかなく、はじめから入り込むチャンスがないのである。

トンビに油揚げをさらわれる

現在、沖縄本島の南北を結ぶ沖縄自動車道の南伸道（石川―那覇間）の工事が進められている。総事業費一三二〇億円（工事費六二〇億円）という大事業であるが、これについても県内最大といわれる某建設会社がBクラスであり、それにつづく大手二社がCクラス、それも本土大手企業とのジョイント・ベンチャー（J・V）によって、なんとか元請に食い込んでいるような状況である。しかも受注比率は本土業者が六ないし八に対し、地元業者は四ないし二といったところで、地元業者は本土業者のいわば〝おこぼれ〟をちょうだいしているようなものだ。地元大学のある経済学者は、このような県経済の実態を評して次のように指摘している。

「県経済の現状は第二次産業がぜい弱で、第三次産業偏重の経済構造となっているため自給度が低く、せっかく沖縄に投下された資金もその多くがザルの目から本土へ流れてしまう。したがってたとえば一〇〇〇億円の公共投資がなされたとしても、県内への波及効果は一・四～一・八倍の効果しか現れない。他府県の場合、四倍程度の効果を現すのが普通だ」

米国統治下の基地経済で言われた〝ザル経済〟が、またしても公共投資の場合にも指摘されたのである。しかもその〝ザルの目〟は、以前にも増して粗くなっている。

ある地元経済人は「公共投資を分析する場合に重要な

のは、いくらの資金が投下されたかという入口論ではなく、投下された資金がいくら本土に逆流したかという出口を見るべきだ。他府県と違って周りを海に囲まれた沖縄は、その範囲での経済圏に限られ、一度逆流した金は戻ってこない」と厳しく評している。県内経済界にもせっかく公共工事で大量の資金が投下されているのに、トンビに油揚げをさらわれるようなものだ、という不満が内攻しているのは事実だ。

これに対して発注者側である政府は「たしかに社会資本整備に投下される資金は一〇〇％地元に還元されるのが望ましい。しかし、現在急ピッチで進められている公共工事は、他府県との格差是正を目標に置いたものであり、地元業者優先発注だけを前提にすると、その整備が遅れるのではという危惧がある」と釈明している。

公共事業を考える場合、その整備された社会資本をいかに活用し、経済の自立的発展を図るかということに第一義的な目的があり、直接投資効果は一義的な目的ではない、という指摘は本土の場合ならともかく、沖縄のように二次産業部門の遅れた地域では、その波及効果を最大限に考慮すべきではなかろうか。

それにしても、公共投資をめぐる中央対地方の関係は、日本の「ゆたかさ」が地方から中央へと逆流していく構図をそのまま表してはいないだろうか。

変わらぬ産業構造

膨大な公共投資は沖縄の産業構造をどう変えたのか。一九八三年度の産業別総生産の構成比（名目）を見ると、第一次産業が四・七％、第二次産業二〇・〇％、第三次産業が七七・七％で、やはり第三次産業の構成比が高く、構成比から見る限り日本復帰前の産業構造と変わっていない。特に第一次振興計画が目指した第二次産業部門を二倍に引き上げるという当初の目標は達成されていない。

とりわけ製造業部門を見ると、沖縄の構成比は七・六％で全国平均の二九・一％と比べて二一・五％もの開きがあり、逆に建設業は、沖縄が一二・〇％なのに対し、全国平均は七・九％でいかに沖縄の建設業の占める割合が高いかを示している。結局二次産業部門が低いのは、製造業部門が低いというところに起因している。

第一次産業はどうか。一九八四年度の粗生産額の主なものを見ると、サトウキビが三六六億八二〇〇万円で三二・九%、次いで畜産三四〇億六三〇〇万円で三〇・六%、野菜が二〇九億九三〇〇万円で一九・四%、花卉八二億五七〇〇万円で七・四%といったところである。

あいかわらず基幹作物であるサトウキビの占める率は高いが、近年は野菜や花卉の本土出荷が多く、生産が伸びている。かつて沖縄の基幹作物の一つであったパインアップルは、外国産との競合で年々減少し、一九八四年度で一七億四九〇〇万円で構成比はわずか一・六%でしかない。

しかし、基幹作物であるサトウキビも生産者買い上げ価格の低迷や、農業労働力の老齢化などで、内外を取りまく状況は年々きびしくなっている。花卉や果樹への転換、あるいは畜産との複合化が迫られている。

第三次産業では相変わらず、政府サービス関連が本土各県に比べて高い。全国平均八・五%に対し、沖縄は一七・四%と約二倍の高さである(一九八三年度)。しかし、なんといっても注目されるのは、観光関連の伸びであろう。一九七五年に開催された沖縄海洋博覧会などのイベント設定、また近年のリゾートホテルの整備などにより、観光客数は着実な伸びを示し、八四年には入域観光客が二〇〇万人を突破した。観光関連の収入も八二年から二〇〇〇億円台にのぼり、八五年度は二三三〇億円となった。観光産業はいまや沖縄経済の大きな支えとなっている。

このように沖縄の産業構造は、一方では製造業の伸び悩み、他方では観光関連の大幅な伸びとなったことから、第三次部門への傾斜をますます強めている。大幅な移輸入の不均衡といった復帰前の構造も、基本的には変わっていない。

全国一の完全失業率と全国最低の所得水準

このような産業構造は、そのまま沖縄特有の就業構造となって現れている。なかでも沖縄は日本復帰この方、完全失業率全国一を維持してきた。ちなみに一九八五年度の完全失業者は二万二〇〇〇人で、失業率は八・二%、全国平均の三・四%と比べても二倍強の高さである。

いま、この就業構造を全国との対比でみると、有業者総数に占める第二次産業の割合は、二一・〇％（全国平均三四・三％）で全国最下位、逆に第三次産業では六七・〇％で全国一高い。総人口に占める有業者の割合は四〇・七％でこれまた全国一低い。さらに高校新卒者の県内就職率は三四・一％（全国平均七三・六％）で全国最下位。いかに県内における就職状況が悪いかがわかる。

このような状況から、若年層の失業率はたとえば一五歳から一九歳の場合だと二三・一％で、二〇歳から二四歳までは一一・七％といった具合に高い率を示している。県内の求人数が求職者の二五％しかないことや、若年層の県内就職指向が強いことなどに起因している。要するに若者たちの職場がないのである。若者たちは高校を卒業しても職にありつけず、ぶらぶらするかアルバイトをするか、そして本土に職を求めて出て行くかの選択を迫られる。

ちなみに、転職率や離職率も沖縄は全国一の高さである。このことは雇用の安定性がいかにとぼしいかを示している。これらのデータには沖縄特有の社会慣習や、県民性といったことも反映していないわけではない。それにしても失業率日本一の高さは、沖縄が抱える深刻な問題である。青年たちにいかに職を与えるか、それはある意味では沖縄経済最大の課題といっても過言ではない。

新規産業の導入による第二次産業部門の大幅増という想定は、前述のように日本経済が高度成長から低成長へと転換をしていくなかで目標に達せず、失敗に終わった。このことは第二次振興計画でも「産業の振興は工事部門で予期したとおりは進展せず、就業の場の確保が困難な状況にあり……」と認めざるを得なかった。

そこで大規模工場の立地の失敗から、今度は「地域特性を生かした産業の振興へ」と転換を迫られたのである。「地域特性」というのは、沖縄の亜熱帯性気候、海洋性自然、地理的位置などを指すが、そのこと自体はすでに第一次振興計画でもうたわれている。しかし、第二次振興計画に至ってそれがより前面に押し出されてきた。

沖縄経済の振興は新規産業の沖縄県外からの導入ではなく、否応なしに内発型の産業振興へと方向転換せざるを得なくなったのである。一九八七年は第二次振興計画のちょうど半ばである。計画の現段階を検討する前に、県民所得を見てみよう。

最近、沖縄県が発表した一九八四年度の県民所得は一兆七一四四億円で、日本復帰の年（一九七二年度）の三九三五億四〇〇〇万円に比べ、四・四倍の伸びをみせている。しかし、一人当たりの県民所得は一四八万円で、日本復帰当時の四二万円と比べると、三倍強の伸びでしかない。

このように県民総所得の伸びにもかかわらず、一人当たりの県民所得が伸びていないのは、この一五年間に人口のほうも相当に伸びているからである。ちなみに人口の伸びを見ると、復帰の年（一九七二年）に九六万人だった沖縄の人口は、一九八四年度は一二〇万人近くにふくれあがっている。結局、分子（県民総所得）も伸びたが、分母（人口）も相当に増えているところから、一人当たりの県民所得は予想外に伸びていない。

一人当たりの県民所得を国民所得と比べてみると、復帰当時五六％だったのが七四％に伸びてはいる。しかし、それでもこの所得水準は全国最低の水準なのである。第一次振興計画が県民一人当たりの県民所得を国民所得の八〇％にまで引き上げるとした目標は、二次振興計画半ばになっても達成されていない。

第二次振興計画後期の課題と諸問題

全国一の失業率と全国最低の県民所得――この状況をどう打開するか。これから後期を迎える第二次振興計画は重要な課題を課せられているといってよい。

沖縄県は一九八六年九月、「第二次振興計画後期の課題と展望」をまとめた。そして後期において芽出し可能なプロジェクトを洗い出している。テクノポリス、バイオランド、マリンタウン、リゾートカントリー……など第一次振興計画からの継続事業も含め、大小さまざまのプロジェクトが目白押しである。なかには各省庁が打ち上げる各種プロジェクト構想に乗り遅れまいとして、とりあえず「手を挙げておく」というのまでさまざまである。

経済の情報化、人口の老齢化、社会の国際化、そして経済全体のソフト化という時代の波を反映してめまぐるしく打ち出される東京サイドのプロジェクトのバスに乗り遅れては、日本の「ゆたかさ」からとり残される、という地方の不安感がこれらプロジェクトのなかにはにじみ出ている。

しかし、果たしてこれらのプロジェクトは、沖縄に「ゆたかさ」をもたらすものなのか。第一次振興計画のときは大規模工業の導入をしようとして失敗し、いままたこうしたプロジェクトの導入を図ろうとやっきとなっている。

また沖縄内部にはこうした大型プロジェクトの導入とは別に、特産品の製品化、いわゆる一・五次産業により付加価値の高い製品を生産していこうという島興しや、地域づくりの運動も起きてはいる。〝地域〟に目覚めた青年層を中心に、そうした気運があるのも事実であるが、市場から遠く離れた土地で、どう流通ルートを開拓していけばいいのか、壁に突き当たっているのが現状だ。しかし、島嶼型の社会にあって、島が真に自立していくためには、こうした内発型の地域づくりが、今後地道に追求されなければならないであろう。

それともうひとつは、格差是正というものに対する反省である。それは本土との格差是正を求めるあまり、結局、本土の〝後追い〟になってはいないのか、という点である。格差是正というものが、本土との同一化・平準化であるとすれば、それは沖縄の持つ独自性や個性といったものをつぶすことになるのではないか、という懸念である。

気候風土や価値観の異なる沖縄で、格差是正だからといって本土と同じやり方でいいのかどうか。格差といってもさまざまで、一概には言えないが、格差があるからと、なんでもかんでも是正することがよいとは限らぬはずである。見方によっては、格差があるからこそ価値があるものだってあり得るはずである。今後は地域のより主体的な選別が必要である。

幸か不幸か、日本国内の〝第三世界〟である沖縄からは、アジアの開発途上国がよく見える。アジアの国々が日本に抱く不信や不満は、沖縄から見ると理解しやすい。地域を単にひとつの消費市場としてとらえ、投下したものを再び回収していくという発想では、真に地域を豊かにすることはできまい。

そして地域を抜きにして日本があり得ぬのと同じように、地域の「ゆたかさ」を抜きにして、真に日本が「ゆたか」になり得ることはない。地域が真に「ゆたか」であるかどうかは、日本の「ゆたかさ」のバロメーターであるはずだし、また、そうでなければならない。だとすれば、以上見てきたような沖縄経済と日本経済との関係は、日本の「ゆたかさ」への今日的な問題を提起しているとは言えないだろうか。

参考文献

琉球銀行調査部編『戦後沖縄経済史』(琉球銀行、一九八四年)。

山里将晃監著『図でみる沖縄の経済』(新報出版、一九七九年)。

沖縄県企画開発部企画調整室編『沖縄県の経済概況　昭和六〇年版』(沖縄県、一九八六年)。

沖縄県企画開発部企画調整室編『一〇〇の指標からみた沖縄県のすがた』(沖縄県、一九八六年)。

沖縄―きのう・きょう・あす――万国津梁の邦と国際化――

『ＩＢＭ　ＵＳＥＲＳ』三二五号（日本ＩＢＭ、一九八九年五月）

「天皇崩御」と尚家文化遺産問題

「天皇崩御」のニュースで日本中が大騒ぎをしていた一九八九（平成元）年の年明け早々、沖縄ではときならぬ問題にわいていた。琉球王家の文化遺産約一六〇〇点が、東京の台東区に寄贈されるという問題である。

東京に住む琉球王末裔に当たる尚裕氏が、王家ゆかりの遺宝をそっくり台東区に寄贈するという話が明るみに出て、沖縄中が大騒ぎとなったのである。地元マスコミは連日のようにこの問題を取り上げ、寄贈行為のふがいなさや、県の文化行政の貧困といった問題を書きたて、投書欄はこの問題でもちきりだった。大方の論調は、理由はともあれ貴重な沖縄の文化遺産を何としても地元沖縄に戻して保存を――ということであった。

時あたかも日本国中が「天皇崩御」でうちひしがれていた（？）ときである。マスコミの報道や行政当局の指導にもかかわらず、沖縄県民の多くは弔旗をあげるでもなく、平常と変わらぬ生活を続けていた。勢い込んで取材にやってきた本土の記者たちを拍子抜けさせたが、強いていえば「平常と変わらぬこと」がニュースであった。

尚家文化遺産問題を冒頭に紹介したのも、天皇の死去への対応とのコントラストが、なぜかいまの沖縄人の心理状況を象徴している、と見たからにほかならない。

沖縄が二七年に及ぶ米軍統治から脱して一九七二（昭和四七）年五月、日本に復帰して早くも一七年、その間〝本土化〟は急速に進み、〝沖縄的なもの〟が失われてきたのは否定し難い。それも沖縄が生きていくうえには、仕方のない代償、というあきらめにも似た気持がないでもない。

そんな沖縄県民の心理的状況のなかで、降ってわいたように起きたのが、尚家文化遺産の無償譲渡問題である。沖縄人は愛郷心が強い。尚家の個人的な文化遺産といえども、県民共有の財産ではないか、とする意識が強い。だから、それが縁もゆかりもない台東区へ渡ることは、沖縄人の自尊心が許さないのである。

この問題は、眠っていたウチナーンチュ（沖縄人）のアイデンティティーをゆさぶり起こした。だからこそ、右も左も一致して同遺産の沖縄への保存を求めたのである。このように自分たちの文化や歴史に敏感なのは、ひとえに沖縄の歩んできた歴史に由来する。

海外交易と独自文化の形成

沖縄史の時代区分は、最近の研究によれば、旧石器時代と貝塚時代をあわせた先史時代を数万年前から西暦一二世紀ごろのグスク時代の開始までとし、一二世紀から一六〇九年の島津の琉球侵入までのおよそ五〇〇年間を古琉球時代（日本史の中世に相当）、そして琉球侵入から一八七九（明治一二）年の琉球処分までを近世琉球（日本史の近世に相当）、そして琉球処分以後、尚王朝が崩壊し沖縄県が設置され、沖縄戦で「沖縄県」が消えるまでを近代とする見方が有力である。

五〇〇年に及ぶ古琉球時代は、沖縄が最も独自性を発揮していた時代で、「沖縄学の父」と呼ばれる伊波普猷が、研究の処女作を『古琉球』と名付けたのは示唆的であった。

日本が中世期に封建社会を形成していく時代に、琉球は古代的要素を色濃く残しながら、ようやく封建社会への傾斜をみせていたが、ついに封建社会の成熟をみることなく、近代に引き継がれた。

そのことは今日に至るまで、沖縄人のメンタリティーを規定する要因ともなった。主従関係を柱とするタテ社会的な人間関係を希薄なものとし、古代的共同体のヨコ社会的体質を育んできた。ときにそれは沖縄の〝やさしさの文化〟と言われたりもする。

あるいはまた、なにごともほどほどにして、きちんとした規律をきらう沖縄人特有の行動様式〝テーゲー主義〟も、古琉球以来の歴史的遺産ともいえる。しかしこうした南方的、東南アジア的ともいえる行動様式と、沖縄の地理的位置を生かして、海外交易を活発に行い、沖縄に中継貿易の文化の華を咲かせてきた。

中国、安南、ジャワ、マラッカへと交易の道を開き、「レキオ・グランデ」（大琉球）の名は遠くヨーロッパ世界にまで伝えられた。那覇港が整備され、首都・首里は交易文化の華が咲いた。戦前、国指定の重要文化財（国宝）が、京都や奈良に次いで多かったという一事からもそれは窺われよう。

一四五八年、尚泰久王によって鋳造された「万国津梁之鍾」の銘文には、次のようにうたわれている。

「琉球国は南海の勝地にして、三韓の秀を鍾め、大明を以て輔車となし、日域を以て脣歯となす。此の二中間に在りて湧出せる蓬莱島なり。舟楫を以て万国の津梁となし、異産至宝は十方刹に充満せり」

しかし「十方刹に充満」していた「異産至宝」の数々は、去る沖縄戦で灰燼に帰し、いまはその城郭の一部を残すのみである。

一六〇九年の島津の琉球侵入は、琉球王国を滅亡の危機に陥れたが、交易の利潤に目をつけた薩摩は、対外的には王国の形態を維持させ、交易を継続させたのであった。琉球から吸い上げた財の蓄積が、幕末・維新の薩摩の原動力となった、との見方は言い古されてきた学説である。薩摩の従属国でありながら対外交易を続け、したたかに生きてきた、というのが近世期の沖縄であったといえよう。

国家の枠組で窒息する沖縄

沖縄の近代は、明治政府による〝琉球処分〟によってその扉を開いた。本土より遅れること七年、一八七九年の廃藩置県によって琉球王国は崩れ、沖縄県が設置された。しかし、旧慣制度は存置され、本格的な皇民化政策の展開は、一八九五年の日清戦争以後であった。沖縄社会内部では、日本統治に反対する旧士族階級の根強い抵抗もあった。

明治政府は「藩民は天皇の何たるかを知らず」とやきもきしていた。しかし、その後の差別と同化の巧みな統治で、皇民化は急速に進んでいく。沖縄県民自らも「日本人」であることを証明するため、同化の道へ急激に傾斜していく。

また、近代以降、沖縄から海外への出稼ぎ移民が活発化し、南米へ、ハワイへ、あるときは南洋へと海を渡り、定着していった。もとより沖縄内部における貧困に起因する現象であったが、一面ではまた、日本の国家的枠組から脱出して、生活圏をさらに広げていくという、古琉球以来の行動の再現を思わせた。

しかし、第二次世界大戦下での沖縄戦は、日本で唯一の地上戦を展開し、日米合わせて二〇万人近い人が犠牲となった。その悲劇は近代沖縄の〝帰結〟であった。そしてその体験は、根強い反戦の思想を生み、「天皇制」への反発ともなった。太平洋戦争の敗北により、沖縄は米国の統治下におかれ、再び日本から分離された。このように沖縄が天皇制のもとにあったのは、たかだか数一〇年この方でしかない。

しかも米国は自らの支配を合理化するため、意識的に日本からの離間策をとった。それは住民にとっては、ある意味では「天皇制」からの解放でもあった。しかし、米軍基地の建設とその維持が人権を抑圧するに及んで、再び日本への回帰が押し出された。それは沖縄が日本の憲法下に入ることによって、住民の人権が保証されるとの期待感があったからでもある。

一九七二年の日本復帰は、再び沖縄を日本の国家的枠組に引き戻したかにみえる。十年単位で実施された一次から二次にわたる振興計画に基づき、それまで二兆六八七六億円にのぼる振興予算が投入され、本土との格差是正が進んだが、制度や物質面での〝一体化〟にもかかわらず、沖縄喪失への危機感に似たものが漂っているのも否定できない。冒頭に紹介した尚家遺産問題への反応は、いわば沖縄のアイデンティティーに対する、そうした気持の現れでもあったのである。

沖縄が沖縄であり続けることの大切さ

このように沖縄の歩みは、王国から日本への統合、沖縄戦を経て米国による統治、再び日本国への統合と、歴史上かつてない〝世替わり〟を経てきたのである。そして沖縄は、日本社会の枠組のなかで、いま二〇世紀の終わりを迎えようとしている。

二一世紀に向けて沖縄が生きていくためには、沖縄が沖縄であり続けること以外にはないであろう。沖縄が沖縄であり続けるためには、日本の国家的な枠組にとらわれることなく、沖縄のもつ特性を最大限に生かしていくことである。それは沖縄社会の内実を豊かにするばかりでなく、日本をも豊かにしていくことにつながるはずである。

沖縄の多様性を生かしていくためには、一つには、太平洋の島嶼社会としてその内面的なシステムを確立していくことである。いま一つは、歴史的に培われた国際性を確立していくことである。前者は島嶼社会としての沖縄の内部に農業や医療、教育、情報といったさまざまな分野での知識や技術を蓄積し、発展させていくことである。

後者は、海外交易、海外移民、異民族支配という日本の枠組からはみ出した沖縄の特異性を、二一世紀の国際社会へと生かしていくことであろう。

近年、萌芽的ながらそうした動きが見えはじめている。亜熱帯の特異性を生かした農業の胎動、日本国内で唯一のフリートレード・ゾーン（自由貿易地域）の開設、コンベンションシティーあるいは、国際的なリゾート地としての形成、ソフト産業への取組み、などである。

とりわけ二一世紀に向けてのニューメディアの発達は、沖縄の島嶼社会をさらに外へと押し広げていくことになろう。それは二〇世紀の沖縄社会が悩まされてきた離島性を克服させるだけでなく、われわれの予測をはるかに超えて、産業や生活を根底から変えていくにちがいない。また、海外に散在する二七万人ともいわれる〝世界のウチナーンチュ〟とのネットワークの形成が進めば、沖縄社会はさらに外に向かって広がりをもってこよう。

もちろん、その前途は東シナ海の夕やけのようにバラ色だけではない。克服しなければならない問題は山積している。巨大な米軍基地はいまも島嶼社会との軋轢を生んでいるし、ひとたび干ばつが続けば、制限給水が生活を襲うという足元の問題すら解決されていない。

しかし、沖縄戦の修羅場をくぐり抜けてきた沖縄である。沖縄的なやり方で幾多の問題を処理していくことだろう。あるいは南方的なオプティミズムといわれるかもしれぬが……。

Ⅲ　米軍基地をめぐる攻防

――大田県政から「オール沖縄へ」――

沖縄本島の米軍基地（沖縄県HPなどを参考に作成）

現代沖縄の歴史は米軍基地をめぐる歴史である。特に、1995年に発生した沖縄米兵少女暴行事件から沖縄の基地反対運動はより激しくなり、「沖縄代理署名訴訟」や普天間基地移設問題、「オール沖縄」を経て現在までつながっている。

沖縄の記憶――湾岸戦争と沖縄――

『よむ』二号（岩波書店、一九九一年五月）

中東への出撃基地・沖縄

「聖戦」か「正義の戦い」か――。中東の湾岸に吹き荒れた四四日間の〝砂漠の嵐〟。四日間の地上戦を含む湾岸戦争は、イラク、クウェート双方に多大の被害をもたらして終結した。いったい湾岸戦争とは何だったのか。かつてない近代兵器を駆使し、テレビゲームさながらに全世界に〝実況〟放送された湾岸戦争は〝戦死者の見えない戦争〟と言われ、その報道の在り方を含めてさまざまな批判がなされている。

だが、こんどの戦争に沖縄住民ほど関心を寄せ、心痛めた日本国民もあるまい。激しい空爆、地上戦の恐ろしさを体験した沖縄戦が二重写しとなって思い起こされたからである。そして沖縄の米軍基地から一万人もの米兵が中東に参戦していった。

かつてベトナム戦争で出撃基地となった沖縄の基地が、いままた中東出撃の重要基地として使用されたのである。戦争と隣合わせの情況は、いまも昔も変わってはいない。〝鉄の暴風〟から四六年、沖縄から見た湾岸戦争とは――。

湾岸戦争の火ぶたが切られた一九九一（平成三）年一月一七日前後、沖縄の米軍基地はあわただしい動きをみせていた。前年の末から一月にかけて、極東最大の空軍基地・嘉手納や那覇軍港、本島中部のホワイトビーチなどから完全武装した兵士や軍事物資が、次々と大型輸送機や揚陸艦などで中東に向かった。

一月九日、ホワイトビーチには米海軍の貨物揚陸艦・セントルイス（二万七〇〇〇トン）が寄港し、ブルドーザーや工作車両などを次々と巨体の中に呑み込んでいた。同艦は前年の一〇月にも沖縄に姿を見せている。米軍専用の天願桟橋からは、二五〇キロ爆弾が積み込まれる光景も見られた。

一方、宜野湾市の街中にある普天間基地では、輸送や演習とみられるCH53大型ヘリコプターなどの離発着が繰り返され、まわりの住民は連日その爆音に悩まされた。市役所の調査でも一〇八・六ホンを最高に九〇ホン前後の爆音が鳴り、夜間にも及んだ。

嘉手納基地では国際テログループなどによるテロ・ゲリラ行為に対する警戒感が強まり、パトロールを強化したり、ゲートには臨時ガード・ボックスが設置された。ゲートから基地内に入る通路にはブロックが積まれ、車が直進できないようになっていた。

戦争が勃発すると、テロ・ゲリラの防止に向けて日本の管区機動隊約一〇〇人の応援が送り込まれ警戒に当たった。それは一月二三日になるとさらに二〇〇人に増強され、沖縄の主要基地周辺に配置された。

嘉手納基地からは次々と在沖縄米海兵隊員が、サウジアラビアに向け送られた。開戦前「砂漠の盾作戦」と米軍が呼んでいた作戦の強化のためである。一月一一日、サウジに飛んだのはキャンプ・フォースター所属の第一二海兵連隊第二砲兵大隊約三四〇人であった。

この部隊はサウジに着くと、中東で展開していた第一海兵遠征軍に合流して侵攻に加わっている。出発前、海兵隊員らは緊張した表情で空港の待合室で待機していたが、中には恋人とじっと抱き合いながら泣いている者や、沈黙して家族と食事をとる将校など、前線へ出向く光景が見られた。

二〇年前もこうだった。あのいまわしいベトナム戦争のときも、こうして沖縄の基地から何万もの兵士が前線へ送られ、家族や恋人と別れを告げていた。今回もまた開戦前から次々と兵士が送り出され、その数は一万人にも達した。米軍関係者によると、歩兵・砲兵部隊が約五〇〇〇人、米第七艦隊の艦船に乗り込んでいる部隊が三〇〇〇人、空軍二〇〇〇人と言われた。入れ代わりに予備役が約二五〇〇人やってきた。

嘉手納基地の第二ゲートから胡屋十字路に伸びる通称「空港通り」は、いつもなら米兵たちでにぎわっているが、緊張が高まってからは米兵の姿は消えた。米兵を相手に質屋などをしている商店主は「これじゃ商売はできない」

と嘆いた。この通りにはおよそ一〇〇店もの商店が軒を並べており、土、日やペイ・デーともなるとアベックや子連れの米兵でにぎわっているが、今年は年明けから様子が一変していた。もし戦争が長期になっていれば、商店街は深刻な影響を受けていたに違いない。

キャンプ・ハンセンのある沖縄本島北部の金武町の新開地でも米兵の姿は消え、バーやキャバレーのネオンで輝く街も、灯の消えたような静けさだった。米兵の施設外への外出自粛は、基地に依存して生きる人たちにとっては、ベトナム戦争時代もいまもその痛さに変わりはない。

中東の湾岸で開戦、「砂漠の嵐」が吹き始めると嘉手納基地のＦ15戦闘機は、ほとんど姿を見ることができなかった。湾岸の戦闘に参加したのだ。岩国基地からはＡＶ８Ｅハリアー攻撃機が飛来してきた。普天間基地ではＦ18ホーネットがひっきりなしに離発着し、爆音をあたりかまわずまき散らかした。

宜野座村福山のキャンプ・ハンセン演習場内には、地上戦用の訓練施設として塹壕や模擬地雷数一〇〇個が敷設され、演習が強化された。海兵隊は県道一〇四号線を越えて砲弾を撃ち込む訓練を始めた。

キャンプ・ハンセン演習場内の〝イラク軍陣地〟は、二月に入ってから軍用のパワーショベル数十台を現場に持ち込んで急ごしらえしたもので、現場は宜野座ダムに隣接した場所で、近くには都市型訓練施設もある。集落内にも大型の軍用車両があわただしく行き交い、区民を心配させた。

こうした沖縄基地内の動きは、沖縄基地が中東と連動していることを示すものであった。在沖縄米海兵隊の任務は太平洋から中東までと言われるが、今回の湾岸戦争ははっきりそのことを裏づけるものであった。それはベトナム戦争のときと、少しもかわらぬ基地沖縄の姿であった。

ある沖縄二世米兵の戦死

湾岸の戦火が拡大するにつれて、在沖米軍基地内の留守家族の間にも次第に不安の色が広がっていった。戦争が勃発して初めての日曜日を迎えた一月二〇日、基地内外のキリスト教会では、前線に送り出された人たちの無事帰還を祈る姿が見られた。沖縄市仲宗根にあるコザ・バプテスト教会には家族連れの米兵数百人が訪れ、静かに祈りを捧げていた。教会の信徒の中からも数家族の夫が湾岸戦争に参加している。

米兵の中には兵役を拒否する人たちも出てきた。一月三一日付の米軍機関紙「星条旗」は、在沖縄米海兵隊の兵士十六人、空軍兵一人の計七人が、法律に基づいて「良心的兵役拒否者」の適用申請をしていることを報じた。

アメリカでは宗教上の理由で〝良心的兵役拒否〟ができる。調査の結果、認められれば彼らは戦闘参加をまぬがれる。しかし申請を行った七人が、実際に中東に送り込まれることをまぬがれたかどうかは定かではない。また、プライバシー保護に関する法律との関係で「良心的兵役拒否」を申請してもその名前が公表されないこともあり、実際にどれだけ拒否者が出たのかも定かではない。

湾岸で激しい空爆が続いている最中、沖縄出身の日系米海兵隊員が戦死している事実が報じられ、沖縄の人たちをびっくりさせた。戦死したのは北谷《ちゃたん》町砂辺に住む元・在沖縄米海兵隊員、エバレット・アレンさんと良子さん（旧姓屋良）の長男で、フランク・アレン伍長（二二歳）である。

彼は一九六八年北谷町に生まれ、中学までを沖縄で送った後、親類を頼ってハワイに行き、同地の高校を卒業後ハワイ出身の同級生・シャロットさんと結婚、二歳の男の子と三人でカリフォルニアで暮らしていた。

フランクさんがサウジアラビアへ向かったのは、イラクのクウェート侵攻から間もない昨年八月のこと。カリフォルニア州第一海兵団の志願兵であった。出兵前、夫とともにカリフォルニアを訪れた良子さんに「心配しないで」と声をかけたのが最後の別れとなった。

悲報が沖縄の良子さんたちのもとに届いたのは一月三一日の夜。在沖縄米海兵隊司令部のウィルソン少佐が牧師を伴って戦死を伝えた。そのわずか三日前の二九日カフジ攻防戦の最中、軽装甲車で警戒中被弾して戦友とともに死亡したという。

ベトナム戦に従軍したことのある父親エバレットさんは、二人の来訪が何を意味しているのかピンときた。「あなた方の顔は見たくない。出て行ってくれ」と叫んだ。「気が済むのなら殴ってくれ」とウィルソン少佐。良子さんは泣き崩れて口もきけぬほどショックを受けた。「ママ心配しないで」と言っていたアレンの言葉が、良子さんの脳裏を駆け巡ったことだろう。サウジ派兵の任務は六カ月の予定で二月には元気に帰ってくるはずだった。

アレン伍長の戦死の報は、その家族、親類のみならず、沖縄中の人たちの心をゆさぶった。とりわけ良子さんと同じようにアメリカ人と結婚し、息子を戦場に送っている沖縄出身の母親たちにとってはショックであった。彼女たちは二〇年前には夫をベトナムの戦場に送り、眠れぬ夜を明かした。そして今度は息子を湾岸の戦地に送り、再び胸痛む日々を送ったのだ。

アレン伍長の葬儀が行われたのは、湾岸戦争が終結する数日前の二月二一日であった。ハワイのホノルル市郊外のボースウィック葬儀場でハワイ州と米軍による合同葬の形で行われた。沖縄からは良子さんたちが参列し、高校時代の友人や知人約二五〇人が参加した。二一発の空砲のこだまするなか、パンチボール（太平洋国立記念墓地）に埋葬された。

一方、沖縄では北谷町宮城海岸の防波堤に、アレン伍長の死を悼む追悼文が英文で記された。アレンさんの中学時代、宜野湾市のキング・スクールで共に学んだ友人三人が書いたものだ。

「友としてともに笑い、一緒に泣いた青春時代があった。友よ安らかに……」

「ぼくらはみんな良い思い出も悪い思い出も、ともに分かちあった。君はいつでもぼくらの祈りと心の中にいる……」

この防波堤は落書きの名所である。若者たちがさまざまな思いを書いている。防波堤の向こうには、アレンさんが友人たちとサーフィンをして遊んだ海が広がっている。防波堤に記されたアレンさんへの追悼文は、湾岸戦争で砂漠に散った沖縄二世の物語として、これからも語り継がれていくに違いない。

沖縄から反戦ののろしを

湾岸の火ぶたが切られた一月一七日から数日たった二一日、那覇市内の与儀公園で「中東戦争反対・即時停戦を要求する県民大会」が開かれた。参加者は「戦争反対」「米国の空爆を許すな」「イラクはクウェートから撤退を」などと書いたゼッケンをつけ、夕方の公園に集まってきた。湾岸戦争に関する初めての反戦集会だったが、会場には二五〇〇人もの人が参加した。

参加者は「戦争に聖戦も正義もない。戦争の恐ろしさを知る沖縄から反戦の世論を盛り上げていこう」と口々に訴えた。各団体代表は「湾岸の火は対岸の火事ではない。朝鮮、ベトナム戦争の出撃基地となった沖縄が、いままた出撃・補給基地として戦争に加担している。唯一の地上戦を体験した県民として、反戦運動の先頭に立とう」とアピールした。

第二次大戦で沖縄は日本国内の唯一の地上戦を体験した。太平洋戦争末期、一九四五年の四月一日、琉球諸島全域の制空権を掌握した米軍は、圧倒的な軍事力を背景に沖縄本島に上陸を敢行した。沖縄本島の中部から上陸した米軍は、空海そして陸上からおびただしい砲弾の雨を降らせ、日本軍および住民を本島南部に追い詰めていった。そして六月二三日の日本軍の組織的戦闘が止むまでの間に、日米合わせて二〇万近い戦死者を出した。なかでも一般民間人の死者は十数万人を数えた。地上戦がいかに一般市民を巻き込む悲惨なものであるかを沖縄の人は体で知っている。

その体験に基づいてまず敏感に反応して立ち上がったのが、沖縄県内の女性たちであった。

「私たちは黙っていていいのか、今こそ行動を起こそう」と、「中東湾岸戦争の即時停戦を求める女たちの緊急集会」が一月二六日午後、那覇市内で開かれた。行動の裏には「沖縄を中東の女、子供を殺す出撃基地にしてはならない」という意識がある。

主催の「戦争への道を許さない女たちの連絡会」を代表して上江洲トシさんは「沖縄戦から四五年しかたっていないのに、日本政府は平和憲法をなし崩しにしようとしている。今こそ男性より先に女性が立ち上がって、戦争反対の流れを沖縄から本土に押し上げていこう」と訴えた。

こうした反戦運動は二月に入るとさらに広がり、沖縄県内の二〇団体が参加した「湾岸戦争に反対する市民・住民連絡会」の結成となり、二月七日から県庁前でハンストに入った。その中心となったのも女性たちだった。沖縄戦の記録フィルムの保存と普及運動をしている一フィート運動の会の中村文子事務局長は「テレビで放送される湾岸戦争は住民の様子が出てこない。沖縄戦を体験したものは、まずそのことが頭に浮かぶ。草の根から反戦のうねりを国内に全世界に広げよう」と訴えた。

テントの中の集会では、死者の顔の見えないテレビゲームのような戦争報道に対しても批判の矢が向けられた。子供たちに〝あれが戦争だ〟と思いこまれることが怖い、という母親もいた。

ハンストは四日間にわたって行われ、最終日の二月一〇日に那覇市内の与儀公園で集会を開き、国際通りをデモ行進して道行く人に即時停戦を呼びかけた。この日、北谷町の中央公民館でも「許すな参戦二・一〇労働者・学生・市民沖縄連帯集会」が開かれ、六〇〇人が参加した。さらに二月一二日には労働組合のローカル・センターである連合沖縄も「湾岸戦争即時終結和平を求める決議」を相次いで行った。いずれも沖縄戦を体験した県民として、停戦を強く求めた内容であった。

また、二月一九日から開会した二月定例県議会も開会の冒頭、湾岸戦争の早期停戦を求める意見書を採択した。意見書の内容は「国連の武力行使容認に基づく多国籍軍のイラクへの空爆開始による最悪の戦争勃発に至ったことは極めて遺憾」とした上で、沖縄戦の体験を踏まえ、政府に対し「国連、関係諸国に働きかけ、平和回復に向けての独自外交を展開し、一日も早く停戦が実現できるよう努力すべきだ」というものであった。

しかし日本政府は「平和回復に向けての独自外交」どころか、多国籍軍への九〇億ドルもの支援を約束し、自衛隊の輸送機派遣を検討したのである。国民一人当たり一万円の戦費負担は、まさに「金による参戦」以外の何物でもなかった。

沖縄では一九九〇年一一月の県知事選挙の際、政府・自民党が提案した「国連平和協力法案」に基づく自衛隊の海外派遣が争点となった。那覇市で開かれた衆議院内閣委の公聴会では自民党議員でさえ同法案に反対を表明し、自民党県連と党本部が対立したいきさつがある。自民党ですら反対しなければ選挙は戦えない、という政治風土である。

加えて革新統一候補の大田昌秀元琉球大学教授は、沖縄戦で学徒隊として戦火をくぐり抜けてきた体験者ということもあり、「国連平和協力法案」は革新への〝追い風〟となった。形を変えた自衛隊輸送機の派遣についても、県民の受け止め方は厳しいものがあった。

繰り返すな沖縄戦の悪夢

さまざまな和平案が出され、停戦のチャンスも幾度かあったにもかかわらず、二月二四日ついに地上戦が開始された。沖縄県民が最も恐れていた地上戦である。地上戦になれば軍隊も市民もない。いや戦闘に巻き込まれて犠牲になるのは、むしろ市民のほうである。

沖縄戦がそうだった。沖縄本島南部に敗走した日本軍は、自然の洞窟に難をのがれている住民に銃を向けて追い出した。住民を守るべき軍隊が、住民を戦場に放り出した。この事実を沖縄の戦争体験者は忘れられない。だから軍隊が「国を守る」といっても、それは決してそこに住んでいる「住民を守る」ことではないことを肌で知っている。

クウェートに侵攻したイラク兵は、地上戦が始まる前後から、クウェート人に対する略奪、誘拐、虐殺の限りを尽くしたという。イラク兵自身そうした行為が正しいとは思っていなかった。にもかかわらずそれが命令であり、従わなければ銃殺されるという立場におかれていた。これが軍隊の論理であることは、日本軍もイラク軍も変わりはない。沖縄の戦争体験者が恐れていたことが現実となったのだ。

近代兵器によって行われた多国籍軍のバグダッドへの空爆は、さながら沖縄戦の〝鉄の暴風〟を想起せしめた。「死者の顔の見えない戦争」と言われた湾岸戦争だが、沖縄側からは空爆の下で逃げまどう女や子供の姿がはっきり見えた。空爆の下で子供を抱いて逃げまどう女たちの姿に、四六年前の自分たちの姿を見たのだ。

沖縄戦を体験したある女性は「戦場は地獄です。湾岸戦争でイラクやクウェートの女性たちが、家族を抱えてどう暮らしているのか、考えるだけで心が痛む」と話し、またある男性は「泣き叫ぶイラク国民をテレビで見たとき、フセインを支持するからだと思ったが、沖縄戦での住民の姿を思い出したとき、それは間違いだと気づいた」と話している。「いつの時代でも犠牲者は一般市民なのだ」と。

犠牲となる一般市民にしてみれば「聖戦」もなければ「正義の戦争」もない。そこにあるのは大国の虚栄と指導者たちのエゴである。イラクとの「聖戦」に打ち勝ったアメリカが、かつてナチスドイツや軍国日本が戦争目的とした「世界新秩序」を掲げたのは皮肉としか言いようがない。

それにしても地上戦が四日間で幕を閉じたのは不幸中の幸いだった。地上戦に突入すれば長期戦は避けられない、と沖縄戦の体験から推測する人が多かった。それでも空爆により一〇万人ともいわれるイラク国民が死んだ。被害の実態はまだ明らかではない。これからさらに実態が明らかになるにつれ、湾岸戦争の実像が見えてくるに違いない。

湾岸戦争中、沖縄本島南部で、ある宗教団体による遺骨収集作業が行われた。遺族を含む三百数十人が参加して行われたこの収集作業で、一八柱の遺骨や鉄かぶと、水筒などの遺品が発見された。戦後四五年経ったいまもなお、沖縄の原野には遺骨が眠っている。戦争の悲劇は、こうして何十年も引きずっているのだ。

イラクやクウェートの国民もまた、これから何十年も戦争の悲しみを引きずって生きなければならない。最後に「沖縄から湾岸戦争に言いたい」という地元紙に載った仲間文治さんの投書を紹介して、この稿を閉じよう。

「戦争によって家族が死に、友人が負傷し町や自然が破壊される。だれもが後悔することなのに、人間は何度同じ間違いを起こすのだろう。時代は変わっていくのに、まだ戦争でしか解決できないのか？　国のため、平和のために戦争をいいと思う前に、もう一度考えてほしい。これでいいのか人間」

沖縄からの異議申し立て──「代理署名」拒否が提起したもの──

『潮』四四七号（潮出版社、一九九六年三月）

鬱積した米軍基地問題

歴史のなかで生起する事件は、一見偶然のように見えながら、ある必然性を持っているものである。

一九九五（平成七）年九月四日に沖縄本島北部で起きた三人の米海兵隊員による沖縄の「少女乱暴事件」に端を発した米軍用地の強制使用手続きをめぐる大田昌秀沖縄県知事の「代理署名」拒否は、日米安保体制を揺るがす大きな問題へと発展した。

「少女乱暴事件」と「代理署名拒否」との間には、なんのつながりもないように見えるが、事件に対する沖縄民衆の怒りに支えられて、大田知事は「代理署名」拒否に踏み切ったのである。戦後五〇年間も鬱積した沖縄の米軍基地問題が、ここにきて一気に噴出した。

これまでも基地問題が表面化したことは何度かあった。一九五〇年代に起きた軍用地接収問題は〝島ぐるみ闘争〟といわれるように、米軍の銃剣とブルドーザーによる土地強奪に対して怒りが爆発したものであった。一九七〇年代にはコザ市（現沖縄市）で米軍車両など約八〇台を焼き打ちした「コザ暴動」が起きている。

復帰を目前にして、それまでの米軍の理不尽な仕打ちに対する民衆の反発であった。

これらの事件は、いずれも米軍の直接支配下にあった時代のものである。日米安保条約のいわば枠外に沖縄が置かれていた時代のものであった。

しかし、今回の事件は、日米安保条約下における問題である。日本復帰後二四年にもなるのに、現実の基地は復帰以前と何ら変わることがない。これまで幾度となく返還を求めてきたにもかかわらず、ほとんど進展はみられなかった。

むしろ沖縄の米軍基地を安保条約下に組み入れることによって、米軍基地維持の大義名分を盾に、沖縄の要求などとるに足りぬ問題として処理されてきた。ところが今回は「代理署名」拒否で、その日米安保の首根っこともいうべき沖縄の基地が〝質草〟として押さえられたのである。

〝質草〟にとられてはじめて政府も問題の深刻さに気付いた。そうでもしなければ、日本政府は沖縄の基地問題の解決に耳を貸すことはなかっただろう。そのことを沖縄の私たちはいやというほど感じている。だからこそ大田知事の「代理署名」拒否には、多くの県民から支持のエールがおくられているのである。

署名拒否に沖縄の生き方

米軍基地の強制使用についての「代理署名」拒否は、沖縄の生き方を示すものである。つまり米軍基地との共生に対する「ノー」という姿勢である。在沖米軍基地は五〇年このかた、さまざまな形で使用されてきた。中国大陸やソ連との冷戦構造をにらんだ抑止力として、あるいは五〇年代の朝鮮戦争、六〇年代から七〇年代にかけてのベトナム戦争や最近の中東湾岸戦争にいたるまで、沖縄の米軍基地から出動した攻撃部隊が、どれだけ多くの民衆に苦しみをもたらしたことか。

沖縄の人たちは、去る第二次大戦の沖縄戦で、地上戦闘がいかに悲惨なものであるかを体験してきた。大田県知事自身も、鉄血勤皇隊として沖縄の戦場をさまよい、多くの友人・知人を失った人である。そして戦後、沖縄戦の研究を自らの研究テーマとしてきた学究であった。戦争の被害者としての体験を持つ沖縄人にとって、たとえ米軍といえども沖縄基地からの出動を容認することで加害者の側に立つことは耐え難いことである。

沖縄のことわざに「他人《ちゅ》に殺《くる》さってん寝《に》んだりーしが、他人《ちゅ》殺《くる》ちぇ寝《に》んだらん」というのがある。「他人に痛めつけられても眠ることはできるが、他人を痛めつけては眠ることができない」という意味であるが、「代理署名」拒否の背後には、こうした沖縄の生き方の問題がある。

「代理署名」拒否は、地方自治の在り方にも一石を投じるものである。平和行政の推進と基地問題の解決を公約に掲げて県民の支持を得て当選した知事に対し、国の機関委任事務ということだけで、その職務執行を強要することは「地方自治の本旨」からして、受け入れ難い、というのが沖縄の主張である。

地方自治体の長として、知事はどこを向いて行政を進めるべきか。地域住民か、それとも東京の政府か。両者の利害が対立するとき、知事はいずれを選択すべきか。「代理署名」拒否は、こうした地方自治の在り方についても問題提起しているのである。言葉を換えていえば「国権」か「民権」かという日本の近代国家成立以来の基本的な問題ともいえるのである。

このように「代理署名」拒否の問題は、戦後五〇年の節目に、沖縄が全国民に突きつけた問題提起であり、沖縄のアイデンティティーを前面に打ち出したものである。昨年の一〇月二一日に八万余の大衆を集めて開かれた県民大会で、大田知事はあらためて「代理署名」拒否を表明し、万雷の拍手を受けたが、それは沖縄側の宣言でもあった。

その日、私の属する『琉球新報』は、ふだんは中面にある社説をフロントページに掲げてアピールした。「沖縄の将来は自らの手で――一〇・二一県民総決起大会」と題する社説の最後はこう結んでいる。

「日米両政府に対して、冷戦思考を脱し、沖縄の基地返還プログラムを提示するよう求めたい。沖縄の主張は、日米両政府の安保政策に対する異議申し立てとして映るかもしれないが、長い目でみれば、日本が率先してアジア軍縮への道筋をつけることになり、先の大戦で失われた日本に対するアジアの民衆の信頼回復につながる」

この日私たちは県民総決起大会をいち早く伝えるべく、号外を発行した。号外には「基地重圧もう限界」と二段通しの大きな文字が躍っていた。

復帰後、最大規模の集会となったこの県民総決起大会は、沖縄の戦後五〇年の歴史のなかでも、特筆すべきことであった。

沖縄基地の「グローバル化」危惧

戦後五〇年たっても、沖縄基地に変化がみられないことに対する沖縄県民の不満は大きい。私たちは一九八九年に東西冷戦の壁が崩壊して以後、その「平和」の配当が沖縄にも及ぶことに期待もし、主張もしてきた。しかし現実にはなんら変わることはなかった。

チェイニー米国防長官は、一九九〇年一月に東欧での変化に対応し、海外基地一四カ所を含む六九の米軍基地の閉鎖計画を発表しているが、海外基地は欧州が大半であった。また九〇年九月に海外一〇カ国の合計一五〇もの軍事基地・施設の閉鎖もしくは縮小を発表、翌年から順次実施されたが、一五〇のうち一〇八までが旧西ドイツ国内の施設であった。日本では沖縄の嘉手納基地と瑞慶覧基地のごく一部が部分返還されたにすぎない。

その後も九二年に在欧米軍基地・施設の六九カ所と在韓米軍基地一カ所が閉鎖もしくは縮小される旨が発表された。米国内でも九三年三月に国内の基地三一カ所を閉鎖し、一二カ所を再編、一二二カ所を縮小するとのアスピン国防長官の計画が発表されている。

さらに九五年三月になってペリー国防長官が米国内一四六カ所の基地・施設の閉鎖もしくは統合計画を発表している。沖縄と似た基地で観光の島であるグアムでも、観光開発を優先する地元の要請を受け入れてアガナ海軍航空基地が閉鎖されることになった。

こうした一連の米国内での整理縮小計画の結果、四九五カ所の主要基地の二一％が削減されることになった。基地閉鎖に伴う軍需産業の民需への転換をスムーズにするため、労働者の再訓練や打撃を受ける地域への投資を行うなどの措置もとられている。

アジア地域では一九九一年九月に、フィリピンが一〇年間の米軍基地の存続を認める新条約の批准を上院が拒否、米軍駐留に対してはっきりと「ノー」の回答を示した。クラーク空軍基地のように火山噴火による被害で閉鎖したものもあるが、フィリピン国内での反米軍基地感情が大きく左右しているといわれている。

実は沖縄の米軍基地についても、明るい見通しがなかったわけではない。一九九〇年四月に発表された米国防総省の「アジア太平洋戦略の枠組み報告」のなかで、沖縄の米軍を含む米軍の大幅な削減が、三段階に分けて行われるとする計画があった。が、なぜかこの計画は手つかずのままとなった。

一説には湾岸戦争で、沖縄基地の重要性が見直されたためではないか、ともいわれている。

その後、ハワイ州選出の米下院軍事委員のアバクロンビー氏が沖縄県の招待で一九九三年に沖縄を視察した際、米軍用地の広大さに驚き、見直しを提唱した。帰国後に日米安保関係の調査報告を国防省に義務づける国防歳出見直し法案を作成した。下院段階では、在沖米軍基地のなかで遊休化したものの返還を促進することになっていたが、上下両院協議で上院側が「沖縄条項」についてクレームをつけ、削除された。共和党の国防議員が、沖縄からの米軍撤退は「北朝鮮に誤ったシグナルを送る」として反対したためだ。結局、法案は在日米軍全体の単なる総点検をうたったものに終わった。(『琉球新報』九五・一一・一三「沖縄から日米安保を問う」)

九五年二月、米国務省が発表した「東アジア・太平洋地域合衆国安全保障戦略報告」(ナイ・レポート)や、三月に米議会に提出された「日米間の安全保障関係についての報告」では、アジア太平洋地域の米軍の一〇万人体制維持や、日米安保の「グローバル化」がうたわれた。

昨年一一月に予定されていた村山首相とクリントン米大統領との首脳会談では、「安保再定義」が行われるはずであった。「再定義」の意味するところは「グローバル化」にほかならない。日米安保条約は、その条文にも明記されているように、日本および極東の平和と安全のため、というのが大義名分であるが、「グローバル化」はそれをなし崩しにし、地球的規模で基地使用が可能となる。これは実質的な変質を図るものといえよう。

もし、そういうことが日米間で「再定義」されることになれば、沖縄の米軍基地は縮小どころか、固定化されることは明らかである。今世紀のみならず、二一世紀までも沖縄は軍事基地のくびきから逃れることはできない。「代理署名」拒否の背景には、こうした日米両国政府の動きに対する強い危惧があったことは否定できない。

沖縄差別の基地政策

在沖米軍基地の「重圧」を示す指標として「国土面積のわずか〇・六%の沖縄に、在日米軍専用施設の七五%が集中している」ということがよくいわれる。大田知事も政府に対してこの数字を示し、基地負担の不公平性を指摘している。そして「日米安保がそんなに重要というなら、なぜ私の県に米軍基地を引き取ろうといわないのか」と、政府閣僚の無責任さをいなした。

欧州や米国内における米軍基地の整理・縮小について前述したが、実は日本国内でも沖縄と本土とでは、大きな差がある。一九七二（昭和四七）年の沖縄の本土復帰以降に限って、米軍基地の返還面積を比較してみると、本土の六〇％減に対し、沖縄はわずかに一五％にしかすぎないのである。つまり、沖縄の本土復帰時点で本土にあった米軍基地は、九八施設、一万九五八五ヘクタールだが、九四年三月末には五七施設、八〇六〇ヘクタールと激減している。面積で実に五八・八％、一万一五二五ヘクタールも返還されている。これに対して沖縄の米軍基地は、八三施設が同じ期間内に四〇施設へと減った。

しかし、これは数字のマジックにすぎず、面積でみると、二万七八九三ヘクタールが二万三七三九ヘクタールになっただけで、率にして一四・九％にとどまっている。しかも返還された沖縄本島南部の基地の多くは、そのまま自衛隊に引き継がれ、民間利用はされていない。東京周辺の米軍基地が「関東計画」などで、大規模に、しかも計画的に返還されたこととは大違いである。

米軍基地の規模の差は、それから派生する米軍人の犯罪についても現れている。ちなみに一九七三年から九四年の二〇年間に発生した米軍人（軍属・家族は含まない）刑法犯検挙件数は、本土の二三六二件に対し、沖縄は四四五六件にのぼっている。昨年九月に問題となった米兵による「少女乱暴事件」にしても、いわば氷山の一角にすぎない。

返還面積の差異は、明らかに本土に沖縄が立ち遅れていることを示すものだ。これは沖縄に対する一種の政策的差別ではないのか、とする見方が強い。そういうふうに受け止められている、ということに注目してほしい。

政策的差別ではないか、というのには根拠がある。「代理署名」拒否をめぐる対応のなかで「首相の頭が悪いからこうなる」と批判して昨年九月一九日、解任に追い込まれた防衛施設庁の宝珠山昇長官は、九四年九月に沖縄を訪れ、大田知事との会談後の記者会見で「沖縄は基地との共生、共存を図る方向に転換すべきだ」と発言したことがある。

沖縄県内各界から強い反発の声があがったのはいうまでもない。それが政府のホンネと受け止めたものである。

基地行政の責任者が、沖縄に乗り込んできて公然と言い放ったその言葉に、沖縄県民の多くは基地行政における沖縄差別を感じとったのである。

社会党の党首である村山首相（当時）がそれまでの安保反対から容認の姿勢を国会で明らかにしたのは、そのわずか二カ月前のことであるが、そうした社会党の転換が、防衛官僚のおごりへとつながらなかったとはいえまい。

「沖縄基地共生」発言は、沖縄の地元紙をのぞいて、ほとんど問題にされなかった。

「代理署名」拒否問題では、沖縄の基地が問われたというよりは、むしろ沖縄の基地問題を等閑に付してきた政府と日本国民の在りようが問われたのである。そして日米安保を、冷戦崩壊後の今日においてどう捉え直すべきかを問うているのである。

返還の足かせ「思いやり予算」

村山前首相は一九九五年一二月二二日に「代理署名」を拒む大田知事を裁判に訴えた。一国の総理大臣が地方自治体の長を裁判にかけるのは前代未聞のこと。しかもつい最近まで基地反対をとなえていた社会党の首相がである。

訴訟は形式的には軍用地の強制使用手続きの一環として行われるが、沖縄では自らの立場を訴える絶好の機会ととらえて、法廷対策を進めている。

すでに提出された沖縄側の「準備書面」で、この訴訟が沖縄県民の土地を地主の意思に反して強制使用するものであることを指摘して次のように反論している。

「その維持・存続は沖縄県民への犠牲と他国民への加害の役割と立場を、沖縄と沖縄県民に強要することである。このようなことが過去五〇年に引き続き、更に将来にわたって存続させられることは、沖縄県民には耐えがたいことであり、県民の代表たる知事にとってもとうてい許容できるものではない」

裁判によって軍用地の強制使用にストップがかかることを期待するほど現在の司法の在り方は甘くはない。

ただ裁判を経て首相が「代理署名」し、沖縄県収用委員会にかけ、公告縦覧、公開審理などの諸手続きを経て強制使用裁決に持ち込むには、かなりの時間と紆余曲折が予想される。その過程で一時的にせよ今年三月には契約の期限切れがきて、法的空白が生じる事態になれば様相はまた違ってくる。

「代理署名」拒否の動きは、市町村レベルでも次第に大きな流れとなりつつある。すでに「代理署名」に応じた市長や村長のなかでも、公告縦覧の拒否や市・村有地の次期契約拒否を表明するなどの動きが出ている。

沖縄県は二〇年後の西暦二〇一五年までに米軍基地の全面返還を目指すアクション・プログラムを策定している。返還跡地に、国際都市を形成するという構想である。村山内閣時代に沖縄県と政府との間でつくられた「沖縄基地問題協議会」にこれをかけ、さらに対米交渉のテーブルに載せて、基地返還を現実のものにしていこうというのが、県側の意向である。

政権は村山内閣から橋本内閣に代わった。交代の際の連立与党三党協議のなかで、村山内閣時代の沖縄基地対策は継承されることを申し合わせたが、自民党内でもタカ派と見られている橋本首相が、どれだけ理解を示し、采配を振るうことができるか未知数である。新外相の池田行彦氏は議会での質問のなかで、大田知事を早く裁判に訴えよ、と主張した人である。四月の日米首脳会談に向けての取り組みを国民は注視しなければならない。

基地返還の足かせとなっているものの一つに「思いやり予算」があることを、最後に指摘しておきたい。地位協定第二四条によって日本は駐留米軍経費、補償などの負担を義務づけられている。負担は当初、施設借用料や基地周辺対策費などに限られていたものだが、一九七八年度から日本人従業員福利厚生費などが新たに加わった。

この増加分は法的根拠がないことから、当時の金丸信防衛庁長官は「思いやりで」と国会で答弁した。それから「思いやり予算」の名が付くことになったが、その後「思いやり」は際限なく増加され、今では駐留経費の実に七〇％も日本側が負担するまでになっている。

これを米軍が駐留している他国と比べてみると、一九九三年で韓国の負担は一九七億円、ドイツが二四八億円なのに対し、日本は三二四〇億円にものぼっている。これは基地周辺対策費などを除いた直接負担分だけであるから、いかに日本が大きな負担をしているかがわかろう。いうまでもなく、これは国民の税金によってまかなわれている。

米国は本国で基地を維持するよりも、日本に駐留したほうが経済的なのである。西欧やフィリピンなどからの撤退の理由の一つに駐留経費の問題があったことを思えば、日本の基地ほど居心地のいいところはないのだ。国民はこのような実態を、もっと知らねばならない。

沖縄が提起した米軍基地に対する異議申し立ては、当然このような日本の在りようについても問うている。

いずれにしても、昨年は基地問題解決の端緒をつかんだが、これをどう軌道に乗せることができるか。沖縄は正念場を迎えている。

大田知事はなぜ「代行」応諾を決断したか

『潮』四五三号（潮出版社、一九九六年一一月）

第一ラウンドから第二ラウンドへ

沖縄の米軍基地の強制使用手続きの「公告・縦覧」をめぐる問題は、大田知事が去る九月一三日に代行を表明したことで、一応の決着をしたかにみえる。マスコミも「沖縄は終わった。今度は衆院選挙だ」ということで、一斉に関心が政局に移り、あれほど沖縄に集中していた関心が、まるで潮が引くように去ってしまった。

だが、はたして沖縄の米軍基地問題は、ケリがついたのか。否である。それどころか、米軍基地に関するかぎり、まだ何も解決されていないのである。たしかに大田知事の代行表明によって、沖縄県と政府との緊張関係は一応収まったが、問題の解決は先送りされており、基地問題は第一ラウンドが終わり、これから第二ラウンドに入る、といったところである。そして第一ラウンドで先送りされた問題が、第二ラウンドのなかでどのように解決されていくかに注目しなければならない。

第二ラウンドで、この問題が解決されなければ、溶岩ドームによって押さえられた地底のマグマは再び火を噴くことになろう。米軍基地を直接抱えている沖縄本島中部の市町村では、いっこうに前進をみないこの問題にいらだっており、一見平穏にみえても、いつかまたマグマは爆発を繰り返すに違いない。

第二ラウンドでは、とりわけ第一ラウンドで日米間の合意をみた普天間基地をはじめとするいくつかの施設について、返還を現実のものとすることである。少なくともその解決の方途をはっきりさせることでなければならない。

またその解決策は、沖縄県内での基地のタライ回しではなく、削減をするか米本国（ハワイ、グアムを含む）に移す以外にない。沖縄県内での基地のタライ回しは、矛盾のタライ回しであって、真の問題の解決にはならない。

大田知事が「安保がそんなに重要というのなら、あなたの県に引き取ってはどうか」といった発言を逆手にとって、県道一〇四号線越えの一五五ミリ榴弾砲実弾演習を、本土の五カ所の基地で行うよう、臼井日出男防衛庁長官が五カ所の自治体を訪ねて要請したが、いずれもことわられている。当然である。

沖縄がいやがるものを、はいそうですかと受け入れるわけがない。これは地域エゴといって片づけられない問題である。これらの地域も痛みの分散でしかないと批判し、問題解決のためには痛みの原因を取り除くしかないと主張しているのだ。もっともなことだ。

また、演習を本土に分散することで、沖縄でのこの種の演習がなくなると早合点しているむきが多いが、これはとんでもない誤解である。

県道一〇四号線越えの実弾演習をしている海兵隊の基地・キャンプハンセンは、県道越えをしない実弾演習も多い。したがって県道越え演習が他に移ったにしても、その他の演習は続けられるし、ましてや演習場そのものがなくなるわけでもない。

演習場のある金武《きん》町のブート岳や恩納岳一帯は、砲弾を撃ち込まれた無数の弾痕で山肌が剥き出しになっており、見るからに痛々しい。自然保護にはなにかとうるさいアメリカも、自国の軍隊が行った自然破壊には、ほおかぶりである。

大田知事の代行応諾の背景

それにしても大田知事は、なぜ米軍基地問題について「見える形での基地の整理・縮小」（大田知事）がはっきりしない段階で、これまでの強制使用手続きに関する「公告・縦覧代行」を拒否から応諾へと変更したのか。代行を表明したのは、九月一三日であるが、これは代行拒否をめぐる最高裁判所の判決から一六日、全国初で注目を集めた県民投票からわずか五日目のことである。

県民投票が行われた九月八日の結果をもって、一〇日に橋本首相と会談した大田知事は、いつになく明るい顔であった。それは首相との会談である程度の見通しがつけられた、という安堵感のようなものがあった。その直後から一三日にも知事は代行を表明するのでは、という情報が沖縄県内に走り、関係団体は緊迫した雰囲気に包まれた。

首相との会談を終えて帰任するや、吉元副知事以下の職員を中部の市町村長や各政党、反戦地主らに差し向けて説明に当たらせている。しかし、中部の基地を抱えた沖縄市、嘉手納町、北谷町、宜野湾市などの市町長は代行に踏み切ることに反発。その日午後一時から臨時庁議を開き、その後ただちに大田知事が記者会見して代行を表明する手はずが、大幅にずれ込んで記者会見は夕方四時ごろになって始まった。反戦地主会や違憲共闘会議などは、「反基地運動が盛り上がっているこの時期になぜ応じるのか」「裏切られた思いだ」などと反発した。

たまたま沖縄を訪れていた共産党の志位和夫書記局長が、この日午前大田知事を訪ねて、「首相談話は、肝心の基地問題が具体的でない。代行すれば沖縄問題が悪い方向へ向かう。拒否を貫き全国民が沖縄問題を争点に総選挙で基地を押しつける勢力に審判を下さないといけない」と指摘したときも、「代行を拒否し続けて、その先に何が見えるのか」とムッとしたように述べ、「自らの持っている力と、自らの限界というのを十分把握して、幻想を抱かせることなしに、実質的に一つひとつ解決していくという方策しか現在とれない」と反論している。ここに現実的対応を重視する政治家大田知事の一面をのぞかせている。

急遽行われた反戦地主会との会見で「拒否を貫くべきだ」と声を荒らげて主張する地主たちに「声を出すだけでは問題は解決しない」「基地問題を軽くみたり、放置するようなゆとりはない。我が県民の負託にこたえられねば、いつでも身を引く」とまで言い切った。開き直りとさえとられかねない大田知事の気迫に、反戦地主会も圧倒される感さえあった。

こうした慌ただしいなか、夕方近くにずれ込んだ記者会見は、内外の記者八〇人余が詰めかけ、注目のうちに行われた。あらかじめ用意されたA４判の五枚にわたる知事談話には、代行応諾にいたった県の立場が説明されていた。

大田知事はそのなかで「県の主張に対する最高裁判所の判決は、きわめて厳しい内容となっており、司法の場における本県の基地問題の解決には限界があることが明らかになりました。行政の長として、司法の最終判断を重く受けとめざるを得ません」と述べ、最高裁判決が決め手の一つになったことを明らかにしている。

そのほかにもこれまでの政府との話し合いのなかで「沖縄米軍基地問題協議会」が設置されたり、日米両国政府間に「沖縄基地問題協議会」「沖縄基地特別行動委員会」（ＳＡＣＯ）が設置されたり、また閣僚クラスによる「沖縄政策協議会」が設置され、沖縄振興策についての検討機関がつくられたことに「評価できるものである」としている。

去る八月二八日に最高裁判決が下されたころから、県庁の知事周辺では代行を受け入れることもやむなし、との空気が漂いはじめていた。しかし、大田知事自身はこの時点においてさえ「県民の期待にはほど遠い内容だ」として代行署名には応ずる気配をみせていない。

しかし九月に入ってから、九月末にも国会が解散となり、一〇月二〇日にも総選挙になるとの永田町の情報が流れるにおよんで、大田知事らはあせり出した。

「このまま解散となれば、これまでのことがすべてご破算となり、何もあとに残らないかもしれない」という危機感が一気に高まり、この際、代行に応じてでも政府の対応策を確かなものにすべきではないか、との判断に急傾斜していったのである。

こうして県民投票（投票率五九・五三％）で八九％もの投票者が基地の整理・縮小の意思表示をした結果を引っ提げて、一〇日の橋本会談に臨んだのである。会談の内容について大田知事はこう述べている。

「橋本首相から首脳会談までに県の態度がはっきりしなければ、首脳会談の場で具体的な交渉ができず、米側の提案も持ち帰らねばならないと言われた。解散・総選挙を前に、最後のチャンスを生かすには代行に応じ、政府の協力を得る必要があった」（『琉球新報』九月一四日朝刊）

解散・総選挙説が流れてあせったのは、橋本首相も同じであった。沖縄問題の解決、とりわけ大田知事との代行をめぐる問題にケリをつけなければ、選挙を戦うことができないからである。橋本首相としても大田知事の協力を得て、沖縄を片づけておかなければ、選挙を有利に戦うことは望むべくもなかったのだ。

大田知事が代行に踏み切ったもう一つの理由は、このまま代行拒否を押し通せば、政府自民党に政府自らの手続きで、基地の強制収用が可能となる特別立法を策定させることになる、という危惧であった。

今回の代理署名の拒否をめぐる問題は、国の機関委任事務として、地方自治法で認められた拒否権を行使したものである。それを特別立法は、地方自治体の手から取り上げて関与できないようにしようというのであるから、沖縄側としては受け入れるわけにはいかないのである。地方分権のあり方からしても、大いに論議を呼ぶところである。

しかしこの問題は、大田知事の代行応諾にもかかわらず、いずれ頭をもたげてこよう。来年五月に期限切れを迎える三〇〇〇件余の地主の手続きの過程で、これから沖縄県収用委員会の公開審理が控えており、はたして期限内に手続きが終了するかどうか、事態は予断を許さない。そのとき再び特別立法の問題は、頭をもたげてくるに違いない。

反発を強める中部の市町村

大田知事は代行を表明した直後の記者会見で「行政責任者である私としては、これまで六年間で今回の決定が一番難しかった。私のすべてが問われることになりかねないという自覚の下に最終判断を下した」、と述べた。また「自分が抱いてきた本来の考え方と必ずしもそぐわない決定でもあった」と、揺れ続けた心の内をのぞかせた。

結局大田知事は、反戦地主らが「代行を拒否し続け、歴史に耐え得る行政の確立を知事の手で」という理念論に対して「この機会を逃すと沖縄の基地問題に進展はない」という現実政治を重視したのである。当然のことながら理念派は反発し、現実派は「やむを得ない選択」と受け入れた。

しかし、基地を抱えている中部市町村の間には、あまりにも早い知事の決断に戸惑いを隠しきれなかった。たとえば普天間基地を抱える宜野湾市の桃原正賢市長は「代行に応じたのは相談の上と思うが、短兵急に過ぎる。現状は普天間の移設先を筆頭になんら前進はない。整理・縮小を求めた世論は知事が先頭に立ってリードしてきた。世論への責任をどうするのか。代行は不本意である」と不満をぶつけている。

また村面積の八三％を米軍基地にとられている読谷村の山内徳信村長は「沖縄県知事は苦悩の歴史を一身に背負っている。知事は五年前に続き、今回も自らの理念・思想と異なる苦渋の選択を余儀なくされた。沖縄は何度も日本政府に裏切られてきたが、代行により政府の責任はより重くなった」と指摘する。

山内村長が言うように、大田知事の「苦渋の選択」は今度が初めてではない。五年前にも代理署名に応じて支持母体である政党や団体につるし上げられたことがあった。あのときは知事に就任した直後ということもあり、発足したばかりの第三次振興開発計画を軌道に乗せるため、あえて政府との対立を避けた、という事情がある。

そのときも、時の防衛庁長官は知事の代行に感謝し「基地の整理・縮小への努力」を約束する談話を発表した。しかしこの談話も一片の紙切れでしかなかった。山内村長が「沖縄は何度も日本政府に裏切られてきた」と言ったことの一つに、五年前の政府の「約束」も入っている。

今回の問題が起きたとき、県首脳陣は五年前の防衛庁長官談話を突きつけた。沖縄側の不信感をぬぐいさる一つの方法として、今回橋本首相の談話を、閣議決定という形で保証を求めたのは、沖縄県側である。

橋本首相の談話は、①県民投票の結果を厳粛に受けとめ、引き続き米軍基地の整理・縮小を推進、日米地位協定の改善に努力する。②今後ともアジア情勢の安定のため外交努力を行うとともに、米軍の兵力構成を含む軍事態勢について継続的に米国と協議する。③沖縄県の構想をふまえ、自由貿易地域の拡充などによる産業・貿易振興策を検討する。④沖縄振興策を進めるため、五〇億円の特別調整費を蔵相に指示した。⑤官房長官と沖縄県知事らによる沖縄政策協議会を設置し、沖縄関連施策を充実・強化する――というものである。

談話のなかの基地の整理・縮小の部分が抽象的で、相変わらず「努力する」という表現にとどまっていることが、沖縄側のいらだちとなった。その言葉は過去にいやというほど聞かされ、かつ裏切られてきたからである。それでも首相談話が、臨時閣議が招集されて決定されたことに、県側はほっとしていた。

その時点で大田知事の署名代行は、確約されたも同然であった。それと引き換えに、橋本首相が一七日に沖縄を訪れることが、官邸周辺から流れた。

九月一三日に大田知事が代行を表明すると、首相官邸では梶山官房長官の主催で沖縄問題担当職員らの慰労会が開かれた。

橋本首相は挨拶のなかで「自分が政治家として沖縄のことを何も知らなかった。本当に恥ずかしかったと痛感させられた」と語り、ほっとしたように日本酒のグラスを何度も飲み干し、梶山長官と肩を組んで乾杯するなど終始ご機嫌だったという。

うわさのとおり、一七日に橋本首相は日帰りで沖縄を訪れた。久保蔵相らを伴ってわずか数時間の滞在であったが、午後一時から宜野湾市内の沖縄コンベンションセンターで開かれた講演会で、約四〇分にわたって沖縄県民へのメッセージが読み上げられた。

講演の内容は九月一〇日の首相談話を柱に、橋本首相の沖縄への思いを加味したものであった。

首相はこのなかで「今、あらためて長年われわれがあまりにも沖縄の方々の心に無関心であったことをお詫びしたい」と述べている。沖縄側との信頼関係をなんとかして取り戻したい、とする首相の心情がにじみ出ている。それを疑うものではないが、それが取り戻せるかどうかは、言葉ではなく今後の行動にかかっている。

海兵隊の撤退を交渉のテーブルに

橋本首相の沖縄訪問は、第一ラウンドの幕引きの、いわば儀式のようなものである。ただこのセレモニーに橋本首相が手土産に持ってきたものがある。

普天間基地の移設先でもめているヘリポートを、陸上ではなく海上に移すという案である。地元市町村や当の米軍の反対で行き詰まっている嘉手納基地への統合案に対する代案という形で示されたもので、すでに米側から提案されているという。

陸がだめなら海があるさ、というわけだが、これとて隣接市町村の問題や漁民との問題があり、海だから合意形成がすんなりゆくというものでもない。撤去可能な浮体式のものということだが、一説によると五〇〇〇億円もの巨費が必要だという。思いやり予算も、ここまでくれば極まれりである。

これまでの経緯からみて、沖縄内での基地の移設は不可能である。政府はこのことを前提に、沖縄基地の整理・縮小に当たらなければならない。沖縄の玄関口にある那覇軍港は、いまから二二年も前の沖縄が日本復帰した二年後に、移設条件つきで返還が合意されている。それなのに移設先の問題で宙に浮いたままである。しかもその責任を受け入れようとしない沖縄側に押しつけてきたのである。普天間基地もその二の舞になりかねない。

政府はこの際、沖縄に駐屯する第三海兵師団の本国撤退を、ねばり強く交渉すべきである。

同師団はアメリカが海外に展開している唯一の海兵隊である。海兵隊は沖縄基地の兵員数にして六割、面積にして七割を占めている。これを撤退させることができれば、沖縄の基地問題の大半は解決する、といっても過言ではない。少なくとも今世紀中にそれを実現することである。

すでに米国国防省においても、海外海兵隊の見直しを検討しているとの情報もある。日本の国内事情を説明し、海兵隊の撤退を外交交渉のテーブルに乗せるべきである。

今回、イラクの空爆の際にも、沖縄から空中給油機が出動したといわれるが、クルド人の保護と日本の安全保障とどのような関係があるのか、理解に苦しむところである。

沖縄は去る九月八日の県民投票で、全有権者の六割が投票所に足を運び、そのうちの九割が米軍基地の整理・縮小に賛成するという明確な回答を出した。それは全有権者の過半数を超える〝県民の総意〟といってよい。

沖縄振興策は基地の縮小が前提

県レベルの住民投票として、全国で初めての試みであったが、沖縄にとっては全国初であったかどうかが問題ではない。自分たちの意思をそのような形で示した沖縄の歴史上初めてのものであったからこそ、意義があったのである。

それは沖縄の県民に大きな自信を与えたといってよい。これは基地問題の第一ラウンドにおける大きな収穫として遺産化されていくに違いない。

このような県民投票について、本土の一部には、日米関係にヒビを入れるものだ、と危惧する向きもあるようだが、それは当たらない。ヒビが入るとしたら、このような県民の意思を放置してきたところにあるのであって、政府はむしろこうした世論をテコに、対米交渉に当たるべきなのである。

第一ラウンドにおけるもう一つの収穫として注目したいのは、沖縄の振興策についての関心が高まってきたことである。微動だにしなかった米軍基地が流動化する兆しを見せたことで、基地の跡利用を中心とする沖縄の将来像に対する関心が高まっている。

沖縄県は「沖縄国際都市形成構想」を描いて未来構想を打ち上げたが、そのラフ案に対する県内外からの批判も出されている。たしかに取り組みの弱さや、計画の甘さは批判されても仕方がない面もあるが、考える契機となったことも間違いない。

それらをどう具体化していくのかも、第二ラウンドに持ち越された大きな課題である。

それにつけても沖縄の振興策は、基地の整理・縮小が前提でなければならない。そもそも基地問題がこれだけ大きな問題となったのも、基地問題の解決なしに今後の振興は考えられないのに、それをいたずらに放置してきたからに他ならない。

それにもかかわらず、またしても基地の整理・縮小はタナ上げにされて沖縄の振興策のみを論ずるのであれば、これまでの失敗を繰り返すだけである。基地を抱える市町村が、基地存続のための懐柔策ではないのか、と不信の目で見るのも無理からぬことである。

沖縄の振興策と基地の整理・縮小とは、いわば車の両輪である。そのいずれかの一つでも回転しなければ、問題は解決されず、車は前には進まない。

半世紀もの間、片方の車輪が回らなかったために、沖縄は同じところをぐるぐる回り続けてきたのだ。そうした過去と早く決別しなければならない。

基地問題は、いまようやくその第一歩を踏み出したのだ。

沖縄米軍用地特別措置法の改正と民主主義——戦前の翼賛政治に逆戻り——

『影書房通信』一五号（影書房、一九九七年六月）

沖縄の基地問題は、駐留軍特別措置法の改正が国会で成立し、軍用地の強制収用に道を開いて以降、マスコミや国民の関心は潮が退くように去っていった。政府はこれで基地問題は「一件落着」したことにして、沖縄への対応を振興策に比重を移している。しかし、沖縄にとって基地問題は何ひとつ解決しておらず、問題が先送りされたに過ぎない。

それに今回の特措法改正に見せた日本の政治のありようは、あらためて民主主義の内実が問われた、といってもよい。また、二、三の新聞や雑誌は露骨な沖縄批判を展開し、より一層〝大政翼賛会〟的な色あいを打ち出してきた。

沖縄はいつも日本の歴史の転換期に、その動向を推し量るバロメーターのような役割を果たしてきた。一八七九（明治一二）年の琉球処分においては、対外的な国家体制確立のうえから、沖縄に軍隊を派遣して〝処分〟し、日本は軍国主義への道を歩んだ。太平洋戦争においては、本土決戦の〝捨て石〟とされ、多くの犠牲者を出したが、それは軍国主義の崩壊でもあった。

一九五二（昭和二七）年のサンフランシスコ講和条約では、沖縄を米国の支配に委ねることで、日本の〝独立〟を手に入れた。いわば沖縄を質草にして、天皇制を守ることでもあった。一九七二年の日本復帰の際には、沖縄の米軍基地をそのまま温存することで、日米安保体制の維持を図った。そして今回の特措法の改正である。

こうした歴史認識は、すでに多くの沖縄民衆の共通したものになっており、安保体制優先の論理とは、大きなギャップを見せている。その溝は埋まるどころか、今回の一件でますます開いているように見える。そのことがまた、沖縄の不幸を招いてもいる。

去る四月九日、衆議院安保土地特別委員会で参考人として意見陳述した杏林大学の田久保忠衛教授は、沖縄の地元二紙（琉球新報、沖縄タイムス）に対して「この二つの新聞は、はっきり言って普通の新聞ではない。これをきちっと批判すべきだ。言論の自由のあるところであれば、これを批判しなければならない」と述べている。また同じ委員会で新進党の西村真悟議員は「沖縄の心がマインドコントロールされている。言論が封殺されている」と述べ、田久保教授同様、地元二紙を批判している。四月一二日の産経新聞にいたっては、夕刊の一面トップで沖縄二紙の報道姿勢を「偏向報道」と批判したのである。

ところで特措法の改正は、ひとつにはその法改正手続きにおいて、いまひとつは内容において問題があった。法改正の目的は、沖縄の軍用地主のうち土地提供に反対しているおよそ三〇〇〇人の土地が、一九九七（平成九）年五月一四日の期限切れまでに法手続きが間に合わないため、これを合法化してそのまま米軍基地に供しようというものである。

すでに現行法制度に基づいて沖縄県収用委員会は審議を開始していたが、五月一四日までにその審議の結論が間に合わないことがだんだんと明らかになってきた。間に合わなければ政府は個人の土地を法手続きなしに使用することになるわけで、それだけは法治国家の名誉においても避けたいところであった。

前年に期限切れとなった読谷《よみたん》村の楚辺通信所（通称・象のオリ）が法手続きがとられないまま強制的に不法使用されていて、すでに数カ月が経過していた。「期限が切れたからといって、ただちに不法とはいえない」など政府は苦しまぎれの説明をしていたが、説得力に乏しかった。

そこでとられたのが今回の特措法の改正である。それは県収用委員会の結論が出なくとも、同委員会にかけさえすれば、政府は結論が出るまでの間、暫定的に土地を使用することができるというものだ。しかし、これは言葉のまやかしで、暫定的使用ではなく永久使用への道を開くものである。というのは県収用委員会の結論がどう出ようと、土地の使用が可能となるからで、これは現行制度の否定といっても過言ではない。

しかも県収用委員会の審議途中に、その権限を取り上げるような法改正をしたのであるから、それこそ法治国家としてはあるまじき行為である。試行途中で自分が不利とみるや、都合のいいようにルールを変えるに等しい行為と、元防衛施設庁長官でさえ法改正の不当性を指摘したものだ。

そもそも現行の特措法に基づく県収用委員会の制度は、戦前の軍国主義時代に国家総動員法によって強制的に軍用地が取り上げられたことへの反省のうえに立ってつくられたものである。つまり国家権力の発動による土地の接収は、それなりのルールにのっとって行われるべきだ、ということから設けられた。従って県収用委員会は国といえども介入できない独立した機関である。それが今回の法改正によって骨抜きにされ、県収用委員会での審議は全くの形だけとなった。民主主義の形骸化でなくてなんであろうか。

そのことに沖縄の県民は敏感である。なぜなら戦時中に国家総動員法によって土地を強制接収された苦い体験を持っているからだ。現在の米軍用地で国有地となっているものは、こうして接収された土地がほとんどである。旧地主たちは戦時中とはいえ、地主の意思を無視して取り上げた国家の行為の不当性を訴え、長い間その返還を要求し続けてきた。

また、それが法廷でも争われたが、最高裁判所は旧地主の主張を退けた。旧地主のなかには、国家への無念の思いがいまもくすぶっている。今回の特措法改正にあたっても、旧地主のなかから自分の所有する別の軍用地の提供を拒否する地主が出てきたのはそのためである。

与野党の勢力が拮抗する現国会勢力のなかで、果たして法案は成立するのか、という当初の見通しは崩れた。社民党と共産党が反対に回ったものの、野党の新進党が党首会談で賛成に回ることになり、次いで民主党なども同調するに及んで改正法案は一転して保守大連合という大多数の賛成で可決の見通しとなった。こうなれば国会審議も形ばかりである。異例のスピードで可決され、四月末の橋本首相訪米に備えたのである。

衆議院本会議に委員会報告を行った自民党の野中広務安保土地対策委員長は「戦前の大政翼賛会を忘れるな」と警告した。自民党の古参議員でさえ特措法改正をめぐる状況は、戦前の翼賛政治を連想せしめるほど異常な状況と映ったのである。この野中発言は「委員会審議とは関係ない個人的意見だ」として議事録からは削除されたが、気骨ある発言だけに私たちの記憶から消し去ることはできない。

こうした状況のなかで、〝安保翼賛体制〟は、その鉾先を沖縄に向けてきた。とりわけ沖縄の言論機関に攻撃が仕掛けられてきた。「安保が危い。沖縄をなんとかしろ。そのためにはまず沖縄の言論を牛耳っている地元紙をやっつけろ」というわけで、地元の琉球新報と沖縄タイムスがやり玉にあげられた。先にもみたように「これらの新聞社の幹部には一坪反戦地主がいる。普通の新聞ではない」というわけである。

新聞社の幹部が反戦地主であってはなぜいけないのか。新聞社の幹部は個人的な意見や思想を持ってはいけないのか。反戦地主は公務員や大学教授や経済界にもいる。沖縄はそれだけ個人の自由意思が許容されるゆるやかで自由な社会なのだ。私は五月三日の憲法記念日に「偏向報道批判にこたえる」という一文を私の著名入りで琉球新報の一面に掲げた。そのなかで私は次のように書いた。

「こうした一連の地元紙に対する批判には、沖縄の戦中、戦後の歴史、そして基地問題のよってきたるところを理解しようとせず、半世紀にわたる県民の基地重圧の苦しみを何ら解決しようという姿勢すら見られない。批判は自由である。新聞とてそれらのらち外にはない。しかし沖縄の基地問題の背後にあるものを見ず、耳を傾けることもなく、地元紙を批判するその姿勢をこそ、私たちは問いたいのである」

さらにまた、沖縄の二紙が沖縄県民をマインドコントロールしているとの批判についても、次のように反論した。

「この情報化時代にあって、一、二の新聞によってマインドコントロールされるほど、沖縄県民は愚かではなく、もしコントロールされているというのであれば、これほど県民を愚弄し、侮辱するものはない。県民の声に背を向けてコントロールしようなどといった思い上った新聞なら、すでに県民読者によって葬り去られていよう。県民の声を支えとし、その権利や利益を守ることが偏向だというのなら、私たちはその批判を甘んじて受けよう」

私の反論に対しては、いくつかの投書などで賛同の声が寄せられ意を強くしたが、肝心の基地問題は何ら解決されていない。普天間基地の返還にしても、その移設先をめぐって混迷している。沖縄本島北部のキャンプ・シュワブ沖合いに、ということで調査が行われているが、地元・辺野古住民の反対は根強い。

沖縄県は海兵隊の削減を求めているが、いまのところその見通しもない。結局、日米両政府は基地のタライ回しで解決を図ろうとしているが、それは矛盾のタライ回しとなって、県民同士の対立を増幅させるばかりだ。閉塞状況を打開する道は何か、沖縄にとってもこれからが正念場である。

重圧続く米軍基地――記者からみた沖縄の三〇年――

『部落解放』五一二号（解放出版社、二〇〇三年一月）

復帰運動が目指したもの

沖縄は二〇〇二（平成一四）年、本土復帰三〇年を迎えた。一九七二（昭和四七）年五月一五日、二七年間に及んだ米軍の統治から離れ、日本の政権下に入ったわけだ。わたしは石垣島に生まれて、一九五八年に上京した。

当時は米軍の統治下にあり、わたしども住民は「琉球住民」という扱いであった。パスポートではなく、琉球住民であるという身分証明書をもって、沖縄を発ったのだ。

鹿児島の港に入ると、日本国に入国したことを証明するスタンプが押された。それが象徴するように、復帰前の琉球住民は、日本国民ではなかったわけである。したがって、沖縄の戦後は二七年間の米軍統治と、三〇年間の復帰後の日本施政の二つに大別される。

わたしは東京の大学を出て、一九六五年に沖縄の新聞社である琉球新報に入社した。当時沖縄では、米大統領行政命令下で布令布告というのがあり、それが法律に代わるものとして機能していた。一番上の権力者は四軍の最高司令官である高等弁務官で、この人がすべての権限をもって沖縄を統治していたのである。

ときあたかも、アメリカのベトナム侵略の時代で、沖縄からB52が連日のように飛んでいた。ベトナム行きの米兵がたくさん沖縄の基地にやってきて、明日をもわからぬ命を夜の歓楽街に出て紛らわしていた。このため犯罪や事故もまた連日のように起きていた。

沖縄の基地関係で働いている労働者を組織する「全軍労」（復帰後は「全駐労」に統合された）という組合が、当時の大衆運動の一翼を担っていた。また、「沖縄教職員会」といわれる先生方の組織や公務員の組合である「官公労」という組織もあり、それらが大衆運動のリーダーをなし、この三つが沖縄の復帰運動をリードしていた。

復帰前の沖縄は、米軍による人権侵害が日常的におこなわれていたことから、一九六〇年代から七〇年代にかけては、基本的人権の保障というのが一番大きな課題だった。解決の方法として、日本に復帰すべきであるとしたのだ。それによって日本国憲法が適用され、諸々の人権保障がなされるだろう、という期待感があったからだ。

たとえば、アメリカの米兵が沖縄の婦女を暴行しても無罪、逆に沖縄の人がアメリカの軍人軍属の婦女を暴行すれば死刑という恐るべき布令もあった。そういう状況のなかで、沖縄のわたしたちも基本的人権というものにだんだん目覚めて、さまざまな闘いを展開してきたわけである。

第一に渡航の自由があげられる。二七度線（沖縄本島と与論島の間にある）をはさんで、この往来は決して自由ではなかった。身分証明書を取るにも、いちいち過去の経歴が調べられた。また、逆に本土から沖縄に入ってくる場合でも、その人の活動経歴などが全部チェックされた。それによって渡航許可が下りないこともあった。だから、まず往来の自由とか、生活面におけるさまざまな基本的人権を勝ち取るということが、復帰前の大きな目標のひとつだった。

二番目は自治権の問題である。高等弁務官が拒否権をもっているため、民意を反映した琉球立法院や行政主席が決定したことでも、米軍の意に添わないことは最終的には拒否されるわけだ。ここでは真の自治はありえなかった。現に、三代目の高等弁務官のキャラウェーは「琉球における自治は神話である」と述べ、大きな反発を招いたものだ。

このようななかで、高等弁務官によって任命されていた行政主席を公選制に勝ち取る大衆運動が起こった。また、国政に参加する権利を勝ち取ろうという運動もあり、それを実現させていく。

三番目は、基地のない島を求めるということである。それは、沖縄戦で悲惨な戦争経験をしてきた経験に根ざしている。復帰前の沖縄の米軍基地は、まさに米軍の自由使用であった。核や毒ガスが置かれ、冷戦構造下で、アメリカが極東最大の基地として使っていた。アメリカは「キーストーン・オブ・ザ・パシフィック」（太平洋の要石）という表現を琉球の島々に冠し、米軍車両のナンバープレートにまでそれを表示していた。それが象徴するように、アメリカの極東戦略のなかで、沖縄が非常に重視されていたわけである。

そういうなかでベトナム戦争が起こり、いっそう沖縄の反戦運動が高まる。これまでの民族主義的な復帰運動から、反戦平和に対する運動へと高まってきたわけである。それが一九六〇年代後半から七〇年代のはじめにかけて、高揚期を迎えた。

沖縄返還交渉で見えたもの

大衆運動の高揚のなかで、アメリカが軍事基地を今後とも維持するためには、施政権を手放す以外にないという判断に立っておこなわれたのが沖縄返還交渉である。つまり、アメリカとしては、施政権を手放してでも、米軍基地を確保しておきたかったのだ。

わたしが琉球新報に入社した一九六五年に、時の佐藤栄作総理大臣が、戦後、首相としてはじめて沖縄を訪れた。そこでデモ隊に取り囲まれ、宿舎に帰れないという事件が起こった。このような苦い体験から、このままでは沖縄の米軍基地の維持はできない、という判断につながったのではないかと思う。そのとき佐藤首相は、「沖縄の祖国復帰なくして日本の戦後は終わらない」という有名なことばを吐露している。

そのころわたしは、国会や外務省などを取材で駆け回った。そのなかで、どうも日本政府の姿勢そのものが、現実に沖縄で起こっているさまざまな人権侵害をどうするかということよりも、失地回復ということが発想にあるように思われて仕方がなかった。非常にナショナリスティックな発想に支えられていたように思う。そういうことが沖縄返還交渉のなかで交わされたさまざまな密約にもつながっていったのではないか、とわたし自身は考えている。

一九六九年一一月、ニクソン大統領と佐藤首相による日米共同声明のなかで、「両三年内に沖縄を返還する」と合意される。わたしは、外務省の記者クラブの一室に机と電話を借り、連日取材に当たっていた。当時、外務省の記者クラブに沖縄の記者が加入したのは、はじめてのことだった。

わたしは、二〇歳代の終わりであったが、沖縄の歴史的な運命が決まるということに対して、沖縄の一ジャーナリストとして「これはなんとしてでも記録にとどめておかなくちゃいけない」という悲壮な気持ちで記事を書き、那覇の本社に流したものだ。

こうして、つぶさに政府の返還交渉を取材する機会があったわけだが、当時、駆け出しの記者だったので、大きな政府の動きがどうなっていたかという核心的なことは、よくつかめなかった。のちにさまざまな密約がおこなわれていたことが暴露されたが、当時は知る由もなかった。

そのひとつが、一九五〇年七月以前に米軍によって損害を受けた土地の原状回復の費用約四〇〇万ドルを日本政府が肩代わりし、しかも、そのことを内密にするという約束をしていたというものだ。

原状回復義務というのは、原因者にあるわけだから、本来アメリカ側が払うべきお金だ。それを日本政府が日本国民の税金で払ったのである。このことが発覚すると、当然日本国民は反発するわけだから、「それは内密にしてください」という密約を交わしているわけだ。

もうひとつ、アメリカ政府が核兵器を撤去する見返りとして、沖縄返還後の有事の際に、核の再搬入および貯蔵を認めるという密約をしている。このように沖縄返還交渉は、先ほどの沖縄側の三つの希望にもかかわらず、沖縄の基地をアメリカ側が今後も自由に使うという状態を維持しながら、施政権を返還したというのが実態だ。そのことが今日もなお、沖縄が依然として基地問題から逃れることができない状態をつくりだしているということを、今振り返ってもひしひしと思うわけである。

復帰後の米軍基地問題

最近、沖縄では米軍基地からくるいろいろな事件事故が相次いで起きている。二〇〇二年一月から六月までに沖縄県警が検挙した県内の外国人犯罪の件数は、四一件、検挙者は五〇人に上っているが、そのほとんどが米軍およびその構成員によるもので、三年連続で増加傾向にある。

そのひとつを例に挙げると、二〇〇二年七月二三日、沖縄本島北部の名護市数久田のパイナップル畑で、農作業をしていた人のわずか二メートル先に米軍の機銃弾が飛んでくるという事故があった。米軍はこれに対して、この機銃弾が今回の演習で使われたものかどうかということは断定しがたい、ということで認めなかった。

それからこれも同年七月、宜野座村の松田というところで、アメリカ海兵隊の大型ヘリコプターが不時着する事故があった。幸いにして現場に沖縄の人はいなかったので人的被害はなかったが、集落もすぐ近くにあるので村民は大変反発している。そのほかに、米軍が漁船を威嚇して漁を中止させようとした、ということも久米島沖で起こっている。

どうしてこういうことが起こるのか。いうまでもなく沖縄に米軍基地が集中しているという現実があるからである。実に日本全国の七五％の米軍基地がこの狭い沖縄に集中している。米軍基地があるのは沖縄本島だが、この沖縄本島の面積の約二割に相当する面積が、米軍基地になっている。

それも中北部に集中しており、米軍の占領当時から自分たちの都合のいいところに「銃剣とブルドーザー」で造ったということもあって、住民地域と米軍基地が入り組んでいるのが沖縄の基地の特徴である。東洋一の基地である嘉手納基地は、実に嘉手納村の面積の八二・九％を占めている。キャンプハンセンのある本島北部の金武町でも五九・六％が米軍基地になっている。

一九九五年に、この金武町で米兵三名によるレイプ事件が起こった。一四歳の少女が買い物の帰りに米兵三名に襲われて、つぎつぎと強姦されるという痛ましい事件だった。その年の一〇月二一日に大抗議集会が開かれた。沖縄が復帰してはじめての大規模な抗議集会で、八万人余が参加した。

ときあたかも、基地の使用手続きの契約更新が問題になっていた時期であった。各市町村が契約更新の署名を拒否し、当時の大田昌秀知事もその代理署名を拒否した。そのときはじめて政府は、事態の重要性に気づいたのだ。

契約更新ができないと、沖縄の基地が法律上は根拠なしに提供されるということになるわけだから、これは大変な問題だ。そこで政府も沖縄の基地問題に重い腰をあげるようになるわけだが、そのときに出てきたのが普天間基地の返還である。

普天間基地だけでなく、一一施設についても部分返還の合意がされる。けれども、一一施設のうちなんと七施設が県内移設という条件つきである。普天間基地もそのひとつ。あれだけの大きな基地をいったい沖縄県内のどこに移設するのか。当然どこにも受け入れる市町村はない。

そこで、政府が提案してきたのが海上基地という案である。沖縄本島北部の名護市辺野古の沖合いに、海上基地を造るというものだ。辺野古の沖合いに大きなリーフがあり、その上に二五〇〇メートル滑走路をもつ基地を新たに造る、ということだ。

この移設をめぐって、名護市で一九九六年九月に基地問題では全国初の住民投票がおこなわれ、反対票が多数を占め「ノー」という結果が出た。このため時の名護市長が辞任し、この移設問題は政府との間でしばらく膠着状態が続いた。九八年に大田知事から稲嶺恵一に代わるときに、稲嶺候補は、「普天間移設の前提条件として、海上基地は造らない。それから使用期間を一五年とし、軍民共用とする」という条件を出して当選した。

けれども、あれから四年経った今（二〇〇二年八月現在）も一五年使用問題は決着がついていない。アメリカはもちろん「ノー」であり、日本政府もこれについてアメリカ側にはっきり申し入れるということは、一切やっていない。

移設先の辺野古住民は、この計画に反対している。自分たちが示した条件と違うからだ。どのように違うかというと、辺野古の住民は「もっと沖合いの方に造ってくれ、リーフは使うな」といっているからだ。

珊瑚礁は海の生物のゆりかごといわれている。また集落に近ければ近いほど、騒音の被害などもある。もちろん辺野古住民のなかでも賛否両論があり、この六年間、移設をめぐって村内では大変な対立があった。親子やきょうだいの意見がわかれるなど、集落が二分されるという悲惨な現状がある。政府にしてみれば、それはコップのなかに嵐を封じ込めるようなものである。

結局、沖縄の基地の一番大きな問題は、この狭い地域で基地をたらいまわしにするというところにある。こういう政策をとる国の防衛安保のあり方は、明らかに沖縄県民に対する差別政策だと言ってよい。基地を沖縄だけに押しつけておいて、基地問題を沖縄の内部で処理しようとしているからだ。そこから減らしていくための外交交渉をしようとしない。これが沖縄県民としては非常に不満である理由だ。

わたしども琉球新報も、論説で海兵隊の海外移転、沖縄の基地の縮小整理、それも県内移設ではなくてアメリカ本国へ撤収すべきである、ということを絶えずいい続けている。これは県民の世論調査でもそういう結果が出ている。

二〇〇二年の四月二〇日に琉球新報がおこなった世論調査のなかで、「基地をもっと縮小すべきである」「全面撤去すべきである」という意見が七四%を占めている。普天間飛行場の辺野古移設についても、「国外に移設すべきだ」というのが二七%、「無条件で撤去すべきである」というのが一八・九%で、「県内移設」というのは二一%である。

つまり、半分以上の人が県外移設ということをはっきり意思表示しているということだ。そういう県民世論に基づいた施策が当然とられるべきであるにもかかわらず、外交交渉のテーブルにこれらの議題が乗せられるということがほとんどなく、結局は県内移設を押しつけているのが復帰三〇年経った基地問題の現状である。

基地と人権――地位協定の見直し

それからもうひとつ、日米地位協定の問題がある。復帰後は在日米軍基地の維持管理に関する地位協定が適用されているが、一九九五年の少女レイプ事件のときにも、地位協定のあり方が大きな問題になった。つまり、この事件を起こした米兵たちを沖縄の警察が逮捕できない、という問題があったわけである。

これは、地位協定第一七条によって起訴されるまではアメリカ側が身柄を拘束する、という規定があるからである。わたしたちは、沖縄の人権を守るためには、地位協定の改定がどうしても必要だということを強く訴えた。現状は治外法権に等しいからだ。けれども、当時の外務省や政府は、地位協定の運用を見直すということで、その場を逃れた。そのひとつの方法として、凶悪犯罪については、アメリカの意向をくんだ上で、身柄を即刻引き渡しましょう、ということになった。

しかし、その後、二〇〇一年六月北谷町でまた米兵によるレイプ事件が起きたが、そのときも米軍は身柄引渡しを拒否した。結果的には、県民の反発が高まって、四日後に身柄を引き渡すことになったが、このときも政府はまた「運用によって考える」というその場逃れのことをいっている。

このように地位協定というのは、日本の主権があるのかないのか、わからないような状態になっている。前の大田知事も今の稲嶺知事も、たえずこの改定を政府に要求しているが、日本政府はこれについては「ノー」だ。こういう政府の姿勢を見るにつけても、本当に沖縄県民の人権や生命、財産を守る意思があるのかということを、沖縄からみると非常に疑問に思う。

復帰三〇年の振興開発の軌跡

復帰後三〇年の間に、政府は三次にわたって沖縄振興開発計画というのをつくって、沖縄の振興を図ってきた。これは特別措置として、高率補助をすることによって沖縄と本土との格差を是正していくということである。確かにこの三〇年間で、道路、港湾や農場の整備といったものは進んでいる。

ところが、格差是正と並んでもうひとつの大きな柱である沖縄経済の自立的発展を図るという目標が、いまだに達成されていない。戯画的にいえば、港湾は立派なものができたけれども、そこで魚を釣る漁船がいない、人がいないというような感じである。政府は、それは沖縄側の努力がたりないからだ、といいたいのだろうが、果たしてそうか。

それは、これまでの振興策が本当に沖縄側が求めるような振興策であったのか、という疑問があるからだ。たとえば、那覇に自由貿易地域というのがある。これは復帰後の振興策のひとつの目玉としてつくられたが、実際には機能していないのである。名前は自由貿易地域だが、本当にフリーゾーンかというとそうではなく、単なる保税倉庫のような税制措置でしかなく、真の振興策に結びついていない。そういう問題がいろいろなところで出てきているわけだ。

第三次の振興計画が終わり、二〇〇二年四月から新しく沖縄新法にもとづく経済施策がとられる。そのなかでは金融特区やＩＴ特区などのいろいろな特区構想や、大学院大学をつくるという構想があるが、本当にこれが機能するような制度になっていくのかどうかという点にはなお疑問が残る。というのは、これまでも実施の段階で、各省庁の政令などで骨抜きにされるケースがあったからだ。これからも絶えず監視し、チェックする必要がある。

これまでは、沖縄開発庁という特別省庁が沖縄振興費を一括計上して流していた。それが、二〇〇一年一月の中央省庁再編で、内閣府のなかの沖縄振興局というものに機構が変わった。沖縄開発庁は、基地問題は外務省の専管事項であるとして、振興策だけやってきたが、これに対して沖縄側からは反発もあった。

それが今回の省庁再編のなかで、沖縄振興局に変わったが、今度は逆に基地政策とのリンクが、非常に強くなってきている。普天間基地の移設先に対して、「北部振興策」と称して、この一〇年間で一〇〇〇億円近くの振興策費用を投じていこうとしている。これによって移設をスムーズに運んでいこうという。このようなあからさまな振興策のばらまきがおこなわれてきていることも、この数年間の大きな特徴になっている。

自立への模索

復帰後、往来の自由により観光リゾート産業が急成長してきたが、これも大手の航空会社などがかかわってのことであり、本当に実のある観光産業にするためには、沖縄側からまだまだ仕掛けが必要である。それに二〇〇一年九月一一日のニューヨークでの多発テロ以後、沖縄の米軍基地も狙われるのでは、ということで観光客が激減した。基地と共存した観光のもろさをまざまざと見せつけさせられた。

復帰後の沖縄経済を象徴する言葉に「３Ｋ」というのがある。観光、公共事業、基地という三つの「Ｋ」のことだ。この三〇年間で七兆円あまりの振興開発費が沖縄に投ぜられており、それは、一方では道路港湾などの格差是正にはなったが、その一方で、沖縄経済は財政依存の体質を強めていった。各市町村の財政依存度が非常に高くなって、経済の自立的な発展がむしろ遠のいたのではないかという人もいる。

また、この財政投資はいうなれば米軍基地を安全に維持するための「安保維持費用」だという経済学者もいる。これだけの多額の財政投資が本当に沖縄経済の自立的な発展を考えたものだったのか、ということが、復帰三〇年を迎えた現在、問われている。

基地依存の体質も相変わらずだ。軍用地代や軍労働者の賃金、市町村への基地交付金という莫大な金が落ちることなどで、基地依存の経済体質はまったく変わっていないということも大きな課題だ。

マイナス面ばかり見てきたが、新たな産業が伸びてきているという面もある。たとえば、海産物のモズクであるとか、あるいは亜熱帯地域の地域特性を活かした花卉園芸などがある。また、沖縄の地理的な特性を活かしてＩＴ産業を誘致しようということで、三〇社あまりのコールセンターが沖縄に集まりつつある。そういういい面もあるが、まだまだ抜本的な展開に至ってはいない。

沖縄の基地はあるのが当然だといわんばかりに、この五〇年間あったわけだが、これから先もあるのが当然だという発想ではなくて、沖縄の基地を一つひとつ点検して、その返還を要求することが大事ではないかと思う。不自然さを不自然だと思わなくなることほど、こわいものはない。実現は厳しいかもしれないが、絶えず日本からそういうことをいい続けることで、それがいずれは外交のテーブルに載っていくことになると思う。

それから基地の後利用の問題もある。普天間基地がもし返還された場合は、たとえば国連のアジア本部を誘致するというような発想が必要だ。アメリカの軍事力依存による安保体制から、国連中心の安保に換えることだ。そうすることによって、かつて太平洋の「軍事の要石」といわれていた沖縄が、今度は「平和の要石」ということでアジアの平和への貢献、発展に寄与することができるのではないか。

沖縄の基地問題は、本土ではにわかには理解しがたいかもしれないが、これは安全保障にかかわる国民的な課題である。沖縄だけで解決できる問題ではない。ぜひ問題解決にみなさんのお力を貸していただきたい、ということをお願いして講演を終わりたい。

（本稿は二〇〇二年高野山での部落解放同盟主催の講演を収録したものである）

約四〇年、何も変わっていない――基地集中の真の原因――

『環』四三号（藤原書店、二〇一〇年一〇月）

「当時と全く変わっておらず、驚いている」

今から四〇年も前の一九六九（昭和四四）年の沖縄返還交渉で、アメリカ側の交渉要員の一人として参加したモートン・ハルペリン元国防総省次官補代理が、最近、琉球新報の与那嶺路代ワシントン特派員の「振り返って思うことは？」とのインタビューに応えて、こんなことを語っている。

「基地構造を変える計画を作らなかったことが唯一の心残りだ。返還して何十年もたつのに基地構造が当時と全く変わっておらず、本当に驚いている。当時われわれは、返還合意を困難にしたくなかったので、この（基地削減の）議題には立ち入らなかった。きっと五～一〇年たてば、誰かが『この基地構造は受け入れられない。騒音軽減などについて考え始めるべきだ』と言い出すと思った。だが何も手を付けられていない。信じられない」（『琉球新報』二〇一〇年七月一九日）

米軍基地は沖縄の日常生活と共にあり、ややともすると、沖縄県民自身が基地のある光景を「当たり前」と受け止めがちである。米軍基地はそれほど長く沖縄の土地にしみついてきた。ハルペリン氏のように、何十年ぶりかで訪ねてきたときに、改めてその変化と無変化に気づかされることがある。その意味で彼の発言は、極めて率直な感想であろう。

ハルペリン氏が言うように、理不尽な状況を、実に何十年にもわたって誰も変えてこなかったのである。彼は「誰かがやるだろうと思った」とまるで他人事のように言うが、沖縄に軍事基地を返すことを頑なに拒んできたのは、当のアメリカではなかったのか。

沖縄返還と在日米軍の集中

私は一九六九年の沖縄返還交渉の時、琉球新報東京支局の記者として外務省・首相官邸を中心に取材した経験がある。この年一一月の佐藤・ニクソン会談で七二年の沖縄返還が決まった。返還交渉のピークであった。二九歳の駆け出し記者であったが、沖縄の命運が決まる歴史的なこととして、必死で取材した。東京から記事を送るが、新聞のスペースには限りがある。

私は記事には出来ないようなことでも一字一句聞き漏らすまいと原稿に書いておいた。それはその後の基地問題のいわば「原点」がここにある、と思ったからである。その原稿は三〇年もあとになって『ドキュメント沖縄返還交渉』（日本経済評論社、二〇〇〇年）として刊行された。

基地の態様を巡る問題、日米安保適用の問題、基地の整理縮小などなど、今日に続くさまざまな問題がそこにはあった。ベトナム戦争の最中とあって、沖縄の基地からベトナムに出撃することが、安保条約の「極東の範囲」に該当するのか、あるいは重要な配備の変更や直接戦闘行為で「事前協議」の対応をどうするのかなど、国会では社会党や共産党の論客から鋭い質問が浴びせられた。しかし、これらの問題は、今ではなんら問題にされない。「安保の変質」を思わざるを得ない。自衛隊が海外に派遣されるなど、その当時、誰が予想したであろうか。

いま一つはハルペリン氏の言う基地構造の整理縮小の問題である。沖縄側からは屋良朝苗行政主席が再三にわたり「無条件全面返還」を求めていたが、これらはほとんど顧みられなかった。当時の本土政府の意識は「失われた領土の返還」であって、人権問題の根源となっている「軍事基地の返還」ではなかった。それが今日まで尾を引いている基地問題である。

しかも理解に苦しむのは、そのころ政府は「関東計画」を策定し、東京を中心とする関東一円の米軍基地を整理縮小し、海兵隊を沖縄に移転させていることだ。沖縄返還のどさくさに乗じて、厄介な海兵隊を沖縄に押し付けた恰好だ。「関東計画」が悪いわけではない。なぜ、沖縄の基地整理のための「沖縄計画」が策定されなかったのかを、問いたいのである。冒頭に引用したハルペリン氏が、沖縄の基地の整理を「誰かがやるであろう」と思ったのも、当然である。

九五年の県民決起集会と代理署名の拒否

日本復帰後に、米軍基地の撤去が問題にされなかったわけではない。少なくとも大きくクローズアップされたことが二度ある。一度は一九九五（平成七）年の米兵による少女集団暴行事件のとき、もう一度は二〇〇九年の鳩山民主党政権の誕生のときである。

一九九五年には、沖縄県民の怒りが爆発し抗議集会には八万人余が結集した。時の大田昌秀県知事は、基地提供の署名を地主に代わって行う代理署名の拒否を表明し、政府を慌てさせた。署名を拒否されれば、基地への土地提供の根拠が失われる。そうなれば違法状態で基地を提供することになり、日米安保の根幹が揺らぎかねない。

そのころ私は琉球新報の編集局長という立場にいた。ここにきてようやく「山が動く」かに思えた。編集局を挙げてのキャンペーンが展開された。事態の重要性を受け止めた政府は、あの手この手で沖縄攻略に奔走。そこで切り札として出されたのが、最も危険な基地といわれた普天間基地の「返還」である。ところが、それは現基地と同じ機能を持つ施設への移設が条件であった。

新たな基地をまた沖縄に造るのか、沖縄が受け入れるわけがない。そこで政府は移転先の辺野古を抱える名護市や周辺市町村、辺野古地区などへの「北部振興策」を作り、切り崩しにかかる。そこを陥落させたうえで、県知事に圧力をかけて代理署名を迫る。知事は司法に訴えて争うが、代理署名拒否を容認するはずはない。

積年の基地問題の解決に向けての千載一隅のチャンスと、キャンペーンを張る沖縄のマスコミに本土から暖かい声援が寄せられた。しかし一部の新聞や雑誌は「沖縄の新聞は県民をマインドコントロールしている」として「偏向報道」だと批判の矛先を向けてきた。中には私を名指しで攻撃してきたところもあった。

政府は「北部振興策」というアメを投入して基地関係市町村を攻めたが、大田県政は県内移設を拒否。報復するかのように政府は沖縄振興策を凍結。政府と県政と対立で事態は膠着状態に陥り、出口の見えない閉塞感に覆われた。

事態の打開を求めた有権者は、選手交代で稲嶺恵一を知事に選出。稲嶺知事は沖縄振興策の凍結解除を求めて辺野古への移設を容認した。しかし、その条件として移設先の施設使用を「軍民共用」とすること、「使用限定」（およそ一五年）とすることなど、日米両政府が呑めないような条件を提示。

辺野古推進の同意書にサインを迫る政府に、条件が満たされていないことを理由に時間稼ぎ。環境アセスメントのための現地調査も、辺野古住民の根強い反対にあって暗礁に。こうして一〇余年の歳月が流れた。

二〇〇六年五月、米軍再編で沖縄の基地も対象となり、海兵隊の一部グアム移転のほか、嘉手納基地以南の基地返還が候補に挙げられたが、これも「普天間移設が前提」と圧力をかけてきた。直接関係のない普天間基地を前提にするなど、国益のためなら何でもする狡猾なアメリカ外交を見せつけた。

最近、普天間移設をめぐる交渉の内幕を、防衛省の守屋武昌元事務次官が『普天間交渉秘録』（新潮社、二〇一〇年）で暴露している。それを読むと辺野古移設がうまくいかなかった原因を、沖縄側の「引き延ばし」や、「二枚舌」などの「でたらめさ」にかこつけている。

辺野古に群がる政治家をはじめ、官僚、市町村関係者、地元業者などまるで魑魅魍魎の世界だ。守屋がいう二転三転する沖縄側の対応は、まるで一八七九（明治一二）年の琉球処分時の琉球王府の対応を思わせる。「でたらめさ」も、弱者が権力に対抗する手段の一つである。所詮、辺野古移設を「よし」とする防衛省と、苦渋を押しつけられる沖縄側とでは、スタンスが異なるのである。

辺野古案と一一月の県知事選

二〇〇九年八月「政治を国民の手に」と訴えて誕生した鳩山民主党政権は、普天間移設で「最低でも県外」といい、沖縄県民に大きな期待を抱かせた。総選挙では辺野古への条件付き容認の自民・公明の候補がすべて落選、民主党を含む野党候補が当選した。沖縄選出の国会議員で自民党議員が一人もいないという、かつてない政治状況が出現した。

だが誕生した鳩山政権は、一年近い迷走の果て二〇一〇年五月、ブーメランのように辺野古回帰でアメリカと合意した。合意書に署名を拒んだ社民党党首の閣僚・福島瑞穂を罷免し、それから間もなく鳩山首相自らもその責任をとって辞任、政権は崩壊した。

あとを引き継いだ菅直人内閣は、五月の日米合意をそのまま踏襲する姿勢を打ち出した。八月末、民主党代表選挙戦の直前に、辺野古崎への具体的な移設案を日米の専門家がまとめ政府に答申。それも滑走路をV字とI字の両案併記で、しかも飛行経路を明示しないままの答申である。沖縄県民そっちのけで進められる辺野古案が、実現する可能性はない。

辺野古を抱える名護市の稲嶺進市長は、「折り合うことはない」と話し合いを拒否。かつてV字案に条件付きながら理解を示していた稲嶺知事後任の仲井真弘多沖縄県知事でさえ、報告書を「単なる絵空事にすぎない」と切り捨てる。もはや沖縄の世論は、辺野古回帰を受け入れる状況にはない。

二〇一〇年一一月に県知事選挙を控えて、仲井真知事が辺野古に否定的な発言を繰りかえすのは、そうでも言わなければ当選はおぼつかないからだ。県知事選に立候補を表明した対抗馬の伊波洋一宜野湾市長は、普天間基地を抱える地元である。彼は普天間基地の無条件撤去を主張する。鳩山内閣は普天間移設のハードルを、確実に高くした。一一月の沖縄県知事選挙は、今後の普天間問題の行方を左右する重要な選挙となる。

沖縄から状況変革を

このように沖縄の基地問題が解決しない根本的な問題はどこにあるのか。日米安保の要である在日米軍基地の七四％が集中している沖縄の状況は、この半世紀ほとんど変わっていない。その意味では「誰もしてこなかった」政治の不作為はあきらかである。「見て見ぬふり」といったほうがいいのかもしれない。

政治家の中には、いや政治家に限らないが「戦後の日本の繁栄は日米安保のおかげである」と言う人がいる。もしそうだとすれば、その繁栄は沖縄の犠牲の上に築かれていることを認識すべきである。その認識のなさが、政治の不作為を放置してきたのである。

鳩山内閣の時、全国の自治体に普天間受入れの協力を呼びかけたが、どこの県知事も手を挙げなかった。結局、沖縄でということになった。沖縄県民は、それは沖縄への差別ではないか、と受け止めている。本土のどこにも受け入れるところがないとすれば、「海兵隊は日本にはいらない」ということであり、普天間は撤去しかないのだ。

確かに沖縄が嫌がるものを、他の県が好んで受け入れるわけがない。沖縄だって自分が嫌なものを押し付けるのは不本意だ。特に沖縄は伝統的にそういう心情が強い。だが、沖縄に押し付けておけばいい、と本土の人々が安易に考えているとすれば、それは我慢ならないことだ。

これまで沖縄に押し付けておく根拠として地政学上のことが挙げられてきた。あるいはまた、抑止力理論が持ち出されてきた。かつて沖縄が米軍政下に置かれていた時、アメリカは沖縄を「キーストーン・オブ・ザ・パシフィック」(太平洋の要石)と呼んでいた。しかしその後の軍事技術・運搬手段の向上などで、それはほとんど意味を持たなくなっている。抑止力についても同様である。

それでもアメリカが沖縄を手放さないのは、かつて多くの血を流して手に入れた土地であることと、日本政府による「思いやり予算」のおかげで、安上がりの運営が可能だからである。基地内の米兵は、まるでリゾート気分で生活ができる。特に米軍当局の既得権意識は強いものがある。いみじくも前引のインタビューで、ハルペリン氏はこうも言っている。

「軍はアジアで紛争がなくなるまで、沖縄をずっと維持するつもりだった。つまり未来永劫だ。沖縄の基地構造は、沖縄が基地であり、永久にそうあり続けるという前提に立っている。米軍は本土にも基地を置いたが、日本の領土だと認識していた。だが沖縄は島全体が基地だと認識していた。もし沖縄が基地ではなく日本の領土だと認識していたら、どのような基地構造であるべきか自問自答できるだろう。だがいまだに真剣に考えていない」

これに対して米軍基地の構造変更について、日本政府から何らかのアクションを起こしたという話は、かつて聞いたことがない。沖縄には外務省の出先機関があり、沖縄担当大使もいる。防衛省の施設局もあるが、基地の現状維持が任務だから、積極的なアクションなど起こすはずもない。そこはやはり政治の問題である。

日米安保の構造的な沖縄差別の解決を、今の日本の政治に期待できないとすれば、沖縄からそうした政治状況をつくり出していくしかない。ハルペリン氏が言うように「誰かがやるだろう」ということでは、この問題の解決はできない。政府が「やらざるを得ない」ような政治状況を、まず沖縄から作り上げていくしかない。その時、日本の政治も本気で取り組まざるを得ないであろう。

「オール沖縄」と県知事選挙――翁長知事誕生の背景――

『論潮会会報』二〇一四年一〇月号（明治大学論潮ＯＢ会）

沖縄はいま、戦後幾度目かのターニングポイントに差し掛かっている。一一月一六日に行われる沖縄県知事選挙は、その重要な節目となる選挙である。それは普天間基地の辺野古移設を問う選挙だからである。

昨年（二〇一三年）一二月に仲井真弘多沖縄県知事が、普天間基地の移設に伴う辺野古崎の埋め立ての承認をして、二〇一四（平成二六）年八月から政府による埋め立てのためのボーリング調査に向けての、ブイやフロートが設置された。

キャンプ・シュワーブ（名護市・辺野古基地）ゲート前には、大勢の反対住民が押しかけ、海上では多数のカヌーが繰り出して、設置作業に抗議行動を展開した。全国から集められた海上保安庁の職員が、強引にカヌーを排除してブイの設置は強行された。それは過去の調査には見られない強行措置であった。

そこまでして強行に出た背景には、一一月の県知事選挙前に辺野古着工の既成事実を作るという姿勢が露骨に出ていた。案の定、菅義偉官房長官は記者会見で「辺野古問題は過去の話。県知事選挙の争点にはならない」と発言してはばからなかった。辺野古の問題を、選挙戦の争点から外そうとの姿勢が見え見えである。

だが、いくら詭弁を弄しても辺野古移設問題を、選挙の争点から外すことはできない。マスコミ各社の世論調査では「辺野古移設は撤回すべきだ」というのが八割も占めているからだ。今年（二〇一四年）一月の地元の名護市長選挙では、辺野古移設反対を公約に掲げた現職の稲嶺進が再選を果たし、地元の意思を明確に示した。

地元から「ＮＯ」を突き付けられた政府は、「一地方の選挙に左右されることはない。防衛は政府の専権事項だ」（菅官房長官）と言って、見て見ぬふりを決めていた。

こうした政府の露骨な地元無視の姿勢に、県民世論はさらに反発を強め、新たな動きを産み出すことになる。

県知事選挙をめぐる新たな動き

一一月の県知事選挙に那覇市長の翁長雄志を「オール沖縄」代表として与野党が推したのである。翁長は自民党県連の会長まで務めた保守派であるが、那覇市議会の自民市議団と県政野党の社民、社大、共産の各派が「オール沖縄」の代表として候補に推薦したのである。これまでの県知事選挙ではありえなかったことである。これまで仲井真を推していた公明党は、今回は自主投票になった。

翁長は二〇一〇年四月の「普天間飛行場の県外移設等を求める県民大会」などで四一市町村をまとめる中心となり、同年一一月の県知事選挙で仲井真が再選された時も、普天間の「県外移設」をリードして公約に乗せた。また一二年九月の「オスプレイ配備に反対する県民大会」や、一三年一月の「オスプレイ配備撤回と普天間飛行場の県内移設断念を求める建白書」を四一市町村長から取り付ける際にも、主導的役割を果たしていた。

仲井真知事が公約を覆して辺野古移設の埋め立て承認をした際にも、その変節を批判してきた。彼は「イデオロギーよりアイデンティティ」と沖縄県民の主体性に訴え、革新陣営にも共感の輪を広げていた。翁長を推す自民の那覇市議団に対して、自民県連は処分をほのめかして圧力をかけ翻意を迫ったが「公約を破ったのは中井真知事であり、我々が処分される理由はない」と突っぱねたが、一部が処分された。

これまで仲井真知事を支持してきた経済界の中にも、知事の埋め立て承認に反発して今年一月の名護市長選挙で移設反対の稲嶺を推し、県知事選挙でも翁長を公然と推す動きが出てきた。これもかつてなかったことだ。このうちの一人は県内で建設業やスーパーマーケットを手広く営み、またある経済人はリゾートホテルをいくつも経営している。いずれも二代目経営者だ。ある経済人は「観光は平和産業だ。平和産業に米軍基地はいらない」と語り、普天間基地の「県内移設」を容認した仲井真知事と一線を画している。

こうした経済界の動きの背景には、かつて米軍統治下にあった時代には、県民所得の一五%もあった「基地収入」が、今ではわずか三%でしかないという経済構造の変化がある。かつて米軍基地であった返還跡地には、新たな商業地ができて賑わいを見せている。これまで一部の軍用地主や軍雇用員にしか落ちなかった「基地収入」が、いまや何十倍化する所得や雇用効果をもたらしているる。目に見える形の経済現象は、一般人の理解を得やすい。

しかし、数々の経済団体の要職をしてきた仲井真側からのあの手この手の締め付けは、選挙戦と共に厳しくなるのは間違いなく、どれだけ広がりを見せるかは予断を許さない。

また、選挙戦を前にして、仲井真―翁長の二極対立から、中間政党からの新たな候補予定者の名乗りがあり、選挙戦は混沌としてきた。その一人は下地幹郎・元郵政民営化担当相、もう一人は民主党の前県連会長の喜納昌吉(元参議院議員、ミュージシャン)である。

下地は地元政党の「そうぞう」と維新の党の推薦。辺野古移設については「県民投票をし、その結果に従う」というあいまいなものだ。保守票が目当てだが、組織が弱いので、どれだけ仲井真票に食い込めるかだ。影響力はそれほど大きくはないが、仲井真―翁長が競り合えば、影響が出よう。

喜納は公約に「埋め立て承認の撤回」を掲げている。もっとも、これには民主党本部が承認せず、立候補するなら除籍するとして、県連に離党勧告を迫っていたところ、一〇月一〇日に喜納が県連会長を辞任した。しかし、喜納は支持組織の無いまま出馬すると強気だ。

民主党は鳩山政権当時、「最低でも県外」と言いながら、アメリカと通じた官僚の抑止論に押されて「県内移設」に転換したいきさつがあり、正面切って翁長を推せない党内事情がある。結局、自主投票を決めているが、そのためには喜納が「目の上のタンコブ」だったのだ。民主党県連の支持基盤である連合沖縄は、早々に翁長の推薦をきめており、喜納に対しては見切りをつけている。

喜納としては翁長側から公約に「埋め立て承認の撤回」を約束させることで、自らの立候補を辞退する考えだったようだが、翁長側が「何をいまさら」と突っぱねたため、こぶしを下ろすタイミングを失い、自らを孤立に追い込んだ格好だ。彼が出馬すれば翁長票を食うので、仲井真陣営からは出馬への期待感が強いが、果たしてどれだけ影響力を持つか。

選挙は翁長の辞任で那覇市長選と同時選挙となる。市長候補に翁長陣営では副市長の城間幹子が、仲井真陣営からは仲井真の副知事だった与世田兼稔が候補となり、セットで展開される。そのコンビの影響がどう出るかも注目されるところだ。

辺野古移設の背景

そもそも普天間基地の辺野古移設問題は、一九九五年に起きた米兵三人による沖縄の少女暴行事件に端を発している。残忍な事件に沖縄県民の怒りが爆発、八万人余の抗議集会が開かれた。事件に抗議して時の県知事・大田昌秀が折しも迫ってきた米軍基地提供のための知事代理署名を拒否して、政府と正面から対立した。

日米安保体制の根幹を揺さぶるような事の重大さに気づいた政府は、妥協案として普天間基地の返還を米側から取り付けた。同基地の周辺には保育園から大学まで十数カ所の学校があり、病院や民家がひしめいて「世界一危険な基地」とまで言われている。

それを返還させることで、事態の解決を図ろうとしたものだが、これには同様の機能を持つ基地を、沖縄本島の東海岸に移設する、という条件が付いていた。基地の県内たらいまわしである。これでは何のための返還かわからない、と大田が拒否したために、政府は沖縄への財政支援を打ち切るなど、あらゆる手段で封じ込めを図った。

一九九九年の選挙で「県政不況」を宣伝され大田は落選し、自民の推す稲嶺恵一が当選した。稲嶺は辺野古の移設を認めるが①使用期限を一五年とする②軍民共同使用とするなどの条件を付したため、移設は二転三転して進まなかった。業を煮やした政府は、二〇〇五年に移設建設のためのボーリング調査に着手したが、海上での激しい反対運動に直面して、中断を余儀なくされた。

二〇〇九年に民主党の鳩山政権が誕生し、首相自ら「最低でも県外」と発言したことから、事態は大きく変わった。この発言は沖縄県民の意向をくみ上げる形で行われたものだが、普天間移設のハードルを一気に引き上げた。

翌二〇一〇年の名護市長選挙では、辺野古移設反対を公約に掲げる新人の稲嶺進が当選し、移設先地元の意思を明確に示した。県内移設容認の立場を取ってきた現職知事の中井真も、この年一一月の二期目の選挙には「県外移設」を公約に掲げて再選を果たした。自民党候補といえども「県外移設」を公約しなければ、当選はおぼつかなくなっていた。

沖縄県は二〇一二年に、国の辺野古移設に伴う環境評価書に対する意見として「環境保全上重大な問題がある」として、辺野古移設に対する反対を示唆していた。この意見書から見る限りは、仲井真知事が「辺野古の埋め立てを承認することはないだろう」と多くの県民が受け止めたに違いない。

この年には普天間基地へのオスプレイ配備が現実の問題として迫ってきた。このため九月には一〇万人を集めて配備反対の大集会が開かれ、仲井真知事も出席して配備反対を表明した。しかし、翌月には岩国からオスプレイが次々に飛来して配備された。大集会で示された県民の意思は、オスプレイの大きな振動音にかき消された。

オスプレイの強行配備を背景に二〇一三年一月、県内四一市町村長が「オスプレイ配備撤回と普天間の県内移設断念を求める建白書」を採択、首長自らが署名して政府に要求した。これには多くの保守系首長も含まれていた。その主導的役割を果たしたのが、那覇市長の翁長である。

いささか大時代的な印象を受ける「建白書」という表題を付けたのも、それだけの重みをもたせるという意味あいがあったからだが、いずれにせよ大方の県民世論を集約したもの、と言ってよいものであった。「県外移設」を公約に掲げた仲井真知事としても、当然、この線に沿って辺野古沖の埋め立てを認可しないものと多くの県民が期待もし、信じていたのである。

ところが埋め立て申請の認可の期限が年末に迫る中で、自民党の石破幹事長は沖縄選出の衆参議員を次々に呼び出し、辺野古移設容認を迫り、これを呑まなければ公認を取り消すと脅し、沖縄県連幹部にも党本部の方針に従うよう圧力をかけてきた。新人議員が脅迫におびえて態度を変更し、県連の会長は辞任に追い込まれた。「処分」した沖縄選出議員を従えて会見した石破幹事長の姿をテレビで見た県民は、一八七九（明治一二）年の「琉球処分」

で国王・尚泰が東京に連行された光景を連想していた。

翁長にもそうした党本部の圧力が県連幹部を通して下りてきたが、翁長は従わなかった。それを自民の那覇市議団が支えた。翁長と討死する覚悟さえ見せ、ある種の悲壮感さえ漂っていたが、県連も一部の幹部を除名しただけで、深追いはしなかった。

そして一二月二八日のまさに御用納めの日に、仲井真知事が総理官邸を訪れ、菅官房長官が示した沖縄振興策に最大級の賛辞をおくって、辺野古の埋め立て申請を承認したのである。驚きと怒りが沖縄中を突き抜けた。「これでいい正月が迎えられます」とぬけぬけと頭を下げた仲井間知事。おかげで県民は屈辱的で不愉快な正月を迎えた。そして来る知事選挙がいやが応でも注目されたのである。

米軍基地をめぐる構造的差別

普天間基地の辺野古移設をめぐる一八年間の動きの中で、県民の中には政府による沖縄への構造的差別という認識が浸透しつつある。米軍基地の抑止力は、日本の安全保障にとって必要だ、と政府は繰り返し言う。その抑止力とやらを担う米軍基地の七四%を、日本国土のわずか〇・六%の沖縄に集中させている。政府はその解消のための「負担軽減」を、まるでお経文のように繰り返す。

沖縄の米軍基地は、戦後の米軍統治下でよく言われるように「ブルドーザーと銃剣」によって、農民から土地を巻き上げて造られたものだ。いずれの日にか地主に返されなければならないものだ。しかし、今回の辺野古につくられる基地は、日本政府の合意のもとに造られる。その意味ではこれまでの基地とは、異なる性質を持つ。だから県民はこの先何百年もアメリカが使用するのではないか、という危惧の念を持つのは当然である。戦後七〇年にもなって、なお新たな基地が必要なのか。

かつては沖縄の地理的位置が海兵隊をはじめとする軍隊の駐留する理由に挙げられていた。いわゆる地政学的理由である。しかし、軍事技術の進んだ今の時代に、その根拠はすでに崩れている。また、中国のミサイル技術の進歩で、沖縄の基地はすでに射程内に入っている。そのリスクを避けるため、沖縄基地の分散化を主張する意見が、当の米国内の軍部から出ているくらいだ。

これを裏付ける報道が、つい最近あった。『琉球新報』の一〇月一〇日の島袋良太ワシントン特派員電である。それによると米海軍は新型の強襲揚陸艦（アメリカ級）を一二隻建造し、アジア太平洋に優先的に配備するという。この強襲揚陸艦はオスプレイ一二機をはじめ、最新鋭ステルス戦闘機F35B（垂直離着陸仕様）、CH53大型輸送ヘリなど合計三〇機を搭載、剰員三〇〇〇人というから、これは「動く海上基地」と呼んでもいい。

同記事は「海兵隊は中国や北朝鮮などの対艦ミサイルの向上を背景に航続距離が長いオスプレイやF35を搭載する強襲揚陸艦を導入し、沿岸部から離れた場所から作戦を遂行する態勢づくりを急いでいる。米軍基地へのミサイル攻撃に対する脆弱性が増していることとの裏返しとも言える」と解説している。

また、米国議会内には国防費の削減のため、海外基地の縮小論さえ出ている。そこで海兵隊などは自国の国防予算からではなく、何とか日本から「思いやり予算」を引き出して、沖縄の海外基地の確保をしようとしている。辺野古基地はその最たるものではないか。

近年、中国の海洋進出で尖閣諸島をめぐり波風が高くなっている。政府はそれを追い風に、防衛力強化に動いている。「島嶼防衛」を理由に南西諸島の主要島に自衛隊の配備をもくろみ、集団的自衛権行使の法整備を急いで、共同作戦をほのめかしている。しかし、米国は尖閣の領有権問題には中立的立場を堅持し、尖閣防衛に介入する考えはない。

本来、外交交渉で解決すべきこの問題に、軍事を介入させて増強しようとしているのは、中国も日本も同じである。その被害を受けるのは沖縄である。沖縄に関わる問題が、沖縄の住民の関知しないところで決められようとしているのだ。

沖縄の「自己決定権」を求めて

近年、沖縄では「自己決定権」という言葉が、新聞紙上を飛び交っている。自分たちの土地でありながら、自分たちの使いたいように使えない。自分たちが望みもしないものが、自分たちの知らないところで決められ、押し付けられる。要するに「自己決定権」が沖縄住民には保障されていないのである。これこそ沖縄の植民地的状況を示すものではないのか、と。

最近、『琉球新報』が「道標求めて――琉米条約一六〇年　主権を問う」という連載企画で、幕末の琉球王府が独立国としての外交権を駆使して、「米琉修好条約」や「琉仏修好条約」などを欧米列強と結んで、武器を持たない小国・琉球がうまく外交を駆使して平和を維持していた様子を紹介したところ、多くの読者から反応が寄せられたらしい。恐らく読者は、いまの沖縄の置かれた立場とダブらせて読んだに相違いない。

最近盛んに論じられる「琉球独立論」も、そうした延長線上にある。かつては「居酒屋独立論」などと言われ、居酒屋にいるときだけ威勢よく論じられ、そこを出ると論じられなくなる、と揶揄されたものだが、近年は学者・研究者による「琉球独立学会」も結成されて、学問的な研究が進められている。

そうした最中、県民の注目を集める出来事があった。今年九月一六日に行われたスコットランドの独立をめぐる国民投票である。結果は五五％対四五％と独立派が敗れはしたが、沖縄にとっては結果の如何にかかわらず、他人事とは思えない関心事であった。沖縄からも研究者や「琉球新報」でも「針路を問う」企画の延長で記者を派遣し、現地の声を報道している。恐らく全国の地方紙の中でも、記者を派遣したのは沖縄の新聞くらいであろう。

沖縄の「自己決定権」は、どのような形で保障されるのか、模索はこれからも続く。埋め立て予定地の辺野古では、毎日、ゲート前で抗議の座り込みが続いている。去る九月二〇日には五五〇〇人が辺野古の海岸に結集して抗議行動が展開された。しかし、その声は本土までは届いていない。いま問われているのは、日本の民主主義そのものなのだ。

求められる思考の転換──構造化する基地差別──

『環』五六号（藤原書店、二〇一四年一月）

米軍基地をめぐる沖縄の植民地的状況が、普天間基地移設をめぐる動きの中で、よりその鮮明さを増してきた。移設の日米合意から一七年たっても先の見えないこの問題で業を煮やした日本政府は、強引な手法で沖縄をねじ伏せる行動に出てきたからだ。

昨年十一月、菅義偉内閣官房長官や石破茂・自民党幹事長らは「県外移設」の公約を掲げて当選した沖縄選出の自民党衆議院議員五人や、翁長政俊沖縄県連会長らを東京に呼び、「名護市辺野古への移設が出来なければ、普天間は固定化する」と離党勧告をちらつかせ、強引に辺野古移設をのませた。あくまで「県外」を主張する若手議員に、石破幹事長は「では、ここから出て行ってくれ」と恫喝した。

それに屈した沖縄選出議員や県連に対して沖縄からは、「民意を裏切る行為だ」として議員辞職の声が上がったのは当然である。政治家の命とも言うべき公約を、保身のために売り飛ばしたのだ。同時に東京本部の露骨なやり方は、強い反発を呼んだ。中には一八七九（明治一二）年の琉球処分当時、首里城明け渡しを命じた明治政府の松田道之処分官とダブらせて見る人もいた。ことは一自民党内の話ではない。沖縄人のアイデンティティーに関わる尊厳の問題として注目されたのである。

興味深いのは、自民党を支持してきた沖縄の保守層の反応である。これまで「オール沖縄」を唱導してきた翁長雄志那覇市長は「情けない」「イデオロギーよりアイデンティティーだ」と語り、もと自民党県会議員で議長を務めた仲里利信は「沖縄に民主主義はない。こんなに差別されて黙る必要はない。国連人権委に訴え、沖縄が抑圧されていること、これが民主主義国家のやることかと世界にアピールすべきだ」と怒りをぶちまけている。

米軍基地の七四％を沖縄に押し付けて、「本土」の安全保障を図る在りようは、構造的差別として沖縄では認識されている。つまり基地差別が構造化しているのだ。普天間基地の「県外移設」は、沖縄の各種世論調査で七割から八割が支持されているが、日本政府は「県外移設はあり得ない」（菅官房長官）という。

あくまでも沖縄に米軍基地を封じ込めようという考えである。鳩山政権当時、鳩山首相は「最低でも県外」と言って結局実現できず失脚したが、このとき日本の防衛官僚たちは「応じるな」とのサインを密かにアメリカ側に送っている。

最近でも一七年間動かない現状を見て、米側の外交当局者たちは「辺野古は死んだ」「プランBを検討すべきだ」と日本側にサインを送っていたが、日本側から「辺野古以外は考えられない」と対応している。こうして「辺野古がだめなら普天間は固定化する」という論理を作り上げて、沖縄落としにかかっている。いったい、どこを向いて外交をしているのか。

沖縄人は、自らの意思で自らの土地を使う権利を剥奪されてきた。「自己決定権」の否定である。「沖縄に民主主義はない」現状が、視覚的にわかりやすい形で展開された。テレビで記者会見する石破幹事長の横で、沖縄出身のある衆院議員はくやしさをこらえてうつ伏せ、ある議員は涙をこらえ、ある議員はこぶしを握りしめていた。恫喝された悔しさがありありだ。しかし、政治家の命である公約を廃棄して権力に擦り寄っていく資は見るに堪えない。まさに絵にかいたような植民地構図である。

近代以降の沖縄の歴史は、一八七二年の武力による琉球王国の崩壊、すなわち琉球処分以降、「処分」の歴史を重ねてきた。明治期の処分を第一とすれば、第二は一九五二年のサンフランシスコ講和条約での米軍支配である。そして第三は一九七二年の沖縄返還である。第一の処分後に、中国との通商権と引き換えに宮古・八重山を中国に割譲する案が明治政府から中国政府に提案されている。

第二の処分期には昭和天皇が皇室の安泰を期待し、沖縄基地の永久使用を占領軍に進言している。いわゆる天皇メッセージである。

第三の処分期には、核兵器の沖縄への持込が密約され、大方の米軍地上部隊が日本国内から沖縄に集約された。

それが今日まで引きずっている基地問題である。いずれも沖縄人のあずかり知らぬところで行われた。この四〇年間の間に、日米安保体制の下で、米軍基地は固定化され、構造化された。

構造化された植民地状況を変えていくには、構造そのものを変えていかねばならない。それをアメリカの属国にも等しい「日本国」という枠組みの中で考えるのか、それとも「日本国」の枠外で考えていくのか。思考の転換が求められている。もちろん独立したからといって、すぐに米軍基地がなくなると思うほど、問題は単純ではない。ただ独立を幻想に終わらせないための、準備はしておかねばならない。

軍事基地オキナワは、軍事情報の集積地である。辺野古への移設強行に備えたかのように、特定秘密保護法が昨年暮れに強行採決された。暗黒の時代がいよいよ来ようとしている。沖縄の構造的差別は、ますます見えにくくなる。琉球独立の灯をともして、状況を切り開く時代がいずれ来るに違いない。

戦後七〇年──問われる「本土復帰」──

山城博明『抗う島のシュプレヒコール──ＯＫＩＮＡＷＡのフェンスから』序文（岩波書店、二〇一五年）

胎動する自己決定権

二〇一五（平成二七）年、沖縄は戦後七〇年を迎えて、歴史のターニングポイントに差し掛かっている。一言でいえば、沖縄の民衆が自分たちのアイデンティティーに目覚め、その確立に向けて歩みだした、ということである。

二〇一四年に行われた名護市長選挙（一月）、沖縄県知事選挙（一一月）、そして衆院選挙（一二月）の三つの選挙にそれは象徴的に表れている。三つの選挙は、いずれも普天間米軍基地の移設先の辺野古への建設是非を問う形で行われた。

名護市長選挙では「辺野古ＮＯ」を掲げる現職が圧勝し、知事選挙でも「辺野古ＮＯ」の新人が現職に一〇万票の大差をつけて当選、衆院選挙では四つの小選挙区で「辺野古ＮＯ」を掲げた四人が、自民党現職四人を引きずり下ろした。

全国的に安倍政権の与党の自民・公明が三〇〇を超える議席を獲得し、保守化傾向を強めるなかで、自民全員を落選（ただし比例で復活）に追い込むという際立った投票結果を、政府与党に突き付けた。これが戦後七〇年を迎えた沖縄の答えである。

なぜそのようなことが起きたのか。「辺野古ＮＯ」の選挙結果は、過去の積もり積もった政府の基地政策への、沖縄民衆の不満の集約である。単に辺野古だけの問題ではない。

もう一つ重要なことは、日米両政府から押し付けられた米軍基地をめぐり、住民はいつも対立し、その対立が政府の基地政策に利用されてきたことの愚かさに、沖縄民衆が気づいてきたことだ。「分断して統治せよ」とは、植民地支配の典型的なやり方だが、日本復帰後も「アメとムチ」による植民地的な政治がまかり通ってきたのだ。

知事選に当選した翁長雄志氏が「イデオロギーよりアイデンティティーを」「誇りある豊かさを」と呼びかけたことに、多くの共感者が集まったのは、そのことを示している。戦後七〇年を迎えて、沖縄はイデオロギーの対立を超えて、アイデンティティーの確立へと動き出したのである。

「戦後七〇年」と一口に言うが、沖縄の戦後史は二七年間の米軍統治時代と、四三年間の日本時代に大別される。これを沖縄風に言えば「アメリカ世《ユー》」と「ヤマト世《ユー》」ということになる。しかし、米軍基地に関する限り「アメリカ世」も「ヤマト世」も、なんら変わりはない。

傍若無人に沖縄の空を飛びまわる戦闘機やオスプレイ、日常茶飯事の米兵による事件事故、婦女暴行事件。口を開けば「基地の負担軽減」を公言する政府高官たち。その負担軽減を口実に、新たに辺野古地先の広大な海を埋め立てて基地をつくるという。七〇年間も基地との共存を余儀なくされてきて、この先また何十年、何百年と基地と共存せよというのか。「いい加減にしてくれ」というのが、沖縄に暮らす私たちの偽らざる率直な気持ちである。

沖縄の戦後史は、米軍基地の歴史であり、それとの戦いの歴史でもある。そもそも沖縄の米軍基地は、いつから始まったのか。それは「鉄の暴風」とまで言われた一九四五（昭和二〇）年の沖縄戦から始まる。兵員一八万人、艦船一五〇〇隻、航空機を総動員して沖縄の日本軍を壊滅すると、米軍は直ちに日本軍の飛行場を占拠し、本土の攻略基地として使用している。八月一五日の日本降伏後もそのまま使用した。

戦後、表面化したアメリカとソ連（当時）の冷戦により、沖縄基地の重要性が強まり、住民が疎開先から戻らぬうちに、早くも基地の拡充を始めた。一九四九年の中国大陸での共産党軍の勝利と新中国の誕生、さらに一九五〇年の朝鮮戦争の勃発で、沖縄基地の恒久的な建設が始まった。疎開先から故郷に戻った人々を銃剣で脅し、住居をブルドーザーで押しつぶして強制接収したのはその頃である。

アメリカは軍用地の恒久化を狙い、軍用地の一括買い上げを実行しようとした。人々は立ち上がり、一括買い上げ阻止、強制収容反対など「四原則」を掲げて抵抗運動を展開した。沖縄戦後史にその名をとどめた「島ぐるみ闘争」である。

本来なら戦争終結によって、占領した土地は返還されなければならない。ハーグ陸戦協定でもそのことが明記されている。しかし、アメリカ軍の意識は、沖縄を血を流して獲得した「戦利品」としか見ていない。

一九五二年の対日講和条約で米国による占領が終わり、日本は「独立」したが、引き換えに沖縄は同条約第三条で沖縄島と与論島の間の北緯二七度線を境に施政権が分離され、米軍による直接統治が継続される。こうして「基地の島オキナワ」が確定される。日本の「独立」は、あくまでもカッコつきの「独立」でしかなかった。日本政府の対米従属構造が、以後の日本の政治や外交を規定していくことになる。

一九六〇年代になると、米国のベトナム侵略戦争が泥沼に入り、沖縄は出撃基地として最前線に立つ。B52戦略爆撃機が嘉手納基地から渡洋爆撃に向かい、爆弾の雨を降らせた。沖縄では出撃まえの米軍兵士による事件事故が多発した。一九六八年には嘉手納基地からベトナムに向かうB52が離陸に失敗して炎上、沖縄中を戦争の恐怖に陥れた。

一九六〇年代から高まってきた日本復帰運動は、人権擁護や自治権獲得などから、六〇年代後半には反戦運動へと転換した。基地従業員の「合理化政策」で首切り解雇がはじまり、全沖縄軍労働組合（全軍労）の解雇撤回闘争がそれに拍車をかけた。基地撤去をめぐる「ゼネスト」が構築された。もはや米軍の直接統治は限界に来ていた。

一九七〇年にコザ市（現沖縄市）中の町で起きた「コザ暴動」は、そのピークを示した事件である。米軍のMPカーや米兵のYナンバー（米軍関係車両）の車が次々にひっくり返され、放火された。我慢の限界点に達した民衆のマグマが爆発したのである。

一九七二年五月一五日、沖縄の施政権が日本に返還され、沖縄は日本に「復帰」した。もはや施政権を返還しなければ、米軍基地の維持は不可能になっていた。米国の目的は施政権ではなく、軍事基地の安定的な確保である。そこで米国は施政権と引き換えに、基地の継続使用を手にしたのである。当時の琉球政府の屋良朝苗主席や民衆の多くは、基地の全面返還を主張したが、返還されたのは基地全体の一八%で、沖縄に貯蔵されていた毒ガスの撤去などを除き、大部分はそのまま継続使用された。

二〇一五年一月一五日に公開された外交文書で、那覇基地を返還する代わりにアメリカは、同基地のP3B対潜哨戒機の嘉手納移駐に伴う財政負担を日本に求めていたことが明らかにされた。まさに今に続く普天間返還の原型がそこにある。

一九八九年に東西冷戦の象徴であった東西ドイツを分断していたベルリンの壁が崩壊し、西欧には新たな時代が到来したが、「平和の配当」は沖縄には及ばなかった。それのみか一九九〇年代の湾岸戦争や、二〇〇〇年代の「テロとの戦い」やイラク戦争で、米軍は沖縄の基地使用を極東範囲をはるかに超えて使用してきた。

一九九五年に沖縄の少女が米兵三人により暴行を受けた事件は、県民に衝撃を与えた。折から軍用地の契約更新期に当たり、時の大田昌秀県知事がこの事件を受けて、行政手続きを拒否して政府と対峙した。事の重大さに気づいた橋本龍太郎首相ら政府首脳は、最も危険な基地としてやり玉に挙げられた普天間基地の返還を米側から取り付けた。しかし、それには代替基地の提供という条件が付いていた。

移設先は初めから沖縄本島北部の名護市辺野古崎のキャンプ・シュワーブ沖と想定されていた。それはかつて米軍が基地建設を想定していた場所でもある。米軍にとっては願ってもない場所である。その上移設により、老朽化した普天間基地をはるかに上回る機能を持つ基地を手に入れることになる。それも日本政府の膨大な財政でまかなうのだ。歴代内閣はその建設に向けて沖縄県と交渉を重ねてきた。あれから一九年の歳月がたつが、新基地建設はいまだに実現していない。

その間、政府は移設に反対する県や自治体に対して振興資金を凍結して圧力をかける一方、推進派の自治体に対しては、その見返りとして多額の振興資金や交付金を投入してきた。いわゆる「アメとムチ」の政策である。

そして、二〇〇九年に誕生した民主党の鳩山政権が普天間基地の移設について「最低でも県外」と発言したことで、移設についてのハードルが一気に引き上げられた。沖縄側の民意を受けての発言であったが結局、防衛官僚や米高官たち、いわゆる「ジャパン・ハンドラー」たちの「抑止論」に押され、政権そのものが崩壊した。しかし、沖縄側の民意はさらに強固になり、二〇一四年の三つの選挙で「辺野古ＮＯ」を突き出したのである。

その底流には、米軍基地に対する民衆意識の変化がある。かつて基地は、沖縄経済を支える柱の一つとされてきた。基地、観光、公共事業、の「３Ｋ」である。沖縄の経済活動が今ほどではなかった時代には、基地収入は確かに大きなウェイトを占めていた。ちなみに復帰前は県民総所得の一五％を占めていた基地収入も、今ではわずか五％にすぎない。

復帰後に返還された基地（一八％）の跡地には、商業施設やそれを中核に街づくりが進み、軍用地料をはるかにしのぐ経済効果がもたらされている。雇用面でも基地内に働いていた軍雇用員の何百倍もの雇用効果を生み出している。理屈ではなく可視化された基地の跡利用は、庶民には理解しやすい。二〇一四年の県知事選挙で「辺野古ＮＯ」の候補者の応援に回った経済人の一人は「観光に基地はいらない」と端的に発言していた。

米軍基地の面積は、沖縄本島の一八％も占め、離島を含めた全県面積でさえ一〇％を占めている。嘉手納町に至っては、今なお町面積の八〇％が嘉手納基地に占有されている。一九五〇年代の基地建設の頃、米軍は地の利のいいところを接収した。それが今、沖縄発展の阻害要因として立ちはだかっているのだ。

問題は、明確に示された民意をいかにして実現させるかだ。政府は知事選挙後、「粛々として進める」と辺野古移設の方針を変えていない。しかし、沖縄の将来を決めるのに沖縄を抜きにしていいわけはない。問われているのは、日本の民主主義そのものである。民意を無視すれば、その見返りは大きい。マグマは抑えれば抑えるほど、いずれ爆発する。すでに沖縄では「自己決定権」の在り様を求めて、新たな動きが出始めている。その意味でも戦後七〇年は、歴史の曲がり角に差し掛かっている。

Ⅳ

沖縄ジャーナリズムの旗手として

――偏向報道批判に抗して――

憲法記念日にあたって　琉球新報編集局長　三木　健

県民世論とともに歩む

偏向報道批判にこたえる

きょう五月三日は、憲法記念日である。とりわけ今年の憲法記念日は、現憲法が制定されてから、ちょうど五十年の節目を迎える記念すべき年に当たっている。しかし沖縄がこの憲法の適用下に入ったのは、一九七二年五月の日本復帰以降のことであるから、沖縄が憲法の下に置かれるようになってから、二十五年の歳月しかたっていない。

とはいえ、太平洋戦争で国民の多くの犠牲を払って誕生した現憲法は、人類普遍の基本的人権、民主主義、平和の原理に立脚し、この五十年間の日本を支えてきたのである。私たち報道に携わる立場の者も、憲法で保障された「言論、出版、表現の自由」をはじめとする基本的人権をあらためてかみしめ、これからの報道に気を引き締めていきたいと思う。

ところで、最近本土の一部から沖縄の基地問題に関連して「地元紙は偏向している」とか、「県民は地元二紙にマインドコントロールされている」とかの批判が聞かれる。

例えば、四月九日の衆院安保土地特別委員会で参考人として意見陳述した杏林大学の田久保忠衛教授は「この二つの新聞（地元二紙）は、はっきり言って普通の新聞ではない。これをキチッと批判すべきだ。言論の自由のあるところであれば、これを批判しなければならない」と述べ、地元二紙が基地問題で反戦地主に偏った報道をしていると批判している。

また、同じ委員会で新進党の西村真悟氏は「沖縄の心がマインドコントロールされている。言論が封殺されている」と、やはり同様の批判を行っている。去る四月二十二日の「産経新聞」夕刊は、「報道姿勢問われる地元紙」というトップ記事で「特措法改正反対論が突出している」ことを挙げ、「客観性に疑問の声」と批判している。

こうした一連の地元紙に対する批判は、沖縄の戦中、戦後の歴史、そして基地問題のよってきたるところを理解しようとせず、半世紀にわたる県民の基地重圧の苦しみを何ら解決しようという姿勢すら見られない。批判は自由である。新聞とてそのらち外にはない。しかし、沖縄の基地問題の背後にあるものを見ず、耳を傾けることもなく、地元紙を批判するその報道姿勢をこそ、私たちは問いたいのである。

この情報化時代にあって、一、二の新聞によって「マインドコントロール」されるほど、沖縄県民は愚かではない。もしコントロールされているというのであれば、これほど県民を愚弄（ぐろう）し、侮辱するものはない。県民の声に背を向けてコントロールしようなどといった思い上がった新聞なら、すでに県民読者によって葬り去られていよう。県民の声を支えとし、その権利や利益を守ることが偏向だというのなら、私たちはその批判を甘んじて受けよう。

沖縄の新聞が基地問題に力を入れ、その解決を主張してきたのは、なにもいまに始まったことではない。それは米軍の「銃剣とブルドーザー」に象徴される米軍による土地の強制接収の歴史にさかのぼる。武器を持たない沖縄住民にとって、沖縄の言論機関こそは、県民の権利と福祉を守る砦（とりで）としての存在であった、と言っても過言ではない。

戦後、沖縄においていくつかの新聞が生まれては消えていった。その原因はいろいろあろうが、言えることは県民の声を声とせず、意を意としない新聞は、歴史の舞台から姿を消すしかなかったということである。米軍政下の厳しい言論統制下にあっても、新聞が生き延びてこれたのは、県民と共に歩み、その声を大事にし、県民、読者がそれを支えてきたからである。

琉球新報社は「社是」に「不偏不党、報道の自由と公正を期す」ことをうたうとともに、「沖縄の政治、経済および文化の発展を促進し、民主社会の建設に努める」ことを掲げている。また「編集綱領」には「公正、迅速、品格を保ち、健全なる世論を育成する」こととともに、「沖縄の諸問題を解明し、経済の発展、文化の向上と民生福祉の充実につくす」「世界平和の確立と民主社会の建設に寄与する」ことを一貫して掲げている。

私たちはこれまでも「自由と公正を期す」ことを心掛けてきたし、これからもその姿勢を堅持するつもりである。そのことを通して沖縄の抱える諸問題の解明に当たり、経済の発展や文化の向上、福祉の充実に寄与し、「平和沖縄」の建設を目指していく考えである。そのことがとりもなおさず、平和のうちに生きる権利を保障している憲法の理念を、具現する道だと信じるからである。

『琉球新報』1997年５月３日付

1990年代の沖縄基地問題に関して、本土の一部メディアから「地元紙は偏向している」「県民は地元二紙にマインドコントロールされている」といった偏向報道批判がなされた。

当時琉球新報の編集局長であった三木は自らの著名入りで紙面に掲載し、これにこたえた。

沖縄の五〇年とこれからの報道――地域と世界を結んで――

『新聞研究』五二二号（日本新聞協会、一九九五年一月）

沖縄県民の戦後五〇年は、日本国内で唯一の地上戦となった沖縄戦の終結とともに始まった。それは文字通りゼロからの出発であった。一九四五（昭和二〇）年八月の降伏より一足早く、沖縄は米軍の占領下におかれ、住民は米軍の指定した避難先でのテント生活が始まった。それは日本の軍国主義教育によって教えられた〝鬼畜米英〟のイメージとは異なる異文化体験であった。

やがて住民は収容所生活から解放され、それぞれのまちやむらに戻っていったが、かつてのまちはそこになかった。ともかく米軍相手に住民は必死になって生活の糧を求めて生きてきた。そうした混沌の中から戦後沖縄の新聞はスタートを切った。私が入社した琉球新報もその例外ではない。

戦前に多少なりとも新聞にかかわった人たちが集まり、当時の状況を住民に知らせようとして発足したのが『うるま新報』（後に『琉球新報』と改題）であり、『沖縄タイムス』であった。

戦後生まれた新聞はほかにもあったが、今日まで読者の支援を得て発刊されているのは両紙のみである。幾多の新聞人がこの五〇年間を支えてきた。私たちはいまその延長線上に立たされ、戦後五〇年という大きな節目を迎えたわけである。

問い続けたい沖縄戦と占領体験

さて、沖縄県民にとって戦後五〇年は、どのような意味を持っているのだろうか。それを見ていく上で、挙げなければならない本土との大きな違いが二つある。その一つは先にも触れたように、日本国内で唯一地上戦が展開され、多くの犠牲者を出した沖縄戦をスタートとしている点である。それは無からの出発を意味した。良いも悪いも、戦前の社会体制が崩壊したその上に、戦後沖縄は築かれていく。

二つ目の違いは、二七年もの間、米国の支配下に置かれていたという点である。沖縄の戦後は、米国統治下の時代と、日本復帰後の時代とによって構成されるが、とりわけ米国統治下の二七年間は、体験の中身といい、時間の長さといい、かつて日本国民が体験しなかったことである。

私たち地域紙としても、こうした沖縄戦や占領体験についての遺産化に努めてきたところだが、戦後五〇年を迎えて、改めて沖縄県民にとって、あるいは日本国民にとって沖縄の戦後五〇年とは何であったかを、問い直すときにきている。

琉球新報は、一九九四（平成六）年をプレ五〇年と位置づけ、九五年にかけてさまざまな「戦後五〇年」の企画をスタートさせている。

沖縄戦については毎年六月二三日の「慰霊の日」前後に、連載企画を組んで紙面づくりをしてきたが、九四年はこれまでの報道で欠落していた「学童疎開」について取り組んでいる。

南方戦線が次々に陥落し、沖縄の地上戦が不可避となるにつれ、沖縄からは九州の熊本や宮崎、大分、さらには台湾へと疎開が行われた。特に九州には学童たちの疎開が実施された。その数は一般疎開者を含め六万人に及んだが、疎開先での実態は散発的な報道だけで、体系的な取材報道はなされていなかった。記者を九州各地に派遣し、九四年八月から連載を開始した。九五年の三月まで続く。

もう一つの米国統治下の検証については、九四年一〇月から毎週一回の日曜版を使い「うちなー戦後史――アメリカ世からヤマトゥぬ世」のタイトルで、米占領下のさまざまな事象を取り上げている。そのほか、文化面で「米公開資料に見る沖縄統治」などを連載しているが、九五年は住民の生活体験なども連載する。また民衆意識の変遷についても、外部執筆者によって検証を行うことにしている。

しかしこうした戦後五〇年の検証にもかかわらず、私たちは一種のいら立ちを禁じえない。さまざまなキャンペーンをもってしても、〝戦後〟を終わらせることができないのが原因だ。それは戦後五〇年間引きずってきた米軍基地の問題である。

米軍基地置き去りに異議申し立て

沖縄の戦後五〇年は、基地問題とともにあった。その時々の国際情勢やアジア情勢によって、それはさまざまな展開を見せ、住民生活と密接なかかわりを持ってきた。そしてその関係は、いまも基本的には変わっていない。

ちなみに一九九四年一年間に起きた米軍基地にまつわる問題を拾ってみると、嘉手納基地での爆音問題（訴訟判決）、米軍機の相次ぐ墜落事故、沖縄返還時の核密約問題、そして米軍基地との共生で問題となった宝珠山発言（後述）と大きな問題があった。

米軍占領とともに対本土攻略基地として建設が始まった米軍基地は、その後朝鮮戦争、ベトナム戦争、湾岸戦争へと引き継がれ、その機能が変わることがない。ベルリンの壁の崩壊に象徴される冷戦構造崩壊後の情勢下にあって、その恩恵をアジアにも、そして沖縄にも波及させよと主張し続けてきたが、いまだに変わることはない。

沖縄の米軍基地は戦後この方、一部に部分返還はみられるものの、米軍にとってせいぜい贅肉をおとすようなものに過ぎず、いまだ主要基地は変化していない。それらの基地はいまや沖縄の地域開発の大きな妨げとなっており、沖縄の経済発展の一大がんとなっている。

私たちが危惧するのは、そうした状況下にあるにもかかわらず、戦後五〇年の一区切りによって、米軍基地がそのまま放置されるのではないか、ということである。中央政界における保守化現象によって、日米安保条約はすでに暗黙の前提とさえなっている。社会党がこれを容認するに至って、状況は大きく変わってきた。沖縄の基地問題が取り残される恐れがある。すでにこうした兆しが見えはじめている。

九四年九月九日、基地視察のため沖縄を訪れた防衛施設庁の宝珠山昇長官は、帰任にあたっての記者会見で「基地との共生共存」を述べて県民の間に大きな反響を呼んだ。

「沖縄は戦略的に極めて重要な位置にある。戦略上の基地にはどうしても防衛施設、軍事施設というものは欠かせない。好むと好まざるとにかかわらず国家の要請として存在すると私は思っている。この変えることのできない条件を踏まえ、基地を受け入れることによって基地との共生、共存する方向に変化してほしい」

戦後五〇年この方、沖縄県民は基地との共存を強いられてきた。そのうえまた共存せよ、という中央官僚の沖縄基地に対する認識に、多くの県民が反発したのは当然である。その発言の背景には、村山内閣を支える与党社会党が「安保容認」「自衛隊合憲」へと大きく政策転換したことへの、防衛官僚の自信とおごりがある。

県議会や那覇市議会などの市町村議会がこの発言の全面撤回や謝罪、退任要求を採択していく中で、ようやく中央政界でも問題となり、発言の一部撤回となったものの、この問題で見せた政界の対応に、県民は率直に言って失望した。

安保容認を基本としている自民党沖縄県連でさえ「米軍基地との共存がいかに地域をゆがめ社会的摩擦を生んできたか、全く実情を知らない高圧的姿勢だ。基地との共存しか沖縄が生きる方途がないかのごとき発言は許せない」として、抗議声明を出している。

しかし、中央政界の液状化現象は、地域の抱える矛盾を解決するどころか、かえって容認していく危険性さえある。地域の新聞として、〝戦後五〇年遺制〟の問題は、今後とも執拗に追及し、中央政界に異議申し立てをする姿勢を今後も貫いていきたい。

その意味において戦後五〇年は、沖縄にとって決して過去のことではない。従って五〇年報道とは、戦後五〇年がもたらした、あるいは未解決のまま持ち越してきた諸問題に、真正面から取り組むことにほかならない。

いま沖縄の各地では地域おこしへの活発な取り組みが見られる。それは一面、在日米軍基地の七五％が集中する沖縄の基地依存経済からの脱却を求める動きでもある。すでに「基地経済」という言葉は死語になりつつあるが、基地の集中する沖縄本島中部では、そうした側面はいまなお否定できない。しかしその地域でさえ、基地を逆手にとっての地域おこしが、若いリーダーたちによって始められている。

地域に根差すローカルペーパーとして、私たちはこれまでも種々の取り組みを支援してきた。地方自治体が行う地域おこしのイベントなどに新聞社として共催し、報道面でもバックアップしてきた。時にその過剰なまでの報道ぶりが「イベント新聞」との批判をあびたりした。内容的にみて、反省すべき点が多々ないではない。しかし、地域の人たちが地域のために行うイベントを、新聞社としてその持てる機能を生かして支援していくことは、地域紙としての役割でもある。

琉球新報編集局では九三年七月から「移動編集局」を毎月一回開き、積極的に地域に入っている。そこで抱えている具体的な問題をテーマに、地域の人たちに集まってもらい、自由に意見を交わし、その内容を見開きで紹介している。新聞の持つ広報や情報機能を地域づくりのために、より積極的に生かしていく――というものである。

実はこの企画、一〇年前にも三年ほどかけて県内四三町村（一〇市は除く）めぐりをした実績があるが、この時にはいわば「総論」の段階であった。しかしあれから一〇年が経ち、いまや「各論」と「実践」の段階にきているというのが、これらの討論での実感である。

地域の新聞が読者の共感を得て、地域で生き続けていくためには、このような地域発信の報道姿勢が必要ではなかろうか。「移動編集局」を、さらに今後も推進して、地域づくりの支援を積極的に展開したいと考えている。

地域と世界を結ぶ視点を

地域の新聞として地域発信の報道姿勢を取り続けるのは当然であるが、それでは地域のことにだけこだわり続けておればよいのか、地域以外のことは通信社ものにゆだねておればよいのか、といえば決してそうではない。

ボーダーレス化、国際化といわれる時代にあって、いまや地域は地域だけでは存立し得ない。地域をとりまく外部状況と切り離しては、その活性化を期待すべくもない。

とりわけ沖縄のような島嶼県においては、外部経済の影響を受けやすい。一見、島嶼のもつ隔絶性と矛盾するようだが、時代はそこまできている、ということである。沖縄は日本本土と東南アジアとの、いわば結節点に位置している。特に沖縄をとりまく国際環境の変化として、シンガポール、台湾、香港、マレーシア、タイそして華南経済圏といった地域での経済成長がある。

地理的にも東アジアの好位置にある沖縄が、〝亜熱帯交流圏〟として次期全国総合開発計画（全総）の中でも位置づけされようとしている。民間の経済交流も萌芽的ながら始まりつつある。これらの動きを背景としつつ、沖縄県でも沖縄を東アジアにおける交流拠点として、新たな都市像を模索して動き出している。

沖縄の人口は一二五万人だが、このうち八〇％に相当する一〇〇万人が沖縄本島の中部から南部にかけて集中している。この中南部都市圏を「国際都市」として形成し、二一世紀への戦略としようという構想である。

地域の新聞としても、単に地域のことに目を向けておればよいという時代ではなくなった。地域の視点からアジアや世界を見つめ、グローバルな視野でローカルを見つめていくという双方向の視点が求められている。

「グローカル琉球」という言葉は、九三年に琉球新報社が創刊一〇〇年を記念して行った企画のタイトルであるが、グローバルとローカルのドッキングこそ、地域の新聞にいま求められている姿勢である。

ボーダーレス時代とは、国家の枠組みがゆるやかになっていくことである。そして地域がより重要な存在として位置し、そのような時代には、地域と外国の地域とが国家的回路を経ずに交流することが可能となってくる。東京中心の政治下では、地方の一辺境でしかなかった沖縄が、最もアジアと至近距離の最前線に立つ時代がくる。国際化とともにそれを可能にしていくのが情報化である。

多様性ある社会創造を目指して

沖縄は全国有数の移民県である。世界に散在する沖縄系人の数はおよそ三〇万人と言われる。南米やハワイへの移民は一〇〇年近い歴史を持ち、いまや二世あるいは三世たちの時代である。そうした海外の移住者たちの生きざまを広く県民に知らしめ、本土復帰一〇年後のいわゆる本土化の波の中で、沖縄人自身のアイデンティティーに火をつけたのは「琉球新報」をはじめとする沖縄のマスコミであった。

裸一貫で海外に飛び出し、その土地で県人同士が助け合い、しかも土地の人たちと融合し合って生きている姿は、自信喪失しかけた県人に勇気を与えた。そして長い海外との交易によって琉球王国を支えてきたウチナーンチュ（沖縄人）のメンタリティーを改めて認識した。その報道は戦後報道史のなかでも特筆に値するできごとであった。

　これを受けて沖縄県は九〇年に第一回目の「世界のウチナーンチュ大会」を開催し、世界中から馳せ参じた県系人と県人がお互いのアイデンティティーを確かめ合ったのである。

　あれから五年後の九五年一一月に再び「世界のウチナーンチュ大会」が沖縄で開催される。これを機にウチナーンチュのネットワークの構築が求められている。沖縄の新聞としても、情報機能を大いに生かして、その構築のため大いに参画していく必要がある。それらを足掛かりに二一世紀への突破口をつくりたい。

　それは沖縄人のアイデンティティーをいかにして確立していくか、大きく言えばそれがまた沖縄の新聞に課された使命でもあるからだ。それは決して偏狭なローカリズムではなく、グローバルな視野に裏付けられたローカリズムによらなければならない。ボーダーレス時代とは、中央と地方のボーダーをも無化していくことである。

　誤解を恐れずにあえて私見を述べれば、多様性のある社会を沖縄地域の中につくり出していくことでもある。多様性を多民族社会と置き換えてもよい。軍事基地とではなく異民族が共存、共生しうる社会、これこそが戦後五〇年の歴史の中で沖縄が目指すべき社会である。それは単一民族国家観から抜けきらない日本社会のありようにも、一石を投ずるはずである。

　長期化する〝平成不況〟は、底の浅い沖縄経済、とりわけ広告収入への依存度の高い沖縄の新聞業界を直撃している。暗いトンネルはいっこうに出口が見えず、理想ばかりを言っておれないのも事実だが、そうした中にあっても、地域の新聞の使命を忘れることなく、戦後五〇年の原点を見すえて、今後の報道に当たっていきたいと思う。

沖縄の主体性守る砦——歴史の転換点で言論の使命果たす——

『琉球新報』一九九六年九月一五日付

沖縄はいま、大きな歴史の曲がり角にさしかかっている。沖縄の長い歴史の中で、後世の史家はどのように見、評価するであろうか。おそらく現代史のなかで沖縄県民が自らの未来を切り開くために立ち上がった年として、後世まで記憶されるにちがいない。

戦後五〇年にして起きた今回の基地問題は、一少女の不幸な事件を契機として一気に噴出した感があるが、それはようやくにして沖縄にも冷戦崩壊が始まりつつあることを示している。新しい時代の幕開けの始まりであり、またしなければならない。

大田知事が行政行為として行った米軍基地の強制使用手続きに係る代理署名の拒否は、日本の安保体制の根幹を揺るがし、沖縄の米軍基地の見直しを迫る「異議申し立て」となった。内閣総理大臣が一地方の県知事を裁判に訴えるという前例のない事態となり、法的には敗北したが、九月八日の県民投票では投票者の九割が「基地縮小」を求める主張を突き出したのである。このようなことがかつて沖縄の歴史にあったであろうか。否、日本の歴史にさえなかったことである。

私たちは半世紀にわたって揺らぐことのなかった米軍基地を問い直すまたとない機会ととらえ、その報道に大きな力を注いできた。昨年(一九九五年)九月の事件発生から今日まで、おびただしい情報を紙面を通じてお伝えしてきた。

それというのも沖縄の言論にとっても、まさにその真価が問われている、と認識したからである。私たちは今回の基地問題を基地の〝終わりの始まり〟としたいと思う。

基地問題は同時に沖縄の将来をどうするのか、という大切な問題をも提起した。基地に依存してきた沖縄の経済を、これからどうすれば基地に頼らず、自立した経済にもっていくことができるのか。基地問題の解決は、同時にこの問いにこたえるものでなければならない。

基地の縮小と経済の振興とは、まさに車の両輪である。基地の縮小なくして将来の振興は考えられず、経済の裏打ちなしに基地の縮小もあり得ないのだ。

この大きな命題にこれからこたえていかねばならない。それがいまの沖縄の言論を担う私たちに課された使命である。

私たちの先人たちは新聞を通じて、たえず沖縄県民の幸せを追求してきた。琉球新報を一八九三（明治二六）年に創刊した太田朝敷たちは、新時代を開くため鋭い論陣を張り、「紙ハブ」の異名で恐れられた。その牙は時に沖縄を差別する中央政府に向かい、時に蒙を啓こうとしない沖縄の社会内部に向けられた。

時代は下って戦後の米軍統治時代には、言論の自由さえままならない時代に、支配の不当性を訴え続けてきたのである。私たち新聞人は、一〇〇余年の長い沖縄言論史のうえに、いま立っている。

こうした過去の言論史を顧みて思うのは、新聞が県民の主体性を守る砦として、県民共有の財産であるということである。私たちも、名誉ある伝統の灯を守り、これからの言論活動を続けていく決意である。

憲法記念日にあたって――県民世論とともに歩む、偏向報道批判にこたえる――

『琉球新報』一九九七年五月三日付

きょう五月三日は、憲法記念日である。とりわけ今年の憲法記念日は、現憲法が制定されてから、ちょうど五〇年の節目を迎える記念すべき年に当たっている。しかし沖縄がこの憲法の適用下に入ったのは、一九七二（昭和四七）年五月の日本復帰以降のことであるから、沖縄が憲法の下に置かれるようになってから、二五年の歳月しかたっていない。

とはいえ、太平洋戦争で国民の多くの犠牲を払って誕生した現憲法は、人類普遍の基本的人権、民主主義、平和の原理に立脚し、この五〇年間の日本を支えてきたのである。私たち報道に携わる立場の者も、憲法で保障された「言論、出版、表現の自由」をはじめとする基本的人権をあらためてかみしめ、これからの報道に気を引き締めていきたいと思う。

ところで、最近本土の一部から沖縄の基地問題に関連して「地元紙は偏向している」とか、「県民は地元二紙にマインドコントロールされている」とかの批判が聞かれる。

例えば、四月九日の衆院安保土地特別委員会で参考人として意見陳述した杏林大学の田久保忠衛教授は「この二つの新聞（地元二紙）は、はっきり言って普通の新聞ではない。これをキチッと批判すべきだ。言論の自由のあるところであれば、これを批判しなければならない」と述べ、地元二紙が基地問題で反戦地主に偏った報道をしていると批判している。

また、同じ委員会で新進党の西村真悟氏は「沖縄の心がマインドコントロールされている。言論が封殺されている」と、やはり同様の批判を行っている。去る四月二二日の「産経新聞」夕刊は、「報道姿勢問われる地元紙」というトップ記事で「特措法改正反対論が突出している」

ことを挙げ、「客観性に疑問の声」と批判している。

こうした一連の地元紙に対する批判は、沖縄の戦中、戦後の歴史、そして基地問題のよってきたるところを理解しようとせず、半世紀にわたる県民の基地重圧の苦しみを何ら解決しようという姿勢すら見られない。批判は自由である。新聞とてその埒外にはない。しかし、沖縄の基地問題の背後にあるものを見ず、耳を傾けることもなく、地元紙を批判するその報道姿勢をこそ、私たちは問いたいのである。

この情報化時代にあって、一、二の新聞によって「マインドコントロール」されるほど、沖縄県民は愚かではない。もしコントロールされているというのであれば、これほど県民を愚弄し、侮辱するものはない。県民の声に背を向けてコントロールしようなどといった思い上がった新聞なら、すでに県民読者によって葬り去られていよう。県民の声を支えとし、その権利や利益を守ることが偏向だというのなら、私たちはその批判を甘んじて受けよう。

沖縄の新聞が基地問題に力を入れ、その解決を主張してきたのは、なにもいまに始まったことではない。それは米軍の「銃剣とブルドーザー」に象徴される米軍による土地の強制接収の歴史にさかのぼる。武器を持たない沖縄住民にとって、沖縄の言論機関こそは、県民の権利と福祉を守る砦としての存在であった、と言っても過言ではない。

戦後、沖縄においていくつかの新聞が生まれては消えていった。その原因はいろいろあろうが、言えることは県民の声を声とせず、意を意としない新聞は、歴史の舞台から姿を消すしかなかったということである。米軍政下の厳しい言論統制下にあっても、新聞が生き延びてこれたのは、県民と共に歩み、その声を大事にし、県民、読者がそれを支えてきたからである。

琉球新報社は「社是」に「不偏不党、報道の自由と公正を期す」ことをうたうとともに、「沖縄の政治、経済および文化の発展を促進し、民主社会の建設に努める」ことを掲げている。また「編集綱領」には「公正、迅速、品格を保ち、健全なる世論を育成する」こととともに、「沖縄の諸問題を解明し、経済の発展、文化の向上と民生福祉の充実につくす」「世界平和の確立と民主社会の建設に寄与する」ことを一貫して掲げている。

私たちはこれまでも「自由と公正を期す」ことを心掛けてきたし、これからもその姿勢を堅持するつもりである。そのことを通して沖縄の抱える諸問題の解明に当たり、経済の発展や文化の向上、福祉の充実に寄与し、「平和沖縄」の建設を目指していく考えである。そのことがとりもなおさず、平和のうちに生きる権利を保障している憲法の理念を、具現する道だと信じるからである。

沖縄の新聞は偏向か

『新聞之新聞』一九九七年五月一日付

　最近、沖縄の基地問題に関連して、「地元紙は偏向している」とか「県民は地元二紙にマインドコントロールされている」とか、一部から批判が出されている。半世紀もの間、基地問題に苦悩させられてきた沖縄県民の思いを顧みることなく、表面的な批判を繰り返すこうした論調には、情けなくなる。果たして偏向しているのは、いずれなのか。

　このところ、沖縄の基地問題は解決に向かうどころか、ますます混迷の度を深めている。沖縄に住む私たちは、ある種のいら立ちを禁じえない。

　このような混迷の原因は、米軍基地を沖縄から撤去するのではなく、沖縄県内の別の場所に移設することを条件づけているところからきている。いわゆる基地のタライ回しで、狭い沖縄で、移設とはいっても、すんなり受け入れるところなどあるはずもない。基地問題の矛盾が出口を失い、沖縄の内部で空回りしているのだ。

　普天間基地は目下、沖縄本島の北部の名護市にあるキャンプ・シュワブの沖合に海上基地を建設し、そこに移設するということだが、地元市長は国の方針と地元との板挟みにあって、苦悩を深めるばかりである。

　政府は地元の反対を押し切ってまでは強行しないというが、裏を返せば反対すれば移設は実現せず、普天間基地は現状どおり、ということにほかならない。那覇市内の米軍港は、二三年も前の日本復帰の際、返還が合意されている。しかし、これも移設条件つきなため、その移設先が決まらぬまま現在に至っている。普天間がその二の舞にならぬという保証はない。

　このような移設の論理は、沖縄の基地問題は沖縄内部で解決せよ、と言うように県民には思える。それが沖縄県民への差別的処遇と映るとしても当然であろう。

そうした論理をさらにはっきり示したように受け取られたのが、米軍用地を収用するための特別措置法の改正であった。今年五月一四日に軍用地契約が期限切れを迎えることから、県収用委員会では、すでに審議が始められていたが、それが間に合いそうもないと分かると、法律そのものを変えて強制使用できるよう権限を国が取得するというのだから、「これは試合途中にルールを変更するようなものだ」と宝珠山前防衛施設庁長官にからかわれても仕方あるまい。

しかも実質審議の行われる前に、党首間の話し合いで成立させていった過程は、形だけの民主主義であった。衆議院本会議の安保土地特別委員長報告のなかで、自民党の野中広務氏が「大政翼賛会を忘れるな」と発言して警鐘を鳴らしたのを見ても分かる。この野中発言は「個人的発言だ」ということで議事録から削除されたが、私たちの記憶から消し去ることはできない。

沖縄の米軍用地は、そのほとんどが民有地である。国有地がほとんどで、しかも戦前から軍事基地として使用されてきた本土の場合とは、その歴史的経緯を異にしている。

沖縄の地主のなかには、戦時中の国家総動員体制下の土地収用法によって農地を日本軍の飛行場用地として接収された人たちもいる。それらの人たちは、有無を言わさぬ軍国主義時代の土地取り上げの不当性を訴え、旧地主への返還を、戦後もずっと主張し続けてきたものだ。

一九五〇年代の東西冷戦下の朝鮮戦争の最中には、米軍はブルドーザーを押し立て、着剣した軍隊によって土地を住民から取り上げた。

嘉手納町などは、いまも町面積の八二%が基地に接収されたままである。

二七年に及んだ米軍支配は、基地維持のための統治であった。そこでは沖縄住民の人権は蹂躙され、福祉はないがしろにされてきた。

一九七二(昭和四七)年に本土復帰が実現した際、政府は沖縄の基地は「本土並み」になると約束した。それは質量ともに「本土並み」になるはずであった。東京近郊の米軍基地が、関東計画によって大幅に整理縮小されたのに比べ、沖縄はほとんどが手つかずであった。

一九八九(平成元)年に東西冷戦のシンボルであったベルリンの壁が崩れたとき、沖縄の基地にもダイナミックな変化が訪れることを県民の多くが期待した。私たちもそれを期待し、主張もしてきた。しかしその期待は裏切られ、その後も全日本の七五％もの米軍基地が沖縄に居座り続けている。

沖縄の新聞が基地問題に力を入れ、その解決を主張してきたのは、なにもいまに始まったことではない。先にも述べたように、それは米軍の銃剣とブルドーザーのもとで土地を奪われたときから始まっている。武器を持たない沖縄住民にとって、言論機関こそは住民の権利と福祉を守る砦であった。

戦後の沖縄においても、いくつかの新聞が生まれては消えていった。その理由はいろいろあろうが、少なくとも県民の声に耳をかさず、県民の利益を守ろうとしない新聞は、歴史の舞台から姿を消した。

さまざまな制約のあるなかで、現在の新聞が生きのびてきたのは、県民と共に歩み、その声を大事にして紙面をつくってきたからである。

米軍用地特措法改正の国会審議のなかで、新進党の西村真悟議員が「沖縄の心がマインドコントロールされている。言論が封殺されている」とあからさまに沖縄の新聞を批判した。また杏林大学の田久保忠衛教授は「沖縄の新聞は偏向している」と参考人の意見陳述のなかで述べている。私たちはこうした意見があったことを、紙面でも詳しく伝えている。

この情報化時代にあって、一、二の新聞によってマインドコントロールされるほど、沖縄県民は愚かではない。県民の声に背を向けてコントロールしようなどといった思い上がった新聞なら、すでに姿を消していよう。県民の権利や利益を守ることが偏向だというのなら、私たちはその批判を甘んじて受けよう。

四月一二日の「産経新聞」夕刊は、「報道姿勢問われる地元紙」の記事で「特措法改正反対論」が突出していることをあげ「客観性に疑問の声」と批判させている。新聞が自社以外の新聞の話題を取り上げたり批判したりするのは最近の傾向だが、それ自体は悪いことではない。

しかし沖縄県民の基地問題の背後にあるものに耳を傾けることなく、客観性を隠れミノに地元紙を批判するその報道姿勢をこそ、沖縄の私たちは問いたいのである。

Ⅴ　リゾートブームへの警鐘

現在の恩納村のリゾート施設の様子（写真提供：PIXTA）

1980年代末から1990年代初頭にかけて、沖縄は空前のリゾート開発ブームであった。

1987年には総合保養地域整備法が制定され、1990年には沖縄県で「リゾート沖縄マスタープラン」が策定されたといったことが後押しをしたのである。

しかし、その裏には、開発業者と地元住民の間で、土地や水、環境をめぐる様々な問題も生じていた。

リゾート・ブームの裏表――真夏の沖縄から――

『世界』五三二号（岩波書店、一九八九年九月）

沖縄本島中部の基地の街・嘉手納から国道五八号を読《よみ》谷《たん》を通って恩納村へ出ると、急に視界が開け目の覚めるような青い海が目にとびこんでくる。初めて訪れる人なら、その青さに思わず息をのむ。青い海の彼方には山原《やんばる》の山々が連なり、訪う人の目をなごませてくれる。

夏はもっとも沖縄の本領を発揮する季節である。海は陽光を存分に吸い込んであくまで青く、ビーチでは若者たちが肌をさらしてはね回る。恩納村から名護市にかけて、県外から訪れる観光客がひきもきらない。

海に突き出した岬には、リゾートホテルの白亜の施設がひときわ目につく。いまやこの一帯はリゾートホテルのメッカと化しつつある。相次ぐホテルの進出で、数十年後には大きく変貌しよう。山間部ではゴルフ場の建設がすすんでいる。本部半島の山は、まるではちまきでも締めたように、山すその地肌がむき出しになっている。大雨ともなれば国頭《くにがみ》マージの赤土が、溜め池をあふれて下界の青い海になだれ込み、たちまち赤い海に変わる。町を挙げてのゴルフ場誘致とあって、地元ではことさら騒ぎたてることもないが、開発とひきかえに、周辺の海が死に追いやられている。

かつて沖縄本島の川口周辺でもみることのできたマングローブも姿を消し、白砂はコンクリートの護岸で遮られたり、消波ブロックで埋められたりしていく。渚が消え、潮の香がなくなった。確かにここ数年来の開発の波はすさまじい。なかでもリゾート施設は建設ラッシュである。一二〇万県民が食べていく上で、施設の建設はすべて否定できないとしても、そのありようは果たしていまのままでいいのか。

沖縄におけるリゾート開発の問題は、いま全国各地で進行しているリゾートーブームの集約ともいえ、その現状と問題点を報告することは、リゾートを考える参考となるかもしれない。

目白押しの進出計画

沖縄で本格的なリゾートホテルの先鞭をつけたのは、一九七五（昭和五〇）年恩納村内に完成した地元資本国場組系列のホテル・ムーンビーチである。しかし、リゾートホテルが本格化したのは一九八二年、全日空系列の万座ビーチ・リゾートである。これを契機として中型あるいは大型リゾートホテルが相次いで進出してきた。

現在、リゾート型ホテルは、沖縄本島北部の西海岸を中心に一八軒がオープンしている。室数にして三四二三にのぼる。このうち八八年七月にオープンした沖縄残波ロイヤルホテルは、大和ハウス工業が事業主体で客室数五〇〇をもついまのところ沖縄最大のもの。また恩納村内のラマダ・ルネッサンス・リゾートオキナワは、日本リゾート開発と米国を中心に、世界三位を誇るラマダ・ホテル・チェーンによる外資系企業によるホテルである。

これらのリゾートホテルのほとんどがプライベート・ビーチやテニスコート、プール、ゴルフ場などの付帯施設を持っている。リゾートの三種の神器の一つといわれるゴルフ場についてみると、既設のゴルフ場が二一カ所、造成中もしくは計画中のものが二三カ所もあり、まさにリゾート建設ラッシュである。

これらの多くは沖縄本島中北部にかけて集中しており、特に村内に約三〇キロの長い海岸線を有する恩納村は、景観にも恵まれた立地条件とあって、施設建設が目白押しである。企業進出の引き金となった万座ビーチホテルは、全日空というキャリアの集客力を背景として、海洋性レジャー観光地としての特性を生かした臨海型の海浜リゾートである。

これから進出しようとしている本土系企業のなかには、室数一〇〇〇というのもあれば、北部の小さな無人島が島ごと買収され、そこに施設をつくる計画などもある。これまで見向きもされなかったような無人島が、いまや本土資本にねらわれているのだ。

沖縄の観光産業は一九七二年の日本復帰後、最も急成長をみた産業である。復帰の年、わずか四〇万人に過ぎなかった入域観光客も、八四年ごろから急上昇して二〇〇万人を突破、八八年には二三九万人を数えている。年間観光収入も二七〇〇億円台にのり、基幹産業といわれたサトウキビ産業をはるかに上回るまでになった。

このような入域客の伸びに支えられて、リゾートホテルの稼動状況も年々伸びている。沖縄振興開発金融公庫（沖縄公庫）調査部の「沖縄のリゾート開発の課題と開発資金の検討」によれば、一九八三年六五・三％にとどまっていた稼動率が、八五年に八三・六％、八六年に八五・一％と著しい伸びを示し、八六年には九〇％を超える稼動率が六カ月も続くといった好成績である。

沖縄観光は夏場に集中し、季節変動が著しかったが、一九八六年には年間を通じてすべての月で都市型ホテルの稼動率を上回る成績を挙げている。リゾートホテルは着実にオフシーズンの底上げを図り、これまでオフシーズンとされてきた四～六月は、三月の勢いをそのまま維持して夏場のトップシーズンを迎えている。

このような海浜リゾートホテルの状況は、沖縄公庫の報告書が指摘しているように、需要パターンの変化をもたらし、周遊型から滞在型への転換を図るうえでの足がかりを与えたのである。

高い稼動率は当然のことながらホテル側の収益性の面にも反映し、沖縄公庫の調査によれば、総資本経常利益率は一九八六年で一・一％、減価償却前で八～七％と全国平均を上回る業績をあげている。都市型ホテルに比べて定員当たりの有形固定資産額の高いリゾートホテルは、こうして資本コストの重圧を、ほとんど限界に近い客室繰りで切り抜けているわけである。

しかし、中北部に集中するリゾートホテルは、一方では那覇市内の都市型ホテルや旅館の客を奪う結果となり、なかには倒産に追い込まれたホテルもある。那覇市内の中小ホテルは、いま必死になって那覇への誘客を図るべく巻き返しにかかっている。

二一世紀の〝戦略産業〟

沖縄のリゾート産業は、行政のなかではどう位置づけられているのだろうか。沖縄県は一九八二年から始まった第二次振興開発計画の後期五カ年間の「課題と展望」のなかで「温暖な海洋性気候と地理的有利性を生かしつつ、東のハワイ、西のオキナワを目指した滞在型、保養型観光の場の形成を図る」とうたっている。

さらに一九八七年五月二九日に発表された国土庁の第四次全国総合開発計画（四全総）試案でも、沖縄を北海道や九州と並んで一圏域として取り上げ「優れた自然的特性を最大限活用した海洋性余暇活動空間を整備し、これらをネットワーク化することにより、国際的規模の観光・保養地域の形成を図るとともに、沖縄国際センター等の機能を活用しつつ、国際的研修、会議等のための施設整備について検討し、国際交流の拠点形成を図る」とうたい、国際的なリゾート形成が国によって位置づけられた。

一九八七年五月に成立した「リゾート法」を受けて沖縄県は「リゾート沖縄・マスタープラン」づくりにとりかかり、このプランに基づく「沖縄トロピカルリゾート構想」の策定をすすめている。県が今年五月にまとめた「総合保養地域の整備に関する基礎調査」（沖縄トロピカルリゾート構想）は「リゾート産業を自立的発展に向けた戦略的産業の一つとして位置づけ、『リゾート沖縄マスタープラン』（策定中）に基づく関連施策の計画的展開を通じて、県全域一体となったリゾート基礎の整備を図り、四全総に示された国際的規模の観光・保養地域の実現を図る考えである」とうたい、リゾートを〝戦略産業〟として位置づけている。

ハワイ、オーストラリアのゴールドコーストとを結ぶ三角形の一つの頂点として「リゾートのゴールデン・トライアングル」を形成する国際的リゾート地域として発展が期待されるとしている。

「沖縄トロピカルリゾート構想」の具体的な内容をみてみよう。整備対象面積は約一八万五〇〇〇ヘクタールで、県内全域を網羅しており、このうち本島六カ所と宮古・八重山の二カ所の合わせて八カ所が「重点整備地区」に指定されている。

民活をフルに活用した開発を、というわけであるが、現在リストアップされた民間企業による開発計画だけでも五六社、六〇プログラムにのぼっている。詳細な計画を持つものは三八プロジェクトで、ホテル・定住施設をもつものが一九件、総合施設計画をもつものが九件、ゴルフコースと他のスポーツ施設をもつものが一〇件、開発面積を合わせると三二五二ヘクタールで、投資額は三六七五億九八〇〇万円という額にのぼっている。

計画中のプロジェクトには、客室数が一〇〇〇室、投資額が一〇〇〇億という巨大なものもある。計画のなかには地元とのコンセンサスづくりや、他の計画との調整などもあり、県の開発認可が下りていないものもあるが、いずれにしても計画は目白押しで、まさにリゾート・ラッシュの観がある。

なかでも注目されるのが、名護市内の部瀬名岬一帯の再開発計画であろう。この辺一帯は沖縄海中公園として沖縄県観光開発公社が管理運営しているが、これを中心として国際級リゾートの拠点にしようという計画である。すなわち、名護市と恩納村にまたがる約二〇〇ヘクタールの広大な面積に、海洋レジャー、リゾートホテル、ゴルフ場などの施設を集中的に開発。県などの公的機関が先導的役割を果たし、民間活力も導入する第三セクター方式をとる点に特徴がある。対象地域内にリゾートゾーン、バカンス村ゾーン、マリーナゾーン、コンドミニアムゾーン、ビーチパークゾーン、ゴルフ場ゾーンなど六つのゾーンに施設を張りつけている。第三セクターによるモデルケースとして注目されているが、クリアすべき問題は多い。

沖縄県がリゾート産業を二一世紀に向けた戦略産業として位置づけた背景には、第三次産業に偏重した産業構造を是正するため企業誘致につとめたにもかかわらず、立地条件の不利や低成長への移行から所期の目的が達成できなかったという事情がある。所得水準は依然として全国最下位、失業率も全国平均の二倍という状況は復帰一五年を過ぎても改まらない。

そこへ近年のリゾート・ブームである。国民的余暇の増大や生活様式の変化という外的条件と、優れた自然景観と伝統文化という内的条件が一致して沖縄のリゾートがクローズアップされたわけである。いまやリゾート産業は二一世紀に向けた沖縄産業の救世主のようにもてはやされるまでになっている。

果たして経済効果はあるか

巨大なリゾート開発のトレンドは、果たして沖縄産業の救世主たり得るのか。リゾート産業が沖縄にとって必要だとしても、いまのような手放しの受け入れでいいのか。一つは沖縄に与える経済効果の問題であり、二つは自然破壊の問題、そして三つは県民生活に及ぼすさまざまな影響についてである。

まずはじめにリゾート施設の経済効果からみてみよう。ここに興味深い調査報告がある。一九八六年三月に政府の出先機関である沖縄総合事務局が行った『大規模リゾート施設進出に伴う周辺地域の経済・社会調査』である。この調査は大規模リゾートを立地した場合の周辺地域の経済・社会に与える影響と今後の課題について調査分析し、観光産業におけるリゾート施設の在り方について検討したものである。

調査は大規模リゾート施設が進出した地域の中から沖縄は国頭村と恩納村、離島は久米島、宮古島、小浜島の合わせて五地域を選び各地域のリゾート施設、町村役場、農協、漁協、商工団体、民宿、旅館、区長、公民館長などに対してアンケートをとっている。

調査地域の中には国頭村のヴィラオクマリゾート（一五二室）、恩納村の万座ビーチホテル（四〇一室）、仲里村（久米島）のイーフビーチホテル（八〇室）、下地町（宮古島）の宮古東急リゾート（二五一室）、竹富町（小浜島）のはいむるぶし（七七室）など県内リゾート施設の先行群が含まれている。いずれもビーチやプール、グラスボート、ヨットなどの海岸性レクリエーション施設やテニス、ディスコなどの陸上レジャー・レクリエーション機能をもつ本格的なリゾート型ホテルである。

リゾート開発に伴うインパクトとしては、第一段階として用地取得、土地造成、建設工事などの投資効果があり、第二段階として施設開設後に発生する労働力需要、あるいは消費物資の調達需要やメンテナンスなどの波及効果があり、第三段階として周辺地域の資産価値の上昇、施設からの固定資産税等の税収の発生、それに伴う行政の財力アップがある。さらに第四段階として観光客の施設外での買い物、飲食、移動などによる波及効果がある。沖縄総合事務局による調査は、主に第二段階について行ったものである。

つまり、リゾート施設から発生する需要を、①労働力需要②飲食関連で発生する生鮮食料品を中心とする原材料需要③日用雑貨的な消耗品需要④クリーニングサービス需要⑤マリンレジャー等サービスの外部委託需要――などに分けて調査、特に食料品については地場産業との関連から品目別の調査を行っている。

まず労働力需要（雇用）についてみると、五つのリゾート施設のうち、正職員は平均一〇九人、パートや季節雇まで含めると九五九人となるが、このうち二四・八％の二三八人が県外出身者、七五・二％に当たる七二一人が県内出身者である。この調査では県外と県内を正職員とパートをひっくるめて調べているが、おそらく県内出身者の多くはパートである。施設の立地条件として、地元雇用がうたわれているが、地元からの就職希望者が少ない点を調査は指摘している。

次に食品関係では、米購入が年間約九五〇万円、地元・隣接市町村・県内業者で一〇〇％供給されているが、米そのものは県外産である。野菜・果実は年間約三二〇〇万円で地元業者が五〇〜一〇〇％、しかし地元産品はわずか五〜二〇％でしかない。年間約六三〇〇万円の畜産品は牛肉地元業者は〇％、県内産品〇〜一〇％、豚肉地元業者〇〜三〇％、県内産品八〇〜一〇〇％、鶏肉地元業者〇〜四〇％、県内産品一五〜一〇〇％、鶏卵地元業者〇〜一〇％、といった具合で、地元産品の需要は豚肉と鶏肉を除いて著しく低い。

もっともこれは、沖縄県民自体が需要する生鮮食料品の県内自給率の低さにも起因している。県内で自給ができているのは豚肉と鶏卵くらいのもので。牛肉や果実にいたっては県内自給率は一〇〜二〇％に過ぎない。したがって供給側にも問題のあることは否めないが、リゾート施設側に問題がないかといえば、そうではない。

企業進出にあたって地元雇用優先などとともに消費物資の地元調達などの条件を地元市町と取り交わすが、やがて企業側は卵や魚の規格、品質の不ぞろいを理由に納品を拒んだり、野菜の安定供給ができないことを理由に契約を切り換えたりすることもある。地元供給がむりなときは隣接市町村から調達することもあるが、永続性には疑問も多い。

商工団体がリゾートの経済効果を前向きに評価しているのに対して、農漁業団体が評価していないのはこのためである。農産物などの地元購入については、地元の条件と施設側の育成努力のかねあいで決まるが、沖縄総合事務局の報告は地元には「優秀な仲買人・卸売業者の育成が必要」と指摘し、施設側には「多種多様な特産品料理のメニューを開発し、地域条件の生み出す鮮食材の顕在化」を求めている。地域への経済効果を広げていくひとつのポイントではある。

沖縄の観光産業は一九八八年に二七〇〇億円に達した。その中身は宿泊費やおみやげ、交通費、娯楽費などで構成されるわけであるが、沖縄県の当局者は七割が地元経済にプラスになっているとみる。しかし経済界のなかにはせいぜい三割程度とする見方もある。県外流出の方が大きい、というわけである。

本土資本によって建てられたリゾート施設に、空港からホテル専用のバスで運ばれ、ホテル直営のレジャー施設を利用し、さらにホテル内のおみやげ品店で買い物をして帰るリゾート客の使う金のうち、果たして何割が施設外の地元に落ちるのか。三割という数字は決して誇張ではなかろう。

ハワイなどのようにレジャー施設は地元業者が請い、おみやげ品はホテル外の店でショッピングするようなホテル側の配慮が必要だが、いまのところない。将来の課題であろう。

ゴルフ場建設と自然破壊

次にリゾート施設建設に伴う自然破壊の問題がある。今年の五月一八日、水不足に悩む沖縄本島に久しぶりの大雨が降ったときのことである。本部町の山間部で進められているゴルフ場の建設現場から赤土がどっと海に流れ出し、およそ一キロにわたって海を汚染した。ゴルフ場建設の関係者は、六〇ミリから七〇ミリの降雨まではなんとか防止できたが、それを超えたころから沈砂池の水があふれて流出したことを認めている。本部半島の対岸の瀬底島には、琉球大学の熱帯海洋科学センターがあるが、同センターの技官は赤土汚染が名護湾近くの海底まで及んでいることを指摘している。もちろん、汚染源のすべてがゴルフ場建設というわけではないが、この建設工事が始まってから急に汚染が増えたことは、地元住民が証言している。

これは一例にすぎないが、いま沖縄本島で進められつつある大規模なリゾート施設やゴルフ場建設によって、周辺の海が汚染されサンゴは絶滅の危機にひんしている。

汚染はリゾート施設建設ばかりでなく、土地改良事業や米軍基地であったり、生活廃水であったり、その複合汚染による場合が多い。

しかし、なぜか本島周辺の赤土汚染はこれまで大きな問題にされてこなかった。新石垣空港建設で白保の海に自然保護の関心が集中しているスキに、本島周辺では自然破壊がどんどん進行しているのだ。

ゴルフ場建設も沖縄の生態系に大きな変化をもたらすであろう。山林原野の保水力を弱め、鉄砲水に混った農薬は、海の生態系に影響を及ばさずにはおかないであろう。

ゴルフ場内における芝管理のための農薬散布は、すでに本土で農薬汚染問題として表面化している。また大阪・淀川勤労者厚生協会社会医学研究所の調査によって、キャディたちにのどの痛みや目のかゆみなどの健康被害が出ていることが明らかになったが、いずれ沖縄でもこうした問題が起きてこよう。

沖縄県農水部は去る七月一日付で「ゴルフ場における農薬の安全使用に関する指導要綱」を制定した。これは農薬管理責任者をおき、専用の保管庫の設置、農薬使用状況を記録して県に報告すること、さらに常時水質汚濁状況を監視するため調整池などで魚類を飼育することを義務づけている。

沖縄県内で使用されている農薬の使用量は一ゴルフ場当たり年間四二七キロで、全国平均の二二〇〇キロに比べると少ないが、しかし、その種類は沖縄県公害対策課の調べによると殺虫剤九種類、殺菌剤一二種類、除草剤一五種類で、中には発ガン性のものもあり、将来問題を引き起こさぬ保証はない。すでに沖縄本島のあるゴルフ場から流れ出た農薬が水源地を汚染しているのでは、との疑問も持たれている。

住民生活への影響

以上のような自然破壊の問題の他に、県民生活に与えるさまざまな影響がある。リゾート地域における騒音公害や交通渋滞、水道の影響から地価の高騰などさまざまである。プライベートビーチの占拠で県民の利用できるビーチが減少しているという問題もある。

ハワイなどではリゾート開発の許認可条件として、住民がビーチへ入れる道路や駐車場、シャワーやトイレの設置を義務づけているが、沖縄ではそういう配慮は少ない。なかには漁民との間で漁業権をめぐるトラブルを起こしているところもある。

第三セクターによる部瀬名岬リゾート開発は、前述のとおり一大リゾート地の形成が予定されているが、一万室にのぼるこれら施設で使う水道水が一日四万トン。沖縄本島で使用する一日四〇万トンの実に十分の一に当たる。名護市民の使う水道水が二万トンだからその二倍という使用量である。いまのところ導水管計画もたっておらず、巨大開発は水問題という思わぬ壁にあたっている。

本島北部のダム開発にも限界がきて、慢性的な水不足に悩む沖縄本島にあって、一リゾート地でこれだけ大量の水を使用するのはたいへんなことである。いきおい県民の水不足に拍車をかけることになる。この他にもリゾート施設は計画されているのだから推して知るべしである。

沖縄のリゾートが成功するかどうかは、沖縄の自然を今後どこまで護れるかどうかにかかっている。さらにまた美しい海や自然を本土企業に提供しただけで、その利益は県外に吸い上げられるいまの構造は、リゾートに対する県民の根本的な疑問を解消することにならないであろう。しかもその問いかけは、いま全国に広がっているリゾート・ラッシュに対する根本的な問いといっても過言ではあるまい。

沖縄のリゾート開発――本土企業の土地買収と地元の新たな動向――

『自由と正義』四二巻四号（日本弁護士連合会、一九九一年四月）

まるでそれが出発のシグナルでもあるかのように、一九八七（昭和六二）年「総合保養地域整備法」いわゆる「リゾート法」が制定されると、〝金余り〟の東京マネーは一斉に土地買い占めに走り出した。東京から一千数百キロも南に離れている沖縄もその例外ではない。否、沖縄は日本国内唯一の亜熱帯の島として、本土企業による土地買い占めに狙われたのである。

一九七二年の日本復帰後、これといった産業も伸びないなかで、ひとり観光産業だけは増加する入域観客の伸びに支えられて成長してきた。そこへリゾート開発の波である。当時の沖縄県政は渡りに船とばかり、リゾート開発を二一世紀の「戦略産業」と位置付けて走り出した。

「リゾート法」の制定と同じ年（一九八七年）の六月に策定された国の第四次総合開発計画（四全総）の中で、沖縄は九州や北海道などのように一つの圏域として位置付けられ「優れた自然的特性を最大限に活用した海洋性の余暇活動空間を整備し、国際的規模の観光・保養地域の整備を図る」ことがうたわれた。

つまりこの中で海洋性の国際的規模のリゾート形成が方向づけられたわけであるが、それを具体化したのが「リゾート沖縄マスタープラン」である。さらにこのプランに基づき、「リゾート法」の指定を受けるための計画が「沖縄トロピカルリゾート構想」である。昨年（一九九〇（平成二）年）一一月に国土庁に申請されているが、一九九〇年度内（九一年三月末）には国の承認が下りる見通しだ。全国二九番目か三〇番目かの指定となる。

「リゾート沖縄マスタープラン」の大きな特徴は、県土全域を「リゾート法」に基づく「特定地域」に指定していることである。県土全域を設定したのは沖縄県だけである。県土全域に設定した理由は沖縄全体を一つの総合リゾートの開発可能適地として位置付け、各地域の特性を生かす方向で県全域をネットワーク化していこうという趣旨であるが、そのことが「沖縄はどこにでもリゾート開発ができる」との安易な考えを生むことになり、企業による土地買い占めや乱開発を誘発する一因となったことは否定できない。

「リゾート沖縄マスタープラン」では、リゾート振興地区、リゾート海域、特別保全整備地区に分け、振興地区を一〇地区に指定した。すなわち、北部リゾート圏の①国頭西海岸・羽地内海リゾート地区、②北部東海岸リゾート振興地区、③本部海岸リゾート地区、④恩納海岸リゾート振興地区、中南部リゾート圏では①中城湾リゾート振興地区、②南部海岸リゾート振興地区、本島周辺離島リゾート圏では久米島リゾート振興地区、宮古リゾート圏の宮古リゾート振興地区、八重山リゾート圏の①石垣リゾート振興地区、②西表リゾート振興地区――の一〇地区である。

これらの一〇地区は、さらに細かい線引きによって振興地区が指定されているが、現実に沖縄県内で起きている土地買い占めや開発は、こうした指定にはおかまいなしに、企業論理が優先して進められている。沖縄本島西海岸の恩納村や読谷村が早くから土地が買い占められていることもあって、後発の開発業者は地価が安く、入手のたやすい過疎地や離島へと買い占めは広がっている。

「とにかく、どこでもいいから土地を探して下さい。計画書をここに置いておきますから」――。「今は受理できません」という村職員の返事も聞かぬふりして本土からやってきた開発業者は計画書を置いてゆく。そんな事業計画書が何十通もたまっている。ここは沖縄本島北部の恩納村役所。

「リゾート法」が制定される前から、この役所には連日のようにこうした問い合わせや申請が出されている。問い合わせはいまも一日に四、五件はある。直接、本土からやって来た開発業者もおれば、地元の人を表に立ててやってくる本土業者もいる。

沖縄本島西海岸の変化に富む海岸線一帯は、国定公園に指定されている。そのうちのほとんどが南北に二七キロの恩納村にある。しかし同地は沖縄県内では早くから「リゾート先進地帯」として脚光を浴びてきたこともあって、そのほとんどの海岸線が買い占められている。

実はここに土地ブームが起きたのは今回が初めてではない。一九七二年の沖縄復帰から七六年の沖縄国際海洋博のころにかけて、土地買い占めによる土地問題が起きている。従って今回のリゾート・ブームは第二次土地問題ということになる。

先述の通り景勝の地や海岸線がすでに先発企業によって買い占められたこともあって、第二次土地ブームの現在は、沖縄県内の過疎地や離島、それも無人島にまで及んでいる。集落内であれ、農振地域であれ、おかまいなしに買いあさっている。過疎地や無人島は地価も安いため、広大な土地がこれらリゾート開発業者の手中に落ちている。

ついこの間まで地主であった農民が、札束と引き換えに農地を手放し、逆に業者に地代を払って住んでいるという、まさに主客転倒した珍現象さえみられる。しかし、強引なまでの本土企業の土地買い占めは、沖縄県内の各地でさまざまなトラブルを誘発している。そのなかのいくつかを紹介する。

ダミー会社を使って土地買い占め

沖縄本島から西へ数キロ離れた慶良間諸島の一つに座間味島がある。人口八〇〇余の座間味村を構成する主島であるが、その島でいまリゾートホテルの建設をめぐって、業者と地元反対派住民との間で対立状態が続いている。

民宿以外にこれといった観光ホテルのなかったこの島に、リゾートホテル建設の話が明るみに出たのは、一九九〇年夏のこと。「ケラマ・リゾート」という現地法人だが、これはダミー会社で実は東京の不動産会社が親会社。同島の阿佐地区に八七〇平方メートルの敷地に鉄筋三階建て、五〇室のリゾートホテルを、およそ二億五〇〇〇万円かけて建設する、というものである。

島を出た不在地主から借りた土地であるが、地元住民には建設計画の説明もなく、同年の一〇月から工事を始め今年五月に完了する計画であった。ところが八月から整地作業が始まって、初めてリゾートホテルの建設計画を知った住民の中から、建設に反対する声が持ち上った。

九月一日には「自然を守る会」(座間味の健全な発展を考える会)が結成され、反対の署名運動が始まり、村長に公開質問状を出したり、会見をしたりして村当局の考えを追求。住民が建設に反対している最大の理由は住民の水問題である。阿佐地区は一日約二〇トンの水を消費しているが、夏場の本年間は極度の水不足状態にあって、これ以上ホテル等が建つと、住民の飲み水がなくなるということがある。

ホテル側は自給態勢をとるとして、ホテル敷地内に水脈のボーリング調査を数回試みたが、村の水源地の地下水汲み上げポイントからわずか四、五〇メートルしか離れておらず、地下水の汲み上げが始まれば村の水源地が枯れてしまうおそれがある。いまひとつは、某大手航空会社が村内に大規模なリゾート計画をすすめる動きがあるため、このホテルの建設を認めれば、これを突破口として某航空会社も一気に進出してくるおそれがあるからだ。

沖縄本島のリゾート先進地である恩納村などでリゾートマンションなどの建設で地価が高騰し、住民の住む土地さえ手に入らなくなっている現実を知った島の人たちの不安もあり、反対の署名は八〇%を超えた。

しかし、一〇月五日に沖縄県から建築通知書が出され、沖縄本島の工事請負業者は同月の二二日から工事を開始。驚いた反対派住民はすわり込みをして生コンの搬入をストップさせた。こうした住民の動きに村議会も一一月六日にホテル建設反対決議を行い、宮里正太郎村長も反対を表明。しかし、「ケラマリゾート」側は「法的には何も問題はないので建設は続行する」と強気の姿勢をみせ、反対派住民と対立したまま年を越した。一九九一年一月、工事を請け負っている沖縄本島内の業者が反対派住民の代表一二人を相手取り、工事妨害禁止の仮処分を那覇地裁に申し立ててきた。

こうしてリゾート開発をめぐる住民とのトラブルは、初めて法廷に持ち込まれた。初のケースだけにその成り行きが注目されるが、建設をめぐる業者と住民との亀裂はますます深まるばかりである。

農振地域でも土地買い占め

農業振興地(農振地)でリゾート問題が表面化してい

るのは、沖縄本島の糸満市北名城と真壁、国頭村楚州の畜産基地、知念村の古富周辺、与那城《よなぐすく》村の宮城島などである。離島では宮古島の上野村や多良間村の水納《みんな》島など、また石垣島の平久保牧野や野底、石垣空港建設にからむ土地転がしなどがある。

これらはいずれも農地法に基づき市町村が策定する農業振興地域整備計画の中の農用地域にまたがっており、土地改良事業計画が予定された「優良地」であり、しかも国庫補助による農業用施設がつくられている。本土業者による土地買い占めは、そんなことはおかまいなしに土地を買いあさっている。本土業者が直接乗り込んできて、札束を積んで買収するところもあれば、地元の不動産業者や有力者を表面に立てて買収する場合もある。

例えば糸満市の場合を見てみる。同市内の真壁、真栄里、伊敷、糸洲、南波平の五カ字にまたがる一三八ヘクタールの農地におよそ三〇〇億円を投じて二七ホールのゴルフ場と、五〇〇室規模のリゾートホテルを建設するというものである。本土企業による計画だが、地主への買収工作は地元の人を前面に立てている。買収に応じない人は賃貸でもということで、年間坪当たり一〇〇〇円の借地料を五年ないし一〇年の一括払いをするというものである。

ところがその農地は「農振地域」に指定された地域である。サトウキビを中心に花卉や野菜を栽培し、地主も五〇〇人余に及んでいる。一九九〇年春ごろから買収工作が表面化したため、「農業振興か」「リゾート開発か」で農家は地域全体を巻き込んで大揺れに揺れた。

糸満市当局や同市農業委員会、市内四農協など九つの団体は、ゴルフ場の進出に反対を表明して、企業側に計画の撤回を求めた。「肥よくな農地をつぶし、ゴルフ場を建設することは、農振制度の根幹を揺がすばかりでなく、土地改良事業、地下ダム事業にも重大な支障となる」というのが、その趣旨である。

これに対して企業側は賛成地主をテコにしてあくまでも強気である。事実、農協の組合員の中でも賛否両論があり、反対を表面切って打ち出せない農協長もいた。しかし、開発対象となった土地は、農地転用許可基準でいう第一種農地でもあり、転用を認めれば糸満市内のすべての農地転用が可能ということにもなり、まさに「農振制度の根幹を揺がす」ことになりかねない。

加えて同地域は南部地下ダム事業の受益地区でもあり、農業以外に土地を利用する場合は、同計画にも影響してくることになる。こうした事情を百も承知していながら、強引に買収してくるのは、カネさえ出せばなんとかなる、という企業側のヨミがあるからであろう。それにしてもそのやり方は、〝金余り〟現象下の日本企業の体質をまざまざと見せつけられた感がある。

同様の問題は与那城村の宮城島でも起きている。同島はその名の示す通り〝島〟であるが平安座島に石油備蓄基地（ＣＴＳ）が建設された見返りとして海中道路が建設されてから、離島ではなくなった。本土復帰前、この島もＣＴＳの進出で大揺れに揺れたが、いままたリゾート開発で島は揺れている。

ゴルフ場を含むリゾートホテルの建設が持ち上がるや、島を二分する形で賛否両論に分かれ、対立が続いている。建設予定地に土地改良区が含まれていることが、問題をより一層複雑にしている。

一九九〇年六月、与名城村議会はこの土地改良区を見直し、リゾート誘致を決議した。雇用の場をつくるためにもゴルフ場の建設をと主張する誘致派と、建設計画もあいまいで決議は時期尚早という反対派が激しく対立。採決の結果、一六人中一〇人が賛成して誘致決議となった。

ところが決議に反発した同村農業委員会は、同年七月に「土地改良事業の規模見直しとリゾート開発拡大計画に反対する決議」および「同開発拡大計画の撤回を要求する決議」を全会一致で採決。村議会決議を「農振制度に対する重大な挑戦」と述べ「土地改良組合への越権行為」と非難した。村当局はリゾート開発と農業振興とを両立させようと、開発計画を改良区以外に変更するよう業者を説得したが、断わられた。九〇年度予算が執行できないまま流れたとなると、次年度予算にも支障をきたす、として土地改良事業だけは推進する姿勢だが、村内の対立で手がつけられない状態だ。

札束攻勢で離島の農地買収

離島に目を転じてみよう。宮古島の上野村といえば、いま村が主導してリゾート施設の〝ドイツ村構想〟が進められようとしているが、その隣接する一四〇ヘクタールの土地に東京のセントラルリゾート株式会社が大型ホテル（三八〇室）やゴルフ場を計画、これをめぐって区域の人たちが対立している。問題はこの用地の売却をめぐって起きた。一九九〇年一一月一一日に区民を集めた説明会でまだ土地を売っていない人たちの間から反対の声が上った。

売却に反対する人たち一三人を含む四〇人はその後「新里・土地を守る会」を結成し、「土地は絶対に手放さない」ことを声明した。同会は①一一月の説明会まで区民には十分な説明もないまま、一本釣りで土地が買われた②海洋レジャーは地元住民の海を奪い、ゴルフ場で海は死ぬ③御嶽（拝所）がゴルフ場に囲まれるなど、神行事にも支障が出る④一帯は畑地としては一等地であり、今後とも農業を続ける――としている。ちなみに同地区の畑地は農振地域であり、予定地内には新里元島遺跡という埋蔵文化財もあるところだ。

こうした区内からの反対に対して土地売却に賛成した当時の区長や現区長らは「一九八八年二月の総会で区有地の一部売却に全会一致で賛成している」と反論しているが、企業側は予想もせぬ反対運動に困惑「計画は当初、村の幹部から持ち掛けられた話。九五％の賛成は得られていると思う。後戻りはできない」として、説得を続けていくことにしている。先の宮城島同様、ここでも農振地域がつぶされようとしている。現在、宮古島内には一〇余のリゾート開発計画が動き出しているだけに、新里地区の初の反対運動は注目される。

宮古島よりさらに南の石垣島を含む八重山群島は、変化に富む景観や地形が受けて、まさに〝狙われた島〟である。とりわけ石垣島の主要な海岸線はほとんどが本土資本によって買い占められている。この島も一九七二年の日本復帰前後（列島改造のころ）に本土資本による土地買い占めにあい、今回は第二次土地ブームである。

石垣島の西側一帯を通称「裏石垣」と称しているが、そこの野底地区に本土資本でつくる八重山リゾート（株）が、一三四ヘクタールの土地にホテルやゴルフ場、海浜レク施設を計画し、用地買収を行った。一帯は戦後、沖縄本島や宮古島などから移住してきた開拓移民地であるが、若者の多くは沖縄本島などへ出て過疎化が著しい地区である。業者はそこに目をつけたわけである。

一九九〇年八月に市当局に開発計画の事前協議を申請

した。ところが計画予定地の六五％が農振地で、移住地整備事業や畜産基地事業などが導入された土地である。またその中の一部には、第一次土地ブームのとき本土資本に買収された農地を再び買い戻した土地も含まれている。そんなことから石垣市農業委員会は一九九〇年一〇月一二日の総会で「開発行為は認められない」とする意見を全会一致で決定した。

全会一致に至る審議の中では北部地区委員二人から「地域住民は何かをしなければ学校が廃校になる。集落があと何年もつかを心配しており、住民は計画に賛成している」と過疎化に悩む移住地の窮状を訴える意見も出されたが、「だからと言ってこれを認めると収拾がつかない。農業委員会はあくまで農地を守るべきだ」として、結局全会一致で開発行為に「否」の結論を出している。

ところがこの農業委員会の決定に挑戦するかのように、企業側は同年一一月三〇日に開発計画予定地区の五つの公民館に対し、「開発協力金」の名目で一億を支払ったのである。企業側は本土の事例を参考にしたまでというが、まさに〝札束攻勢〟ともいうべき企業側の態度に、農業委員会はますます態度を硬化させている。リゾート開発に過疎地の活性化を期待して、野底地区リゾート誘致推進協議会を結成してきた地元推進派は「協力金は公民館や共同墓地など地域の施設整備に使う」という。

八月に企業と推進協との間で「協定書」を取り交わした段階ですでに決められていたもので、開発が認可されれば、さらに一億円を支払うという。認可されなければ、すでに支払われた一億円はどうなるのか、という疑問に対して「返してもらう場合もある」という。しかし企業側は地元の賛同を理由に認可に自信をみせている。地元住民はこれまで過疎地を放置してきた行政側への不満が強い。農業の先行きに対する見通しの暗さが重くのしかかっている。

背景に農政の貧困が

同じことは石垣島北部の牧場売却についても言える。ここには伊原間、久宇良、平久保といった三〇〇年もの伝統を持つ牧場があるが、そこが次々と本土企業の手に渡っていったのも、背景には先行きの暗さ、高齢化、後継難といった問題が横たわっている。

平久保牧場（組合員四六人）の場合は、一九八九年暮れに組合共有地四六ヘクタールが本土のリゾート企業に〝抵当権設定〟の形で約三八億円で譲渡された。同牧場の総面積は三五〇ヘクタールであるが、売却された組合共有地以外は市有地である。五〇年間の「永小作権」で組合が賃借していた土地なために、企業との契約の時点でこの「永小作権」が返還された。組合員一人当たり六五〇〇万円もの大金が手に渡った、といううわさが広まった。

こんどは隣接する伊原間牧場が本土企業によって買い占められた。東京に本社のある某企業が六五億五〇〇〇万円という巨額な金で動かしたという。二一〇ヘクタールの同牧場のうち四二ヘクタールが四二人の牧場組合員の共有地であるが、ここも「永小作権」があと三四年も残っている。組合が企業側に通知した「組合権利譲り受け希望申し込み書」には「確定価格は土地、牧畜、付帯する諸施設一切」となっており、「永小作権」もこの中に含まれるのかどうかについては、当の組合でも見解が分かれるありさま。

この牧場にも約一億八〇〇〇万円も国庫からの補助金が「畜産基地事業費」として出されている。石垣市と組合との間では「永小作権」設定の際に「この権利を他人に譲渡したり、目的に反した利用をすれば返還を命じることができる」とうたわれており、また「補助金に係る予算執行の適正化に関する法律」では、一定期間売却や転貸、目的に反する使用は禁止されている。

石垣市農業委員会では相次ぐ売却問題を重視し「あくまで農地を守るべきだ」として農家への行政指導や組合員への協力を求めていくことにしている。また「農用地無断転用防止対策強化月間」などを設定し、全委員が「農地パトロール」にあたり、監視していくことにしている。

こうした相次ぐ農用地の転売が明るみに出て、沖縄県農業水産部では、各市町村や農業委員会にあて「リゾート開発や投機目的での農地などの先行取得には厳正に対処するように」との通達を出している。そして農振地域や土地改良事業の入った土地についての転用は認めない、との方針であるが、先の牧場売却の例にみるように「抵当権の設定」や「仮登記の付記」といった形で売却が行われると、個別法の規制だけではなかなか実行があがらぬ面もあり、総合的な取り組みが求められている。

以上、沖縄県内でいま問題となっている地域の中から二、三の事例を紹介したが、なりふりかまわぬ企業側の買収工作は、地域の実情とはおかまいなしに入ってきている。いや地域の足元を見すかして、と言い換えた方がいいのかもしれない。農業の先行きに対する不安を巧みに利用して、〝活性化〟という甘いエサで土地を買い占めているのが現実だからである。

農地を手放す農家にしても、なにも好き好んで農地を売るわけではない。多額の借金を抱え、農業収入では返す当てもない。高齢化で体力は衰え、その上後継者もおらぬとあっては、目の前の札束の山に目がくらむのは人情であろう。問題はそのような状況に農家を追い込んでいった農政の貧困さにある。農業で自立していける見通しがあれば、いくらリゾート開発だ、活性化だと言ったところで、農地を手放すことはなかったはずである。

先進開発地で問題が表面化

ところで、リゾート・ブームが始まって数年が経ち、先進地域でリゾート開発が進むにつれて、リゾート開発に対する当初のバラ色の夢は次第に色あせたものになってきた。というのは、当初期待したほどの波及効果はなく、かえって住民生活に対するしわ寄せや、自然破壊などに対するさまざまな問題が顕在化してきたからである。

沖縄県内においては先進地域の恩納村にそうした問題が表面化してきた。まず土地の買い占めなどによる地価の高騰が住民の生活を襲ってきた。数年前まで数万円ほどの地価が、みるみるうちに一〇倍、二〇倍とハネ上り、土地によっては坪一〇〇万円という価格で転売された。すでに土地ブローカーによって買い占められた土地が、住民の手の届かぬところで転売されていった。その結果、住民の二男、三男が家を建てるため土地を求めようとしても、とても買うことが出来なくなってしまった。

集落の中に十数階建てのリゾートマンションが建ち、静かな住民生活は一変した。日照権は奪われ、私生活がおびやかされた。こうした大型ホテルやリゾートマンションからはき出されるゴミは住民のはき出す量を上回るようになり、村は新たなゴミ焼却場をつくらねばならなくなった。ちなみに一九八九年に恩納村から出された燃えるゴミの量は三七五〇トンで、このうちリゾート関連が一九〇一トンである。前年度にくらべゴミの量は一〇〇〇トンも増えているが、そのうちの七割までがリゾートホテルからのものである。

水問題も深刻である。同村の一日の配水能力は八〇〇〇トンだが一九八九年の夏場の使用量は約七四〇〇トンにまで達した。五年前まではわずか四〇〇〇トンだったのが数年間で二倍の増加である。それを押し上げているのはリゾートホテルである。一つのリゾートホテルが使用する水は、トイレやシャワーあるいはプールといったように、一般家庭で使用する村民一人当たりの水使用量の三倍にものぼる。何百室も有するホテル一つだけでもその使用量は膨大な量にのぼる。そんなホテルがいくつも建てば、たちまちにして村民の飲み水は干し上ってしまうだろう。恩納村では新たに水道配水計画を立てているが、そのために二〇億円がかかるという。

地元がホテル誘致の際に期待した雇用はどうか。恩納村の場合で言えば、ホテルで平均二〇％、ゴルフ場で五〇％の雇用というデータが出ている。しかし、ホテルの場合だとサービス部門がほとんど、ゴルフ場はキャディや芝生の管理などで、管理職はほとんどが本土から送り込まれているのが現状である。

ホテル内で消費する食材のうちの地元供給は、わずかに鶏卵や豚肉などに限られ、その他のものは本土から直接取り寄せているケースが多い。ひとつには地元沖縄側の供給態勢の問題もあるが、果菜類などホテル側が一定の規格品を求めてくるため、安定供給が維持できず、結局、本土ものに切り替えられるといったケースも目立っている。

自治体がリゾートホテルなどを誘致する魅力の一つは、固定資産税などの税収であった。ところが税収が増加すると、財政が豊かになったことを理由に地方交付税が増加した分の七割が打ち切られてしまう。残るは三割ということになるが、先にみたようにやれ水道だ、ゴミ処理施設の増設だということになると、リゾート開発に伴う収支バランスは、決してプラスとばかりは言えないのである。

村環境保全条例と海浜自由使用条例の制定

こうしたリゾート開発に伴う問題が表面化してくるに

つれ、開発に対する慎重論や反対論が次第に増えてきている。一九九〇年一一月地元沖縄の「琉球新報」が行った世論調査（七四三人回収）によると、「もっと開発すべきだ」という積極推進派は全体のわずか一一・三％、開発に「反対」を表明したのは四二・六％、その中間の「慎重に開発すべきだ」という慎重論が三五・一％となっている。中間派を「賛成」とみるか「反対」とみるかは微妙なところだが、いずれにしても「反対」や「慎重」派は多くを占めていることは注目すべきである。

リゾート先進地の恩納村では、開発から住民生活を守るための具体的な動きがみられた。一九九一年一月一七日に沖縄県内で初めて環境保全条例が制定されたのである。それも村民の開発に対する危機意識が村をして条例制定へと突き動かしていったのである。「恩納村環境保全条例」は俗に「恩納村リゾート条例」と称しているが、それというのもリゾート開発に伴うさまざまな問題から村民生活を守ることにねらいがあるからである。

すなわち「この条例は、恩納村の美しい自然環境の保持と良好な集落環境の形成、村土の有効利用、開発行為の許可基準、その他開発の適正化を図るため、土地利用の区分、利用の方針を定めて、村土の無秩序な開発を防止し、村民の福祉に寄与することを目的とする」とうたっている。具体的には村内を農業用域、保安制限林用域、特定用域（米軍用地等）、漁業用域、集落用域、リゾート用域、地域環境保全用域の八つに区分し、それぞれに規制のガイドラインを設定している。

例えば集落用域内における建物の高さを一三メートル以内、容積率二〇〇％以下とし、高層のリゾートマンションやホテルの建設を抑制しようとしている。またリゾート用域内でも、造成前の土地の傾斜が一五度以内であることや、道路から一〇メートル以上離さなければならないこと、ゴミ処理については事業主の負担において処理施設を設置することが義務づけられている。この村条例がこれからのリゾート開発にどのような効果を上げ得るか注目されるところである。

いまひとつは、一九九〇年一〇月に沖縄県議会で議員提案によって制定された「海浜を自由に使用するための条例」である。同条例は一〇月一五日の本会議で全会一致で可決成立をみた全国でも初の海浜自由使用条例である。条例は「何人も公共の福祉に反しない限り、自由に海浜に立ち入り、これを利用することができる」ことをうたったものである。今年（一九九一年）四月一日から施行される。

具体的には県や市町村、事業者、利用者それぞれの責務を規定、特に海浜への自由な立ち入りのため「知事は海浜への通路の確保等に関し必要な措置を求めることができる」（第八条）とし、「事業者に報告や資料の提出を求め、助言や勧告を行う」（第九条）が、「従わない場合は「勧告の内容を公表する」（第一〇条）という制裁措置を定めている。しかしこの制裁措置は、既存業者については三年間の執行猶予を与えている。

このような県条例が与野党一致で可決制定された背景には、大型リゾートホテルが白浜のビーチを囲ってプライベート化し、県民が自由に出入りできるビーチが少なくなりつつあることへの不満がある。しかしこの条例が効果を上げ得るかどうかは今後の県の運用如何にかかっている。例えば海浜への通路確保にしても、これからである。また自由使用した場合のビーチ管理のあり方なども、具体的にはこれからの課題である。

海浜の規制についてはー応その後ろ盾ともいうべきものができたが、陸についてはまだ規制措置はとられていない。ただ、沖縄県は一九九〇年一〇月一日付でリゾート振興地域以外での開発規制を盛り込んだ「リゾート沖縄マスタープランの運用に当たっての配慮事項」と題する指導指針を県内五三市町村に通達した。これは「リゾート沖縄マスタープラン」で開発地域に指定されている一〇カ所の振興地域以外での開発を規制しようとするものである。

これらの地域で開発が計画された場合は「地域住民等の意向、開発計画がエリアの適正性及び関連個別規制法との整合性等を踏まえつつ、当該地域の社会経済環境に支障をきたさない範囲における適正なリゾート開発の観点に立って、別途市町村とその適否を協議する」ことにしている。また、「平成二年度以降におけるリゾート開発プロジェクトでリゾート開発適地以外におけるものについては、その抑制を図るものとする」としている。

しかし、これらの措置は表題の「配慮事項」が示すように、あくまでも配慮を求めるもので、法的裏付けをもつ強い規制ではない。もっともこの指導指針は、一九九〇年一一月一八日に県知事選挙で、保守県政から革新県政へ転換する直前に出されたものであるから、新しいリゾート施策の展開は、大田昌秀県知事誕生以後に注目しなければならない。

革新県政の誕生とリゾート開発

一九九〇年一一月の県知事選挙で、革新共闘会議の推す大田昌秀候補は、三期一二年県政の座にあった保守の西銘順治候補に三万票の大差をつけて当選したが、選挙期間中から西銘知事の開発優先の行政を批判し、自然保護を強調している。例えば県知事選挙革新共闘会議の基本政策「二十一世紀にむけた新しい沖縄」の中で、次のように述べている。

まず「三、世界に誇れる沖縄の自然環境を守り、緑豊かな県土づくりに全力をつきします」の項目では、次のような政策を掲げている。

①沖縄の海、海岸線、ならびに日本で唯一の亜熱帯の自然環境をはじめ、動植物を広く人類全体の貴重な資産として保全します。さらに、県民はじめ国民大衆の保養・学習の場として自然公園、海中公園を指定・拡充し、その景観の美化・整備に力を入れます。

②「環境保全基本計画」の策定、および土地利用・開発規制に関する諸法規を総合的に管理する体制を確立します。そして、当該地域住民が民主的にチェックできるための制度的措置を行い、開発の適正な規制と誘導により自然環境の保護および県土の保全をはかります。

また「五、沖縄の特性を生かした経済の確立のため、産業・発展をめざします」の産業政策の中で、リゾートに関して次の二項目をうたっている。

⑩沖縄の自然および歴史・文化遺産を観光資源として活用し、地元がうるおうことにより地域社会と結合した、国民および各層のニーズに対応し、個性ある多様なリゾート施設の整備をすすめ、国際的なリゾート観光地の形をめざします。

⑪自然を破壊する無秩序なリゾート開発を規制するとともに、各リゾート間交通ネットワークを形成、人材の育成、および観光立県にふさわしい都市環境などを整備します。

これらの「基本政策」は理念としてはもっともなものばかりである。しかし、この政策を掲げて県政の座に着いたまま、問われているのはその具体的施策の展開である。たとえば「国際的なリゾート観光地の形成をめざす」立場から、保守県政時に策定された「リゾート沖縄マスタープラン」をそのまま踏襲していくのか、それとも「自然を破壊する無秩序なリゾート開発を規制する」立場からその見直しをしていくのか、「基本政策」だけでははっきりしない。

大田知事自身は、選挙期間中にある雑誌社とのインタビューの中で「リゾート沖縄マスタープラン」を批判して次のように述べている。

「いま西銘県政は『リゾート沖縄マスタープラン』をつくり、国のリゾート法にもとづいて開発をすすめようとしています。しかしこのリゾート法というのは、すでに全国各地で大規模な自然破壊、環境悪化をもたらし、地価高騰、関係自治体の膨大な財政負担をつくりだすなど、大問題となっているものです。西銘県政は『マスタープラン』にもとづいて重点地区をきめていますが、その面積だけで約二万六〇〇〇ヘクタールにおよび、米軍基地をもうわまわっています。いま県民のあいだでは『基地とリゾートで沖縄が沈む』といわれているそうですが、けっしてオーバーではないところに今日の沖縄がおかれている深刻さがあります。実際いまの西銘県政のやり方は、沖縄の自然を大切にし、生かしていく方向、沖縄の観光産業の振興をはかるという方向とは正反対のものといってよいでしょう」（月刊『自治新報』九〇年一一月号）。

また同じインタビューの中で、県が出資して大々的に進めようとしている第三セクターによる「部瀬名岬地域海浜リゾート」についても「県自身が乱開発に直接のりだそうとしている」と批判し、「私はこのような自然破壊をなんとしても食い止めるためにがんばりたい」と述べている。

ところが大田知事は一九九一年二月一九日の県議会本会議で予算案の提案理由を説明した際「リゾート開発及び観光振興については、沖縄トロピカルリゾート構想に基づき（中略）、国民的、国際的ニーズにこたえる観光保養地域の形成に努めてまいります」と述べ、保守県政時代につくられたリゾート構想を引き継ぐことを打ち出した。また第三セクターによる「部瀬名岬地域海浜リゾート」についても「国際的海浜リゾートのモデル地域として、再開発事業を進めてまいります」と述べ、あっさりと選挙前の発言をひるがえしている。革新県政としてのリゾート政策が打ち出せないでいるのが現状である。

ただ、公約の「環境保全基本計画」や「開発規制の管理体制」、「地域住民が民主的にチェックできるための制度的措置」といったものがこれからどう具体化していくのか。新県政が発足して間もなく、いまのところ具体策は打ち出されてはいないが、革新県政と地域開発への対応という視点から、今後の施策展開に注目していきたい。

最後に国レベルの問題としては、この際「リゾート法」そのもののあり方を見直していくべきであろう。「リゾート法」にもとづいて設定されたリゾート開発の開発面積ガイドライン一五万ヘクタール一つとり上げてみても、これがいかに島嶼社会の沖縄にそぐわないものであり、乱開発をもたらすものであることは明らかであろう。

また、民活に名を借りた企業優先のあり方が、いかに地域住民の発展につながらないものであるか、地域の現実はその面からも「リゾート法」の見直しを強く求めている、と言えるのではないか。

リゾートに揺れる沖縄の離島

『地球号の危機ニュースレター』一三四号（大竹財団、一九九一年八月）

今年（一九九一〈平成三〉年）の夏の沖縄は、いつもの夏より暑い。空梅雨で二カ月以上も雨らしい雨が降らず、七月からはついに制限給水（夜間断水）に入り、さらに隔日給水に入った。沖縄本島北部のダム（国管理）はまだいくらか余裕はあるがものの、県管理のダムは底が見え始め、台風でも来襲しなければ好転しそうもない。離島のサトウキビは黄変化現象が見えており、キビ作農家にとっては気が許せない。

その沖縄の離島で、いま秘かになにが起きているか。バブル経済の金余りにものを言わせた本土資本が、リゾート開発に名を借りて、土地を買いあさっている。リゾートホテルやゴルフ場をつくるケースもあるが、その場合でも農業振興地域の指定地であることを承知で買収し、解除をめぐって、さまざまなトラブルが起きている。いくつかをリポートする。

海浜使用を五〇年間売った漁協長

沖縄本島からさらに南へ下った宮古島と石垣島の中間に多良間島という人口一五〇〇余りの小さな島がある。その島の村議会で、今年三月ある問題が表面化して大騒ぎとなった。

それは多良間村でリゾート開発を計画している岐阜県に本社のあるプロミネンス潮見という企業と、伊良部漁協の川満寛長組合長との間で、多良間島の海浜の独占使用を向う五〇年にわたって認めるとの文書が交わされていた、というのである。村長はじめ、村民にとってはまさに寝耳に水であった。

漁協組合長が独断で企業側と協定文書を交わし、その見返りとして、約三〇〇〇万円の預金協力をさせていた

――といったうわさが、あっという間に島中に広まった。臨時村議会が召集され、さらに六月定例議会では特別調査委が設けられて、真相究明に乗り出した。また漁協長に対する抗議決議も採択された。

調査委員会に対して組合長は「承諾書は多良間村のためになればと思い調印した。逆効果になり大変迷惑をかけた」と陳謝したものの、承諾書の背後になにがあったのか、いまもって釈然としない。

一方、県当局は六月二四日、漁協長に対し「責任を明確にし、改善策を提示するよう」勧告を行った。勧告の内容は①早急に理事会を開催し、理事全員の責任を明確にすること②誠意をもってトラブル発生の原因除去に努めること――の二点であった。

企業側と交わした協約書はその後、漁業長に返還され、組合長らは責任をとって辞任となった。こうしてひとまず、本土企業による五〇年間の独占使用は排除されたが、それにしても五〇年間も海浜を売り飛ばそうとした漁協側の感覚といい、それを承認させた本土企業側のやり方は、県民を唖然とさせた事件であった。

牧場一家の島に迫るリゾートの波

多良間島の北一二キロの海上に、東西一・五キロ、南北〇・五キロの小さな島がある。水納島である。現在この島には牧場を経営する宮国岩松さん一家六人が住んでいる。和牛一三〇頭を飼育して生活を支えているが、この小さな島に、今リゾート開発の手がしのびよって揺れている。

名古屋に本社のある伸幸リゾート社が、数年前この島にリゾートを計画、すでに島の一三%もの土地を買収している。同社の計画は約二五〇億円を投資して、ゴルフ場、ホテル、コテージ、マリンスポーツ施設などを建設するというもの。島全体が農振地域に指定されているが、企業側は個人有地にねらいをつけ、一人一人買収にかかった。

買収工作は巧妙に行われ、居住者に対しては土地は売っても住むことは認める、などの条件を出した。島の地主たちは、逆に地代を払って住むという逆転現象である。島外の地主に対しては、島の人たちもリゾート開発には同意しているなど、言葉巧みに契約に持ち込んだ。

しかし、和牛生産組合を結成している宮国さん一家は島を去る気はない。宮国一家がこの先、島にとどまり続けられるかどうかは、島の六〇％も占める字有地の行方にかかっている。多良間村長は売る考えのないことを明らかにしているものの、企業側の攻勢はなお手をゆるめる気配はない。村農業委員会は今年三月に、仲幸リゾートの用地買収が、農地法に定める採草放牧地にあたるとして、所有権移転を無効とする文書を送付している。それでも企業側は強硬な姿勢である。

営々として築きあげてきた宮国一家の牧場の前に、いまリゾート開発が押しよせている。

農地法違反で買収用地を変換

多良間島の属する宮古群島の宮古島では、リゾート開発でいったん買収した用地の二割余が〝取得で道義に反する行為があった〟として地主に返還を発表する異例の事態が起きて注目されている。

この用地返還問題は、上野村が同村の三大プロジェクトとして進めている南岸リゾート開発でおきた。本社を東京におくセントラルリゾートが買収したものに、反対派地主らが指摘する農地法違反を認めたものである。

計画は上野村新里に進められている一一三・七ヘクタールの用地にゴルフ場や三八〇室のホテル、ヨットハーバーなどを建設するというものだが、昨年一一月より地主の間から反対意見がだされ、一四人の地主が「土地を守る会」を結成、村を真っ二つに割っての対立となった。

こうした対立抗争の中で、企業側が取得した二〇平方キロメートルの農地が他の農業従事者名義で購入されていたことが発覚し、困りはてた村当局の指導で地主に返還することになったのである。

ところが、困ったのは売った地主の方である。いまさら土地は返すから土地代を戻してくれ、と言われても、二〇％以上もの税金を支払い、残った金もほとんど使い果たしたとあっては、返答に窮するばかりである。企業側は「返却の具体的な方法については、村や農業委員会、法務局などと相談しており、個別にお話ししたい」と説明している。

しかし、企業側は用地取得を放棄したわけではない。「今後は合法的な手続きで用地取得をし、計画をすすめていきたい」と述べている。こんどは「道義に反する行為」ではなく「合法的手続き」で入手すると、見方によっては開き直りともとれる姿勢である。

もともとこの一帯の土地は、一九七二（昭和四七）年の本土復帰の〝土地ブーム〟のころに本土土地業者によって一部が買い占められ、農振地でありながら原野同然となっていた。そこに目をつけたリゾート企業が買い集め、農振地から除去することをねらったのである。村有地もあるところから上野村がこの一帯をリゾート開発することを計画、企業をバックアップしてきたのである。

しかし、村当局がリゾート開発で活性化を主張するのに対して、反対派地主は「新里土地を守る会」を組織、農業切り捨て政策に反発している。また農業ばかりでなく、ゴルフ場からの農薬で海が死ぬことも反対理由にあげている。

リゾート開発が村の「活性化」につながると主張している村当局と、あくまで農業を主体とする振興策を主張する農家との対立構図は、いまどの地域も抱えているリゾート開発をめぐる構図である。それにしてもリゾート開発がなぜ村の〝活性化〟になるのか、村民、地主を納得しうるだけの理由は示されていない。

手づくり観光に挑むリゾートホテル

沖縄本島から船で西へおよそ一時間、慶良間諸島がある。沖縄本島に近い渡嘉敷村といくつかの島からなる座間味村とからなるが、座間味村ではいまリゾート開発をめぐって緊張が続いている。去る七月三日にもリゾートホテル建設に反対する住民が、同村阿佐のホテル建設現場近くの生コン会社前で搬入阻止を呼びかけ、一触即発の状態となったばかりである。

同村に地元名義のケラマリゾートによる客室二二室の小型リゾートホテルを建設する話が持ち上ったのは、一九九〇年の夏。不在地主から借りた土地に建設し、一九九一年五月には工事を完了する予定であった。島の人たちが初めて計画を知ったのは昨年八月整地作業が始まってからである。規模こそ小さいが、実はこの地元企業はダミー会社で、バックには東京の不動産会社がいるらしいことが分かってきた。

開発をこのまま許せば、いずれ本土の企業が乗り込んできて、大規模な開発を行うのでは……そんな危機感から「座間味の自然を守る会」が結成され、住民の反対署名運動や村長への公開質問状を出すなどの活動が始まった。署名では八〇％を超える人たちが反対した。村長もついに反対を表明せざるをえなくなったが、いまひとつすっきりしない。

建設反対の理由のひとつに、水問題がある。阿佐地区では一日約二〇トンの水を消費しているが、夏場は水不足となり、これ以上ホテルが建つと、住民の飲み水さえなくなるということがある。ホテル側は敷地内に井戸を掘って自給態勢をとるとしているものの、村の水源地からわずか四、五〇メートルしか離れていないため、住民はこれにも反対している。

座間味村は人口八〇〇余の小さな島であるが、景観の良さと透明な海が人気を呼んで、早くから観光地として開けてきた。島には民宿やダイビングの店が数十軒もあり、島の青年たちは、長年の努力で築き上げてきたこうしたありようこそ、なによりのリゾートだと誇りにさえ思っている。

島を訪れる本土からの観光客のほとんどがリピーターで、なかにはダイビングを楽しむため、毎年のように訪れるＯＬもいる。ダイビング組合も結成され、身近な海を資源として生活を定着させてきた。

そこへ降ってわいたように起きたのが、例のリゾートホテルの建設である。島外資本によるホテル建設は、島の青年たちが手づくりでつくり上げてきた民宿や、ダイビングへの挑戦として受け止められたのである。

毎年のように島にやってくる人にしても、手づくりのリゾートにやすらぎを求めてやってくるのであって、決してどこにでもあるホテルやビーチを求めてやってくるのではない。島の許容量を超える施設がつくられれば、やがて自然とのバランスが崩れ、慶良間の青い海は失われよう。

「座間味の自然を守る会」のリーダーである又吉英夫会長は「われわれは、われわれなりのリゾートをつくり上げてきたのだ。それをなぜ外からきてつぶそうとするのか」と言う。

昨年一〇月、ホテルの建設通知書が出され、沖縄本島の工事請負業者が工事に着工したものの、反対派住民はすわり込みで生コンの搬入を中止させた。今年一月会社側がこんどは工事妨害禁止の仮処分を那覇地裁に申し立て、リゾートをめぐる対立が初めて法廷に持ち込まれた。

こうした係争中であるにもかかわらず、業者はこの七月三日、大型ミキサー車を現場に入れて工事を再開した。現場には「阿佐地区ホテル建設阻止対策協議会」のメンバー約四〇人が詰めかけた。「妨害すれば逮捕せざるを得ない」との警察の警告で一台だけは搬入したものの、あとは搬入を中止して、なお対立が続いている。

このように沖縄のリゾート開発の波は、ひところの沖縄本島から、小さな離島へと波及している。島の農業や民宿がこうした波に抗して生き残れるかどうか、いま、その岐路に立たされている。それが失われるとき、島は沖縄の島ではなくなる。

Ⅵ　教育の自治とは何か
――二つの教科書問題をめぐって――

左：「石垣市教委副読本中止問題」で２カ年で配本中止になった副読本
右：後に市販用に再制作された同書

2010年代に八重山で教育の自主性を揺るがす事件が起こった。

１つは2011年から始まった「八重山教科書問題」である。石垣市・竹富町・与那国町からなる八重山の教科書共同採択地区の中で、石垣市・与那国町と竹富町が別の教科書を採択希望したことに端を発する問題である。協議は難航し、2014年には文部科学省から是正勧告が出されるに至った。

もう１つは「石垣市教育委員会副読本問題」である。石垣市の中学生向けに制作された副読本が、完成後に教育委員会の意向で配本が延期、翌年に中止になった事件である。三木はこの副読本に執筆者としても関わっていた。

文科省の「強権発動」の意味するもの――八重山の教科書問題への視点――

『琉球新報』二〇一四年一月六日付

最近の新聞報道によれば、文部科学省は八重山の教科書問題について、竹富町教育委員会に対し、教科書無償措置法違反だとして他の石垣市や与那国町と同一の教科書を使用するよう直接指導するという。

文科省は先に沖縄県教育委員会に竹富町への是正要求の指導を求めている。これに対して県教育委員会は指導介入に疑義があるとして、一月の定例会で意見を集約し、文科省へ質問しようとしたところ、それを無視し県教委が是正しなければ直接、文科省がやるというのである。それも地方自治法では、国が都道府県を通さない場合は、市町村教委への是正要求が出来ないため、竹富町教委ではなく直接、竹富町長への是正要求となるという。前例がない強硬措置である。

問答無用といわんばかりの文科省の対応は、教育の国家統制の行く末を思わせ、看過できない問題である。

二　法律の矛盾

そもそも八重山の教科書問題の原因は、石垣市教委の対応に端を発したとはいえ、かくも長くこじれたのは、教科書の選定権は地区の教育委員会にあるとする「地方教育行政法」と、同一地域では同一教科書を採用すると定めた「教科書無償措置法」という二つの法律の矛盾から派生している。竹富町は前者の法律にのっとり決めたのだから問題はないとの見解を取り、文科省は後者の法律をたてに法律違反だという。

私に言わせれば、教科書採用権を定めた地方教育行政法は、教科書採用についての基本原則を定めたものであり、教科書無償措置法は配布の方法論を定めたものである。どちらが上位法であるかは明らかである。あえて言えば後者は「同一地域では同一の教科書が望ましい」という程度のものではないか。ましてや八重山のようにいくつかの島嶼からなる地域で、「同一地域」を無理やり押し付けようというのは、実情にそぐわない。現に竹富町でこの二年間、石垣市や与那国町と異なる教科書が使われてきたことで、教育現場で混乱が生じている、という報告は聞かない。

先の県教委定例会でも委員の中から、「教科書検定基準に合格した二教科書の一方を否定する正当性は何か」「教育現場に混乱が生じていない竹富町に是正を求める必要性はあるのか」といった疑問や意見が出されている。こうした疑問の解消もされずに、教科書無償措置法の観点だけからの是正要求は、教育をあずかる省の姿勢を問いたくなる。

文科省が作成した「教科書改革実行プラン」でも、同一地域の教科書採択基準について、現在の「市郡」単位から、「市町村」単位に柔軟化するとの方針が示されている。二〇〇九（平成二一）年に閣議決定された「規制改革推進三カ年計画」でも「公立中学校の教科書は、学校教育に自主性、多様性を確保する重要性を踏まえ、将来的には学校単位での選択も視野に入れて採択地の小規模化を検討する」とあり、今回の是正要求は明らかにこれらの方向に逆行するものだ。

下村博文文科相は、先に二つの法律の整合性を図るための法改正を発言している。ということは、二つの法律の矛盾を認めていることだ。だとすれば、竹富町教育委員会の法律違反を言う前に、せめて国の法律の矛盾を解消してから、是正云々は言うべきではないか。それをさも重大な法律違反でもしたかのように、高圧的な態度に出てくるのはなぜか。

民主化なし崩し

下村文科相は、教育行政の主導権を現在の教育委員会から市町村長に移し、教育委員会を首長の単なる諮問機関にしようと発言している。つまり教育を、時の権力者の意のままになるように、改めようというのである。

いうまでもなく教育委員会制度の趣旨は、時の権力や政治とは切り離し、教育行政の中立性を確保することで、教育の健全化を図ることにある。戦前の中央集権的教育行政で軍国主義教育や皇民化教育で歪められた苦い経験から、戦後の教育改革で教育の地方分権や民主化をねらいとして創設された制度だ。一九四八（昭和二三）年公布の教育委員会法では委員の一定数は住民の選挙で選ばれていたが、一九五六年の地方教育行政法で、首長の任命に改正された。このときも民主化の意図が失われると、根強い反対意見が多かった。

日本復帰前の沖縄でも、教育委員は選挙によって選ばれていた。このため行政、立法、司法を含め「四権分立」とも言われたが、「復帰」と共に公選制は廃止され、「本土並み」に後退した。それでも教育委員会制度の趣旨は、変わらないはずである。それが今また、なし崩しにされようとしている。

教育委員会から首長へ権限が移行されれば、中央政府からの直接介入に道を開くことになる。戦前のような中央集権的教育行政への回帰である。政府の狙いもそこにある。これは教科書問題で文科省が、竹富町長に直接是正要求に乗り出すことと軌を一つにしており、今回の是正要求は、首長への権限移行の先取りともいえるものだ。

こうした一連の教育の中央集権化の動きは、安倍内閣が押し進めている特定秘密保護法の制定や、防衛力強化、集団的自衛権の行使、憲法改正などと連動しており、全体の中で注視しておく必要があることはいうまでもない。

八重山教科書問題と政治介入――前川喜平著『面従腹背』に見る――

『八重山毎日新聞』二〇一八年一〇月二一日付・二三日付・二四日付

「あったことをなかったことにはできない」と国会で証言し、一気に加計学園の獣医学部新設問題で「総理の意向があった」とする文書の存在を天下にクローズアップさせた前文部科学省事務次官の前川喜平氏のことは、まだ国民の記憶に新しい。

その前川氏が、文科省在職中に関わった諸問題について回顧したのが表記の『面従腹背』（毎日新聞社刊）である。タイトルを見て、えっ？　と思う人もいるに違いない。「面従腹背」とは、「表面は服従するかに見せかけて、内心では反抗すること」の『広辞苑』の説明を表紙の見返しにわざわざ刷り込んである。

そうなのだ。この本は文部行政の中で、組織の一員として対応し、処理してきた諸問題について、時には面従し、時には腹背してきた文部官僚生活の内幕を暴露したものである。

第一章・文部官僚としての葛藤、第二章・面従腹背の教育行政、第三章・教育はだれのものか、第四章・特別座談会・加計学園問題の全貌を激白――の四章からなり、第二章の中には「八重山教科書問題」が取り上げられている。二〇一一（平成二三）年から一四年にかけ、大臣官房審議官から初等中等局長として関わった内幕を暴露している。それは政治介入がいかにして行われたかを示す、重大な内容である。この問題に焦点を絞って、本書を紹介したい。

「八重山教科書問題」とは、二〇一二年度に使用する中学校の公民の教科書採択をめぐり、石垣市、竹富町、与那国町の教育委員会の意見が分かれた問題である。教科書の採択権は、各教育委員会にあるが、教科書無償措置法では三市町が共同採択地区として、一本化することになっている。

当時の石垣市教委の玉津博克教育長が、三者協議会の規約改正を提案し、協議会の構成委員を大幅に変更、教科書採択の決定を多数決とすることが決定された。その上で公民の教科書として育鵬社版を答申、それにより石垣市と与那国町の各教委がこれを採択し、竹富町教委は東京書籍版を採択した。一本化を図るため三市町教委の合同総会が開かれ、ここでは多数決で東京書籍版が選定された。

これに石垣市教委の玉津教育長が選定は無効として文科省に報告、同じ市教委の仲本英立委員長は多数決を有効と報告。これを受けた初等中等局（初中局）では公印のある石垣市教育長・玉津氏の報告を有効と判断した。この時、前川氏は大臣官房審議官の立場であったが、初中局に対し「公印の有無で判断するのはおかしい。法律に照らしてどちらが教育委員会を代表する権限を有しているかで判断すべきだ」と主張し、合同会議についても、結論はあくまで「答申」であり、決定は各教育委員会にある、と主張していたという。そしてその頃の内部の動きをこう書いている。

「その頃、東京・永田町では何が起きていたかというと、玉津教育長と頻繁に連絡を取り合っていた自民党（当時は野党）の義家弘介衆議院議員が、文部科学省初等中等局の幹部を呼びつけて圧力をかけていたのである」と「政治介入」を明らかにし、当時の初中局について、次のように書いている。

「当時の初中局は義家議員に迎合していた。義家氏は野党の一議員に過ぎない人物であるにもかかわらず、初中局はその後も氏の意向に沿う理屈をつくりあげていった。そうやってつくった理屈で本来の上司である大臣や副大臣に説明をし、その線で国会答弁をするよう仕向けた。（中略）これは面従腹背というよりは明らかな裏切り行為というべきものだった」

結局、竹富町教委の無償給付は行えず、二三人の生徒への教科書配布は寄付によってなされた。教科書問題はこれで終息したかに見えたが、二〇一二年一二月に民主党政権から第二次安倍政権に代わり、下村博文氏が文科大臣に、義家氏が大臣政務官に就任すると、再び問題が蒸し返される。そして竹富町は違法だから適法な採択の育鵬社版に換えさせろ、という圧力が高まった。両氏は共に教育の戦前回帰を目指す日本会議のメンバーである。

暴露された露骨な政治介入

そうした矢先の二〇一三年七月、前川氏は大臣官房から初中局長に就任する。下村大臣から是正指示がきた。それに従い沖縄県教育委員会に採択変更の指導を求めた。それでも、竹富町教委が指導に応じないため、下村氏らは沖縄県教委を介さずに、直接指導できる地方自治法上の是正措置の手段を考えだした。しかし、担当局長の前川氏は、竹富町教委に「是正すべき違法状態は存在しない」と考えていた。

「八重山地区で起きた事態は、単に三つの教育委員会の意見が一致しなかっただけのことで、そのどちらかが適法でどちらかが違法だというわけではない。共同採択地区で教科書が一本化できないという教科書無償措置法の想定していない事態が生じたということだ」と。

それでも下村大臣らは地方自治法を盾に、沖縄県教委を飛び越して直接竹富町教委への行政指導を指示した。前川氏は沖縄県教委の諸見里教育長を東京に呼び指導したが、同時に「なるだけ時間をかけて検討するように」とお願いしている。

すでにその頃、局内では教科書無償措置法の改正が検討されていたのだ。改正というのは、共同採択地のくくりを緩め「郡区」制を廃止するというものだ。平成の市町村合併で「郡区」に残る市町村の数が全国的にも減少し、そのことで不都合も起きていることから「郡区」のくくりをなくす、というものである。そうなれば八重山郡の教科書問題もおのずと解消される、というわけである。しかし、そのことは伏せて、あくまでも共同採択制度の一般的な改善ということで、国会には提案された。竹富町への対応を問われても「従来通り」で通した。

ところが、沖縄県教育委がいつまでたっても「検討中」を繰り返すので、下村大臣らは業を煮やし、直接指導に乗り出すことにした。地方自治法を盾に、義家政務官を竹富町役場に送り「育鵬社を採用せよ」と、脅迫まがいに「指導」している。

そこで前川氏は諸見里沖縄県教育長や慶田盛安三竹富町教育長を文科省に呼び、マスコミの取材人の前で「是正要求に従わないのは極めて遺憾」と厳しく言い渡した。が、取材陣がいなくなったあと「今国会に法改正を出しているので、それが通れば竹富町は単独の採択地にしましょう。それまで頑張ってください」と逆に激励している。

改正法は二〇一四年四月四日に成立し、公布された。前川氏はすかさず諸見里沖縄県教育長に「時間をおかず共同採択地の見直しをするよう」指示している。こうして竹富町の分離が実現し、問題は解決した。前川氏はその時の心情をこう書いている。

「三年間続いた八重山教科書問題はこうして円満解決に至り、この件に関する私の面従腹背は終わった。もとはと言えば共同採択制度という代物が、すでに時代遅れの制度なのだ。できるだけ早い機会に廃止すべきである」

前川氏がこの共同採択制度の廃止をいうのは「教科書の採択は各学校の権限にすべきである」という見解による。前川氏の「面従腹背」の対応は、不当な政治介入に対して、文部官僚としての良心が許さなかった。こうした「面従腹背」を駆使した政治介入への抵抗は、八重山の教科書選定問題以外のところでも発揮されているが、それは前川氏の高い見識と経験に基づいている。

前川氏は第二次安倍政権発足の頃から、覆面のツイッターを発信している。覆面の名は「右傾化を深く憂慮する一市民」。そのツイート集が本書の巻末に収録されている。題して「ほぼ独り言の腹背発言集」。第二次安倍政権が発足したとき「ファシズムが忍び込んで来ている。精神の自由は、絶対に譲らないぞ」と一矢を放っている。八重山教科書問題でもいくつか書いている。

「義家文科政務官が竹富町に育鵬社の教科書を使え、と迫った。ヤクザの言いがかりに等しい蛮行だ。負けるな小さな竹富町」（二〇一三年三月一日）

「がんばれ竹富町！　負けるな慶田盛教育長」（同三月三日）

「権力ある不正義は正義を僭称し、権力のない正義は不正義の汚名を着せられる。竹富町の正義は文科省の不正義によって押し潰される」（同年三月二八日）

まさに「面従腹背」の面目躍如である。それにしてもなぜ前川氏は、こうした行動に出たのであろうか。誰しもが疑問に思うかもしれない。それについても前川氏は書いている。

「組織の中にいて組織として仕事を行う上では一般職の論理に従っていたとしても、個人としての思想、良心、理想、信条、見解というものがなければおかしい。それは自分の頭で考えることができるということだ。人間として最低限の条件だとも言える」

だから「組織の論理に従って職務を遂行するときにおいても、自分が尊厳のある個人であること、思想、良心の自由を持った個人であることを決して忘れてはならない、ということだ。組織人である前に一個人であれ、ということだ。自由な精神を持つ独立した人間であってほしい、ということだ」と。

公務員に限らず、組織に身を置いた経験のある人なら、誰しも組織の論理や考えと、自分自身の考えとが一致せずに悩んだことは多々あることであろう。その時どのような身の処し方をするべきか。そこに「面従腹背」の処世術も生まれてこよう。前川氏は個人と組織の両立を図るため、それも一つの生き方として、ある意味で積極的に活用してきたわけである。

右傾化する教育行政への警鐘

それにしても近年の教育行政の右傾化は、目に余るものがある。地方教育行政では、市長による教育委員長の任命となって以降、教育委員会は形骸化しつつある。教育委員会は主体性を失い、市長の下請け機関と化し、政治的忖度が常態化してきた。

もともと、地方の教育行政は、教育委員会の合議制の下で行われてきた。それは多様な民意をバランスよく教育に反映させることであり、いまひとつは、政治介入を遮断し、公教育の政治的中立性を確保する、という点にあった。これは戦前の皇民化教育の反省の上にできた制度である。それが今や中央からの押し付けで、本来の機能が失われている。

その中央の教育行政も、地方教育行政と同じことが起きている。これまで国の教育行政は、文部省管轄の中央教育審議会（中教審）の下で行われてきた。委員の構成メンバーも、社会の多様な意見を反映できるように配慮され、日本教職員組合の幹部なども席を置いていた。

しかし、第一次安倍内閣のときに、首相直属の「教育再生会議」が設置され、さらに第二次安倍内閣では「教育再生実行会議」が設置された。そのメンバーの人選も極めて政治的に行われ、中教審はこれらの会議の下部機関と位置付けられ、いまや下請け機関となっている、と前川氏も嘆いている。

同氏によれば、第二次安倍内閣で文科大臣に就任した下村氏になってから、中教審の人選にも同氏の意向に沿った人が選ばれ、政治権力の介入に歯止めが利かなくなったという。審議会での政策形成プロセスが形骸化すると「国の教育行政における政治的中立性は、たちまちにして危うくなる。文部官僚は政治に弱いからだ」とも書いている。

例の森友学園問題で、子どもたちに教育勅語を教えていることの是非を国会で問われた下村文科大臣が「教育勅語そのものの中身はしごくまっとうなことが書かれている」と答弁し、学校で活用することについても「教育勅語そのものではなく、その中身、それは差し支えないことだと思う」と答弁し、従来の文科省の見解を一変させた。これを聞いて前川氏は、例の覆面ツイッターで、「教育勅語を『至極まっとう』と下村文科大臣。まっとうな人間の言うことじゃない！」と怒りをぶちまけている。

そうした記憶も薄れぬうちに、このほど第四次安倍改造内閣で入閣した柴山昌彦文科大臣が、就任記者会見で教育勅語について聞かれ「今の道徳に使えるという意味で普遍的価値がある」と答え、早くも大臣としての資質が問われている。教育勅語は戦前の天皇制教育を支え、戦後の教育基本法とは相いれないものを、一部とはいえ「普遍的価値」を容認する考えは、下村氏らと軌を一にするものだ。それこそ「まっとうな人間の言うこと」じゃない。

このような価値観の人が国の文部行政のトップだと、この先が思いやられる。内閣改造と並行して行われた自民党役員人事で、あの下村氏が、今度は憲法改正推進本部長に就任した。政治の右傾化の中で、私たちに新たな覚悟が求められている。

忍びよる歴史修正主義――石垣市教委副読本中止の背景と問題点――

『琉球新報』二〇一七年三月一四日付・一五日付

石垣市教育委員会（石垣安志教育長）は、二〇一七（平成二九）年度の市内中学生向けの副読本『八重山の歴史と文化・自然』の刊行・配本の中止を決め、このほど全執筆者に通知が届いた。中止の理由は同書の歴史編「八重山の近代」の「南京事件」や「従軍慰安婦」の記述が「見解が分かれるため」としている。

歴史修正主義の矛先が、最南端の石垣島にも押し寄せている。島嶼防衛をもくろむ自衛隊配備を目前に控えたこの時期に起きた象徴的な「石垣市教委副読本問題」である。歴史教育の在り方や教育委員会の姿勢が問われるもので、執筆を担当した者として到底容認できない。この機会に中止に至る経緯と背景、そして問題点を指摘しておきたい。

九カ月遅れて配本

この副読本は、石垣市教育委員会が、二〇一三年度、一四年度の一括交付金事業を活用してつくられた八重山の歴史、文化、自然に関する中学生向けの副読本だ。その道の専門家や研究者が執筆した初めてのもので、全編オールカラーのビジュアル版二二五ページの本だ。こうした副読本は、おそらく沖縄県内では初めてのものであろう。発刊早々、市民からも購入の要望が寄せられた。

ところが同書は、二〇一五年三月末に当時の石垣朝子教育長が記者会見し、完成を発表したにもかかわらず、実際に生徒たちに配本されたのはその年の一二月に入ってからである。まことに不可解な空白の九カ月である。この空白こそは、次年度刊行中止に至る布石であった。

完成記者会見後の五月になっても同書は執筆者に届かず、しびれを切らした執筆者たちは、遅延の理由を文書で問い、早急に生徒や執筆者に配本するよう求めた。これに対し市教委は「本年度は教科書採択の年で、副読本が教科書採択協議委員に如何なる影響も与えてはならない」との観点から「配本は八月以降を予定している」と回答してきた。

なぜ副読本が教科書採択に影響を及ぼすのか、執筆者の多くが理解に苦しんだ。ところが八月の教科書採択が終わっても、なしのつぶてだった。再び執筆者有志から文書による質問に対し、市教委は「新しく採択された教科書と照合するなかで誤字、脱字などの訂正箇所が見つかり、市教委の責任で訂正させていただく」との回答がきた。さすがにこれには執筆者から「いまさら誤字、脱字とは何事か」「執筆者抜きの校正などあり得ない」と猛反発が出た。

「南京事件」に変更

二〇一五年九月末に石垣市教委の学校指導課長から電話があった。私の書いた「南京大虐殺事件」について「新しく採用された歴史教科書との整合性をとるため、事件名を南京事件と改められないか」という。新たに採用された歴史教科書は帝国書院のものだが、私はまだ見ていなかったので、関連する箇所の複写を送るよう頼んだ。同事件に関する私の記述は、次のようなものだ。

「（前略）その後、戦線は北京、天津へと広がり、一二月には中国政府の拠点であった南京を日本軍が占領しました。日本軍は敗残兵の一掃を口実に南京大虐殺事件といわれる一般市民への無差別の虐殺や略奪を行いました」

この記述は一九三七（昭和一二）年当時、八重山で発行されていた新聞に南京陥落を祝って戦捷祝賀会が開かれ、夜は提灯行列が石垣町内を練り歩いた、という記事に関連して書いた。提灯行列は全国的に行われたが、八重山にも戦争の足音が近づいていることを紹介したのであった。

事件の名称は「南京大虐殺事件」の略称として「南京事件」もよく使われており、教科書との整合性はともかく、異存はなかった。ただし私は、「一般市民への無差別の虐殺や略奪」云々については、そのままを条件とした。虐殺の人数については数万人から三〇万人まで諸説あることは承知していたので、あえて人数には触れずに、虐殺の事実のみを書いた。

大虐殺記念館を訪れる

とはいえ、南京城内で何万人もの人が虐殺された、という状況がつかめなかった。そこで私は今年（二〇一七年）の一月二〇日南京に行き、事件の現場を訪れた。行ってみてわかったことだが、南京城の城壁の周囲が、なんと三五キロもあるということだった。一六八八年に築城された南京城は、城壁が欠けたところがあるものの、今も人々はその内外で暮らしている。

有名な中山門から城壁に上り、馬車が二台も連ねて走れるほどの城壁の道の上から市内を眺め、虐殺記念館や大量の捕虜を殺害して流した揚子江にも足を運んだ。入館が無料の記念館には多くの見学者が来ていた。若い人も多かった。来館者が年間八〇〇万人というのには驚いた。記念館入り口には三〇万という数字が刻まれている。中国が主張する虐殺者の数である。集団虐殺のあった二八カ所の死体埋葬の数や個人虐殺、揚子江の流出死者数推計値などを積み上げた総数と説明委員は話していたが、重複もあることは認めていた。

問題はその数ではなく、虐殺のあった事実である。数字の違いをもって、虐殺の事実がなかったかのように言う歴史修正主義のありようこそが問題なのだ。辛亥革命以降の歴史資料を管理し南京事件の写真集も出している第二歴史档案館の馬振犢館長が、私に語った言葉が忘れられない。

「私たちは南京事件のことで、なにも賠償金をよこせと言っているわけではありません。歴史の事実を認めあい、再びこのようなことが起きないようにしましょう、と言っているだけなのです」と。

二〇一五年一一月になって、石垣市教委の学校指導課長から再び電話がきた。「教科書には従軍慰安婦のことは載っていないので、副読本から下ろせないか」と言う。ついに市教委の本音が出た、と直感した。私は即座に「教科書にないのがおかしい」と削除を拒否した。副読本で従軍慰安婦について、私は次のように書いていた。

「（前略）また、駐屯部隊には島外を含めておよそ一〇か所の慰安所が配置され、朝鮮から連行されてきた女性たちが慰安婦として人権無視の状態に置かれていました」

限られたスペースでこれだけのことしか記述できなかった。それも私に言わせれば、ごく常識的なことだ。自治体が作る副読本は、郷土で何があったのかを直視することが大切だ。なにも教科書の枠に縛られることはない。もちろん独善的な見方を押し付けるものであってはいけないが、まず事実を提示して考えさせることが基本である。

政府見解で攻防

拒否された課長は「わかりました。執筆者の意向を尊重するというのが、私どもの立場ですから」と引き下がった。ところが、二、三日して「本文は触りませんが、政府見解の注記を付けさせてほしい」と言う。私は「注記といえども本文と一体のものなので、歴史的事実を踏まえたものでなければならない」と答えた。その後、市教委側から返事がないので、私は一九九三年に宮沢内閣が従軍慰安婦に関する政府見解として発表した「河野官房長官談話」を踏まえて、次のような「注記」を書き送った。

「従軍慰安婦については一九九三年、政府見解として河野官房長官談話を発表。慰安婦の存在と旧日本軍の関与を認め、お詫びと反省を表明。一九九五年にアジア女性基金を創設して償いをした。しかし安倍内閣は裏付け資料が乏しいとして、否定的見解をとっている。このため韓国との間で歴史認識をめぐる対立が起きている」

これに対して市教委は、次のような「注記」を、出版社を介して提示してきた。

「慰安婦に関しては平成五年に政府見解として河野官房長官談話を発表した。現在、日本政府は『同日の調査結果の発表までに政府が発見した資料の中には、軍や官憲によるいわゆる強制連行を直接示すような記述も見当たらなかった』という見解を示している」

文末には、ご丁寧に「追記・石垣市教育委員会」と記してある。これは市教委が自分たちの見解は、執筆者とは違う、ということを示すものだ。どこの誰に対してか知らないが、言い訳をしているとしか思えない。その後、市教委は「河野官房長官談話」の前置きも削り、後半の「現在、日本政府は」云々だけにしてきた。大事なことが抜けており、到底容認できるものではない。安倍首相が慰安婦連行の強制性を否定した国会答弁でしかない。

「そんなにこだわるのなら、私も重大な決意をせざるを得ない」と原稿全てを引き揚げるつもりで、出版社を介して意思を伝えた。その結果、市教委は従軍慰安婦の「注記」そのものを取り下げると態度を変え、ようやく印刷となった。

それにしても市教委のやり方は「執筆者の意向は尊重する」と言いながら、実際は「検閲」まがいのやり方である。そこまでしなければならないのには、何か事情があるとしか思えない。市教委の担当課長らも編集委員に入って了承されたゲラが、印刷直前にストップがかかり、九カ月もの後に印刷されたという異常事態が意味するものは、上からの圧力か、外部からの横槍が入ったとしか考えられないからだ。それこそ政治介入ではないか。

市議会で質問

それを裏付けるようなことが、二〇一六年六月一三日の石垣市議会一般質問で起きた。幸福実現党の某議員が副読本を取り上げ「強制連行の事実はなく、虐殺もなかったというのが政府見解。訂正すべきだ」と質問。これに対して中山義隆市長は次のように答弁している。

「南京事件については、略奪や殺害は否定できないが、大虐殺があったかどうかについては数字が定かではない、というのが政府見解。慰安婦問題については政府見解と異なる記述となっている」と述べ、今後の発行に際しては「検証する必要がある」との認識を示している。（『八重山毎日新聞』六月一四日付）

この議会答弁でも明らかなように、市長部局からの意向を受けて市教委は「南京事件」と「従軍慰安婦」の問題について策動していたのである。教育長が市長の任命制になってから教育委員会の独立性が問われているが、今回の副読本問題はそのいい例だ。

その年の九月三〇日に私は市教委の教育部長に呼ばれ、

次年度の副読本の記述変更について打診されたが「市議会で取り上げられた二点に関することならできない」と返答した。教育部長は「執筆者の意向を教育委員会に報告し検討したい」と答えていた。しかし正式な委員会ではなく、市教委定例会前にフリートーキングの形で意見聴取をしたと後で聞いた。したがって市教委の議事録にもなく、どのような意見の下で結論を出したのか、市民は知る術がない。

「理解が得難い」

石垣安志教育長から全執筆者に次年度刊行見送りの文書が来たのは、二〇一七年一月四日である。

「一般会計による副読本の刊行・配布については、公金支出なので見解が分かれる事案や定説となっていないために論議を派生する事象等を副読本として配布するには、市長、市議会、市民の理解が得難いので次年度刊行は控えたい」

この文章だけを読めばなんのことだかわからないが、これまでの経緯をみれば明らかだ。今、全国の副読本が狙われている。安倍首相の政策ブレーンといわれる「日本会議」は、復古的な教育の推進から教科書選定で圧力をかけてきたが、その後は同会議の地方会員を通じて地方教育委員会の副読本にまで介入してきている。特に南京事件や従軍慰安婦については、厳しくチェックしている。「日本を取り戻す」（安倍首相の選挙スローガン）上から邪魔らしい。今回の石垣市教委の副読本問題も、そうした歴史修正主義の一連の動きといえよう。

言うまでもないが歴史の事実を直視せずして、正しい歴史認識は生まれない。郷土史とて例外ではない。郷土で過去に何が起きたかを認識せずして、未来を考えることはできない。

事実に基づかない歴史認識は、ヘイトスピーチなどの土壌を作り、やがては「非国民」呼ばわりの風潮を産む。未来を担う青少年を、再び誤れるナショナリズムの犠牲にさらしてはならない。副読本の中止は、生徒たちから郷土を学ぶ機会を奪うものだ。教育行政の中立と透明性を確保する上からも、次年度の副読本刊行中止を撤回すべきである。

Ⅶ　八重山研究への視座

三木の手による八重山に関する著作。
左：『八重山近代史の諸相』（1992年、文嶺社）
中央：『八重山近代民衆史』（1980年、三一書房）
右：『八重山を読む——島々の本の事典』（2000年、南山舎）

石垣島出身の三木は、記者としての取材活動のかたわらで八重山の歴史の発掘にも取り組んだ。

民衆史の大家・色川大吉と知遇を得た三木は、石垣島、西表島、竹富島と八重山列島の島々の調査を行い、それぞれの自治体史編さんにも参画し、確かな民衆史を編み続けてきた。

シマの復権めざして

『沖縄思潮』六号（沖縄思潮編集委員会、一九七五年一月）

ある島での光景

一九七五（昭和五〇）年の夏、久し振りに島に帰った。島とは私の生まれ島、石垣島のことなのだが、ここでいうシマとは、それぞれに個性をもった島々が、有機的に渾然一体となった八重山の離島群全体を指す。島は折からの観光ブームで、本土からやってきた若者たちで、ひときわにぎわっていた。旅行業者のつくったガイドブックの誘いにのって、若者たちは島のあちこちにたむろし、あられもない姿で村々を歩いていた。

こうした滔々たる観光化の波に洗われるなかにあって、ある救いにも似た気持に接する機会を得た。それは、小浜島でアカマタの祭りに接したことであった。過疎化の例にもれずこの島でも若者は島を去り、いつもはせいぜい五〇〇人程度の島でしかない。村をめぐればところどころに空家も目立つ。

ところがこのアカマタの始まる前には、沖縄（それは沖縄本島のことだが）や、遠く本土からも島人たちは里帰りし、島の人口は二〇〇〇人以上にもふくれあがっていた。島をまもり続けた親たちは、一年ぶりに帰る子や孫たちに着せる晴れ着のブーキン（苧布）を、何カ月も前から織り続けたという。

そしていま、帰ってきた娘たちや息子たちは誇らし気にその衣をまとい、胸ふるわせて村はずれのナビンドーにアカマタを迎えにゆくのであった。親たちは、島人以外を寄せつけない聖域であるナビンドーにお酒やご馳走を運ぶ娘たちの姿に見とれ、いつまでもこの幸せが、世《ユ》果報《ガフー》が続くように、と祈らずにはおれないのである。

島の人たちは生気をとり戻し、村はよみがえる。村人は一瞬をも惜しむかのように夜を徹して唄い、飲み明かす。あたかも一年間の全エネルギーを、この三日間の祭りで燃焼させでもするかのように。事実、一家をあげて島を出た人でさえ、この三日間の祭りのために、家屋敷を売らぬ人が多い。

アカマタ、それはもとより五穀の豊穣をもたらす神、ニライカナイから世果報をもたらす神なのだが、いまでは散り散りになった子や孫、兄弟、親類たちを、年に一度この島に呼び戻してくれる神として、島の人たちの心に位置しているかのようであった。

島を見つめ問い返す

復帰と相前後して島々を襲った過疎の波。その波に洗われていくつかの村が消え、またいまも消えようとしている。それは何百年も続いてきた歴史と文化の崩壊を意味している。累々たる廃屋はかつてそこに生を営んだ人たちの怨念がたちのぼって、見るからに鬼気せまるものがある。

村が消える――。島に生を受けた者にとって、これほど深刻な問題があろうか。かつて八重山には首里王府の強制移住政策によって創建された村々が、マラリアの毒牙にさらされて次々と廃村に追い込まれていった苦い歴史がある。その歴史をいままた八重山の島々は体験しようとしている。こうした〝島の危機〟に直面して、われわれは何をなすべきか。

ほとんど苛立ちにも似た気持ちで、東京にいる八重山出身者が「とにかくなにかをしよう」と集まってできたのが、「東京・八重山文化研究会」であり、あるいは東京における「八重山の自然を守る会」であった。研究会のほうは月に一度だけ集まって語り合っている。そこに集まる人たちは老いも若きも、職も立場もさまざまだし、専門家もおれば非専門家もいる。もとより自らの島を知るのに専門家も非専門家もあったものではないし、第一そんなことを言っている場合でもない。

こんなときもっとも警戒を要するのは、〝故郷回帰〟あるいは〝伝統回帰〟というかたちで、感性的な認識のなかに埋没して、ひいては天皇制ファシズムへ収斂されてしまうおそれのあることである。

かつて島の巻踊りをみて、天皇制国家体制のシンボルだと賛美した詩人がいた。シマの共同体社会は一度都会生活をしたものにとっては、郷愁とも憧れともつかぬ魅力をもっている。それだけにその居心地のよさに埋没してしまい、気付いてみたらそれにガンジガラメにされ、体制の陥穽に落ち込んでしまう危険性のあることを十分に警戒してかからねばならない。

沖縄学の研究が沖縄人の沖縄学から、いわば〝日本人の沖縄学〟へと広がりをみせようとしているとき、郷党主義的な集まりを共同体の再生産でしかないと批判するむきもあるが、要は自らの歴史や文化に主体的にかかわろうとする姿勢の問題である。

とまれ、良かれ悪しかれ島で育ったわれわれは、島を引きずって生きている。あるいは引きずって生きるしかない。島のことを忘れようと努力している人でさえも、それを意識している限りにおいては、島を引きずって生きていると言える。

とすればどう生きるにせよ、この引きずってきた島をいまいちど見つめ、問い返すなかからしか普遍につながる何かを、つまりは生きてゆく糧を、エネルギーを、見い出してゆく以外ないのである。

辺境のエネルギーと可能性

島は狭い。が、島の歴史は深い。島でのさまざまな人たちのさまざまな生きざまを、歴史のトータルな流れのなかでとらえ返してみたい、という欲求が常に私のなかにはある。近代一〇〇年の期間だけで見ても、小さな島々には実にさまざまな生きざまと歴史があったのである。その島の歴史の深淵を垣間見ることのなかから、自らの引きずってきた島をいまいちど問い返してみたいのである。いうなれば、それが私の研究の出発点であり、終結点でもある。

その作業を私は数年前からはじめている。そして、まず島をその外部との接触の葛藤のなかでとらえてみようと、ある同人誌に「八重山開拓史覚書」なるものを綴っている。もとより進んだものが遅れたものを拓く「開拓史観」などとかを説くつもりは毛頭ない。ただ、近代八重山の民衆史を解きほぐす糸口として、右のようなアプローチを試みているに過ぎない。糸口であるから、あくまで歴史の支流に過ぎない。

歴史の矛盾は、辺境にしわ寄せされる、といったのは誰であったか。確かに近代日本の歴史はそのことを実証しているが、一面また辺境のなかに矛盾を突き破ってゆくエネルギーが育まれてきたのも歴史の教えるところである。いまいちど辺境の持つそうした可能性を問い返さねばならない。

また辺境からは「中央」がよく見える、とはしばしば言われてきた。復帰前にも「沖縄からは本土がよく見える」と言われたものである。おそらく現在もそうであろう。ところでその「沖縄」さえも、さらにその周辺の島々から見ることによってよく見える、ということがある。八重山の島々をめぐってみて、海洋博に明け暮れする現在の県政が、いかに離島を切り捨てているかがわかるし、本土への差別を糾弾してやまなかったこれまでの運動が、いかに沖縄社会内部の差別には目を閉ざしてきたかがわかるのである。

これは現在の空間的な問題であるとともに、時間的な歴史の縦軸における流れの上でも指摘できるであろう。とすれば離島のシマこそが、こうした歴史のなかで切り捨てられてきた離島の復権を、シマの発掘をとおして目指すべきではないだろうか。

こうしたことから、島に帰るたびに古老を訪ねるのがいつしか私の習わしとなっているが、この夏、二年前にお会いしたある古老を訪ねてショックを受けた。その方はすでに老衰され、過去の記憶を失っていたからである。

同翁のご尊父は、明治の半ばまで村頭をしていたユカラピトゥ（士族）の出で、明治初年、所用で首里王府に上る途中、台風にあい長崎に漂着、そこで何カ月かを送ったあと帰任するが、やがて世は琉球処分で「大和世《ヤマトユー》」となり、大和役人からさんざんな目にあわされる、という話を同翁から聞いたことがある。それをさらに詳しく伺うつもりでいた。応待に出たご子息が「おそかったですねえ」といわれたとき、その人とその人につながる歴史が、闇の彼方に消え失せたことを知り愕然とした。

年々、こうして島の歴史を担った人たちが消えてゆくのである。にもかかわらず県や島の自治体は、その事柄の重大性に目を向けない。たとえば『沖縄県史』にしても、沖縄本島に偏し、いかに離島の歴史や文化が見捨てられていることか。もとより県史編纂事業が、沖縄の歴史や文化に与えたはかり知れない寄与を否定するものではない。もし琉球政府時代のこれといった事業をあげるとすれば、この県史編纂事業の着手をあげるにやぶさかではない。が、にもかかわらず、いやそれなればこそ、われわれ島のものからすれば、周辺の島々が切り捨てられていることへの不満を禁じえないのである。

かつて首里王府のおもろ編纂事業が、宮古、八重山を切り捨てていったことに対する怒りが、喜舎場永珣をして八重山古謡の収集に向かわしめたというあの気持を、いまもわれわれは共有するのである。が、帰するところ、この問題は「誰かにやってもらう」ということでは解決のつかぬ問題である。シマに生きるものが、自らやってゆくことでしか解決されないものである。またそのなかでこそ、われわれがシマに生きることの認識を深めてゆくことができるし、真のシマの復権も果たされると考える。喜舎場がその生涯の大半を古謡の研究に捧げたことの意味も、そこではじめて理解できるのである。

八重山近代史への視点

一　自己認識としての郷土史

「村の歴史を知ることは、すなわち反省である」とは、柳田国男が『郷土生活の研究法』のなかで述べた有名な言葉である。柳田はまた「郷土研究の第一義は手短にいふならば平民の過去を知ることである。（略）平民の今までの通ってきた路を知ることは、我々平民から言えば自分を知ることであり、即ち反省である」とも書いている。

私たちの「村の歴史」書は果たして「反省」になっているだろうか。あるいは「反省」を促す歴史書であるだろうか。「村の歴史」すなわち地域史は、その問いに答えねばならない。

「村の歴史」が「反省である」ためには、「村の歴史」はどう書かれねばならないのか。日本の歴史学が問われている課題である。柳田民俗学を政治思想史の面からアプローチして、柳田学に新局面をつくった後藤総一郎は『郷土研究の思想と方法』のなかで、この柳田の問いを次のように説明している。

「この平民すなわち『常民』の過去を知り、自分を知り、反省する、という『郷土研究』のコースと理念を実らせるために、柳田国男は文字を持ち記すことのできたひと握りの『英雄』の文書を中心とした歴史学ではなく、文字を持たぬとも判断力に富んだ村の生産と伝承文化を担い受け継いできた『常民』の歴史学である民俗学を興し、それを『郷土史』の中心に据えることによって、その『常民』の子孫である『現代常民』の反省を、つまり『自己認識』を培うことを願ったのであった」

こうした郷土史研究の思想的視角と原点に立って、これまでの「郷土史」研究をみるとき、「さまざまな不満が宿ってくる」と後藤は次のように、批判している。

「たとえば、文書中心の『郷土史』編纂の方法から脱皮して、民俗学と歴史学の溶け合いのなかから、歴史主体としての『常民』の歴史を新たに構築しうる地平を切り拓かねばならぬ、という歴史観を、まずなによりも形成することが肝要ではなかろうかということであった。

その場合、ひとつ禁欲しなければならないことは、『常民』にのみ歴史形成の比重をおく、という偏向を課すると、歴史の真実を浮き彫りにすることができないということである。つまり、わたしたち『常民』の先祖がどう生きてきたか、という基礎視角に立ちながら、そのときどきの歴史における英雄や権力とどう与みしていきてきたか、というドラマ展開における人間をパラレルに眺め考えるという歴史観をこそ、今日における『郷土史』研究において明確に確立することが必要とされようということであった。

それはひとことでいえば、中国の歴史家であり、アジアの歴史の母ともいわれた司馬遷の『史記』に学べ、ということである。そこでは、英雄も常民も、そして乞食もさらに刺客もパラレルに描かれているということである。歴史の真実は、かつてもそして今日においても、そうではなかったろうか。この真実にたって、未来の歴史をわたしたちは刻んでゆかねばならないといえる」

私は一〇年前に『郷土研究の思想と方法』（一九八一年刊）を読み、その視点と方法論に共鳴した鮮やかな記憶があるが、実際に自ら郷土史を書くとなると、思うように書けない苛だちを禁じえないできた。

日本近代史に民衆史の視点と方法を切り開いた色川大吉は、近著『昭和史世相篇』で、こうした歴史学と民俗学の接点を求める試みをしている。書名からして柳田の『明治大正世相篇』にならってつけられた同書は、柳田の方法論をさらに発展させようとしたものである。このなかで色川は自らの「民衆史研究の出発点」について次のように書いている。

「私の民衆史というのはエリート以外の民衆を、ただ研究するというものではありません。そうではなくて、私たちが戦時下において、さらに敗戦後の混乱を通して、日本の民衆に深く不信の念を抱いた、なんと汚辱にみちた、傷だらけの民衆であったか。その精神構造のなかにある許しがたいもの、ドロドロしたその土俗の非人間的な恐ろしいもの、それらを学問の前面に引きずり出して徹底的に分析し、認識し、その解決の糸口を見つけださないかぎり、私たちは戦争の問題に対して反省したということはできない。これは民衆精神史の問題であって、その課程を抜きにして在来どおりの客観的歴史研究というこことをやっていたのでは、死者たちは何のための犠牲であったか、わからなくなるのではないか。そういう想いが私の民衆史研究の出発点であったわけであります」(「現代の民話の形成過程」)

ここで色川が述べている民衆史研究への出発点も、柳田が「村の歴史は反省である」と書いたことと、まさに同じである。色川はその「出発点」の上に色川民衆史学を築きあげたのである。そのことはともかく、私たちが「村の歴史」あるいは「島の歴史」を見ていこうとするとき、こうした視点というものを共有することなしに、近代民衆史の地平を見出すことはむつかしい。

二　八重山近代史の特性

さて、私がここでとりあげようとする八重山近代史の場合はどうか。結論から先にいえば、私たちは「反省である」ような「村(シマ)の歴史」をいまだ持ち得ていない、というのが現状である。新たな島の歴史像構築のためには、先に述べたような郷土史に対する視点を持たねばならない。と同時にいまひとつは、八重山近代史の持つ個性なり地域的特性というものについても認識しておかなければならない。

むろん八重山近代史は、沖縄近代史あるいは日本近代史のなかの地域史であるわけだが、八重山には八重山なりの独自性やバリエーションがあるはずである。それが八重山史の魅力であるし、またそうでなければならない。すなわち地域史の持つ魅力を、私は八重山近代史に求めたいのである。

八重山近代史が持つ特性は、それが内包する内容的な広がりである。その広がりは八重山の地理的位置や自然的あるいは資源価値などからきている。たとえば地理的位置という点からいえば、日本領土の最南端にあるマージナルエリアであるということや、台湾との国境に接している点などであるが、そのことが近代史のなかで八重山の特性を形づくる一つの要素となっている。

マージナル・エリアは、中国との間で分島問題のベースとなったし、日清戦争後、台湾が日本の植民地となってからは、さまざまな影響を島の歴史に及ぼしてきた。その影響の大きさは、沖縄の他の地域にはみられぬ八重山近代史の大きな特徴である。

琉球処分直後、マージナルエリアとしての国境防備の観点から、明治政府は八重山に関心を払っていたが、日清戦争後の台湾植民地化以後は、関心が台湾に移っていく。八重山の〝近代化〟もこんどは台湾経由で流入してくる。戦前の八重山の人たちの大半が何らかの意味で台湾体験を有している。それが島の生活に与えた影響については、もっと検証されなければならない。

石垣島唐人墓の由来ともなったロバート・バウン号事件（一八五二年）のように、中国人苦力が奴隷としてアメリカに運ばれる途中叛乱をおこし、石垣島に漂流して救助されるというアジア史とのかかわりなども、八重山が中国大陸に最も近いために起きた事件である。

また、自然的、資源的側面からみれば、八重山の民衆を長年にわたって苦しめたマラリアも、八重山の自然風土と関係が深い。八重山の近代史はある意味ではマラリアとの闘いであったが、これも他の地域史にはみられぬ特色である。

資源的豊かさは他の地域からの入植地として位置づけられ、多くの入植者を受け入れることになるが、これがまた島の歴史にもさまざまな影響を及ぼしていく。明治期には中川虎之助らを中心とする四国からの入植者による名蔵開墾や、首里・那覇士族の授産事業としてのシーナ原開墾などがあり、こうしたさまざまな入植の歴史は戦後まで続く。

明治期の入植者たちのなかには後に街に出て寄留商人化していく人も出る。市街地の商店はほとんどこれらの人たちによって占められるが、こうしたことも那覇を除くと他の地域ではみられぬことであった。また、海産物も豊かであったことから、沖縄本島の糸満漁民も進出してくるようになり、市街地の海岸通りは、ほとんどこれらの人たちによる集落で形成された。

昭和期に入ると、石垣島の名蔵に台湾人が移住し、集落をなした。この台湾人の入植は八重山の地理的条件とが合わさって実現したもので、まさに八重山ならではの歴史を刻んだといえる。

西表島では地下資源の石炭が産することから、沖縄では唯一の炭坑が出現した。明治の中期から戦後の一時期までおよそ八〇年の間に延べにして何万人もの坑夫たちが採炭に従事した。坑夫たちのなかには台湾人もいた。そして島人との交流を通して、島社会へも影響を及ぼしていく。

八重山は沖縄では最も早く〝内地化〟が進んだ地域である。良くも悪くも伝統的なものが他地域より早く〝内地化〟したが、その背景にはこうした島の歴史があったのである。以上みてきたような八重山の地域特性は、八重山の近代史を解明していくうえで欠くことができない点ではなかろうか。特に台湾との関係は、ひとつの重要なポイントであると思う。

三　時期区分の試み

ところで、八重山近代史をその特性を踏まえたうえで、どのような時期区分でとらえるべきか。八重山近代史の時期区分については、従来の史書で明確にされたものはない。一九五四（昭和二九）年に八重山歴史編集委員会（喜舎場永珣主筆）が刊行した『八重山歴史』では、第四編に「現代」の項を設けているが、廃藩置県から戦後にいたる政治、教育、産業といったものが併列記述されており、そこには時代区分の意識さえみられない。牧野清は一九七三年刊行の『新八重山歴史』で、近代と現代（戦後）を区別している。しかし近代のなかでの明確な時期区分があるわけではない。

こうした叙述は、当時の研究水準からみればやむを得ないものであったし、また、事象の内容的な叙述に比重を置くことは、それなりに意味のあることであった。これらの事象を八重山近代史全体のなかでどう位置づけるべきかは、むしろわれわれに課された研究課題である。

そこで沖縄近代史研究の成果を踏まえながら、あえてここで統治沿革からみた時期区分について述べておきたい。

第一期は一八七三（明治五）年の琉球藩設置から廃藩置県（七九年）を経て分島問題が落着するまでの琉球処分期、第二期は八〇年の八重山島役所開庁から日清戦争（九四―九五年）を経て断髪騒動が落着をみた旧慣温存期、第三期が郡制施行で八重山島司が置かれた一八九六年から一九二〇（大正九）年に普通町村制が施行されるまでの特別制度期、第四期はそれ以後敗戦にいたるまでの昭和戦前期である。

各期における八重山での動向を、いますこし詳しくみてみよう。

第一期の琉球処分期の八重山の動向については、前記『八重山歴史』のなかで、県属・渡辺簡が巡査三人を伴って、強引に〝八重山処分〟を行ったのに対して民衆は蔵元構内に乱入し、あわや暴動かと思われる寸前までいったが、石垣頭の説得によって鎮静した事件が紹介されている。時の渡慶次在藩は首里への同行を求められるが、王府への申し訳がたたず石垣港沖で入水自殺を図っている。八重山近代史の波乱の幕開けにふさわしいドラマを秘めているが、八重山における琉球処分についてはなお解明すべき点が多い。

処分後、明治政府は八重山の統治機構の整備にかかっている。すなわち総横目を廃し那覇署八重山分署を設置（一八七九年）、八重山収税署の設置（同）、在藩の廃止による島役所の設置（八〇年）、初等教育制度の発足（八一年）といった具合である。処分官・松田道之が「第三回奉使琉球始末」のなかで「宮古島八重山島ニ警部巡査ヲ派遣シテ清国ニ脱渡ノ取締ヲ為シタリ」（一八七九年四月七日）と記述しているところからすると、八重山は〝脱清ルート〟となっていたため、統治機構の整備を急いだものとみられる。

琉球王府による統治から明治政府による統治へと世替わりしても、八重山社会は士族階級の抵抗が続き、騒然とした時期であった。勿論こうした抵抗は首里、那覇をはじめ各地でみられたことだが、こうしたこともあってか明治政府は沖縄統治の基本を旧慣温存とする政策をとる。こうして第二期が始まるのであるが、八重山においても一八八〇年に岩村県令が来島し、旧士族の要請を入れて旧慣を存置することになった。

当時、日本を取り巻くアジアの情勢は、欧米列強の極東進出などもあって緊張状態にあった。こうしたことから当時の中央言論界では「八重山防備論」や「八重山直轄論」などを主張する人もいた。福沢諭吉などもその一人である。

八重山内部では新しい支配者に対する旧士族階層の抵抗がなお続き、清国の救援に期待し、キルグンカン（黄色軍艦、清国海軍のこと）の来島に夢をつないでいた。一八九五年に起きた断髪騒動はその頂点であった。しかし日清戦争で清国が敗れるに及んで救援の望みは断たれ、一九〇〇年の頑固党の一斉検挙によって抵抗は鎮静化へと向かう。農民層は旧慣が据えおかれたため、人頭税がそのまま課され、旧藩時代と変わらぬ苦汁をなめることになる。

日清戦争で勝利した明治政府は、一八九六年に統治機構の再編にかかり、郡制を施行して八重山島庁（島司）をおく。こうして第三期の特別制度下の八重山統治が始まる。九九年から土地整理事業にかかり、人頭税制の基礎をなしていた土地制度の改革に着手し、一九〇三年に人頭税を廃止する。

一九〇九年の特別町村制の施行により、八重山では一郡一村（八重山全域を八重山村とするもの）が施かれる。これは数多くの島嶼から成り立つ八重山の実情を無視するものであった。このためただちに分村運動が地元で起きるが、実現をみたのは一九一四年になってからである。こうしたところにも時の県や明治政府の八重山に対する対応の仕方が現れている。

ついでに触れると、一九一二年沖縄にはじめて参政権が認められたが、このときも宮古、八重山だけは除外されている。それらも含めて先島に対する差別政策を明らかにしなければならない。

一方、この時期には「八重山開墾規則」が制定され、首里・那覇あるいは県外からの開拓入植が始まる。入植については前に触れたので重複は避ける。

第四期の昭和戦前期に入ると、世界的な恐慌が八重山にも波及し、アダン葉帽製造業者の失業問題や教員給料の遅配、欠配が起き、深刻な社会不安に陥る。八重山社会がはじめて資本主義経済下で直面した社会問題である。新しい生活の場を求めて、地理的に近い台湾へと出稼ぎに行く人が増えてくる。女性は台湾の他府県人の家に女中として働いた。いったいどれだけの人たちが海を渡っていったか、その実態さえ明らかではない。

深刻化する不況は、ついに八重山に社会運動をもたらすことになる。給料の遅配欠配に追いつめられた登野城、石垣両校の教職員らが町役場に押しかけた。東京と直結した教員組合が結成されるが、発覚して一九三五年に教員一〇人が検挙される。当時「教員赤化事件」とよばれたこの事件は、八重山の人々を震撼させた。そして時代は「暗い谷間」へと向かう。

昭和一〇年代に入ると、皇民化教育、軍事体制が急速に整備されていく。愛国婦人会などの支部が相次いで結成され、一九三八年三月に国家総動員法が公布されてからは、こうした銃後支援が強化される。四〇年には隣組や大政翼賛会、四二年には大日本婦人会八重山支部などがつくられる。さらに四三年になると軍歌大会や戦意昂揚郡民大会などが開かれ、本格的な陸海軍の活動の展開がみられる。

南方への前進基地と位置づけされた八重山では飛行場建設が始まり、住民も軍作業にかり出される。すべてが軍事優先の生活であった。マラリア防遏のための予算が打ち切られ放置された。このため疎開地の山間部ではマラリアが暴発し、多くの住民が犠牲となった。マラリアと皇民化、あるいは戦時体制下で起きたさまざまな問題についても、今後掘り下げた検証が必要である。

敗戦は八重山社会にさまざまなインパクトをもたらした。台湾をはじめ〝外地〟に多くの郡民を送り出していた八重山は、敗戦でこれら引き揚げ者でごった返した。台湾と一衣帯水の間にある与那国では島の人口が二万五〇〇〇人にもふくれ上がり、台湾との密貿易が始まった。沖縄本島から米軍の横流し品が集められ、台湾の米や砂糖との交換が行われ、焦土と化した沖縄の敗戦経済の救済に一役買った。

この時代を密貿易時代とか闇貿易時代とか称して、一般には負のイメージが強いが、これこそ庶民がつくり出した中継貿易であった。これもまた八重山の地理的位置がつくり出した歴史的特性である。この輝ける中継貿易の歴史を、〝闇〟に葬ってはならない。これこそ、八重山の民衆がたくましく戦後史を生きた出発点でもあったのだから。

四　今後の研究課題

八重山近代史研究は、やっとその緒についたばかりである。研究の蓄積も他の分野に比べると少ない。今後は産業史、教育史、あるいは社会史といった個別分野での研究の深化が望まれる。これらの上に八重山近代史全体の歴史像を構築していかねばならない。これらをトータルにみることによって、近代八重山社会がどのように変容し、あるいは崩壊していったかを明らかにすることが可能であろう。

それには第一に、近世史の側からの研究が期待される。八重山の近世史像がより鮮明になれば、その変容過程としての近代史もまたより鮮明になるからである。特に八重山は近世文書が沖縄では最も豊富な地域である。家譜などの保存状態もよく、これらの活用が待たれる。石垣市史編集委員会（宮城信勇委員長）ではいずれこれらの文書を『八重山古文書集成』（仮題）として順次刊行する計画であるが、そうなれば八重山近世史の研究も飛躍的に深化するにちがいない。

第二は地元八重山で発行された戦前の新聞の活用である。八重山には大正時代から今日に至るまで八重山で発行された独自の新聞がある。石垣市史ではこれらの集成を目下順次刊行しつつあるが、その活用も大いに望まれるところだ。「新聞は歴史の秒針である」とは新聞週間の標語であるが、やはり近代史研究には欠かせぬ一級資料に違いない。

第三には聞き取り調査の必要性である。戦前から戦後に起きた社会事象の関係者で、存命の人はまだ多い。これらの人たちからできるだけナマの証言を聞き取り記録として残すことは急を要する課題である。石垣市史編集室では前記の古文書の刊行と併せて、「民俗篇」の聞き取り調査を行っている。調査は社会生活、衣食住、生業、信仰と祭祀、年中行事、交通・運輸・通信、人生儀礼、民間伝承など広範にわたっており、その成果は近代史の分野にも大いに益することであろう。

これらの基礎調査や資料の上に、歴史学と民俗学との接近も可能となり、八重山近代史も豊かさを増してこよう。島の歩みを深く知ることによって、さらに未来への展望も拓かれていくにちがいない。柳田国男が「村の歴史を知ることは、すなわち反省である」と言ったように、私たちは過去の歴史から、未来への多くの示唆を受けるだろう。そして八重山の歴史が培ってきた歴史的特性というものを、これからの国際時代へ活かしていくことではないだろうか。八重山の近代史はそのことを私たちに求めている。

明治政府と辺境政策——山県有朋の八重山巡視を中心に——

『八重山文化』創刊号（東京・八重山文化研究会、一九七四年五月）

一　はじめに

明治政府の沖縄統治政策の構造や、その変遷について は沖縄近代史研究のなかでも比較的解明されてきており、今さら筆者がそれに屋上屋を重ねるつもりはないが、そういうなかにあっても、なお解明されていないのが宮古、八重山などの離島における分野ではなかろうか。筆者はかねてから、明治政府の沖縄統治政策全体のなかにしめる、これら離島辺境の位置について関心を払ってきたが、ここで取りあげる山県有朋の沖縄・八重山巡視も、こうした関心の延長線上で取りあげてみたものである。

もとより、明治政府の八重山などに対する辺境政策といっても、それが独立した政策として存在するわけはなく、それは県治政策の一環としてであったり、時に日本本土の周辺に散在する辺境政策の一環であったり、というものであることはいうまでもない。ただここであえて〝八重山統治政策〟などと称したのは、明治政府の県治政策のなかでも、とりわけ八重山の場合は、その地理的位置や、資源的価値から特別の関心が払われていた、とみるからだ。

地理的位置とは、列島防衛線の最南端に位置し、軍事的にみて重要であること、資源的価値とは、台湾を植民地下に組み入れる以前は、唯一の亜熱帯地域で、砂糖や石炭などの資源的価値が高かったこと、などがそれである。そこで本稿では、一八八六（明治一九）年に沖縄本島を経て宮古・八重山を巡視した、時の内務大臣山県有朋の視察日記と、彼が明治政府に出した「復命書」を中心に、明治政府の辺境観（政策）を特に八重山を中心に概観してみたい。

一八八六年の山県有朋内相の沖縄巡視に始まり、翌八七年の伊藤博文総理大臣、大山巌陸軍大臣、西郷従道海軍大臣、そして森有礼文部大臣という一連の明治政府首脳の沖縄巡視は、次第に高まり来る極東の軍事的緊張に備える国防上のものであったことについては、とみに知られている。しかし、その割には、これらの首脳の沖縄における行動や、その後の影響などについては、かならずしも充分なる究明がなされているとはいい難い。

特に山県有朋の場合は、内相という県政と最も密着した関係にあったにもかかわらず、その視察内容や、その後の影響などについては、あまりかえりみられていない。あまつさえ「閥族・官僚の総本山」「軍国主義の権化」「侵略主義の張本人」といわれて、明治政界に君臨し続けた山県であってみれば、彼の沖縄巡視がその後の県政のあり方に、大きな影を落していたと推測するに難くない。

筆者は、一八八六年に農商務省の官吏であった田代安定が、八重山に来島し各種調査を行なっていることを調べているうち、山県がこの沖縄巡視後に、明治政府に対して「復命書」と「南航日記」を提出していることを知った(1)。

両文書は、いずれも明治政府の対沖縄施策との関連で、興味深い内容をもっているが、それはいずれ先学の考察をまつとして本稿ではその巡視内容や、その背景などについて述べ、特に山県が八重山を巡視していることの関連から、明治政府の対八重山施策について敷衍しておきたい。

二　「南航日記」にみる沖縄巡視の概要

まず、山県の沖縄巡視の概要を彼の「南航日記」から紹介する。もとより山県の沖縄巡視の中心は、沖縄におかれてはいたが、その航跡は沖縄に限られていない。横浜を汽船で出発して往路は九州鹿児島、奄美大島を経て、沖縄本島、宮古、八重山と弧状列島を南下し、帰路は九州の五島列島を経て、対馬に及んでいる。

最南端の八重山と、最西端の対馬といういずれも、〝国境の島〟をおさえているところが、その視察のポイントである。それはこの視察の目的が、海防的見地から行なわれたものであることを端的に示すものである。

山県の巡視目的については「南航日記」には明らかに

されていないが、徳富猪一郎著『公爵山県有朋伝』によると「公（注・山県のこと）の琉球行は沖縄県知事西村捨三が東道として之を嚮導したが、其の目的は県治の実況と海防の視察とを兼ねたことと思われる[2]」と述べている。

一八八六年といえば、国内的には、全国を疾風のように吹きあれて明治政府をおびやかした自由民権運動の嵐が、明治政府の強権的弾圧（その中心人物は山県であった）によってようやく下火になり、いわば「民権」が淘汰されて「国権」が確立されていく転換期にあたり、対外的には、欧米帝国列強が、東洋の植民地を求めて、領土分轄のチャンスを窺っている時代であり、後進資本主義国の日本が、これら列強に伍して大陸進出への野望を醸成していく時期でもあった。

比嘉春潮によれば「当時、朝鮮を囲んで日清露の間に陰に陽に確執するところあり、英仏の東洋進出もますます容易ならざる情勢で、琉球の沿海また一層の警戒を必要としたときで、四月頃には汽船出雲丸が常備警戒のために派遣された[3]」とのことである。こうしたときに中央政府の関心をひきつけたのが、国境を接する辺境の島々の防備であった。山県にはじまる明治政府首脳の一連の来県は、こうした時代的背景があった。

さて、「南航日記」によると、山県が横浜を出発したのは、一八八六年の二月二六日。汽船長門丸には、中山秘書官、東園侍従、斯波主税官、大塚司法書記官、手島文部書記官らが同船し前述の如く任地に向う西村沖縄県令も乗り組んでいた。このほかに「南航日記」には載っていないが、前記『公爵山県有朋伝』によると三井物産会社の重役であった益田孝が「八重山島の炭坑を視察せんが為に、公の允諾を得て其の一行に加わった」という。

その益田は、晩年この八重山行のいきさつを徳富猪一郎（蘇峰）に次のように語っている。

「明治一九年であったか、八重山島に炭坑があるというので、之が採掘をやろうという考えがあった。当時内務大臣であった山県公が郵船会社の長門丸を御用船に借り上げて、沖縄県を視察するということを聴き、是は好都合であるから、早速願い出て其船に便乗を允された[4]」

益田はこのあと、山県と西村が航海途中にひと芝居をうち「都合で八重山行きはとりやめた」と云われておあわて、八重山行きを懇願して一日分の傭船代をもたされたうえ、帰路大阪で饗宴をもたされたエピソードを紹介しているが、それはともかく、明治の政商三井財閥の頭目である益田孝が、西表の炭坑に並々ならぬ関心を抱いていたことだけは確かだ。(5)

長門丸は二月二七日汐岬、二八日志武志湾を右手にみながら、屋久島の近くに至り、その後西北に進路を転じて、三月一日鹿児島に到着。鹿児島巡視の後、同日同地を発ち、二日には奄美大島名瀬に着き、同地の裁判所、警察署、監獄支署、熊本鎮台分営地などを視察。国頭辺土岬を経て、那覇に到着したのは、三月三日の一二時頃であった。「午後一時碇ヲ港外十余丁ニ卸ス。森沖縄県書記官以下来謁ス。県庁ノ迎船至ル。曳クニ爬龍舟三ヲ以テス」(6)など、出迎えの光景を描写している。

当時の全沖縄の戸数は、山県によると、七万五五〇〇戸、人口は三六万三八〇〇人。上陸した山県はさっそく各地を視察しているが、権力政治家山県の目に、当時の沖縄はどのように映ったのであろうか。

「土人ノ家屋ハ概ネ楼閣ナク周囲石ヲ畳ミテ垣ト為シ高サ軒ニ等シ。土人ノ性質ハ温順素樸ニシテ、多クハ怯懦血ヲ見レハ走逃ル。強盗殺傷ノ犯罪アル事ナシ。但頗ル忍耐ノ力アリテ軽佻事ヲ好ムノ弊ナシ。小民ハ悪衣徒号能ク田畝ニ力ム。婦女最モ労役ヲ執テ辞セス。土人商売ノ如キハ男子逸楽ヲ事トシ生業ハ総テ妻女ノ手ニ在リ」(7)

当時、本土からやってきた政治家や役人は、沖縄人を呼ぶのに「土人」をもってした。それは単に「土地の人」という以上に、一種の差別的感情がこめられていた。それはまたひたすらに〝欧化〟につとめてきた〝先進内地人の〝後進辺境〟に対する優越意識の現れでもあった。

この日山県は物産所、師範学校附属小学校、裁判所、民家などを視察し、翌四日は首里に出向いた。首里でも師範学校や、中学校、首里城、熊本鎮台分遣隊をみたあと、識名園、島尻役所、東風平小学校、豊見城間切、南山城跡と廻って奥武山に至った。たとえば、島尻間切では、次のように記している。

「南風原間切ヲ経テ東風平間切ニ達ス。島尻役所アリ。那覇ヲ距ル凡四里余トス。役所ニ入ル。島尻各間切地頭代来謁ス。皆旧制ニ依リ布衣ヲ着ケ、紗帽ヲ蒙ル。帽色紫最モ貴ク、黄之ニ次キ、紅又之ニ次キ、青緑ヲ下トス。村人棒踊ヲ庭前ニ為ス。一組二人各異装ヲ作シ棒ヲ以テ相闘フ猶内地ノ棒ヲ使用スル法ノ如シ。一人鑼ヲ鳴シ節ヲ為ス。数番ニシテ止ム。東風平小学校ニ入ル。生徒総代一人祝詞ヲ読ム。音吐朗然土音ノ訛多キニ似ス。幼童ノ内地語ニ習熟スル其速ナル知ルヘシ(8)」

一八七九年の廃藩置県後、七年たっていたとはいえ、沖縄の社会には、依然旧藩時代の風習が残存しており、士族の日本統治に対する根強い抵抗が続いていた。それに対する山県の受けとめ方は、後述する「復命書」にもお明瞭にあらわれている。

山県はこのほか本島滞在中に、那覇近郊の勧業試験場で製糖器(「二臼相並ヒ両馬之ヲ挽ク」というもの)をみたり宜野湾間切で沖縄角力や闘牛を見、壺屋の陶器場、波之上、辻村、那覇警察署などを訪れたりしている。

また一夜、首里の中城御殿で尚典(尚泰王世子)の饗宴に招かれたりしているが、「南航日記」にはその夜のことがくわしく紹介されている。さて、山県の一行は本島での巡視をおえると、三月七日那覇港をあとに、宮古島に向い、翌八日に宮古の張水港に着いた。

「土人小舟ヲ以テ来迎フ。旗ヲ建テ鼓ヲ打ツ。本船ハ別ニ小舟ヲ卸シ之ニ乗シ、土人ノ舟ヲシテ之ヲ牽カシム。奬手唱歌相和シ其音調猶中国ノ船歌ノ如シ」と山県は出迎の様を描いているが、宮古人の風俗について「土人獷面深目頗ル獰悍ノ状アリテ沖縄人ノ柔順ニ似ス。故ニ時或ハ罪辟ニ触ルル者アリ。女子ノ手黥琉人ニ比スレハ、斑點更ニ多シ。衣服極テ粗悪、汗臭近クヘカラス(9)」と、いささか軽侮の眼しでみている。反権力的で気性のあらい宮古人を権力主義者の山県が「獰悍ノ状アリテ沖縄人ノ柔順ニ似ス」などととらえたのはすこぶる興味深い。

宮古を発って石垣に着いたのは、翌三月九日の午後であった。「土人亦迎舟ヲ出ス。海浜聚観スル者市ノ如シ」と山県は書いている。大型鉄船の入港はそれだけでも大変なことであった上、さらに明治政府の内務大臣の来島とあっては、その騒ぎは並のものではなかった。なんでも岸木として今日の桟橋に類する粗造のにわか石橋に砂俵を並べ、陸と連絡して上陸に備えたというのである。

「六時八重山役所ニ入ル。各間切吏員来謁ス。土人ハ宮古ニ比スレハ、少シク種族ヲ異ニスルカ如ク、衣服モ亦稍美ナリ。貢租ハ米及白布ニシテ、別ニ夫賃米ヲ出ス。徴収ハ宮古島ニ同シ(10)」

山県が隣島宮古とくらべて、八重山を「少シク種族ヲ異ニスルカ如ク衣服モ亦稍美ナリ」として描いているのは、いかなる根拠によるのか。当時、同じく人頭税制下にあった両島のうちでも、やはり天然資源に恵まれない宮古島民の方が、その疲弊度は進んでいたということであろうか。山県はまた、石垣島の様子を次のようにも書いている。

「石垣ハ周囲十六里半入表《ママ》ハ周囲十五里トス。島中山岳起伏樹木鬱葱大ニ宮古ト観ヲ異ニス。海浜奇石晶砂緑陰ト相映シ、景致殊ニ佳ナリ。地味ハ膏腴ニシテ、稲粟ニ適ス。然レモ、諸島合シテ戸数二千二百、人口一万二千ニ満タス。故ニ所在草芥闢カス。材木伐ラス。遺利猶多シ。只処々牛馬ノ牧場アルノミ(11)」

山県はこの日石垣の大川村宮良殿内に宿泊する準備ができていたが、どういう理由でかそこには泊らずに、宮古同様本船に引きあげて船内で泊っている。山県が石垣でみたのは、このほかに小学校が記載されているのみである。翌朝（三月一〇日）風が少し出てきたため、午前五時には石垣港を発って、西表の外離と内離の間に船を入れ、西表炭坑について調べている。

西表炭坑は、前述の如く三井物産会社がすでに試掘をはじめているが、山県によれば「土人ヲ役シテ之ヲ採掘セシメントスルニ、本島ハ従来、米穀物品ヲ以テ納租スルノ慣習ナレバ、土人賃銀ヲ得ル事多キトキハ勢金納ヲ欲シ、旧慣ヲ破ルニ至ルヘキヲ以テ土人ヲ役スルハ不可ナルノ説アリ(12)」という。

このことは、米穀物品納という当時の人頭税制が、資本主義的な貸金制度と、次第に相容れなくなってきたことを示す好事例である。かくして明治政府は、資本主義的な経済体制に沖縄を組み入れていくために、廃藩置県以来とり続けてきた〝旧慣温存〟政策を、徐々に転換していく必要にせまられていくのであるが、一方では、沖縄の旧士族階級を刺激しない一種の懐柔策として旧慣を存置せざるを得ないという事情もあり、実際に手がつけられたのは、日清戦争以降であった。当時の西表の状況を、山県は次のように書いている。

「本島気候湿熱ニシテ瘴癘多ク、内地人ハ久住スル能ハス。土人ト雖モ深山ニ入レハ、則チ其気ニ感シ熱ヲ患フ。故ニ人口自カラ生殖ニ乏シ。南面ノ地旧ト人口三千余アリシニ、五十年前熱病流行シ、人口一時ニ滅絶シ、其後再ヒ蕃殖セス。今僅四戸ヲ存ス(13)」

「膏腴ノ地皆荒蕪ニ属シ諸蔗等ニ適スルモノ只草茅ヲ

見ルノミ。若シ蔗ヲ植テ繁殖セハ、其収穫ノ利勝テ計ルヘカラサラントス。島中村数十五、人口僅ニ千余。村学アリ、旧時ノ教育ヲ為ス。土人神ヲ信ス。社宇アリ、神巫アリ。墳墓ハ沖縄ニ類ス。島ニ他獣ナシ。只野猪多ク常ニ田圃ヲ害ス」(14)

このあと山県は、船浮湾を視察した。山県によれば同湾を大型船で視察したのは一八七三年に柳海軍少将さらにその後西村県令が視察したのについで、山県が三度目であったという。明治政府が同湾に関心を払ったのは、後述の如く、ひとえに海防という軍事目的のためであった。

西表の視察がひととおり終わると、山県は三月一一日、北東に進路をとり、肥前五島に向かった。同月一三日五島を視察して、一四日には対馬を視察、その後、神戸、大阪、京都、名古屋と巡視しながら東京に戻ったのが、三月の三一日であった。三月六日横浜を発ってから、ほぼ一カ月余がたっていた。

三 「復命書」にみる辺境防備論

帰任した山県有朋は、その年(一八八六年)の五月、明治政府に対して「復命書」を提出している。「有朋今回沖縄諸島及五島対馬等ヲ……視察スルニ、其施政ノ順序ニ於テ新タニ着手スヘキ者アリ。又改良ヲ要スヘキ者アリ」で書き出したこの「復命書」の内容は、①まず国防上の見地からこれら沖縄、先島、対馬などの諸島の軍備を整えるべきこと②また国家意識を高めるために教育を盛んならしめること③しかし、住民の旧慣故俗のたぐいはそのまま存置し、租税もすえ置くこと④砂糖牧畜などの産業をおこし、特に八重山の畜産、石炭を振興せしめること……などとなっている。なかでも、〝軍備拡張論〟は、同「復命書」の大半を占め山県の視察目的の主力がひとえにそこにおかれていたことを示している。

まずその〝軍備拡張論〟についてみる。山県は、東洋の軍事情勢から説いて次のようにいう。

「方今宇内ノ形勢ヲ洞察スルニ東方最モ多事ノ日ト謂フヘシ。曩ニ清国朝鮮ニ於テ多少ノ事故ヲ生シ、又清仏ノ争戦英露ノ葛藤アリシモ、幸ニシテ能ク調停シ我沿海地方ニ於テ、砲烟弾雨ノ害ヲ被ルニ至ラス。然リト雖モ冥々ノ内自カラ一団ノ妖気ヲ蘊蔵スルナキニ非ス。是レ明識者ノ尤モ深計遠慮スヘキ所ナリ。此ヲ之レ省セス、唯一時ノ苟安ヲ望ムアラハ、他日ノ患害予期ノ外ニ劇発スルハ必然ノ勢ナリ[15]」

すなわち、英、仏の大陸進出をめぐって情勢は緊迫しており、いつそれが火を吹かぬともかぎらぬ、というわけだ。そこで山県はいう。「然レハ沖縄ハ我南門、対馬ハ西門ニシテ最要衝ノ地ナレハ、此ノ諸島要港ノ保護警備豈抛弃シテ之ヲ不問ニ付スヘケンヤ[16]」と。山県がすでにみたような航跡で、沖縄の本島から八重山の西表まで、さらに西の対馬にまで足をのばして巡視したのは、ひとえに山県がいうところの「沖縄ハ我南門、対馬ハ西門ニシテ最要衝ノ地」という認識からにほかならなかった。

ところで、当時沖縄には、例の一八七九年の琉球処分のとき、処分官松田道之にともなって一個中隊が熊本鎮台から派遣されているが、これは山県のことばに即していえば「固ヨリ以テ南海ノ海防ノ用ニ供スルノ目的ニ非ス」して「民心ヲ鎮撫スルカ為」であった。従って山県は、前記のような目的を達成するためには「南海諸島常備軍隊ノ制ヲ確定シ、電線ヲ布設シ、其通信ヲ便ナラシメ、益々人心ヲ撫安シ、以テ外寇防禦ニ充ツヘシ」としたのであるが特に宮古、八重山の先島地区については、航路安全のため測量をし「軍艦ヲシテ時々諸島ヲ巡視セシメ、一ハ以テ航海ノ針路ヲ明カニシ、一ハ以テ防護ノ準備ニ注意セシムヘシ[17]」と強調している。

このように先島、対島などの「国境の島」を山県が重要視したのは、これらの島々が「台湾、朝鮮ヲ距ル僅ニ数十里ニ過キス。万一東洋多事ノ日ニ方リ、敵国ノ戦艦其港湾ニ拠リ、以テ軍隊ヲ屯スルノ地ト為サンモ測リ難シ[18]」というさしせまった危惧のためだが、このために彼は「西南門ノ鎖鑰ヲ厳ニセサル可ラス。是尤モ今日ノ急務ナリ」と強調している。では山県は「南海諸島常備軍隊」の制定についてどう考えていたのか。

すでに「南航日記」にも散見されるように山県は沖縄県民一般について決していい感情をもってはいない。それが「復命書」にはさらに露骨に出ている。たとえば「其土人ノ心術情状ヲ察スルニ、維新ノ恩典ヲ顧ミス両属ノ念頑然猶絶エス。其病根深ク骨髄ニ入リ、一モ敢為ノ気力アル事ナシ[19]」と、いまいましさをかくしていない。

明治維新による〝大改革〟で藩をなくして近代国家をつくりあげ、ひたすらに国家主義の高揚につとめてきた山県有朋にとって、「維新ノ恩典」をかえりみず、清国に救援を求めて脱出の絶えない沖縄の現状は、まさしくいまいましいかぎりであったにちがいない。沖縄にとって、「琉球処分」がなんであったのかなど一顧だにせず「維新ノ恩典」をおしつけがましくいってはばからぬところに、独善的な明治国家主義のありようを垣間みるわけだが、そのことはともかく、山県にとって「此ノ如キ人民ヲシテ、我要地タル南門ノ守護タラシメントスルハ、方今ニ在テ決テ行フ可カラサルハ論ヲ竢タ[20]」ぬところであった。

しかし山県は「士人ノ骨格強健ニシテ忍耐ノ性ヲ具セリ」との理由から「漸ヲ以テ徴兵ノ招集ニ応セシメ、各隊ニ編入スルノ法ヲ設ケ、常ニ各鎮台ニ分派シ、我内地ノ制度風俗及ヒ、兵制ノ大要ヲ領知セシメ新陳交換シテ以テ星霜ヲ経ハ、其愛国ノ気風自カラ振作勃興シ、彼ノ病根ヲ医スルモ亦難カラサルヘシ」とし、その後「漸次其島人ヲシテ一団隊ノ常備兵ヲ編制セシムルノ目的ヲ以テセハ、兵制ノ基礎ヲ鞏固ナラシメ、且其費用モ頗ル節減スルヲ得ヘキナリ[21]」という。

周知の如く山県は、徴兵制による近代的軍隊の創設者である。すなわち、一八七二年二月、兵部省が廃止されて陸軍省が代わって設置されるや、山県は陸軍大輔に任ぜられ、翌七三年に徴兵令を布したが、この施行こそは、山県の生涯の事業の中でも、最も重要なもののひとつに数えられている。

このように山県が徴兵に力を入れたのは、幕末の馬関戦争で長州藩の奇兵隊が、思わぬ威力を発揮したのに自信を得たためだといわれるが[22]、沖縄においても彼は旧来の〝士族〟ではなく、〝士人〟をして軍備にあたらせることを考えていたのである。

この「兵備拡張」については、前述の田代安定が明治政府に山県と同じ一八八六年に提出した『沖縄県管下八重山群島急務意見書』においても強調されているところだ。田代はこの意見書において「八重山ノ群島タル我カ版図ノ南門ニ当リ、直ニ隣敵ニ臨ムノ地ナレハ、今日ノ急務ハ兵営ヲ設置シテ、其鎖鑰ヲ固フシ、一ハ以テ外寇ノ予防ニ備ヘ、一ハ以テ島民ノ方向ヲ鎮定スルニ在リ[23]」

と述べ具体的な駐屯計画を示している。

たとえば「西表島舟浮港ノ如キハ海南第一ト称スヘキ良港ニソ、加之近傍ニ炭脈現出所多ケレハ、外寇ノ予防尤モ適要ト為ス。而ソ其砲台ニ至適ノ地ハ専ラ外籬島及ヒ崎山村所属地サバ崎ニソ[24]」云々というように、田代の八重山防備論はすこぶる具体的である。

このような船浮港を重要視する意見は、その後の帝国議会における論議（例えば一八九四年の曾我祐準の質問）などにもしばしばあらわれているところだが、山県有朋がわざわざ船浮港を視察したのも、西表炭坑のほかに、右のような軍事的な意図が働いていたのである。

時代はやや下るが、一八九四年の五月二八日に、帝国議会（衆議院）に、「八重山群島瘴毒排除建議案」なるものが、大島信代議士他一人によって提出されたことがある。〝瘴毒〟とは、八重山の風土病として恐れられていたマラリアのことで、建議案は、この原因を実地研究してこれを撲滅し、もって人民の生命安寧を保持せよ、という趣旨のものであった。

ところが、この建議案のまず真っ先に強調されたのが、八重山の軍事的位置の重要性であった。建議案はまず「沖縄県下八重山群島ハ帝国ノ極南ニ位シ、実ニ帝国南門ノ一重鎮ニシテ、就中群島中西表、石垣ノ二島最モ枢要ノ地タリ」と強調した上で「然ルニ此二島ニハ一種ノ瘴気アリテ……[25]」云々と「帝国ノ臣民」の「悲境ニ呻吟ス」るあり様がのべられているのだ。この建議案の説明にたった大島信代議士は「甚ダ此島ノ位置タルハ、我国ノ国防上ニ必要ナル場所柄デアリマスル」とくりかえし強調したうえで、マラリアに苦しむ八重山人民の様子を紹介「此悲惨ナル人民ノタメニ、又ハ我国南門ノタメニドウカ此建議案が満場ノ一致ヲ以テカラニ可決アランコトヲ[26]」と結んだのであった。

一八九四年といえば、この年の三月、朝鮮では東学党の乱がおこり、七月には、日本艦隊が豊島沖で清国軍艦を撃沈、ついに清国に宣戦を布告するという極東情勢は極度にその緊張が高まったときである。

こうした情勢の最中に、八重山のマラリア撲滅の建議案が出されたのは、いかにも唐突の感があるが、実はさきにみたような八重山が「帝国南門ノ一重鎮」であるという国防上の必要から出たものにほかならない。いわば八重山は大陸侵攻への前線基地とみなされたが故にとられた措置であった。

しかして、山県有朋は、大陸侵攻のために編成された第一軍のみずから総司令官となりこの年の九月、平壌総攻撃の挙に出たが、この朝鮮攻略に「八重山艦」なる軍艦が出撃しているのは興味深い。果して同艦の命名が、山県によるのかどうかはともかく、当時の明治政府の首脳の、八重山に対する見方が、同艦に象徴されていたといってよいであろう。

以上みてきたような山県有朋の軍備拡張論は、彼が終始一貫して主張してきたものである。彼は一八八二年八月、参事院議長をしていたとき「陸海軍拡張ニ関スル財政上申」を出したが、その中で「若シ今ニ及ンテ我邦尚武ノ遺風ヲ滅復シ、陸海軍ヲ拡張シ我帝国ヲ以テ一大鉄艦ニ擬シ、力ヲ四面ニ展、剛毅勇敢ノ精神ヲ以テ之ヲ運転セスンハ、則チ我ノ嘗テ軽侮セル直接附近ノ外患必ス将ニ我弊ニ乗セントス」と述べ「陸海軍ノ拡張ヲ謀ルハ、方今ノ急務ニシテ、政府宜シク此ニ孜々タルへキ所ナリ(27)」と進言している。

また、山県は第一次山県内閣を組閣後一八九〇年三月に「外交政略論」なる意見書のなかで「国家独立自衛ノ道ニツアリ」として、〃主権線〃と〃利益線〃の二つの防護について論じている。これは、同年の一一月日本で最初の帝国議会が開かれたとき、首相としての施政方針演説のなかで述べられ、有名となった山県の国防論だ。山県はいう。

「国家独立自衛ノ道ニツアリ。一ニ曰ク主権線ヲ守禦シ他人ノ侵害ヲ容レス。二ニ曰ク利益線ヲ防護シ、自己ノ形勝ヲ失ハス。何ヲカ主権線ト謂フ、彊土是ナリ。何ヲカ利益線ト謂フ、隣国接触ノ勢我カ主権線ノ安危ト緊シク相関係スルノ区域是ナリ。凡国トシテ主権線ヲ有タサルハナク又均シク其利益線ヲ有タサルハナシ。而シテ外交及兵備ノ要訣ハ専ラ此ノ二線ノ基礎ニ存立スル者ナリ(28)」

このように山県は、〃主権線〃と〃利益線〃を守ることが国家独立の基礎であるとしたのであるが、その独立を維持せんとすれば「独リ主権線ヲ守禦スルヲ以テ足レリトセス、必ヤ進テ利益線ヲ防護シ、常ニ形勝位置ニ立タサル可ラス(29)」としたのである。ここで山県がいう〃利益線〃とは具体的には、朝鮮半島であった。「我邦利益線ノ焦点ハ、実ニ朝鮮ニ在リ」として、山県は「朝鮮多事ナル時ハ、即チ東洋ニ大変動ヲ生スルノ機ナルコトヲ忘ル可ラス」と注目を喚起した。

沖縄本島や宮古、八重山、さらに対馬といった島々は、いわばこの〝主権線〟と〝利益線〟の接点に位置していたといえる。しかして、近代における日本帝国主義のアジア侵略の歴史は、この〝利益線〟をして、〝主権線〟にまで拡大していった歴史であったということができる。

ところで沖縄に徴兵制度が施行されたのは、一八九八年、山県の沖縄巡視からほぼ一〇年後のことである。だが、この山県の訪沖以後、沖縄においても軍国主義の波が強化されてくる。沖縄の学校で兵式訓練（軍事教練）が導入されたのは、山県訪沖の翌八七年のことである。

この年沖縄に国家主義教育を確立した森有礼文相が訪れている。森文相はその前年（八六年）に、帝国大学令をはじめ、師範学校令、小学校令などを発布して学校の系統を整備するとともに、教育者の養成機関たる師範学校に、兵式体操や、軍隊教練を課し、忠君愛国精神の旺盛な教員や生徒の養成をめざしたのであった。

文相が来県したこの年に、沖縄においても軍事教練が導入されたわけだが、これらの一連の施策は徴兵制へ至る体制整備の一環としてなされたものである。

この軍事体制の整備と合せて、山県が強く進言したのは教育のことであった。なぜならそれは、沖縄人の〝愛国心〟なるものを涵養するため軍事とは切りはなせぬ最も重要な手段であったからだ。

「教育ノ主眼トスル所ハ、専ラ其従来頑陋ノ精神ヲ一変スルニ在リト雖モ、智ヲ開キ、識ヲ明ラカニスルハ一朝ニシテ能クスヘキニ非ス。其風土人情ヲ観察シ、漸次之ヲ誘導訓化スルノ外アル事ナシ(30)」

このように山県にとって、沖縄の教育とは、もっぱら「頑陋ノ精神ヲ一変スル」にあった。その具体的な施策として次のようにいう。

「今ノ教科書ノ如キハ却テ高尚ニ失スルカ故ニ、之ヲ改メ師範学校生徒ノ中ニ就キ、年々俊秀ノ子弟ヲ選抜シ、都府ノ学校ニ入ラシメ、内地ノ言語ヲ学ヒ、粗々帝国ノ制度沿革ヲ知ラシメ、習熟卒業ノ上ハ之ヲシテ本地小学ノ教員トナシ、教育ヲ自然ニ浹洽シ、自カラ愛国ノ気象ヲ作起シ、両属疑貳ノ頑念ヲ破リ、往時ノ弊習ヲ蝉脱セシメ、不識不知開明ノ途ニ進マシムル事、政略上最モ必要ナルヘシ(31)」

このように山県は「両属疑弐ノ頑念」を破り、住民をして「開明ノ途」に進ましめるために、いわば内地並みの内容をもつ教育をほどこすことが「政略上最モ必要」だとしたのであるが、このような同化政策は一方では、行政上あるいは民生上の改革について、旧慣を存置せよとする意見とセットになっている。

すなわち山県は「行政ノ事ハ成ヘク旧慣故俗ヲ存シ、民情ヲ慰撫スルヲ務メ、漸次ニ其改良ヲ図ルヘシ(32)」としたのである。山県は存置すべきものの具体例として、裁判所の事務と税制の二つについて述べている。前者については「民度ニ適セサレハ法律モ其用ヲ為サス」との理由から「県庁ノ攝行ニ任セ然ルヘシ」とし、税については「現今尚旧時ノ制ヲ用ヰ、頗ル煩苛ナリト雖モ、人民ハ反テ之ニ安ンスルノ状アリ」「置県後、嘗テ新税法ヲ行フノ手続ヲ為シタルニ人民大ニ疑惑ヲ抱キ、徴収上甚タ困難タリシヲ以テ、近時成ルヘク旧法ニ據リ、収税吏モ多ク旧時ノ人ヲ用ヰタレハ、民情頗ル其堵ニ安ンスル者アリ(33)」など述べて、税制上の〝旧慣〟をそのまま存置することを強調している。

この山県の旧慣存置に対する基本的姿勢は右の一文でも明らかな如くそれを存置することによって、〝民心〟の安定を図るというものであって、あくまで意図的なものである。それは沖縄を軍事的に重要視したが故にとられた積極的な政策であって、いわんや〝無策〟の故に放置したたぐいのものでもなかった。

だが果して山県がいうように〝人民〟は、当時の税について「安ンスルノ状」にあったのかどうか。山県の来県から数年後に、宮古島から人頭税反対の農民運動が起ったのは、なにを物語るのか。あるいは山県のいう〝人民〟とは、旧慣のもとで甘い汁を吸っていた階級のことであったのか。

いずれにしても、山県がここで意見具申している「旧慣存置」策は、後の対沖縄施策と照らし合せてみるとき、注目さるべきものであろう。もとより明治政府の「旧慣存置」策は、山県の来県以前からとられていた県治方針であり、今更強調されたものでもなかったが、山県が明治政府内でもっていた巨大な地位からして、その後の影響力は大きかったと思われる。

たとえば山県は、一八八八年四月伊藤博文があらたに設置した枢密院の議長となり、黒田清隆が代わって後継内閣を組織したとき、同内閣の内相として留任したが、この間山県が手掛けた重要なものに、市制、町村制、府県の制定といったことがある。

そのとき、沖縄はどう扱われたのか。周知の如く、いずれも沖縄への適用は見送られたのである。もっともこのとき町村制が見送られたのは、沖縄にとどまらず、対馬や伊豆諸島などの島嶼も同様であった。ここに辺境への一貫した姿勢をみることができる。

しかも、この制定の目的も、鹿野政直によれば自由民権運動によって呼びさまされた住民の自治意識を「ふるい共同体の秩序なかにねむらせ」「末稍的な行政権を地方団体にわかち、それによって国家と民衆の緩衝体をつくり出そうとするもの[34]」であったといわれている。これらの制度が沖縄に実施されたのは、実に二〇年後の一九〇九年であった。

もとより、引き延ばし措置が「行政ノ事ハ成ヘク旧慣古俗ヲ存シ民情ヲ慰撫スルヲ務メ」とする山県の直命によるものではないにせよ、内務省内に膨大な〝山県閥〟を擁していた彼の影響は、見落とすわけにはいかないであろう。

四　囚人労働と殖産興業論

次に山県が「復命書」中で主張した殖産興業論についてみる。山県が具体的にあげたのは①砂糖②畜産③炭坑の三つであった。砂糖について山県は、従来の製法が粗悪であったために、台湾諸島の輸入品に押されていたが、農商務省から技師を派遣して製法に改良を加え、赤糖をつくらせてみたところすこぶる良好であった。そこで「今後、此改良法ヲ一般島民ニ説諭シ、此業ニ従事勉励セシメハ、我国ヲ補益スルモ尠少ナラス。此将来ニ向ッテ第一ニ着手スヘキナリ[35]」という。

幕末の開国以来、外糖の流入はすさまじく、和製糖は年を追って没落していったが、そこで明治政府が目をつけたのは沖縄と北海道であった。明治政府は、この外糖に対抗する国内産地として北海道のてん菜糖や、沖縄、奄美のさとうきびに力を入れるが、それはいみじくも山県がいうように「国ヲ補益スル」ためであって、決してこの地域の農民自身のためではなかった。

山県がこの「復命書」で砂糖について「将来ニ向ッテ第一ニ着手スヘキナリ」とした翌々年の一八八八年に明治政府は、甘蔗作付反別制限令を撤廃し、甘蔗作付反別と産糖額の飛躍的な増大を図った。

しかし、近代以降、明治政府が積極的に推進してきた糖業政策が、果して沖縄農民をどのような状態に追いやったか。洋糖の流入を阻止するという国策のもとで、砂糖を収奪の手段として、沖縄から莫大な利益を吸い上げていったというのが、明治政府の糖業政策の実態である[36]。その典型を、八重山の名蔵で行なわれた中川虎之助を中心とする「八重山糖業株式会社」のありように見出すことができよう[37]。

山県が次にあげた畜産と炭坑については、八重山が対象であった。「諸島中遺利尤モ多クシテ、益々殖産ヲ図ラサル可カラサルハ、八重山群島トス」と述べている。石垣島については「牧場ヲ開キ牛馬ヲ繁殖セシメ」といい、西表については「之ヲ開墾シテ蔗国トナシ、又内離ニハ炭層現出スルアリ。客年来、三井物産会社始メテ借区試掘セリ。此又充分ノ測量ヲナシ大ニ採掘スルニ至ラハ、其益尠少ナラサルヘシ[38]」とした。

右引用文中にもあるとおり、西表の石炭は、明治政府及び当時の産業資本によって、早くから注目されていたもので、すでに一八八五年には、工部省から専門の技師が派遣されて詳しい調査を実施しており、三井物産も同年一二月に四四万坪を借区して採掘を試みていた。

ところで山県は、この炭坑を実現するのに、囚人労働力をもってせよ——としたのである。すなわち山県は「之カ目的ヲ達成セントスルモ人口稀少ニシテ、復タ為スヘカラス故ニ、此地ニ於テ新タニ一ノ集治監ヲ設ケテ、囚徒ヲシテ蔗圃開墾炭坑採掘ノ両事業ニ従事セシメハ、其効ヲ収ムルヤ明カナリ[39]」というのである。

囚人をもって開墾や炭坑採掘に従事せしめ〝殖産興業〟の実をあげていくというやり方は、明治政府が北海道や、九州あるいはその周辺の島々において使ったやり方で、おくれた明治資本主義が、短期間でその原始的蓄積をしてゆくための手段でもあった。

「集治監」制度が設けられたのは、一八八一年の大政官布告によってであるが、特に北海道においては自由民権運動の国事犯などを送り込んで、道路開設や、採炭などに従事させていた[40]。そして山県は、沖縄巡視の前年（一一八五年）の八月、内務卿として各県令に「そもそも監獄の目的は懲戒にあり。……懲戒駆役之堪難きの労苦を与え、罪囚をして囚獄の畏るべきを知り、再び罪を犯すの悪念を断たしむる」ようきびしい訓示をしている。そしてその年の一二月には、東京監獄別房として、小笠原の父島に三〇〇人収容の監獄をつくり、そこで終生開墾に従事という全島監獄化の構想を提出させている。(41)

このようなことから、山県はこの「集治監」設置についてとりわけ強い関心を抱いていた。山県はこの同じ手口を八重山に応用することによって、〝殖産興業〟をはからんとしたのである。しかも彼の計算では「厳寒氷雪ノ北海道ニ比セハ、経費ノ多寡、事業ノ難易、啻ニ尠少ノ差ノミナラス」ということがあった。そして「現ニ其計画調査ニ従事セシメ」ている。この調査に従事したのが、前述の農商務省の田代安定であった。

永山規矩雄によると、田代は「船中で調査の概要を（山県に）具申し、又意見も述べた。内務卿の話では西表島に集治監を設置して警保局に属せしめ、而して内地（主として南九州）囚人を収容し開墾其の他の仕事に従事せしむる意見を持って居るから、其の方面の調査をも併せ、遣って呉れるようにとのことであった」(42)そうである。

山県から囚徒使役について直命を受けた田代安定は、そのことについて彼なりの意見具申をしている。彼が一八八六年に明治政府に出した『八重山群島急務意見書』中には、この「囚徒使役ノ事」に関する次のような意見がのべられている。

「同群島諸着手ノ初発ハ何ノ事業ヲ論セズ、内地ヨリ囚徒ヲ移テ使役スルノ便ニ若クハ莫シ。何トナレバ第一其経費尠少ニメ取業上ニ自在ナレバナリ。而メ放免ノ期ニ至リ、土着ヲ欲スルモノハ之ヲ許ルシ、帰郷ヲ乞フ者ハ其意ニ任セ、業ノ繁閑ニ応シテ人員ヲ増減シ、道路開鑿タリ荒地開拓タリ、理事官ノ意見ニ従テ適宜ニ使役シ、追テ内地良民移殖ノ予備ヲ為スヘシ。

乃チ本島ニハ一ノ集治監ヲ設置シ、此集治監ハ事業管理所ニ附属セシメ、此囚徒ヲ専ラ同所ノ経画事業ニ充ル様ニスベシ。然ラサレバ其集治監ヲ立ツルノ効益ナカルベシ。而メ此囚徒ハ、専ラ九州殊ニ鹿児島県ノ犯罪人ヲ移輸スルヲ要ス。且ツ集治監ハ石垣島新設管理所近傍ニ本署ヲ設立シ、西表島西表村（石炭事業）及ヒ南風見村（蔗糖事業）ニ支署ヲ置クヘキナリ(43)」

このようにいう田代も、本心は囚人を移殖することには気乗りしていなかったらしい。前記の永山規矩雄はこの点について「八重山に集治監を設置することは、翁自身としては決して賛成ではなかったが、当時政界諸紳一般の通論で、命を以て調査に当らしめたので、翁としては真意を枉げた形式上の表露に過ぎなかったとの事である。即ち集治監の事たる、同島開発の為め賢明の策でない。囚人を移入せず寧ろ良民を送って、指導するのが合法であると主張している(44)」と述べている。

事実田代は、前引の意見書中で、集治監設置はあくまで「内地良民移殖ノ予備」だとし、「第三条　内地人民移殖ノ事」のなかでは、「是レ我ガ意見中ノ主眼点ニメ八重山群島ハ総テ内地人ヲ以テ埋塡シ、益々国権ヲ拡張スベシ」と述べているのである。辺境をいわば罪人のはきだめとしかみていなかった山県とは、意見を異にしていたといえる。

結局八重山には、この集治監そのものは設置されなかったが、西表炭坑での囚人労働は行なわれた。そして世人から恐れられた「監獄部屋」がそれを代行したのである。前述の如く、三井物産会社は、同炭坑の試掘をはじめているが、ここでは沖縄の監獄囚一八〇人が使役された。当時この西表炭坑に送りこまれた囚人を含む炭坑労働者が、どのような惨状におかれていたか。その多くを紹介するゆとりはないが、ここにひとつのレポートがある。

それは一八九四年の八月一一日から九月の二五日にかけて、八重山各地の風土病を調査した三浦守治医科大学教授の『八重山群島風土病研究調査報告(45)』である。同報告書中の「明治十九年及二十年ノ頃成屋村ノ炭坑ニ於テ暴発シタル風土病ノ惨状」は「八重山島役所員某氏ノ提出ニ依ルモノ」から摘載されたものだが、それによると当時の坑夫総数は、囚徒を除いて一五〇人、そのうち、風土病つまりマラリアにかかったものが一四四人、死亡したる者が一四人（内女四人）であったという。つまり全員が患者であった。

囚人はどうであったか。「沖縄県地方監獄ノ囚徒ヲ渡島セシメシハ、明治十九年五月ニ於テ始メテ五十人ヲ派遣シ、其後引揚ノ際マテ幾回派遣シテ其人員幾名ナリシヤ判然セス（守治等附記　吾等ハ五十人ツヽ二回、即チ都合百人派遣セラレタルヤニ聞及フ）又囚徒ノ内何名カ風土病ニ感染セシヤ詳ナラサレドモ左ニ十九、二十ノ両年中ニ死亡シタル囚徒ノ人員ヲ記シ[46]」とあり、それによると一八八六年の六月から一二月までに死亡した囚人は三三人、翌八七年の七月から一〇月までに死亡したものは二六人となっている。もしこの間に渡島した囚人の数が三浦教授らのきいたように約一〇〇人であったとすれば、わずか二年足らずのうちにその半数がマラリアの毒牙にさらされたことになる。

三浦教授はこれを紹介したあと「読者ハ当時ノ惨状ヲ想へ、又何ノ故ヲ以テ斯ノ如キ惨状ヲ呈スルニ至リシヤヲ考へ得へキナリ」と強調し「食物ハ果シテ不足ナリシヤ、薬品ハ真ニ不充分ナリシヤ、尋常鉱夫及囚徒ノ栄養ハ当時如何ノ状態ナリシヤ、当時ノ所謂風土病ハ則チ全ク純粋ナル風土病ニアリシヤ等ノ問題ニ就キ、不明瞭ノ点少カラス。然レトモ事実ハ事実ナリ。鉱夫及囚徒ハ夫ノ悲シムへキ且ツ怖ルへキ経験ヲ吾人ニ伝へ遺シタルナリ[47]」との感慨を披瀝している。実に調査をした三浦教授をして「怖ルへキ経験」だといわしめたほど、西表炭坑の惨状はすさまじいものであった。

西表炭坑はこの三井のあと、一八九二年三木炭坑、九五年大倉組炭坑、一九〇一年沖縄開運、〇八年八重山炭坑汽船と経営者は変わるが、いずれもマラリアの惨害と、劣悪な労働条件の故に「日本一の圧制のヤマ」とおそれられた[48]。これら故郷をはなれ、流れ流れてきた坑夫たちも、後進資本主義国日本の、もっとも底辺のところで犠牲となり、いしずえとなった人たちであった。そしてそれは、八重山近代史の顧りみられざる暗部として、いまに発掘がまたれているもののひとつである。

五　おわりに——辺境観の超克

以上、山県有朋の沖縄巡視をたどりながら、明治政府がこれら〝辺境〟の島々に対して払ってきた関心のありようをあとづけてみた。いったい明治政府にとって、最南端の宮古、八重山群島や、西端の対馬などの辺境の島々とはなんであったのか。それはその時々の政府の都合によって、切り離されたり抱合されたりする限界地域（マージナル・エリア）としてしか位置づけられていなかった。

明治政府は一八七二年の〝台湾事件〟に端を発する日清領土交渉で、宮古、八重山の両群島を清国に、沖縄以北を日本に帰属するとする〝分島条約〟に署名し、調印を待つだけとなっていたが、中国側の事情によって調印が見送られるということがあった。

明治政府が宮古、八重山の分割を認めたのは、ひとえに日本国が中国大陸における最恵国待遇を得んがためであった。この事実が示すように、明治政府にとって〝辺境〟は、いわば〝本土〟が生きのびてゆくためのトカゲのシッポ的な存在としてしかみられていなかったのである。

そうして〝分島問題〟がうやむやになるとみるや、こんどは手の平を返すが如く、〝辺境防備〟に邁進せんとする。だが、〝分島〟にせよ〝防備〟にせよ、底を貫く辺境への姿勢にはなんら変りはない。なぜなら〝分島〟することで〝本土〟が生きのびようとしたように、こんどは〝防備〟する（させる）ことで〝本土〟が生きのびようとすることでしかないからである。

近代における権力支配者の辺境に対する姿勢は、終始一貫してそのようなものでしかなかった。沖縄戦は、思想的な意味でも、政治的政策としても、いわばその帰結であった。だがこのように近代を貫流した支配者の辺境観は、戦後に至るも連綿として生きている。しばしば指摘されてきたように、日本の〝独立〟を得るために沖縄をサンフランシスコ講和条約において切り売りしたのは、まさにトカゲのシッポの再生であった。

そして一九七二（昭和四七）年の沖縄の施政権返還は、そのことによって、日本の安全保障体制の維持をより安定的に確保していこうということであって、その発想の根底では沖縄の分離と軌をひとつにしていた。さらにその後における日本政府の施策のなかにおいても、なおかつ、その姿勢を否定し去ることはできない。

ところで中央といい、辺境といい、それはいったいなんであろうか。文化の観点から、ユニークな孤島論を展開した谷川健一は「中央と地方という固定観念、あるいは国境という人為的な画定線を取り払ってみれば、地方とか辺境とかの概念はすこぶるあやしくなるのである。少なくとも地図の上の辺境は、かつて文化の取り入れ口であった場合が多い。それが政治的な理由で辺境化させられただけの話である[49]」と論じている。では、それならば辺境を固定化しようとする中央の辺境観（政策）に対して、辺境が自からの存在を確立し、自立してゆくためにはどうあらねばならないのか。

それは辺境が自らのもつ〝限界地域〟としての特異性を逆手にとって、中央に立ち向ってゆくことではないのか。再び谷川のことばを借りるなら「辺境のこの異質性、もしくは異族性は、それを中央と地方との固定した関係からはなれてみるとき、ちがった意味をもつ。すなわち、異質性や異族性は地方または辺境も、それなりの文化の統一体としての役割りをもっていたことのしるしなのである[50]」ということの認識を少なくとも根底にすえておく必要があろう。

そのことは新川明がさらに一歩踏み込んで「近代以降のウチナーびとが、みずからの文化をヤマトウと等質同根のものとすることによって、みずからを辺境から引き上げ、対等の地位を確保しようと希求したごとく、エーマ（八重山）びとは同じくみずからの文化遺産を、ウチナーのそれとひき較べ、等質のものとすることによって、みずからの辺境感からの脱却を希うという（中略）中央志向の精神構造こそまず打ち破り変革すべきものと考えなければならぬ[51]」との指摘を共有することでもある。

しかもそれは、単に文化的領域の問題にとどまらず、政治の領域においても、〝中央〟を相対化していくことでなければならない。それはあの自由民権運動が、〝地方政府〟や〝自治州〟を構想することによって、〝中央〟を相対化しようとしつつ、ついに国家主義によって歴史から抹殺されていった課題を、今日的にとらえかえすことでもある。

辺境は、まさしく辺境をして辺境たらしめている、国権的なナショナリズムを打ち破ってこそ、辺境であることから解放されるのである。それはまた、辺境のもつインターナショナルな可能性でなければならない。

注
（1）山県有朋の沖縄巡視時の「南航日記」と「復命書」は、いずれも国立公文書館所蔵による。
（2）徳富猪一郎編『公爵山県有朋伝　中』（山県有朋公記念事業会、一九三三年）参照。
（3）比嘉春潮『新稿沖縄の歴史』（三一書房、一九七〇年）
（4）前掲徳富猪一郎『公爵山県有朋伝』による。
（5）三井物産会社は一八八五年、西表島西部の元成屋で試掘をはじめ、八六年には囚人一八〇人、坑夫八〇〇人を使って採掘をはじめている。これについては拙著『西表炭坑概史』（一九七九年改訂版）を参照されたい。

(6)(7)(8)(9)(10)(11)(12)(13)(14)いずれも山県有朋の「南航日記」による。
(15)(16)(17)(18)(19)(20)(21)いずれも山県有朋の「復命書」による。
(22)岡義武『山県有朋――明治日本の象徴』(岩波新書、一九五八年)参照。
(23)(24)田代安定『八重山群島急務意見書』(成城大学「柳田文庫」所蔵)による。
(25)(26)『衆議院議事速記録』一一号、明治二七年五月二八日による。
(27)(28)(29)いずれも大山梓編『山県有朋意見書』(『明治百年史叢書』原書房、一九六六年)による。
(30)(31)(32)(33)いずれも山県有朋前掲「復命書」による。
(34)鹿野政直『日本近代化の思想』(研究社、一九七二年)参照。
(35)前掲山県有朋「復命書」
(36)明治政府の糖業政策については、金城功「明治期の沖縄の糖業」(沖縄歴史研究会編『近代沖縄の歴史と民衆』所収、一九七〇年)にくわしい。
(37)「八重山糖業株式会社」については、楫西光速「八重山糖業株式会社について」(『竜門雑誌』六五二~六五五号、一九四二年)や、糖業協会編『近代日本糖業史　上』(一九六二年)および拙稿「中川虎之助と八重山糖業――内国植民地名蔵開拓の光と影――」(『八重山近代民衆史』所収、三一書房、一九八〇年)を参照されたい。
(38)(39)前掲山県有朋「復命書」による。
(40)北海道における囚人労働については、小池喜孝『鎖塚――自由民権と囚人労働の記録』(現代史資料センター出版会、一九七三年)にくわしい。
(41)小笠原の集治監問題については、松本健一『孤島コンミューン論』(現代評論社、一九七二年)にくわしい。
(42)永山規矩雄編『田代安定翁』(台湾日々新聞社、一九三〇年)による。
(43)前掲田代安定『八重山群島急務意見書』による。
(44)前掲永山規矩雄『田代安定翁』による。
(45)この時の風土病調査は、おそらく前に紹介した帝国議会における「八重山群島瘴毒排除建議」の結果明治政府が派遣したものと思われる。
(46)(47)いずれも三浦守治『八重山群島風土病研究調査報告』(一八九五年)による。
(48)西表炭坑の労働のすさまじさについて、例えば一九二六年、同地を訪れた渋沢敬三は「内地に於ける彼等は如何に惨めとは云え未だ〳〵幸せであった」(『南島見聞録』)と述べている。労働の実態と変遷については、拙著『西表炭坑概史』を参照されたい。
(49)(50)谷川健一著『孤島文化論』(潮出版社、一九七二年)による。
(51)新川明「内なる〝辺境〟から――喜舎場永珣著『八重山古謡』にふれて――」(『反国家の兇区』所収、現代評論社、一九七一年)参照。

「電信屋」の歴史的考察──明治期沖縄─台湾間の海底電線敷設問題──

『八重山毎日新聞』一九八五年四月一六日付～二〇日付

一　日本近代史のツメあと

石垣市崎枝の屋良部崎にある通称〝電信屋（デンシンヤー）〟が、一九八五（昭和六〇）年三月二七日、日本電電公社から石垣市に寄贈された。電電公社が一八八五（明治一八）年四月一日以来一〇〇年近い官営から民営に移行するのを機に、現在使用されていない電信屋を財産処分の形で石垣市に寄贈したものである。

寄贈を受けた石垣市では、これを市の文化財に指定していく方針だという。うれしい話である。開発の波に洗われ、八重山でもこうした歴史的建造物が失われていきつつある昨今、いま残っているものだけでも保存し、後世に伝えていくことは大切なことである。

私も二、三年前に、石垣市史編集室のスタッフと一緒に、この電信屋の跡を訪ねたことがある。話には聞いていたが、実物を見たのはその時が初めてであった。

現在は屋良部半島一帯が放牧場になっており、電信屋はその半島の南側海岸近くにあり、潮風に吹かれながら建っている。過ぐる大戦の時被弾した機銃弾の痕が生々しく、まさに満身創痍の感がした。

電信屋と海浜との間には、海石を高く積みあげたような牆壁があり、さながら城塞を連想させる。電電公社の寄贈は電信屋の家屋だけでなく、敷地（約七三〇平方メートル）も含まれているから、その周辺も含めて整備し、保存していけば、ここは歴史をしのぶ格好の場になることであろう。

鹿児島大隅半島の大浜には、この海底電信の起点となった大浜電信局の跡が保存されており、屋良部崎の電信屋が保存されることになれば、日本で最も長い海底電線の両端の施設跡が保存されることになる。

それにしても〝電信屋〟とは、いったいなんだったのか。それは八重山の歴史にとってあるいは日本の歴史にとってなんだったのか。単に明治の三〇年代につくられたから貴重である、というだけでは、私たちは真に電信屋を理解したことにはならないし、また、電信屋から何も学んでいないことになるのではないか。

というのも、電信屋こそは、近代日本の歴史が八重山の地に印した数少ない歴史のツメあとのひとつであり、八重山の歴史が近代日本の歴史と大きく関わっていたことを示す貴重な物的証拠だからである。以下、電信屋建設の時代的背景や、その経緯をたどりながら、電信屋がわたしたちに教えるものについて考えてみたい。

二　海底電線敷設の時代的背景

電信屋（正式には八重山通信所）が完成したのは、一八九七年七月一日のことである。電信屋は同年完成した那覇―石垣―基隆（台湾）、さらに前年に完成した那覇―鹿児島間の長大な海底電線の中継基地の一環として、陸軍省によって建設されたものである。

海底電線の全長は、四九〇海里（八五四・九キロ）に及び、総工費は当時の金額で三二二万六九一二円。わが国の電信沿革史上、実に一大事業であった。

明治二〇年代に起きた中国との分島問題で、宮古・八重山の両先島を割譲してまで中国市場を手に入れようとしていた明治政府が、一転してなぜこのような〝辺境〟の地に、一大海底電線を敷設することになったのか。

それはひとえに、日清戦争で日本の統治下に入った台湾の防衛と、植民地経営という軍事上の目的からであった。そのことは、この建設が陸軍省の手によって行われた、という事実がなによりも雄弁に物語っている。

また、政府関係資料によっても、はっきりそのことが裏付けられているのは、後に見る通りである。軍事目的によって建設されたものを、公衆通信にも利用せしめた、というのがこの電信屋の本質であって、決してその逆ではなかった。

その意味で、電信屋は膨張する日本帝国の海外侵略の象徴的な結節点であった。言うまでもなく、台湾は日本が近代において初めて侵略した植民地である。

そして琉球列島は本土と台湾との間に弓状に連なった土地で、地理的にも台湾領有の上から欠かせぬ要衝であった。

台湾経営の上から、本土との通信網の確立は、緊急かつ重要な課題として領台直後から持ち上がってきた。またこれと同様の意味において、航路灯標（灯台）の建設も問題となった。ここに至って、台湾との間に連なる弧状列島が再び浮上してきたのである。

三　海底電線敷設の準備

明治政府は日本が台湾を領有した直後、一八九五年には勅令八九号及び九〇号によって陸軍省内に「臨時台湾電信建設部」と「臨時台湾灯標建設部」が設置され、電信建設部長には後の台湾総督・児玉源太郎男爵が就任し、この建設の総指揮をとることになった。

児玉源太郎は一八九八年三月、この電信敷設を完了した後、陸軍大臣あてに報告書を出しているが、その冒頭で電信施設の必要性について、次のように書いている。

「明治二七、八年後、海陸の全捷は、償金と台湾封土と共に我帝国の有に帰し、無上の声誉は無窮の我領土と永く東洋の洋上に其光彩を放たんとす。是に於てか之が保持開拓の計画密且急ならざるべからず。況んや台湾の地たるは、剽悍無智の頑醜多く外、欧亜諸強の衝路に位し、軍情の機、施設の更に於て先ずその交通の機関たる海底電信を内地と離島との間に連ね、相互の関係をして密ならしむるは極めて緊要なる施設に属するが故に即ち、鹿児島大隅国より種子ヶ島、大島及沖縄県下琉球八重山等を経て台湾に達する海底電信一條を沈設し、以て通信の利便に供し……」

児玉がこの中で「海底電信を内地と離島の間に連ね、相互の関係をして密ならしむるは極めて緊要なる施設」と強調していることでもわかるように、海底電信こそなにはさておいても急を要する施設であった。その背景には日本の台湾占領政策の確立という領台政策上の要請があった。

日清戦争が終結し、日清講和条約が調印されたのは、一八九五年の四月一七日のことであるが、その直後から条約の内容について独、仏、露の三国が不満を表明、日本に対して遼東半島の清国への返還を勧告するなど、いわゆる「三国干渉」が起こり、日本への割譲が決まった台湾島内部では、島民による反乱が相次いで起きた。

台湾巡撫の唐景松を総統とした「台湾民主国」が宣言された。日本国はただちに台湾北部に上陸し、台北を占領する。そしてこの年の八月六日に陸軍省は、台湾総督府条例を布達して軍政を敷いたのである。台湾島内のゲリラ活動はその後も続き、軍部はその平定に手こずっている。

台湾に施行すべき法令に関する法律が公布されたのは一八九六年の三月三一日のことで、これにより拓務省が台湾に関する政務を管理することになり、ここにはじめて軍政が解かれた。そして、台内定期航路が大阪商船と日本郵船によって開かれたのは同年の五月一日からであった。

このように台湾島内の動きをみるとき、いかに本土との海底電線が「極めて緊要なる施設」であったかがわかろう。またこの海底電線の敷設が、台湾の領有政策と密接な関連があったということは、かねて沖縄側から公衆電信のために要請が出されていたにもかかわらず、それはタナ上げにされてきた、という事情をみてもわかる。


日清戦争以前の沖縄と本土との電信は、一応鹿児島まで船便で電文を運び、鹿児島から打電するという今からみれば気の遠くなるような状況であった。

こうした不便な状況を打破するため、一八九二年に、小禄間切や名護間切、首里・真和志村などから「沖縄県海底電線架設」の国会請願が出されている。同請願は九二年六月に審議され、議決されている。

ところが九三年三月二二日に、渡辺国武逓信大臣から蜂須賀茂韶貴族院議長に対し「其必要を認むるも、軍国多事の際財政上の緩急を斟酌し暫く之が起業を猶予せり」ということで、この一件は見送られた。

しかし、日清戦争で台湾が日本の領有となるや、事情は一変した。「財政上の緩急」どころか、どこからかひねり出してでも、海底電線を新設する必要に迫られた。こうして九五年には早くも陸軍省内に「臨時台湾電信建設部」が設置され、いよいよその建設が開始されることになったのである。

四　海底電線敷設の経緯

陸軍省に「臨時台湾電信建設部」が設置されたが、膨大な建設費用はいかに捻出されたか。予算面において注目すべきは、その名目が〝軍事費〟として支出されていることである。予算措置の経緯について、児玉源太郎建設部長は、前引の陸軍大臣あての「報告書」のなかで、次のように書いている。

「元来電信及灯台の事業は通信省の職責に属すると雖も、急要なる事業に対する巨額の費途をして該省経費の内より支弁せしむるは蓋し容易のことにあらざるのみならず、凡そ有事の時に於如此事業を起すに於いては、是等は大本営の経費を以て一切の費途を支弁したる例少からず」

「大本営の解廃に伴い工事も亦中道に廃案せざるを得ざる虞なき能はず、且つ台湾の地、皇化未だ遍からず、匪徒は時に猶剣銃を弄し、蕃族ややもすれば皇恩を蔑にするありて、軍事上の関係殊に多きに居るが故是等各般の情勢は其費途を軍事費の負担に帰し其職員を逓信省に仰ぎ……」

つまり、この海底電線の建設費は、名目上も軍事費という形で出されることになった。ちなみに大隅半島（鹿児島）の大浜から、奄美、沖縄、八重山を経て台湾に至る海底電線敷設の総予算額は、三三一万三一四〇円であった。

六月二七日陸軍省内に臨時台湾電信建設部が設置されるや、七月一日には海底電信路線の測量と、海底線陸揚地および通信所設置の調査のため、御用船・住江丸が横浜から派遣された。調査主任は技師・浅野応輔があたり、その属僚たちが加わった。

この調査結果をもとに、さらに大本営の将校と相はかった結果、海底線の起点は大隅国の大浜とし、奄美大島―沖縄―八重山―基隆（台湾）の本線（七九三浬）と、さらに三つの支線（一七四浬）と決まった。

この他、陸上回線については鹿児島、大島、沖縄、八重山、台湾、種子ヶ島、屋久島、沖永良部の各島で、総計九三浬となっている。沖縄本島については読谷村の渡具知の浜から那覇まで、八重山については石垣島の屋良部崎から旧四箇の電信所までである。

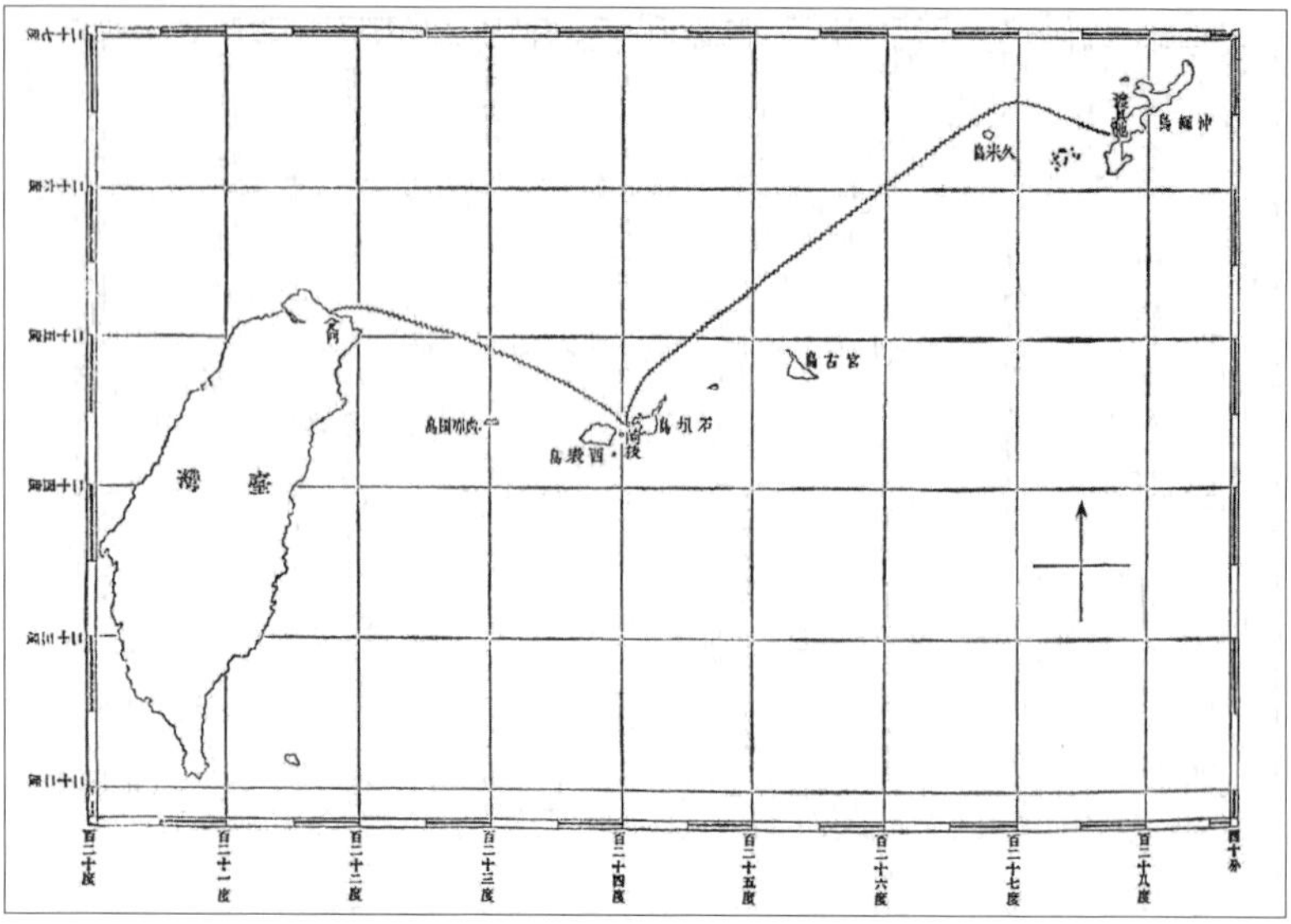

沖縄─石垣─台湾間の海底電線を示した1897（明治30）年７月８日の陸軍省告示
（『官報』4204号、1897年７月８日より）

通信所については大浜（鹿児島県大隅）はじめ一五カ所、海底線の陸揚地は大浜ほか九カ所と決め、同年二一日に陸軍大臣あてに復命した。通信所のなかには八重山通信所が、陸揚地のなかには屋良部崎の電信屋も含まれていた。

陸軍省はこの長大な海底電線を敷設するため、イギリスに鋼鉄製の汽船一隻を発注して新造している。同船はグラスゴーロブニイツ社が建造した総屯数二二七三屯の船で「沖縄丸」と命名された。

船長は日本郵船株式会社雇英国人ゼーエファーレンであった。ところがこの船長は、新造船を受領して英国を発つ直前病気になったため、加藤高明在英国特命全権大使の斡旋で、英国人ウイリアム・シーザルン・レーシーが船長に雇われた。

一八九六年四月一四日に公式運転したばかりのグリーノック港を発ち、ロンドンに寄り、電線をはじめ諸々の準備をしたうえ、五月四日に長崎へ入港した。船長レーシーはここで解雇され、代って一等運転士の片岡清四郎が船長に就任した。

海底電線の材料は、浅海線、中間線、深海線の三種に

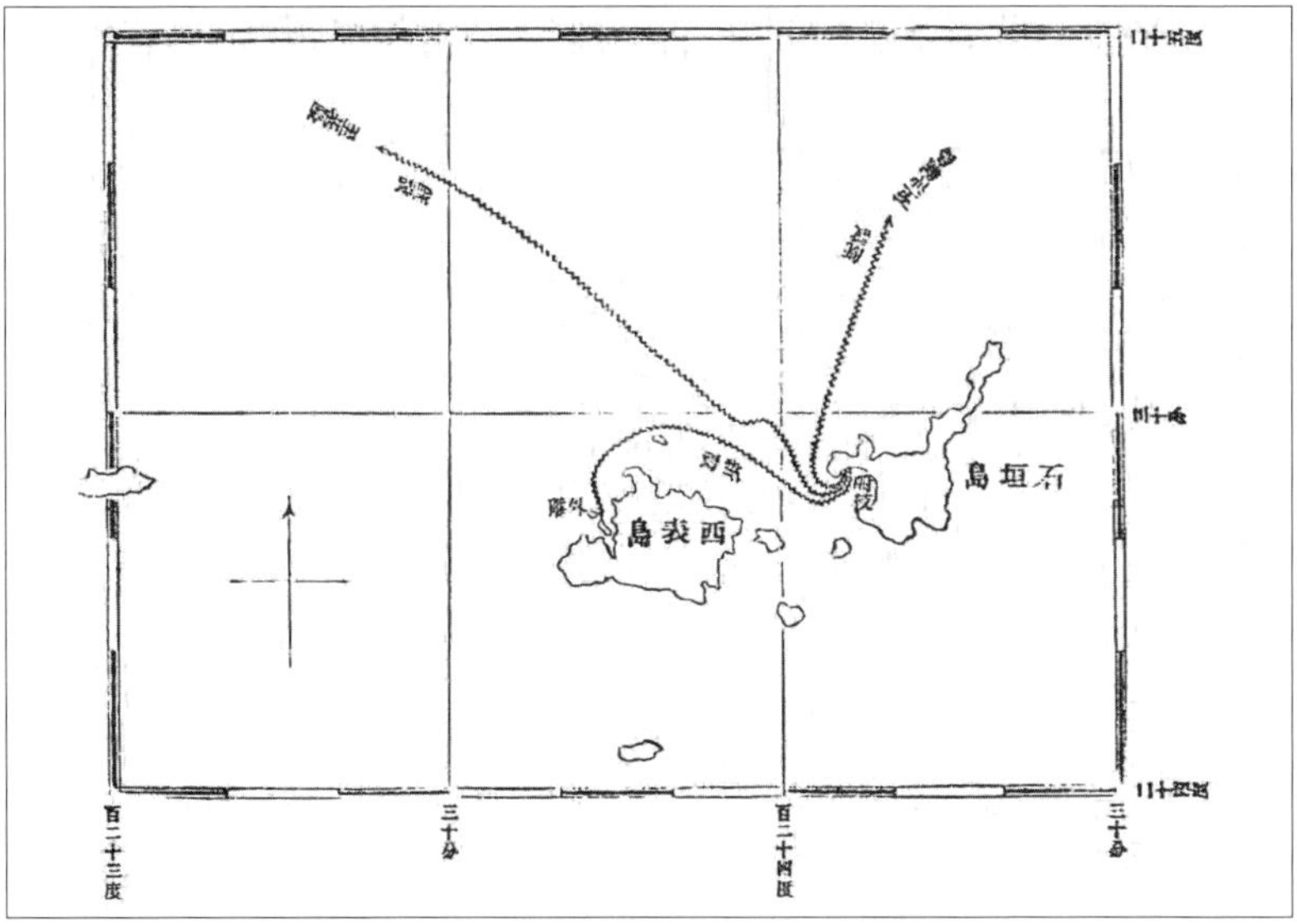

石垣―西表間の海底電線を示した1897（明治30）年８月26日の陸軍省告示
（『官報』4246号、1897年８月26日より）

分けられ、そのいずれも三井物産合名会社と、大倉組が供給契約を結んでいる。そして長崎県西彼杵郡西海岸の地に、タンク四基、機関室、倉庫等の施設が備えつけられた。

工事はさきに浅野応輔主任技師が設計した計画に基づき、一八九五年七月、大浜―奄美大島、奄美大島―沖縄、大浜―種子ケ島、種子ケ島―屋久島の間が順次起工され、同年九月には竣工をみた。

ところが沖縄―台湾間は、海上の天候が不穏に向かいつつあったため、一時工事が中止された。「沖縄丸」は特命により紀淡海峡を東京湾に、海底線敷設のため回航された。

しかし、九七年の四月になって、中止されていた沖縄―台湾間の工事が再開され、同年の五月三〇日までに基隆―八重山間と八重山―沖縄間の工事をすべて完了した。

これによって当初予定されていた大隅―台湾間の海底電信の幹線工事は完了した。これが完了するや今度は石垣―西表間と大島―沖永良部間の支線工事にかかり、これも七月一五日には完了している。それにしても石垣―

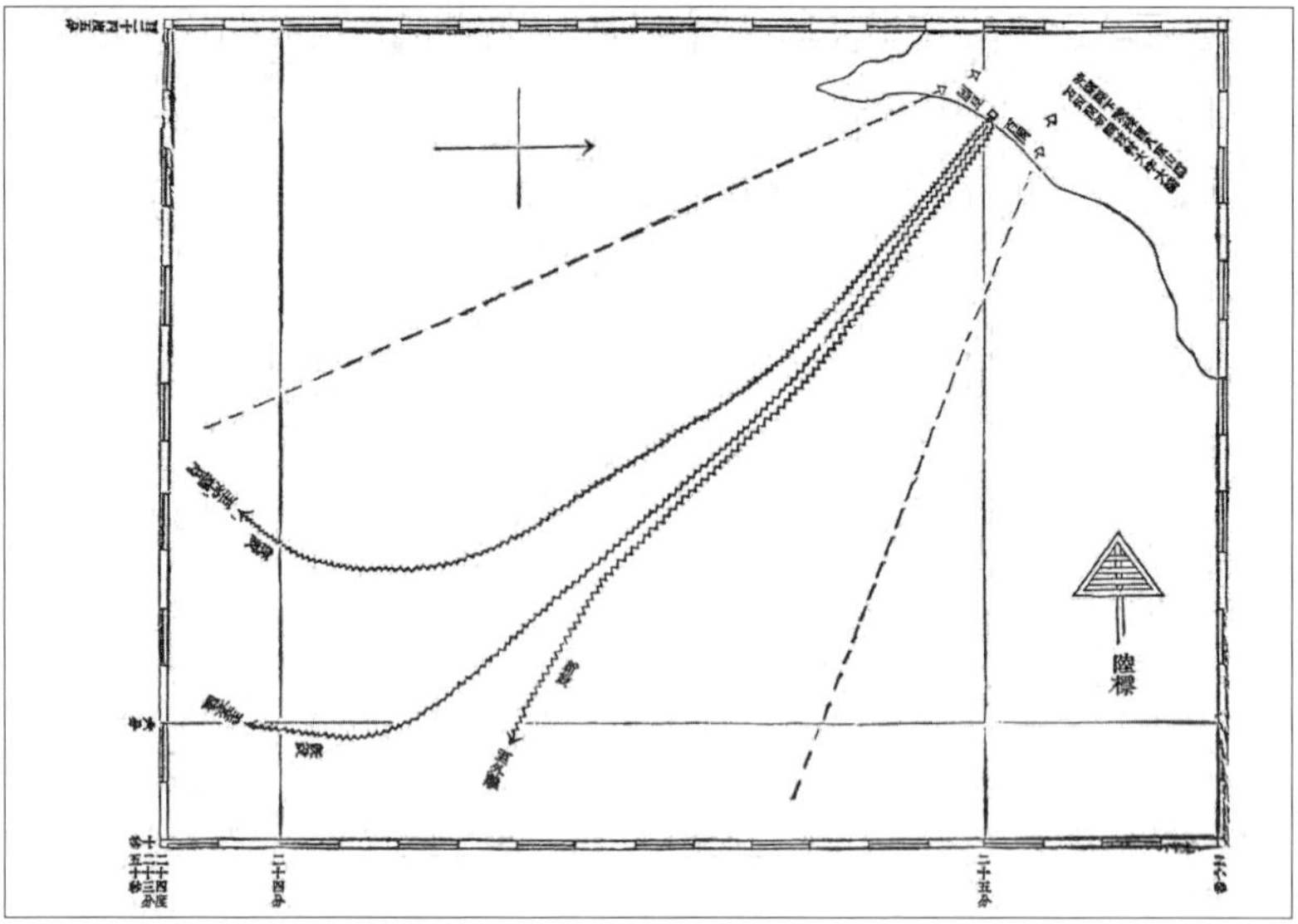

石垣島の屋良部崎の海底電線。上から沖縄、台湾、西表の各電線
（1897年８月26日の陸軍省告示から。『官報』4246号、1897年８月26日より）

西表間の海底電線は、いったい何のために敷設されたものであろうか。

五　石垣―西表間の海底電線敷設

石垣島を経由する沖縄―台湾間の海底電線は、これまで述べてきたような経緯で敷設されたが、ここで疑問が出てくるのは石垣―西表間の海底電線の敷設である。この海底電線は西表島西部の船浮湾入口に位置する外離島に陸揚したものだが、これは台湾へ至る中継地ではない。いったいなぜ、人口も稀少な西表島に膨大な費用をかけてまで、海底電線を敷設したのか。その必要性はどこにあったのか。これもひとつには軍事上の理由から、もうひとつは炭坑との関係があったのではないか、と思われる。

いまここでこれを立証し得る資料はないが、第一の「軍事上の理由」については、一八七九年以後、明治政府がかねてから船浮湾の軍事的価値について関心を払っていたこと、第二の「炭坑との関係」については、この海底電線の供給契約を結んでいる三井物産会社と大倉組が、いずれも西表炭坑で採炭をしている、という事実である。

まず第一の「軍事上の理由」からみてみよう。西表島の船浮湾は、沖縄が日本の版図に入って以来、軍港としてその軍事的重要性が強調されてきた。特に明治政府要路から〝帝国南門の重鎮〟として、強い関心が払われてきた。

例えば農商務省の役人であった田代安定は一八八六年に明治政府に提言した「八重山群島急務意見書」のなかで「八重山群島タル我カ版図南門ニ当リ」として兵備の重要性を説いた後「西表島舟浮港ノ如キハ海南第一ト称スヘキ良港ニシテ、加之近傍ニ炭脈現出スル所多ケレハ、外冦ノ予防尤モ摘要ト為ス。而シテ其砲台ニ至適ノ地ハ専ラ外離島及ヒ崎山村所属地サバ崎ニシテ……」とすこぶる具体的に書いている。

また、同じ年に沖縄、宮古、八重山、対馬の各地を巡視した内務大臣の山県有朋は、この巡視のときわざわざ西表の船浮湾に回航して同湾と内離島の三井採炭所を視察している。そして帰任後の「復命書」のなかで、次のように述べている。

「（前略）宜シク南海諸島常備軍隊ノ制ヲ確定シ、電線ヲ布設シ、其通信ヲ便ナラシメ益々人心ヲ撫安シ、以テ外冦防禦ニ充ツヘシ」

「又先島ニ至テハ港湾ノ浅深礁洲ノ起状等測量未タ充分ナラサルカ故ニ、航路ノ不便最モ甚シ、宜シク精密ニ之カ実測ヲ為シ、軍艦ヲシテ時々諸島ヲ巡視セシメ、一ハ以テ航海ノ針路ヲ明カニシ、一ハ以テ防護ノ準備ニ注意セシムヘシ」

この「復命書」のなかで、山県が「常備軍隊の制定」と併せて電信敷設を強調していることに注目したい。また、同じ年九月二一日、福沢諭吉は彼が主筆をしていた『時事新報』紙上に「宮古八重山を如何せん」という論説を書き、次のように主張している。

「沖縄県全体の計画に付き、所望の箇條は随分少なからざれども、今日の場合に迫りては何は扨置き八重山の港に軍艦を繋ぐか、又は、陸上に兵隊を屯せしめ、八重山より宮古沖縄を経て鹿児島に電信を通じ、軍艦をして常に其近海を巡廻せしめること至急の急要なる可し」

この福沢の主張は田代安定の話を聞いてまとめたものであることは福沢自身が書いているが、いずれにしても田代、山県、福沢らに共通していることは、軍隊の常備と電信の敷設という二点である。軍隊の常備、すなわち沖縄に徴兵制が施行されたのは一八九八年のことであり、海底電線の敷設とほぼ同じ時期である。

それともうひとつ、炭坑との関係である。西表における海底電線の陸揚地は、西表本島ではなく、船浮湾入口の外離島である。同島及び内離島、さらに対岸の元成屋一帯は、明治・大正期の西表炭鉱の中心地である。この炭鉱事業と海底電線とは何らかの関係があったのではないか、というのが私の推測である。

というのも、海底電線の敷設にあたって、電線の供給を請負った三井物産は、既に一八八六年から採掘を西表で行い、同じく供給を請負っている大倉組も、九五年には西表で採炭を開始しているからである。

周知の如く、三井にしろ大倉組にしろ明治政府の殖産興業政策にのっとり、〝政商〟としての性格の強い財閥であるが、自ら経営する西表炭鉱の地に請負った海底電線を引き込んでいるのは、両者の間に何らか関係があったのではないか。

今のところ炭鉱と海底電線との関係を立証し得る資料はないが、ここでは〝傍証〟のみを提示し、問題点を指摘しておくにとどめる。

六　電信業務の開始

さて、幹線支線合わせて総延長一〇四五浬に及んだ海底電線の敷設が終わり、また関連した島には通信所三棟、附属官舎・所員官舎四棟、工夫官舎九棟、海底線陸揚室一〇棟などが新築され、このうち沖縄においては読谷村の渡具知、石垣島の屋良部崎、西表の外離島に陸揚室が設置されたのである。

施設ができると通信所に配置すべき通信員が問題となるが、これについてはかねてから通信業務に従事していた者の中から一四人を本部雇員として東京に集め、特別に技術の講習をしている。

また、通信所の助手として一三人を各島の居住者から志願させ、鹿児島に設けられた練習所で講習を受けさせ配属している。

施設ができ上がり、通信員も配置されていよいよ通信業務が開始されたのは、一八九七年の七月一日である。

この電信業務の開始について、児玉源太郎は「報告書」のなかで次のように書いている。

「鹿児島・那覇間は那覇・基隆間固定軍用電信を公衆通信用に供するは、勅命に基づき鹿児島・大浜・宮の浦・西之表・名瀬・久慈・那覇及首里の八通信所を明治二九年一〇月、八重山石垣及基隆の二通信所は明治三七年七月一日を以て公衆通信を開始せり。但し八重山及基隆通信所に於ては、前期期日前既に政府の公報通信を開始せり」

また逓信省は七月八日付の告示第一八二号によって「本年勅令第二百三十一号ニ依リ本月十六日ヨリ琉球国八重山郡八重山通信所ニ於て公衆電報ノ取扱ヲ開始ス」(『法令全書』明治三〇年版)と全国に告示された。

八重山の通信所は現在の石垣市大川一二番地の八重山郵便局敷地内に設置され、業務を開始した。業務が開始されると、八重山の電信は活気をみせ、同年九月一日には八重山電信局と改称され、二等電信局に昇格。さらに一八九八年一一月には郵便局と合併し、八重山郵便電信局と改称された。これは為替貯金業務が開始され、送金業務で郵便局独自の業務が困難になったためだという。

八重山電信所が業務を開始したころ、八重山地元の人たちは「電信所の前を通ると長命しない」とか「一日中手足がしびれて仕事ができない」などウワサし、当時のメイン・ストリートであったその側の道を避けて通ったという(『沖縄電信電話事業史』)。

また、一九〇五年日露戦争のとき、ロシアのバルチック艦隊が宮古島の西北海上を北上中、宮古島民がこれを発見、急使として選ばれた五人の漁師がサバニを漕いで石垣島に渡り「敵艦見ゆ」の打電を果たした〝久松五勇士〟の話はつとに知られているが、それというのも、当時宮古島には電信施設がなかったからである。

七　電信屋と天文屋

八重山は日本領土の最南端に位置していたために、こうした国家的な施設が設置されたが、これと似たもので、しかも同時期につくられたものに石垣島測候所がある。石垣島に測候所の開設が決定されたのは、海底電線と同じ一八九五年のことで、実際に設置されたのは翌九六年のことである。中央気象台附属石垣島測候所というものであった。

この石垣島測候所の設置も、台湾が日本の植民地となったため、台内航路の安全を確保するということと不可分であったろう。また日本における台風観測の最前線基地としても、重きをなしていたと推測される。

測候所の設置からおよそ四〇年間も島に住みついて所長をつとめた岩崎卓爾のユニークな活動ともあいまって、天文屋（島の人たちは「ティンブンヤー」と呼んだ）は、電信屋（デンシンヤー）と並んで外からの文化・文明の流入口としてシンボル的な存在であった。

しかしそれは同時にまた、軍事的にも重要な施設であったことから、過ぐる太平洋戦争のときには、連合軍の攻撃目標ともなり、銃撃を受ける結果となった。一九四四年の夏には八重山郵便局の局舎が砲弾を撃ち込まれて焼失、職員は避難先の大きな墓を局舎代りにして郵便業務を続けたという（石垣市史編集室編『市民の戦時戦後体験記録』第二集参照）。

屋良部崎の電信屋の陸揚室も、無数の機銃弾が撃ち込まれ、今もその弾痕が北側と西側の壁に残っている。測候所の建造物は一九七二年の日本復帰後に建て替えられて、往時のものは既に見ることができない。せめてもの電信屋が保存されることになれば、八重山における電信沿革の歴史資料としてはもとより、戦禍をしのぶ物的資料としても意義をもつに違いない。

近代八重山とマラリア――撲滅政策を中心として――

『石垣市史　資料編・近代三「マラリア資料集成」』解説（石垣市、一九八九年）

一　近代八重山民衆の足かせ

明治政府によって琉球藩が廃され、一八七九（明治一二）年に沖縄県が設置されると、八重山においても在番制が廃止となった。翌八〇年には八重山島役所が設置され、新たな行政機構のもとにおかれた。しかし、明治政府は、統治の基本を旧慣存置においたため、近世から続いた諸制度が温存されることになった。とりわけ近世八重山民衆を窮乏に陥れた人頭税制度が置県当初には残されたため、八重山住民の多くは、そのくびきからのがれることができなかった。

明治政府の旧慣温存策は、近世以来、マラリアに苦しむ住民を温存する結果ともなった。その意味で、近代における八重山のマラリアは、自然的災害というよりも、人為的、政策的なものであったと言えるであろう。マラリアは八重山の農業の発展を妨げ、人びとの生活を破壊した。近代八重山の歴史を住民の側からみれば、ある意味ではマラリアとの闘いの歴史でもあった。

近代八重山のマラリア史をおおざっぱに区分するとすれば、置県後の旧慣温存による放任時代を経て、一九二一（大正一〇）年に県によるマラリア予防班事務所の設置で本格的な撲滅事業が開始された時代、昭和初期から戦時体制下でこの事業が事実上中止となる時代、そして太平洋戦争による〝戦争マラリア〟の惨劇となるが、〝戦争マラリア〟こそは、その行きつく先であった。

いずれにしても、近代八重山の歴史から、マラリアを抜きにして民衆の歴史を語ることはできない。それほどマラリアは私たちの生活や生産活動を大きくしばってきたのである。

二　廃藩置県後のマラリア

廃藩置県後の八重山におけるマラリアは、どのようであったか——。ここにひとりの記録者による文章から、当時の八重山のマラリアの様子を紹介しよう。記録者とは青森県弘前藩士の笹森儀助である。笹森は一八九三年の五月から九月にかけて琉球弧の島々を踏査し、その克明な記録を残した。

後に『南島探験』の名で刊行された記録は、その写実性故に、近代沖縄の実情を知る貴重な資料として光彩を放っているが、とりわけ八重山においては人も通わぬような西表島の山村や、石垣島の村々を足で歩き、マラリアに呻吟する人々の様子を記録に留めた。

例えば七月九日、笹森は石垣島の名蔵を訪れているが、その荒廃ぶりを次のように描いている。

「名蔵番所ニ着ス。一ノ人影ナシ。番所極メテ荒敗（ママ）シ一目惨状他府県僻村ノ古廃社に似タリ。全村六戸、人員男十八、女六人ト云フ。石垣四カノ士族ハカカル赤貧ノ村ニ吏員トナリ、収斂シテ己レカ口腹ヲ肥セントス。抑モ何ノ心ソヤ。六戸荒敗ハ番所ノ荒敗ヨリ甚シク他府県ニハ決シテ見ルヘカラサル現況也。尚ホ正租民費其人頭ニ賦課シ徴収シ絶テ免税ノ典ナシ。此窮民真ニ隣ムヘシ。先島群島総テ此観ナリ」

また、石垣島の盛山村（現在廃村）を訪ね、そこの村吏に風土病の有無をたずねると「ない」との答えが返ってきた。ところが、笹森が一戸一戸調べてみると、そこには風土病に苦しむ男女がいた。持ち合わせの機那丸（キニーネ）を与えると、手を合わせて感謝された。笹森は帰村して村吏をせめると、平身低頭して一言もなかった。医師の巡回をたずねると、今年は一回も来ない、前年の一〇月に種痘のために一回来たきりだという。笹森は、この村は一〇年以内には必ず廃村となろう、と予言している。現にその予言通りとなったのである。

このような様子について笹森は「先島ノ現状ハ実に他府県維新前ノ有様ナリ」と述べ、その旧慣温存政策を痛烈に批判した。笹森は帰任後、「沖縄県下八重山島風土病ノ現況并駆除方法意見」をまとめているが、そのなかで、一八七二年の八重山の人口が一万一七九八人で、それから二〇年後の九二年の人口が一万五一三九人。二〇年間にわずか三三四一人が増えただけ。年に平均すれば、一六七人しか増えていないことを報告している。マラリアがいかに人口の増加を妨げてきたかをこの数は如実に示している。

ちなみに笹森が八重山の蔵元から収集した資料（『琉球八重山島取調書』）に記載された当時（一八九三年）の有病地、無病地の村名は、別表の通りである。

八重山全村三〇のうち、有病地が実に二五カ村にのぼっている。笹森はこれらの有病地のうちで、数十年を経ずして廃村になることが予想される村として次の一八カ村を挙げている。

すなわち、名蔵、崎枝、元仲筋、桴海、野底、盛山、桃里、伊原間、安良、平久保、干立、浦内、上原、高那、野原、仲間、南風見、成屋の村々である。これらのうち伊原間や干立など二、三の村を除いて、そのほとんどが笹森の予言通り廃村となった。

廃村となったこれらの村々の中には、近世期に寄百姓による新しい村建てとしてつくられた村が多い。一六九一年から一七〇〇年代にかけ琉球王府が税収増と人口調節を兼ねて強制的に行ったものである。水田耕作地への入植が主であったが、入植地はマラリア有病地であった。このため移住者は次々とマラリアにかかり、人口が減少。近世期に既に廃村となった村もあるが、多くは近代になって廃村になった。笹森が指摘した村々は、廃村となる直前であった。有病地の惨状を如実に物語るものだ。

しかし無病村においてもマラリアが皆無というわけではなかった。当時の旧慣税法は、米をもって主税としていたために、無病地の人たちも数里へだてた有病地に水田耕作のため仮小屋をつくって宿泊した。このためここでマラリアにかかったりした例が多い。

一九〇三年に人頭税制度が廃止され、これまでのように米を主税としなくなり、また農民の住居移動の自由が認められるに及んで、これらの有病地は急速に衰退し、廃村に追い込まれていった。いまも残る廃村跡には、マラリアの惨劇に苦しんだ人びとの血と汗がにじんでいる。

三　帝国議会の「建議案」と三浦・守屋の調査

ところで、マラリアはそのころの人びとには、どのような病気として受け止められていたのだろうか。

別表　風土病地村名及無病地ノ村名

大浜間切	有病地	西表島 上原村	同 西表村	同 崎山村					
大浜間切	無病地	石垣島 大川村	同登野城村	同真栄里村	同 平得村	同 大浜村	離レ島 波照間島		
石垣間切	有病地	石垣島 名蔵村	同 崎枝村	同 川平村	同 桴海村	西表島 南風見村	同 仲間村		
石垣間切	無病地	石垣島 石垣村	同 新川村	離レ島 竹富村	同 黒島村	同 新城村			
宮良間切	有病地	石垣島 盛山村	同 桃里村	同伊原間村	同平久保村	同 野底村	離レ島 小浜村	西表島 古見村	同 高那村
宮良間切	無病地	離レ島 鳩間村							
与那国島	有病地								
与那国島	無病地	与那国島							

（『琉球八重山島取調書』掲載）

戦前まで八重山ではマラリアのことを「フーキ」とか「ヤキー」とか呼んでいた。「フーキ」とは風気の文字があてられるように、悪い空気によって伝染する、と考えられていたためである。また「ヤキー」は、その症状が焼けるような高熱を発するところに由来しているが、「エーマ・ヤキー」（八重山焼き）は、八重山の風土病のおそろしさを県下に知らしめる代名詞ともなった。

一八八六年に採炭事業の始まった西表炭坑や、九二年に首里、那覇の士族を中心に廃藩士族の授産事業として行われたシーナ原開墾などで、多くのマラリア患者を出して死亡させたことなどが、「エーマ・ヤキー」の名を一層広めることになった。

「フーキ」にみられるように、マラリアの病因については、さまざまな説があった。有病地の多くが沼沢や泥田などの地であるところから、飲料水が原因とみられたり、また、そうした沼沢から発生する悪い空気によって感染するとみる空気説などがあった。

沖縄県病院医員で八重山出身の最初の西洋医となった崎山寛好は、一八九三年に「八重山熱記」という論文を書いているが、彼はその原因を沼沢地にある粉石が棍状バクテリアを媒介しておこすものだ、と述べている。また同じ県病院の我如古楽一郎（後の代議士）も「八重山島風土病論」を著わし、気候風土との関係を論じている。このようにマラリアの原因については、定かではなかったが、有病地、無病地の状況から疏水工事の促進や、道路の改修といった公衆衛生が唱えられた。前引の笹森の意見書も、次のように述べている。

「医学上種々其方法アルベシト雖トモ先ツ山林ヲ伐採焚焼シテ大気流通シ、河川瀦水ヲ浚渫シテ汚穢ヲ洗濯シ、道路ヲ開墾シテ有病地ノ人民ヲ健康地ニ移シ、尚且多数人民ヲ移住セシメテ盛ニ開鑿ニ従事セシムルハ最モ必要ト認ム」

そして笹森はすみやかに技師医員を派遣して、救済方法を講ずるよう訴えたのであった。

笹森の「意見書」が出された一八九四年五月に、帝国議会（衆議院）の本会議に「八重山群島瘴毒排除建議案」が、大島信ほか一名によって提出されている。「建議案」は八重山群島が「帝国南門ノ一重鎮」であると軍事的に重要であることを強調したあと、ここには「一種ノ瘴気」が猛烈を極めているため村が亡滅しつつある。この島の人たちも「帝国ノ臣民」ではないか。ましてや重要な「帝国南門ノ一重鎮」だとすれば、要するに「政府はすみやかにその原因を実査研究して撲滅し、住民の生命、安寧を保持せよ――」という趣旨であった。

この年は八月に日清戦争の火ぶたが切って落とされ、中国との間で緊張が高まっている年である。清国と国境を接している八重山は「帝国南門ノ一重鎮」であった。それだけに八重山を開発し、領土として安定させるためには、マラリアの撲滅が必要となってきた。この「建議案」が笹森の「意見書」に起因するかどうかははっきりしないが、おそらくなんらかの関係があったものとみられる。

ところがこの「建議案」はそれから数日後の六月二日、衆議院が解散となったため、審議に至らないまま廃案となった。ただ、本会議において「政府はすみやかに原因を実査研究せよ」と提案したことは、政府当局に少なからぬ影響を及ぼしたものとみられる。明治政府はこの年の八月から九月にかけて、東京帝国大学医科大学教授・三浦守治医学博士ら二人を八重山に派遣し、はじめて本格的なマラリア調査を実施しているからだ。

三浦博士らの調査は八月一一日から九月二五日にかけて行われ、沖縄から我如古楽一郎ら二人が参加した。調査結果は、翌年に「八重山群島風土病研究調査報告」としてまとめられ、「官報」に連載されたが、このほかにも『東京医事新報』や『東京医学会雑誌』などいくつかの医学専門誌に精力的に発表された。

三浦は一八五七（安政四）年、福島県磐城田村郡の生まれ。八二年にドイツに留学、ライプチヒ大学やベルリン大学で病理学を学び、九一年に医学博士の学位を授けられた日本における西洋医学の草分けである。

三浦はその「報告」のなかで「医治ハ八重山風土病ニ対シ一時ノ姑息法タルニ過キズ」と述べ「当路者ハ此際唯予防ノ基礎ヲ確定スルヲ勉ムヘキノミ」として、治療よりも予防に力を入れるべきことを早くも指摘している。

三浦報告の教示方針に沿って、一八九八年の一二月から翌年にかけ、東京伝染病研究所の技師・守屋伍造（医学士）がマラリア調査を行っている。血清療法の創始者として知られる同研究所の北里柴三郎博士も守屋の調査を指導している。

守屋は調査後「八重山島風土病研究報告書」を『細菌

学雑誌』第四二号（一八九九年五月二五日刊）に発表したが、それは三浦が主張した予防策をさらに徹底してすすめたものであった。守屋は、当時（一八九七年）の島庁の統計で八重山におけるマラリアの患者数を紹介しているが、それによると六七五八人で、これは当時の八重山の全人口の三分の一を超える数であった。

守屋は「麻剌利亜寄生体ノ人体内ニ於ケル生活現象ノ研究ハ頗ル進歩セリト雖トモ、其半生即チ天然界ニ於テ如何ナル生活ヲ営ムヤニ至テハ漠トシテ拠ル所ナク、従テ其人体ニ侵入スル経路ニ就テモ古来空気説飲料水説及ヒ蚊説ノ三派ニ別レテ未タ一致セズ」と述べ、これら三つの説についてそれぞれ論評を加えている。

例えば飲料水について、有病地と無病地の井戸水を何十カ所か汲み、これを科学的に比較検査した。その結果「両者ノ間ニ著シキ懸隔ヲ認メズ」との結論に達し、これまで言われていた飲料水によって感染するとの説を否定している。守屋はこの論文ではっきり蚊媒介説を打ち出しているわけではないが、彼は「予防法」を述べるなかで、蚊から刺されないよう次のような注意を呼びかけている。

「前項論スルカ如ク病毒ガ人体ニ侵入スルノ門戸ハ皮膚ニ在ルコトハ争フベカラズ。然ラバ即チ個人的ニ注意スベキハ皮膚ノ清潔法ト瘡傷防禦トニ他ナラズ。（中略）蚊論者ハ芳香物質或ハ蚊帳ヲ使用シテ蚊ヲ禦ギ感染ヲ免レタル実例ヲ引証セルモノ多シ。此等ハ八重山島民ノ宜シク留意スベキ所ニシテ、一般に蚊帳ヲ用ユルノ習慣ヲ養成スルハ頗ル緊要ノ事項ニ属ス」

三浦、守屋と続いた病理学あるいは細菌学の専門家による調査結果を受けて、沖縄県当局では一八九六年から治療薬としてキニーネを配布、また県病院の中川技師らを派遣して患者の検血に当たらせている。しかし、前述のように患者の数が八重山の全人口の三分の一を超えるかなりの数とあって、キニーネの配布も多額の予算を要したようで、一九一三年には財政難を理由に配布を中止している。八重山の住民は、ついに政治や行政から見放されてしまったのである。

四　撲滅期成会の結成と予防班の設置

座して死を待て、というに等しいキニーネ配布の中止という措置に対して、治まらないのは八重山住民である。一九一七年、ついに官民有志によるマラリア撲滅期成会が結成され、県当局に要請することになった。また、当時、県会議員であった譜久村正恭や大浜用要は、この期成会をバックに県議会で窮状を訴えた。八重山地元の医師・宮良長詳は、当時のことについて次のように書いている。

「仄聞する所に依れば経費の都合上此の予防事業は中途で廃止させられ、流石中川技師の献身的努力も水泡に帰し、年来久しく放任せられて顧みられない状態となってしまった。一方、有病地の萎靡衰退は年と共に増加し、倒底黙認を許さない人道上産業上の大問題となってしまった」(『八重山のマラリア防遏に就て』)。

宮良医師の指摘するように、マラリアの放置はまさに人道上、産業上の大問題であった。八重山地元における期成会結成の動きに呼応して、当時、衆議院議員の我如古楽一郎は、一九一九年の第四一回帝国議会で「沖縄県ニ於ケルマラリア予防撲滅ニ関スル建議案」を提出している。我如古は県病院の医員時代(一八九二年)に「八重山島風土病調査書」をまとめたことがあり、八重山のマラリアについては造詣が深い。

我如古は「建議案」のなかで、八重山が農産物や水産物に富み、石炭は沖縄県唯一の産地であること、にもかかわらず、マラリアがあるため住民の健康は害され、事業発展を阻害している。政府は適当な施設をつくり、すみやかに予防と撲滅の方法をとってほしい——と訴えたのである。

また我如古は、その提案理由説明のなかで、病気の媒介者であるアノフェーレス蚊の対策を第一にとること、第二は患者を一定期間強制的に治療を行うこと、そして第三に予防薬としてのキニーネを配布して服用せしめること、また衛生組合を組織して衛生思想の向上を図ること——などを提言したのである。

我如古の提言は、一九一九年三月二五日の衆議院本会議において採決された。採決にあたっての委員長報告のなかで、伊藤委員長は政府側も「建議案」に同意して可及的速やかに技師を派遣して、実施調査をすることを言明している旨、明らかにしている。

こうした帝国議会や県会、あるいは地元八重山における官民あげての運動が効を奏して、政府は八重山にマラリアの調査官を派遣することになる。まず初めに台湾総督府の防疫官・羽鳥重郎医学博士が一九一九年四月に派遣され、続いて内務省衛生局は宮島幹之助医学博士ら三人の調査団を二〇年三月から送り込んで本格的な調査にあたらしめた。とりわけ宮島調査団は、その後のマラリア撲滅対策に大きな影響を与えた。

団長の宮島幹之助は北里研究所の創設と同時に寄生虫部長となり、後に同研究所の副所長となった寄生虫学者である。早くからマラリア研究に取り組み、一九〇二年にはシナハマダラカによるマラリアの媒介を実験証明したという。八重山にマラリアの調査で赴いたときは、保健衛生調査委員の肩書で来ている。後年、彼は衆議院議員にもなっている。

宮島はこの調査の後、一九二一年に『沖縄県八重山郡に於けるマラリア予防に関する調査』を復命書として内務省衛生局に出している。この復命書は後のマラリア政策に決定的な影響を及ぼした点で、きわめて重要なものであった。というのは、これにもとづいてマラリア防遏のための恒常的な組織「マラリア予防班事務所」が八重山島庁内に設置され、本格的な防遏対策に乗り出すことになったからである。

宮島の報告書は八重山の人たちのほとんどが、マラリアが蚊から感染するものだということを知らず、蚊帳も用いていないことを批判。村医のあり方についても一回のキニーネ投与で全治するものと勘違いしていることを指摘、次のような提言を行った。

「民度の低き土地に於ては、マラリアを法定伝染病と同様に取扱い、その予防法を強制せざるべからず。即ち警察権によりて之を励行し苟も違反するものあらば相当の制裁を加ふること緊要なり。八重山郡に於けるマラリア予防として防疫班を組織し、之を警察部に属せしめ、実行せしむるを適当なりと信ず」

このように宮島調査団の報告書は、警察権をバックにした違反者への制裁措置と、防疫班の設置という二つを柱にしていた。ちなみに報告書が提案した組織機構は、班長（防疫官）は医師をあてているが、副班長には警部補をあて、二つの班にそれぞれ巡査を一人ずつ加えている。防遏に要する費用については、三分の一を地元負担、三分の二を地方庁（県）と国庫の補助とすることを提言している。

この調査報告を受け一九二一年一二月には、マラリア予防班事務所が八重山島庁内に設置され、翌二二年一月からその業務を開始、マラリア対策は新たな段階を迎えた。

五　組織機構の改革と宮良医師の批判

事業を開始した発足当初のマラリア予防班事務所の機構は、班長（防疫医）には内務省から派遣された元軍医の深江雄次郎が、副班長には警部補の崎間麗明が就任した。予防監吏には台湾のマラリア原虫検査技術員であった熊谷源助が送り込まれた。熊谷は台湾における防遏方法に準拠して一九二九（昭和四）年まで八カ年にわたって原虫検査の指導を行った。

当時の治療法としては、最初の一週間、大人は断続して毎日〇・七ないし〇・八グラムのキニーネを内服せしめ、五歳以下の子供に対してはオイヒネンを服用せしめた。防蚊対策としては、媒介となる蚊を殺すために水面に石油をまくことを勧めている。

このように予防班が動き出し、本格的な防遏事業に乗り出したが、肝心の検査医が一人しかいないため、十分な治療ができないという不満が出てきた。一九二二年五月一一日の『八重山新報』は「マラリア予防班の検疫医が足りない――県の仕事が不徹底だと一般郡民の苦情」という見出しで、医員が不足のため投薬できない現状を訴えている。

予防班長の深江は一九二三年に内務省に出張したまま帰任せず、その後一カ年間も空席となった。翌年四月になって八重山の開業医である宮良長詳が県防疫医に任官され班長に就任した。宮良は石垣島大川の出で、はじめて地元の人が起用されたのである。しかし、財政の緊縮などを理由に、国庫補助の減額などの問題が上がり、事業ははかばかしくなかった。

こうした折、一九二五年七月に台北で全国防疫官会議が開かれたが、これを機に内務省防疫官の飯村保三が八重山を訪れ、マラリア防遏事業の実情を視察した。彼はその視察で、隔月に全住民を検血しているというが、実際には年に二回程度しか検査されていないことを知り、有病村を年に二回程度巡回するよりも、数部落を一区域として一定期間全班長が駐在して徹底的に撲滅を図り、そしてまた次の部落で実施するという方式がよい、と提言している。

そのためには、現在の班組織のあり方を改め、町村との連絡や予防方法について改めていく必要がある、とした。この飯村の提言は早くも一九二六年六月には、マラリア防遏機構の大改革となって現れた。

まず、名称を「マラリア防遏所」と改め、所長のもとに医務部、予防部、督励部の三部を置いた。所長には沖縄県警部長、医務部長にはマラリア予防医、予防部長には八重山島司、督励部長には八重山島警察署長があたるというものだ。これでみても明らかのように、組織機構の中に警察や専門以外の島庁職員が入ってきて、強権的色あいを一層強くした。

さらにまた、新たに各字を一区画とする「マラリア予防組合」が設置された。同組合は組合員の健康状態を査察し、発熱患者があるときには直ちにその住所、氏名などを届け出ることを組合員に義務づけた。就寝の際には蚊帳をつることも義務づけ、それに違反した者は科料に処することにした。

また、この機構改革を定めた「マラリア防遏規則」は与那国を除く八重山郡全域を「マラリア流行地域」に指定し、そのなかで防遏区域と予定区域の二区に分けたが、両地域は次のようなものであった。

防遏区域は、石垣町字川平、名蔵、仲筋、桴海、大浜村字平喜名、盛山、桃里、伊原間、伊野田、平久保、野底、竹富村西表島全部。

予防区域は石垣町字登野城、大川、石垣、新川、大浜村字平得、真栄里、大浜、宮良、白保、竹富村字竹富、黒島、新城、小浜、波照間、鳩間。

防遏区域は有病地のこと、予防区域とは無病地のことであり、これは明治以来の区分をそのまま踏襲したものである。

このように新しい機構改革は官民あげてのものとなったが、ほとんど兼務であったため、本職に忙殺され、結局は医務部の職員がその業務の多くをやることになり、実をあげることはできなかった。

ちなみに、一九二二年から二九年にかけての患者数の推移をみると、二二年一一二五人（検診人員と患者数との百分比、一二・五一％）、二三年八三二人（八・四三％）、二四年九六一人（七・五八％）、二五年一七五五人（一〇・

五三％）、二六年八八六人（六・〇七％）、二七年一二一二人（六・〇七％）、二八年一六五〇人（五・九四％）、二九年二二〇九人（五・八九％）といった推移で患者数は減少していない。

『先島朝日新聞』は「八重山郡マラリア防遏所事業の概況並に其の事業成績」を一九三〇年七月一三日と一八日の二回にわたって載せているが、そのなかで、「成績の遅々たる理由」として次の諸点をあげている。

①範囲広汎にして地勢険悪なること②交通不便にして、冬季に至れば各離島共交通支障を来たすこと③石垣、西表両島内の道路険悪にして作業困難なること④両島内の渓流沿岸は湿潤にしてアノフェーレス蚊発生に適すること⑤移住労働者多くして採検血困難なること⑥有病地に医師皆無にして、字民の衛生知識の乏しいこと⑦潅漑流水の便を計るべき地帯の多いこと——。

しかし、ここにあげられた理由は当初からわかっていたことであって、行政側の言い訳としか思えぬものである。機構改革前の予防班長であった宮良長詳医師は、一九三〇年に防遏事業の県予算が削減されたのを機に辞任するが、その翌年彼は『八重山のマラリア防遏に就て』と題する著書を出し、県の組織改革に対して痛烈な批判をあびせた。

彼はこの機構改革が、八重山の習慣や内法、交通や地理的条件などを一切抜きにして、県当局で独断的に作成され施行されたものだとしたうえで、医学と全く関係のない支庁長が、防遏所長を代理することは、患者の治療や診断の計画が立てられるはずがない。また、八重山支庁官吏や町村吏員がマラリア予防医員に任命されているが、これは仕事がないから全廃すべきだ——とした。

そして①防遏医二人をおき、一人は石垣島に、他の一人は西表島に配置せよ②所長代理は支庁長にせず、石垣島を受け持つ予防医に一切の責任を持たすこと③予防監吏は四人に増員し、二人は石垣島に、二人は西表島におくこと④防遏所雇員を石垣町字四カを除く各字におくこと——など提案している。しかし、時代はこうした提案を顧みることもないまま、やがて昭和の不況へと入り、マラリア撲滅事業は一層厳しい局面を迎える。

六　防遏所の存廃問題

昭和の大恐慌に端を発した未曾有の大不況は、地元町村の財政を圧迫し、ついにマラリア防遏事業にとって大きな障害となって現われた。防遏所の経費は地元町村の県費と同額の寄付と、国庫補助とでまかなわれていたが、このうち町村負担分の寄付金が不況の深刻化と暴風旱魃の影響で、農作物が大幅に減収して支出困難となり、延滞がちとなった。

このため県当局は一九二九年の一二月、八重山支庁を通して各町村へ「マラリア防遏所の寄付金は一一月の納期であるが、いまもって納入がないため、処理上差支えるから教育費国庫下渡金から差し引いてよろしいか」と問い合わせてきた。それに対して地元町村長は寄付金免除の請願書を県知事に提出、八重山選出議員らが、県議会でも寄付金削除の問題を取りあげて質問を行った。県側はマラリア寄付金の拠出を拒めば県がマラリア防遏所を置く義務はないとして、これの廃止を打ち出した。これが八重山に伝わるや郡民の不満が一気に高まった。

一九三〇年三月八日、八重山マラリア防遏問題に関する郡民大会が開かれ、約八〇〇人が参加して県当局のやり方を批判した。大会は熱気にもえ、与党の政友会の議員が登壇すると激しいヤジがとんだ。大会は「吾人は万難を排して本郡マラリア防遏所の存置を期す」との大会決議を採択した。大会から二日後に沖縄県知事あての「請願書」が送られた。

こうした郡民あげての存置運動が効を奏して、これまで通りの予算措置で事業を継続することになった。しかし防遏所の存廃問題はケリがついたが、この紛糾を機に宮良長詳医務部長は身を引いて退官し、予防監吏の熊谷源助も辞めてしまった。その結果、防遏所の直属の職員は、予防医一人を含めてわずか七人というありさまであった。

宮良長詳は「防遏事業上非常重大の秋に当り、その首脳部を失ひたる防遏所は、舵なき船の如く無能にしてマラリアの知識に皆無ゼロなる松本嘉正君（現支庁長）を中心として、暗黙の裡或る一種の重苦しい不安を抱ける人々が、現在の防遏所員となって活動を続ける事になった」と自著で嘆いている。

昭和初期の世界恐慌は糖価の暴落を招き、沖縄の農村社会を不況のどん底に突き落とした。農村ではソテツまで食べるといわれた〝ソテツ地獄〟が現出したが、それはそのまま〝マラリア地獄〟でもあった。町村財政は危機に瀕し、八重山でも役場吏員や教員の給与支払いができなくなり、社会問題となった。

窮乏の沖縄を救うための「沖縄救済論」が論じられ、そのなかで海外移民と並んで八重山への本島からの入植が注目を集めた。県としても八重山への移住を促進すべく計画を立てているが、そのためにはマラリアの撲滅がどうしても必要であった。

ソテツ地獄からの救済を訴える官民の運動もあり、政府は一九三二年に「沖縄振興計画」をはじめてつくり、三三年から向う一五年間の振興開発計画を策定した。この中には保健施設費もうたわれたが、マラリア防遏所の実態はこれまでとなんら変わることはなかった。

また、この計画に基づいて、一九三八年の第五六回通常県議会で、時の県知事・淵上房太郎は一五年間で四五〇〇戸を八重山に移住せしめる計画を明らかにしている。このため一戸当たり五一〇円の移住奨励費が試算された。計画を一五年間でやるとすれば、年に三〇〇戸移住せしめなければならなかったが、実際には二十数戸を移住せしめたに過ぎなかった。これが現在の川原部落である。淵上知事は「最善の努力を致しましたけれども、国費多端の折、今度もまた予算計上がついにできなかった」と議会で弁明せざるを得なかった。時局は次第に戦時体制下に入っていったのである。

七　未曾有の戦争マラリア

一九三五年に石垣町が出した『石垣町誌』によれば、三四年の石垣町内のマラリア患者発生状況は、登野城が一八一人（検査人員対患者比三八・〇%）、大川五三人（三六・〇%）、石垣五五人（三七・一%）、新川一〇二人（四一・四%）、川平六一人（〇・八%）、桴海一一人（二一・二%）、名蔵三八人（五・八%）となっている。

また、一九三八年に沖縄県振興計画課が出した『八重山部概況』によれば、三六年のマラリア患者数は、石垣町三二五人、大浜村二二六人、竹富村三一〇人、与那国村四六人となっており、「郡ノ進展ヲ阻害スル事甚ダシ」

と書かれている。

時代は次第に軍事優先となり、マラリアが八重山発展の大きな阻害要因であることがはっきりしていても、そこにまわす予算はなかった。それがやがてかつてない〝生地獄〟を迎える遠因ともなる。俗に「戦争マラリア」と呼ばれるマラリアの惨劇である。

石垣島に日本軍が進駐したのは、一九四三年、平喜名飛行場に駐屯した観音寺隊が最初である。やがて大浜飛行場の建設が始まり、住民の多くが毎日のように軍作業に駆り出された。四四年五月には山田隊が進駐して白保飛行場の設営が始まり、各部隊は各所で施設の設営に取りかかり、石垣島は一気に戦時色に包まれた。

四四年一〇月一二日に石垣島の平喜名飛行場にはじめての空襲があったが、住民のほとんどは友軍の演習だと思った。空襲警報のサイレンで実戦と知り騒ぎ出した。四五年一月一日以来、毎日のように空襲があった。同月二三日、はじめて石垣町の民家に爆弾が投下された。

住民は各自の防空壕に待避して難をのがれたが、三月下旬ごろになると空襲が激しくなり、死者も出るようになった。このため住民の多くは、自発的に各自の安全と認める地帯や、軍の定める指定地に避難した（第一次避難）。

例えば石垣島の四カ字の住民の多くは部落北側の墓地や断崖を掘って造られた墓穴に待避、海岸近くの住民はシーナやバンナー、上原、長間方面に避難した。部落の北側に待避した人たちでマラリアにかかった者はなかったが、シーナやバンナーに避難した人たちの中からは患者が出はじめた。

また、平得、真栄里、大浜、宮良、白保の人たちは山田原やアイクル山、底原などに避難したが、同地が有病地であるため、早くも四、五月ごろには患者が発生、このため避難者の一部は部落に帰っている。

しかし、一九四五年六月一日には石垣島駐屯軍から「官公衙職員は六月五日迄に、一般住民は六月一〇日迄に軍の指定地に避難せよ」との命令が町村長を介して住民に伝達された（第二次避難）。

軍の指定した地域とは次のようなものであった。石垣町の登野城、大川住民は白水、字石垣住民はカーラダキ、新川住民はウガドー、大浜村平得、真栄里、大浜、宮良、白保住民は武名田原へ、伊原間、平久保住民は桴海などである。離島をみると黒島住民が西表島古見近くのカサザキ、波照間、鳩間、新城の各住民はすでに三、四月ごろから軍の勧めによって西表島に移動させられた。

避難地での救護活動は開業医があたり、マラリア防遏所は白水で、同支所は武名田原でそれぞれ患者の診療にあたった。しかし、キニーネは本所で一万二〇〇〇丸、支所で六〇〇〇丸しかなかった。

移動して一カ月も経たない六月下旬に、マラリアが発生した。はじめはデング熱かと疑われたが、マラリア防遏所の検血の結果、マラリアとわかった。第一次避難でバンナ、シーナ、大俣原、山田原、大内原方面にいた人たちがマラリアにかかり、軍の指定した第二次避難地へ移動できない人たちも相当数いたという。

開業医で大浜村避難者の救護を担当した吉野高善は、敗戦後『一九四五年戦争に於ける八重山群島のマラリアに就いて』という報告書をマラリア防遏所にいた黒島直規とともにまとめているが、それによると大浜村の避難地・武名田原方面では、すでに六月二六日ごろおよそ五〇〇人がマラリアにかかり、毎日死者が出た、と記している。

吉野はこの窮状を駐屯軍に報告し、キニーネの給与を懇請したがことわられている。また、七月四日、白水で軍主催の民救護に関する打ち合わせ会があった際にも、地元医師団からキニーネの貸与を懇請したが「軍も不足している」との理由でことわられている。このようにキニーネは無く、無病地からきた避難民はマラリアに対する訓練もなかったため、七月に入るとますます患者が増え、死亡者が続出した。

最も悲惨だったのは、大浜村の避難地と波照間島から軍命できた西表の避難地であった。大浜村の避難地ではすでに相当数が第一次避難地でマラリアにかかり、七月一一日以後、第二次避難地において大多数の患者が発生し死者が続出した。同地区の巡回診療にあたっていた吉野は「多数の患者が枕を並べている小屋もあれば、幼年者のみ生き残って呻吟している小屋もあり、又罹患者が死体と枕を並べている小屋もあれば、死体のみ横たわっている小屋もあった。（中略）母死体の乳房を無意識に弄ぶ患者もあって、涙なくしては診られない悲惨なものがあった」と記している。

波照間島の住民が軍によって強制的に避難させられた

西表島においては、人口約一六〇〇人のほとんどがマラリアにかかり、医師もいなければ看護する者もキニーネもなく、その上食糧が不足して、さながら〝生地獄〟であった。

七月にはいって空襲は緩慢になったが、逆にマラリアは猛威をふるい、死者を続出させた。避難地では「どうせ死ぬならわが家で死にたい」という声があがった。七月一一日、軍は避難民に対し、第二避難地を指定し、食糧増産を命じた。ただ、避難地の設営ができるまで、登野城、大川は八月一五日まで、石垣、新川は七月末までそれぞれの部落へ帰ってもよいことになった。しかし、大浜村のみは帰ることは許されなかった。

八月初めにそれぞれの部落や第二避難地に移動を終えたものの、マラリアはおとろえをみせず、なお猛威をふるって住民に襲いかかった。マラリアのため移動できず、九月初旬まで白水の山中に居残った者もいた。

終戦の報が住民に伝えられたのは、八月一五日より三日遅れの一八日であった。駐屯軍から正式に発表されるや、避難民は山をおりて続々と部落に戻った。帰還は九月初旬まで続いた。荒廃したわが家に戻っても、各戸にマラリア患者が呻吟し、死者が続出した。しかし、死者を納める棺もなく、死体を火葬場に運んでくれる人もなかった。石垣町の火葬場は死者が多いため故障し、露天で焼くありさまであった。

こうして戦争に起因したマラリアは、住民にかつてない被害をもたらした。吉野高善の調査によれば、八重山郡全体の戦争マラリア罹患者は一万六八八四人にのぼり、死者は三六四七人に達した。罹患率は五三・八二％で実に住民の半数以上の者がマラリアにかかったことになる。石垣島に限ってみても一万六〇人がマラリアにかかり、住民の五二・八一％を占めている。

このように大量の犠牲者を出したのは、何らの対策のないまま、無病地の住民を有病地の山中に避難せしめたことにあり、いかに戦争とはいえ、八重山の歴史に大きな傷を残すことになった。ちなみに、直接戦闘によって犠牲となったのが、群島全体で一七八人であるのをみても、いかにこのマラリアによる犠牲が大きかったかがわかろう。

しかも、山中から村々へ持ち帰ったマラリアは、戦後なおも尾を引き、住民の生産活動を低下させ、戦後復興の足を引っ張ることになった。戦争マラリアの惨劇こそは、近代における八重山マラリアのいわば終結点であった。

極秘の「西表島癩村」構想――暴露された光田健輔の隠密行動――

『竹富町史　第八巻・西表島編』（二〇二五年刊行予定）

隠密裏の調査に大騒動

ある一本の新聞記事が、八重山をはじめ沖縄県下に衝撃を走らせた。一九一六（大正五）年九月八日、『琉球新報』が報じた記事である。「八重山の死活問題／光田氏は癩患者隔離島嶼実地調査か」という見出しで、およそ次のように報じていた。

「今般、八重山マラリア病調査の名義で本日八重山に向かう保健委員・光田健輔氏は、第一区東京全生病院長（癩患者収容所長）で、今日まで癩患者のために多大の貢献し、今も活動をしている人だが、今回の保健衛生調査会は、八部に分かれているが、光田氏は第四部の癩病委員である。これからすると風土病とは何の関係もない。ではなぜ八重山に行くのか。日本医事週報一一一六号は、癩患者隔離上有効な島嶼を実施調査することを保健調査会の決定事項として報じている[1]」（口語訳、以下同じ。「癩」の文字は現在「らい」の表記が使用されているが、本稿では歴史資料として漢字をそのまま使用した）

同報道は「日本医事週報」の記事を根拠に「本社の探知するところによれば、光田氏はマラリア病の調査というが、実は癩病患者隔離地の調査に行くものである」と見ていた。他のいくつかの医学雑誌も同様の報道をしていた。同年九月二〇日の「琉球新報」に宮城普喜による「癩病と沖縄」のなかでも『医学時報』（八月一二日の記事）が紹介された。それには「癩予防方法は患者を島嶼等に隔離するを以て唯一の良策と読む。よって委員を派し相当の土地を調査せしめること」「光田委員を△△県に派遣し、島嶼の実際状況を調査せしめること[2]」が記されていた。

以後、同紙はこの調査の阻止を求めてキャンペーンを張り、内務省がそれを決定しない前に、中止させる必要があるとして、県民に阻止行動を呼びかけた。一九一六年九月一三日には「名士の意見」を特集しているが、護得久代議士は「本県にとっては大問題で、県民としてはあくまで反抗せねばならぬ」と語り、当間那覇区長は「万事につけて本県は誤解されがちなのに、日本全国の癩患者がみな沖縄の収容所に来るとすれば、他県人よりすればよほど不安の地となろう」と強い懸念を示した。

八重山出身の弁護士・花城永渡は「八重山に癩患者収容所を置くことは県民と共に絶対に反対すべきである。八重山は自分の故郷であるからよく知っているが、癩病は他より少ないのである。なぜ癩患者が少ない所に持ってきて険悪の地となすか」と強く反対した。医学的知識の乏しい当時のこととはいえ、ハンセン病に対する根強い差別意識が底流にあったことは否定できない。

『琉球新報』は「癩患収容所問題・当局に望む」という論説で「八重山を癩患者収容所にするとの声が伝わるや、県民は斉しく不安を抱き、県の将来を思い、憂慮しない者はいない。これは県下の大問題にして、八重山の死活問題である」と論評。調査団を派遣した内務省が、収容所設置を決定する前に、調査そのものを阻止する必要がある、とみていたのである。

光田健輔の来島と調査

いったい光田調査は何のためだったのか。マラリア調査か、それともらい収容所の設置調査なのか。原田禹雄の「西表島と光田健輔[3]」によれば、わが国最初の国立らい療養所の敷地選定のためであった。以下同論文により、調査に至る経緯を見てみよう。

当時の日本は、一九〇七(明治四〇)年の「癩予防ニ関スル件」に基づき、日本全土を五ブロックに分け、区域内の道府県が組合立のらい療養所を設置していた。しかし定床数は合計で一〇五〇床しかなく、一九〇六年調査で二万三八一五人といわれた患者を到底、収容出来なかった。患者は巷に徘徊し、減少しなかった。そこで一九一五年、第一区府県立全生病院長をしていた光田健輔は、内務大臣に対し「癩予防に関する意見」を提出する。「願わくば、明治三九年公にされた二万三〇〇〇の癩患者を、国庫の費用で一大島に隔離することは、識者らの望むところなり」「西表島は周囲三〇里に達する大島と聞いている。戸数わずかに二〜三百戸、人口千余であれば、琉球、台湾の癩患者の療養地として適当ではないかと思う」

この意見が取り上げられ、光田は一九一七年に保健衛生調査会の委員に起用され、同年九月の西表調査の出張命令が出されたのである。しかし、初めから、らい療養所の敷地調査と言えば、地元の反発が予想されるため、マラリア調査にかこつけて行われた。それでも医学雑誌に目的が明記されて知られたため、波乱の調査行となった。

光田は全生病院の看護長・後沢長四郎に出張の同行を命じたが、後沢が出張目的を知らされたのは、鹿児島に向かう車中であった。後沢はその調査同行の記録を書き残している(4)。

また、光田自身もこの時の様子を自伝的回想『回春病室』に書き残している。前引の原田論文は、これらの資料を踏まえ、光田の西表調査について整理している。光田は那覇に到着したときは歓迎されたが、翌日から関係者の態度が急変し、その異変に気付いた。福岡で出されていた新聞が那覇に到着し、光田らはマラリアの調査ではなく、らい療養所の用地調査ということが知られ、県関係者の態度が急変したことを知る。

光田は行く先々で新聞記者から「マラリアの調査ではないだろう」と質問を受けたが「いや、らいの実情を見てはいるが、マラリアも調べているのだ」と、「苦しい言い訳」（光田）をして西表に向かった。八重山に着いたその時の様子を、光田の『回春病室』は、こう記している。

「船が西表島について上陸しようとすると、ここはさらに形勢が悪い。岸壁には、むしろ旗を押し立てて島民がひしめき合っている。上陸してもらっては困るという示威運動で、「上陸の目的を言え」とか、ここでははじめから詰問であり上陸拒否なので、はるばる琉球の果てまで来て、目的の島に上陸できないことは残念ではあるし、マラリア気味ですでにはげしい悪寒を覚えていたので、とにかく病気であるから宿につかせてくれといってやっと上陸だけはさせてもらった。私自身も熱があるうえ、監視が厳重で視察でもしようとしたら必ず事件が起こりそうな気配がある。上陸のときすでに暴動化する一歩手前で、私に最も接近していた青年の一人は短刀をひらめかせていたことからも察せられる」[5]

光田は西表視察を断念して島を立ち退くことにしたが、台湾行きの船が先に来たのでこれに乗り、台湾経由で内地に帰ることにした。ところが台風の気配があるというので、二日ばかり島影に避難して風待ちしたという。「西表島はほうほうの体で逃げだしたということであった」という。原田によれば上陸阻止にあったという西表島の話は、随行の後沢の記録からすると、石垣港のことだという。また、光田は西表視察をあきらめたように書いているが、実は石垣港からすぐに船を乗り換え、西表島に向かい、各村々で児童生徒のマラリア調査などをしながら、以下のような行程で視察している。

九月一三日に沖縄県庁の技師ら二人と同行して石垣港に着くと、県庁の技師らを石垣に残し、光田と後沢の二人だけで乗船したまま西表西部の八重山炭坑事務所に着いた。竹富町役場から書記の宮良玄伴が案内人としてつけられたが、これは監視人であったという。

一四日には、八重山炭坑や三田炭坑の坑夫たちの採血によるマラリア調査を行い、その日のうちに網取に渡り村民の採血調査を翌一五日には崎山と舟浮で調査している。一七日には祖納で村民と小学校生の採血調査をしている。

一九日早朝、加藤警察署長らが船でやってきて「新城で二〇〇人の村民大会が開かれた。島の理髪店で光田と後沢を乗せた船を沈める、との話を聞きつけて迎えに来た」という。光田はこれを辞退し、船を雇い廃村の上原、高那をめぐり、古見に着く。古見で村民の採血調査をやり、翌二〇日南風見に到着。二一日には仲間川で遡行して、御座岳山頂に至る。二二日は南風見を出て新城島の上地、下地に渡り、午後は黒島に渡り村民一〇数人を、翌日には小学校で指導を診察している。二五日には小浜で学童約一〇〇人を診察している。こうして同日の午後四時に石垣港に戻っている。

その翌日から光田はマラリアを発症した。床に就いているところへ石垣村会議員ら七人が面会を求めてきた。二七日に村民大会が開催されることを伝えた。同日午後二時から竹富村民五〇〇人が集合して、光田への面会を求めた。しかし、光田は床に伏しているため、代わりに松井内務属が応対して説諭した。前記の西表港での様子は、この時の石垣港でのことである。随行の後沢は三〇日まで光田の看病に当たった。

一一月一日、光田が回復したため、台湾行きの日高丸で出発することになったが、あいにくの暴風のため引き返し、再び一一月六日に基隆に向け出発した。台湾でマラリア調査をした後、最後の調査地・岡山県の長島を視察している。以上のような光田の調査行動を見ると、いかに光田が西表に強い思い入れを寄せていたかがわかる。

復命書に見る「西表島癩村構想」

「保健衛生調査会委員・光田健輔沖縄県岡山県及台湾出張復命書」（以後「光田復命書」と称す）が、内務大臣・後藤新平あてに提出されたのは、翌年の一九一七年一月二〇日である。「復命書」は翌一八年七月に内務省衛生局から印刷されたが、表紙には「秘」の角印が押されていた。

一二八頁に及ぶ「復命書」だが、第一西表島、第二八重山列島全体の趨勢、第三鹿久居島、第四長島、第五台湾におけるマラリア防遏状況、第六結論に分かれ、そのうち九四頁までは西表島で占められている。

岡山県の鹿久居、長島については、わずか五〜六行程度である。いずれも「平地狭小」とか「開墾に適するところなし」として対象から外されている。では、「西表島癩村」構想とは、どのようなものなのか。「光田復命書」から見てみよう。

西表については、地勢、面積、気候、交通などから人情および風俗、生活状態、教育、産業について調査結果を紹介した後、本論の衛生状態や、収容できる人員、癩村経営の方法について記述している。

注目すべきは、西表島に収容する患者数の想定である。光田は一九〇六年の全国調査で二万三八〇〇余人とある患者数から、一七年の時点ではさらに増加を予測して、三万人を想定している。そのうえで次のように書いている。

「癩村をつくらせるにあたり、各個人に相当の地積を与え、将来、自給自足の途を得さしめようとすれば、本島（西表島）の東半分、即ち上原、高那、古見および南風見の四地方に、三個の癩村を形成せしめ、これに各一

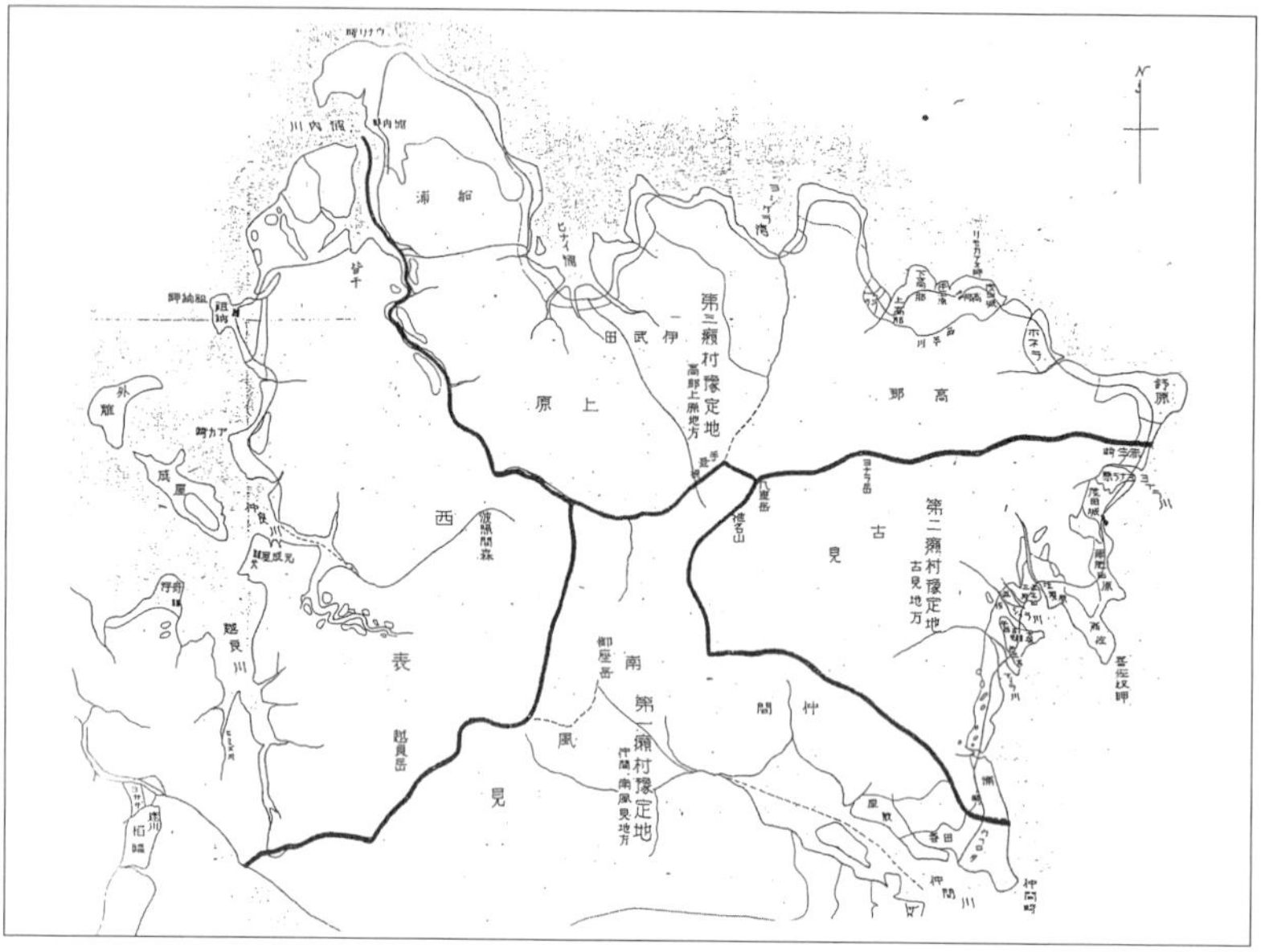

地図　西表島東部の配置図

万人の癩患者を収容することは難しいことではない」

つまり、全国の癩患者の収容施設を、西表島の東部に設置するという広大な計画である。

一九一五年当時の石垣島の人口が、同復命書の添付資料によれば一万五六三八人であるから、その約二倍の患者を西表東部に想定したことになる。ただし当面は一万人を収容して、暫時増やしていくという。復命書は東部三地区について、概略次のような計画を示している。

(イ)仲間・南風見地方　御座岳の東南、仲間側の西岸で全面積六三五九町余、その大部分は官有林。民有地は二二五町、南風見の官有林三四六町、容易に開墾が可能である。合計一三〇〇町歩、これに民有地二〇〇町歩を買収して加えると一五〇〇町歩が開墾可能である。一万人につき一人当たり一反五畝部となる。この地域にはこの一〇年来竹富島から住みついた一八戸、三八人がいるが、他に移転させるのは困難ではない。

(ロ)古見地方　面積四三〇一町歩で大部分は官有林である。このうち開墾の見込みあるのは一二八六町歩。

これに民有地一三六町歩を加えれば、一四二二町歩が得られる。平地は少ないが、海岸一帯が極めて浅いので、埋め立てれば数百町の耕地を得ることは難しくはない。戸数三三戸、人口一〇五人なので、これを近村に立ち退かせることもできる。

（八）高那・上原地方　面積六三二八町歩あるが、大部分は山岳地、民有地は一一九〇町。開墾適地は一八一三町歩あるが、これに民有地の一部を買収すれば、一万人の癩患者を移住せしめることは難しいことではない。

このように西表島の「癩村計画」は西表東部地域を対象としているが、「光田復命書」はその理由として①東部は住民が少なく、その利害関係も極めて少ない②これに対し西部は港湾が良好で住民が多い③また石炭が諸所に発掘され、将来ますます有望なること④そういうところに送り込むことは、有利な事業を阻害し、国家経済上考慮すべきである、などと述べている。

次に「復命書」は、「癩村経営方法」についても書いている。ここでは①仮収容所と輸送②癩村の経理③事務室④癩村に於ける第一隔離者⑤家族舎⑥病室⑦食料などが、具体的に記載されている。たとえば「癩村の経理」では、収容人員が一万人と言えば、一郡一村に匹敵するので、所長は事務に練達した人を当て、職員は非伝染区域を画してそこで行わせるが、健康上問題ない患者の中からも挙用し、自治を向上させるよう配慮すべきである、とした。

また「家族舎」については、一万人を三二人ずつで一家族の単位とし、三一三軒を設置する。各戸には炊事場、井戸、食道、便所などを備え、その家は所属の農場内に置く。各家の中は四室に分けて生活する。各家には選挙で選ばれた「舎長」を置き、家族的団結と自治的制度により、養鶏、養豚、牧畜に従事し、体の強いものは農林、土木、開墾などに従事する、としている。

開墾の手順についても、患者の中から「特志者」を数一〇〇人募り、南風見の原野を開墾し、元仲間村に及ぶのが良い、としている。これに伴う「患者一万人収容療養所予算」総額二四九万五一一一円三〇銭の予算書も添付している。

「復命書」は結論として、岡山県の鹿久居島と長島は

「到底、癩村を設置しうる土地ではない」と一蹴し「西表島は絶好の地とまでは言えないまでも、これを設置しうる望みがある」と、西表島を推した。「絶海の孤島に癩患者を移すのは、一種の島流しで悲惨の極みではないか、との感を抱かせるかも知れないが、深く癩患者の生活を研究したる者は、癩村としては比較的良い場所であると認めるものである」としている。

その理由として①気候が温暖なること②数々の生活の趣味が得られ、過去の苦しみを消すことができる③周囲と隔絶し別天地である――の三点を挙げた。また、癩患者の多くが農村出身であることを上げ、西表島は農業に従事できる土地があるだけでなく、広大な山林は薪炭の自給を可能にし、加えて海にはたくさんの種類の魚類がいる。「真に癩患者に対し天与の楽天地の観あり」とパラダイスを強調している。

以上のような「癩村構想」について、原田は「名は療養所ではあるが、光田が考えていたのは、らい患者のコロニーであった。癩村と彼がよんでいることからも、それが明らかである」と述べ、「光田の復命書は、あくまで一万人収容の国立らい療養所とは規定されているものの、光田の本心は、随所に三万人を想定していることからも、国内のほぼ全員の西表島収容であったことは明らかである」と見ている。

また、光田が描く西表島コロニーの底にはフィリピンのクリオンらいコロニーが意識されていたのではないか、と指摘している。この施設はアメリカが米西戦争でスペインから割譲し、一時フィリピンを統治していた時代に作られた施設で、やはり一つの島ごとコロニーとして設置していた。原田によれば、このようなコロニー方式を、日本では「光田イズム」と呼んでいたという。

つぶされた「西表癩村構想」

光田の調査団が去って後も、「西表癩収容所」設置に対する反対の動きは収まらなかった。反対する八重山郡民大会から、さらに県民行動へとエスカレートした。一〇月二六日、八重山郡民を代表して、大浜用要が上覇して、那覇在住の花城、石垣、さらに護得久、岸本代議士に新聞社の代表者が那覇で会合を開き「県下の由々しき問題となっておるので、この際、県民は大挙してこれが反対運動を開始することに決定[6]した。

たまたま鈴木沖縄県知事が上京していたことから電報を打つことになり、八重山代表からは「郡民の意志を取り次がれ、極力その計画を防止することに尽力を」、両代議士からは「この際、主務省の意向を確かめ、極力取りやめを」と打電した。これに対し鈴木県知事から「当局に対しその希望を通知したが、本件はいまだ詮議にも上っておらず、従って何ら決定したものではない旨、通知方よろしく[7]」との返信があった。

そうかと思えば、その二日後の報道では、東京の高琢也前沖縄県知事から「内務省では八重山に癩病院を設置する計画は中止したとのことである」との電報があったと報じ、情報が錯綜していた。

その後、上京中の鈴木知事が一一月二〇日に那覇に戻り、記者団に対し「光田氏の八重山視察は、癩収容所の調査であることは間違いないが、それをもって直ちに西表島に設置すると決定したわけではない。将来は知らないが、今のところ政府としては具体的な問題ではない。聞くところによれば、光田氏は他にも有力な候補地を発見したということなので、今のところは騒ぐほどのことではない[8]」と語っている。

また「計画は中止された」との電報を送った高橋前知事の電報が誤解を招いたとして、その後、内務省の久保田次官と面談したときの内容が高橋前知事から報告された[9]。

それによれば、久保田次官は、「この問題は保健調査会で調査中であり、癩患者をどこに設置するか具体的な成案はない。したがって予算編入ができるわけがない」と答えたという。調査委員会で調査中の事案を、決定したかのように打電したことが誤解を招いたというわけである。

高橋は「調査委員長である次官が言う以上は、さしあたり位置決定を見ることはない」と述べている。こうした政府側の動きが報道されるにつれて、沖縄側の阻止運動は次第に沈静化に向かった。

ではこの設置問題は、その後どうなったのか。光田は復命して内務省の潮恵之輔次官、中川望衛生局長らに報告した際、こう言われたという。

「西表島のような絶海の孤島で、交通運輸に不便な、マラリアの流行地などに療養所を作っても、行くものがないであろう。第一職員に困るではないか。仮に君に行けといったら君はどんなに思うか」というので、光田は言下に「もちろん喜んで行きます」と答えたが、「君一人行ったとて駄目ではないか、相当多数の職員も必要であり、患者も全国から送らなければならない。（中略）病者がみな安心して行けるような瀬戸内海か有明湾の風光のよいところに適当の島を選んだ方がいいといわれた」

また次官たちはフィリピンのクリオン島のようなやり方についてもアメリカの「属領だからできたのであるが、日本はそのように簡単に強制隔離を断行することはむつかしい」と語っていたという。[11]

これらの言葉に行政当局側の意向が凝縮されていた、といっていい。それに時代は第一次世界大戦後の経済不況が押し寄せていた。一万人をまず隔離するという計画は、半分に減らされた。一九二一年から三〇年までの一〇か年計画で、既設の全国五地区の公立療養所を拡張していくことになった。併せて国立の療養所の設置も進められた。

原田は「光田の西表島一万床国立らい療養所案は、内務省によってにぎりつぶされ、国立らい療養所を五〇〇床案で新設拡張することになったのである」という。

光田はその後、一九三一年三月に岡山県邑久郡の長島に設置された国立らい療養所・長島愛生園の初代園長に就任する。皮肉にも、そこはかつて光田が「復命書」の中で「開墾に適するところなし」として「癩村構想」から排除した島である。

「西表島と光田健輔」を書いた原田も、後年、同愛生園の医局長を務めているが、「西表島癩村構想」について、次のように書いている。

「国立らい療養所は、西表にはできず、昭和六年、岡山県の長島で発足した。長島愛生園における光田の、また星塚敬愛園における林文雄の患者収容の理念と実践を見つめてゆくと、西表島に一万人の国立らい療養所ができなかったことは、らいを病む人々にとって、よかったと考えられる」[12]

原田はその理由について、直接言及してはいないが、同論文の結びで、次のように暗示している。

「らいを病む人と精神病を病む人を、一般的にどう処遇するか、ということは、その国の文化を測る上での指標となり得る。残念ながら、日本は、らいを病む人々に対して苛酷であった。そのような精神風土の中で、しかも西表島という場所に、らいを病む人を一万人もおいたとすれば、どのように経営され、どのように戦争をくぐりぬけたかを想像するだに慄然たる思いがする」[13]と。

すぐる沖縄戦で八重山では、軍の命令で山中への強制疎開が行われ、各避難先で伝染病のマラリアが爆発的に流行し、三六〇〇人余もの命が失われた。それらのことを思うと、原田の杞憂もまた当然だといえよう。

（二〇一九年執筆）

（1）『竹富町史　第一一巻資料編・新聞集成一』、一九九四年、五四三頁。
（2）同右、五四九頁。
（3）原田禹雄「西表島と光田健輔」（『南島史学』三三号、一九八九年）。後に同『この世の外れ――琉球往還私記』（筑摩書房、一九九二年）に収録。
（4）この記録は沖縄愛楽園の機関誌『済井出』に収録され、上原信雄編『沖縄救癩史』（沖縄らい予防協会、一九六四年）に再録された。
（5）光田健輔『回春病室――救ライ五十年の記録』（朝日新聞社、一九五〇年）九五～九六頁、原田前掲「西表島と光田健輔」『この世の外れ――琉球往還私記』にも収録。
（6）「癩収容所反対運動」『琉球新報』大正五年一〇月二七日（前掲『竹富町史　第一一巻』、五六一頁）。
（7）『琉球新報』大正五年一一月二日付（前掲『竹富町史　第一一巻』）。
（8）『琉球新報』大正五年一一月二一日付（前掲『竹富町史　第一一巻』、五六八頁）。
（9）「癩収容所に関する再報」『琉球新報』大正五年一二月一日（前掲『竹富町史　第一一巻』、五七一頁）。
（11）前掲光田『回春病室』九五～九六頁、前掲原田「西表島と光田健輔」『この世の外れ』二七八頁。
（12）前掲原田「西表島と光田健輔」『この世の外れ』二八一頁。
（13）同右、二八二頁。

八重山民衆史の道標——地域史づくりの胎動——

『八重山毎日新聞』一九七九年四月一七日付〜二五日付

一　はじめに

一九八〇年代は地方の時代とか、地域主義の時代とかいわれている今日、地域の歴史を見直そうという動きが、自治体行政の側からも出てきたことは、まことに時宜に叶ったことといわなければならない。これまで地域の歴史は、中央史を理解する上での単なる補完物でしかなかった。ことばを替えていえば、地域史は中央史に素材を提供する従たる存在でしかなかったのである。

しかし、生活者にとって、地域史こそ大事なものであり、意味のあるものである。人間不在、地域不在の中央史が、いかに歴史を民衆から遠ざけてきたことか。人間と地域が生き生きと躍動する地域史こそ、歴史の本流たるべきである。いまや中央指向型の歴史観から地域史を解放しなければならない。

いうまでもなく歴史を学ぶとは、過去との対話を通じて現在の置かれた立場を知ることであり、さらにそれを知ることによって、未来を展望していくことである。そのことは、市町村史においても同じことがいえる。そこに住む地域住民が自らの住む地域について理解し、その地域のよって来たるべき発展過程を客観的に認識することによって、その地域の未来はいかにあるべきか——ということに寄与するものでなければ、貴重な市民の税金を使ってつくる地域史には値しないであろう。

そこで地域史づくりはいかにあるべきかについて、八重山に於ける地域史のあり方を事例に考察してみたい。特に八重山における地域史編纂のあり方はいかにあるべきか、あるいはその特色と、それを活かすにはどうすればよいのかについての検討を試みたい。その場合、沖縄地域内における市町村史刊行はもとより、北海道のオホーツク民衆史などにみられる民衆史発掘の理論と体験なども、大いに参考となろう。

二　地域史編纂の動向

近年、沖縄県内における市町村史（誌）の刊行は、五三市町村のうち、すでに刊行し、あるいは進行中のものまで含めると、三〇市町村にのぼり隆盛をきわめている。近年のこうした自治体における地域史の刊行の傾向は、沖縄に限った現象ではなく、全国的な地方史ブームの潮流でもあるが、それにしても沖縄にはまた全国の地方史刊行とは趣きを異にする面がある。いまここでその詳細を論ずる紙幅をもたないが、県内における編集事業の背景として、大雑把にいって次の点が指摘できよう。

その第一は、沖縄の政治的な世替りであった、一九七二（昭和四七）年の本土復帰という歴史的転換期を機に、自らの歴史をみつめ直すことを求められたこと、第二はそうした潮流を軸に県史の編集事業が進められ、それによってこれまで目に触れることの少なかった史料に触れる機会が増えたこと、第三には復帰と相前後して、県内各地域の開発が促進され失われつつあるものを記録にとどめておく必要性が生じたことなどである。

こうした事情を背景として、ここ数年の間に沖縄県内ではかなりの数の市町村史が編纂、刊行されてきたのである。字史あるいは部落史まで入れると、その数はさらに上回るはずである。刊行の多くは地方自治体が中心だが、そうでなくとも部落の公民館や地域の古老などがまとめたものなど、さまざまである。

こうした傾向はもちろん、八重山に限ってみても例外ではない。ちなみに今、わたくしの手元にある八重山関係の地域誌（史）の類いの、ここ数年間における出版物をみると次のようなものがある。

八重山全域に関するものとしては、再刊だが喜舎場永珣の『八重山歴史』『八重山民俗誌』、牧野清著『新八重山歴史』、宮良高弘編『八重山の社会と文化』、宮城文著『八重山生活誌』、大浜信賢著『八重山の人頭税』、前花哲雄著『八重山の畜産風土記』などがあり、新川明氏の『新南島風土記』もこれに加えてよいであろう。

島別あるいは村落別にみると、牧野清著『登野城村の

歴史と民俗』、川平公民館編『川平村の歴史』、上間貞俊・小底致市共著『大浜村の郷土誌』、竹富町刊『竹富町誌』同『町制三〇年の歩み』、上勢頭亨著『竹富島誌』民話・民俗篇、歌謡・芸能篇、山城善三・上勢頭亨共著『竹富島誌』、山城浩編『小浜島誌――心のふるさと』、知念政範著『黒島史』、大富公民館編『大富開拓記念史――入植二五周年記念』、三木健著『西表炭坑概史』、池間栄三著『与那国の歴史』、宮良高弘著『波照間島民俗誌』、安里武信著『新城島』、琉球大学社会人類学研究会編『白保――八重山白保村落調査報告』などである。

ここでは古謡や言語などの著作は除外し、郷土史というか地域史（誌）の類いを列挙してみたわけであるが、八重山に限ってみてもこれだけのものが出版されてきたのである。ここには『竹富町誌』などのように自治体の手になるものもあるが、それはわずかで、あとは個人の手になるものである。

そしてその個人の執筆の動機をみると、時代の波で次々と昔のものが失われていくのに耐えられず、やむにやまれぬ気持ちで筆をにぎった、というのがほとんどといってよい。中にはこれまで筆をにぎったこれといった経験もないが、いまやそんな呑気なことはいってはおれぬ、とにかくいま書き留めておかねばとりかえしがつかなくなる、という一種の悲愴な気持さえ抱いて書き綴ったものさえある。

例えば一九七六年八月に、安里武信氏（故人）が出版した『新城島』という本がある。同書は一〇〇頁余の小冊子だが、安里氏は故郷の新城島が過疎の為、無人島化していく痛恨のきわみから、八八歳という高齢を押してこの本を執筆し出版した、と序文の中でしるしている。安里氏はこの小さな島誌を残すことで、そこにかつて生活してきた人の生きざまを残すというだけでなく、やがてはそこに再び子孫が戻ってきて、再び島を興してくれるであろう願いを秘かに託していたにちがいない。

かく言うわたくし自身、一九七六年に『西表炭坑概史』という小冊子を自費出版したのであるが、それというのも、八重山の近代史、否、沖縄の近代史の中でも見落してはならないこの西表における炭坑の歴史が、沖縄史の中でほとんど顧みられていないばかりか、このままでは当時の関係者の方々もやがては亡くなり、この歴史は闇から闇へと葬り去られていくのではないか、という危機感を抱いたからにほかならない。

されぱといって、学者先生たちは大きな問題に忙しく（?）、西表島のジャングルの中での出来事など、とても手が回りかねるようだし、これを待っているといつのことかもわからない。また、まかせておけばよいというものでもない。結局、そう思った自分自身がやるほかはない、ということであの『西表炭坑概史』をまとめあげたものだが、実際、地域の歴史というものは、こうした地域にかかわりのある人たち自身の内発的な契機というものがなければ、真に心をゆさぶる地域史は創れるものではない。そのことは後で触れるとして、ともかく八重山地元のこうした動向は、住民が自らの歴史を求めてやまない証左にほかならない。こうした住民の求めに、行政の側が敏感に応えてきたかといえば、残念ながら否定的にならざるを得ない。

三　地域史編纂の対象

さて、八重山の地域史に何を期待するか。特に沖縄本島やその他の地域史などと比較して、八重山の地域史にその特色を期待するとすれば、それはなにか。そのひとつは、他の地域史にはみられないほどの豊富な史（資）料が存することだ。そのふたつは沖縄の最南端に位置する地域、すなわち、南方文化との接点におかれた地域として、それとのかかわりを知る素材を提供することが期待されること、そしてみっつには豊かな民俗文化の資料を示し得ること――などである。

もとより地域史が古代から近・現代に至るまでの歴史をあとづけて市民に提供するという、市史本来の市民の側からの期待というものは、八重山に限らず、地域史の基本的なあり方であるから、右に述べた〝期待〟はこのことを当然の前提とした上でのことである。

そこで第一の豊富な史料が存すること、それが市史に収録されることがどういう意義を持っているかについて、少しく述べておきたい。沖縄本島が戦火にあって、貴重な史料の多くが焼失しているのに比べると、八重山の場合は本島では見ることのできない豊富な史料がある。

宮良殿内文書や喜舎場家文書をはじめとして、民間旧家に秘蔵されている史料は、かなりの数にのぼり、現在もなお専門家の手によってこれらの史料が発掘され、その価値が見直され、史実の解明に新たな光が当てられようとしている。

これらの文書はひとり八重山だけのものではなく、沖縄史全体の理解のためにも貴重な史料である。従ってこれらの史料をすべて収録することが必要であり、それが八重山における地域史のまず第一の特色をなすことであろう。

第二の南方文化との関係や、第三の民俗文化の点については多言を要しないであろう。最南端にある地域として、その基層文化の解明は、沖縄の文化研究全体に寄与することだろうし、民俗文化についてもしかりである。特に文字を持たぬ庶民の歴史を探る場合、民俗学の手法に頼ることは避けられない。

八重山のように古歌謡や習俗が民衆の生活の中に生き続けた地域にあっては、それを収録し、わたくしたちの生活の歩みを解明していく手だてとしなければならない。すなわち、文献史料の収録とともに、文献には残されなかった民衆の生活文化というものを収録していくことを欠落させてはならないのである。

ところで、こうした特色ある地域史づくりのためには、どのような工夫や配慮が必要であろうか。否、それは〝工夫や配慮〟などというよりも、むしろ地域史編集にあたっての基本的な姿勢の問題でもある。結論から先に言えば、第一に編集の対象を八重山全域とすること、第二は先述した史資料を全部収録すること、第三は通史その他の論述は科学的であること、第四はこれらの地域史編集事業を市民の文化運動として展開していくこと――である。

これらのうち、第三、第四のことについては、市町村史の一般的なあり方の問題として、幾人かの専門家や学者たちによって指摘され、またいくつかの自治体の編集事業の中で実施されているところである。しかし、これからこの編集事業を発足させる地域においてはそれらのことがかならずしも知られているとは思われないので、これらも含めて改めて論じておきたい。

第一の地域史の編集対象を、八重山全域とすべきであるという点については、石垣市という一自治体の市史編集事業になにゆえに他町の竹富町や与那国町まで対象にしなければならないのか、疑問を抱くむきもあろう。これについて、わたくしはこう考える。

八重山の島々の歴史というものは、そのひとつひとつをみるだけではわからない。各々の島々がそれぞれ有機的につながって全体を構成しており、その関連でみていくのでなければ、島のあるいは人びとの歴史はとらえることができない、と。特に石垣市が八重山全体の中心的存在をなしてきた事情からすれば、どうしてもそこだけを対象として扱うというやり方では十分とはいえないばかりか、場合によってはあやまりさえ犯しかねない。

住民はいちいち行政区域を意識して生活し行動してきたわけではないし、ましてや歴史の発展も、それぞれの島々が相互作用を及ぼしながら発展してきたものである。であってみれば、今後の市史編集事業も、行政区域のワクをとりはずした八重山全域を対象としていかねばならない。さらに敷衍して言えば、対象を八重山全域に広げるだけでなく、従来あまり顧みられてこなかった島外からの移住者の生活と歴史を取り上げていくことも大事なことである。

例えば近代以前から行なわれている首里・那覇など本島からの移住者や、明治期以降の石垣市旧四箇における、いわゆる内地寄留民の変遷、旧四箇護岸通りにベルト状に定住した糸満漁民の形成過程、西表島における炭坑の歴史、昭和初期に石垣島に渡来した台湾の人たちの生活と歴史、戦前の沖縄振興計画にもとづく本島からの移民(川原、開南部落など)や、戦後石垣島や西表島において大々的に展開された本島からの移住者たちの生活や部落の変遷――といったことである。

これらのことはこうしてあげてみれば、あたり前のように思えるが、ややもすると見落すかあるいは〝冷遇〟されるおそれがあるものばかりだ。当の関係者にしても、果して自分たちの歴史が、八重山史の中でちゃんとした位置を与えられるものやら、その不安はぬぐい去れないのではあるまいか。だが、こうした島外からの移住者たちの歴史は、果して等閑視されてもいいものか。否、である。

それどころか、わたくしは八重山の近代史は、こうした島外からの移住者との間であざなえる縄のようにして形成されてきた、とさえ思っている。かつてわたくしは「八重山近代史の一考察」という一文の中で、次のように書いたことがある。

「近代以降の八重山史を概観するとき、八重山の社会はいくたびか外からのインパクトを受けて今日に至っている、という事実に着目せざるを得ない。明治期には首里失業士族によるシーナ原開拓事業と、〝内地人〟による名蔵や伊野田開拓事業があった。大正期には東洋製糖による開拓、昭和期に至っては沖縄県振興計画にもとづく本島からの移住や、台湾出身者による開拓事業があり、戦後においては人口問題の解決や食糧増産の名目で琉球政府による大々的な開拓移住が進められた。これら外部移民による開拓事業は、時に自然的に行われ、時に政策的に行われたりしているが、いずれにしても、その内と外との接触が織りなしてきた歴史は、八重山近代史を特徴づけるひとつの側面ではなかったか[1]」と。

ここでも述べているように、これは「八重山近代史を特徴づけてきたひとつの側面」であって、島の進歩発展が外から他律的にもたらされた、といっているわけではない。島の歴史発展の担い手は、あくまでもそこに住む地域住民自身であって、その主体形成の発展過程を抜きにしては島の歴史は成りたたない。

わたくしが言っているのは、内在的な主体形成の発展過程をみていく上でも、島外からの移住者の歴史を欠落させてはならない、ということである。わたくしたちは西表における炭坑の歴史を通じて、日本の資本主義の発達史を八重山史にひきつけてみることができるし、台湾人移住者の歴史を八重山史にとりこむことによって、その歴史の目を広くアジアに開くこともできるはずだ。

そのことはともかく、この際、外部移住者の歴史についても体系的な取り上げが必要である。現在でもそうであるように、過去においてもこうした人々に対する地元住民の関心が薄かったために、この関係の史資料は意外と少ない。しかし幸いにして関係者はいまなお現存しているから、聞き取り調査などを行って八重山史の中に、しかるべき〝市民権〟を与えるべきである。

四　地域史の科学性と資料

第二の資料編をできるだけ多く刊行することについては、あまり多言を要しまいと思う。冒頭でも述べたように、他地域に比べて史料に恵まれているという有利性を活かし、これまで知られている八重山に関係する史（資）料は、すべて収録することが大事である。

それらの中には近世以降の王府や在番、あるいは蔵元の行政文書から、各家庭に秘蔵されている家譜、近代に入ってからの明治政府やその関係者による数々の調査資料や報告書、地元で発行された新聞、そして市民の戦時・戦後体験の聞き書きに至るまで含めると、かなりの巻数になるはずである。このため、市史をどういう体系で編集していくのか、その基本計画をあらかじめしっかり立てておくことが必要である。(2)

かつて八重山群島政府時代（一九五二年）に、喜舎場永珣氏を主筆として『八重山歴史』の編集が行われたが、あの時、合せて資料集が刊行されておればと思うが、当時の刊行のいきさつを聞くとそれは困難であったようだ。

しかし、いまはこうした貴重な史料を住民に開放する時期に来ている。そしてそのことによって八重山の歴史研究の裾野をぐっと押し広げていくことができるし、それを抜きにしては、より豊かな八重山の歴史像というものを構築していくこともむずかしいからである。

第三の市史の編集が科学的でなければならない、という点については、これまでの市町村史（誌）編集のあり方で幾人かの専門家の指摘してきたところである。例えば琉球大学の金城正篤氏は「『郷土史』編纂の現状と問題点(3)」の中でこれまで刊行されてきた〝郷土史〟の叙述の全般的な特徴として、①事実羅列的である②事実の静態的把握＝叙述が目立つ③「共同体」史観が多く地域の構造的ないし、内部矛盾の存在形態を歴史的に分析していない④時代区分がむちゃくちゃである⑤史料批判・文献批判の弱さ――などの点を指摘している。

また沖縄大学の安良城盛昭氏は「市町村史のあり方を考える(4)」というインタビューの中で「市町村史は地域住民に親しまれると同時に、叙述は科学的でなければならない」として、その理由を次のように述べている。

「なぜそういうのかと申しますと、沖縄は沖縄戦の結果があるわけで、史料というのが本土の他府県と比べると何十分の一しかない。だから市町村の歴史をつくろうとすると史料的制約があるわけです。そこで史料的制約をのりこえようとして、どうするのかというと、たとえばおとしよりとかの言い伝えとか、伝説をたよりにしていくということがおこってきます。ところがおとしよりの記憶とか、言い伝えというものは、かなりキチッとしたふるいわけをしないと、おとしよりが憶えているから真実だとは限らないわけです」

安良城氏はこれまでの市町村史が、史料的制約があるため、いきおいこれを乗り越えようとして、非科学的なものに陥っている点を指摘しているわけだ。前述したように沖縄戦によって史料の多くを焼失した沖縄本島にあってはこうした点をまま見受けるところであるが、仮りに史料が豊富にあるとしても、編纂のあり方いかんによっては、非科学的な叙述に陥る危険性はあるのである。

例えば安良城氏も指摘しているところだが、これまでの市町村史の多くが、科学的方法論を身につけていないような師範学校出の退職者が、個人で市史を編むというケースの場合には、まま陥いることが多い。もちろん個人で編集したから非科学的で、集団でしたから科学的というわけではないが、これまでの〝もの知り〟まかせの市町村史のあり方をみると、こうした傾向が強いのは否定できない。

ここにひとつのいい事例がある。A市は一九七四年に市長の施政方針の重点施策のひとつとして、市史編集を打ち出し、同年一〇月に某大学教授を委員長とする編集委員会を発足させて編集に取りかかった。ところが七六年一月に提出された原稿は、委員長である某大学教授の全くの個人的な見解にもとづくもので、史実性に乏しく、論理的統一性もなく、王統史観にもとづくいわば「物語A市」とでもいうべきものであったという。(5) これでは市民の貴重な税金をつかって、個人の著書を出版してあげるに等しいものであった。

市民が市史に期待していたのは、A市の原始から古代社会の史的展開の解明と、明治、大正、昭和と続く変容と前進をあとづけることにあったにもかかわらず、提出された原稿は、考古学、地理学、政治や経済学などの学問的方法は取り入れられず、伝承的なものがあたかも史実であるかのように、直線的に採用されていたという。

このままではあやまった歴史認識を後世に与える危険性が十分にあった。また集まった史料等も委員長がひとりで独占し、書斎の一室で書かれて市民には遺産としてなにも残らない、という状態だった。

同市の事務当局が調べてみると、一〇人からなる委員会は編集基本計画もなく、市史の全体像も委員長以外にはわからない。委員会における自由な討論も保障されず、委員長の〝独裁体制〟に等しいありさまであった。もっとも委員会も、元校長とかの教職経験者や、元役場吏員とかで占められ、いわば地域の〝もの知り集団〟にとどまっていた。

そこで事務当局では、こうした編纂のあり方を反省し「市史編纂は市民からの委託によって、A市がつくる」という基本的な立場を確認し、学者に利用される市史ではなく、学者を利用していく市史編纂でなければならない――として編纂体制の建て直しにかかった。

まず、編集委員会の増員と強化をはかった。これまでの反省を踏まえ、責任ある編纂が進められるように、これまでの委員一〇人を一五人に増員し、五人の増員分を歴史の科学的な分析のできる研究者と専門家にあてた。また、市史はA市が市政の一環として編集するんだという基本的立場を示すために、市の助役と議会議員一人を加えた。

こうして委員会の性格を、これまでの単なる〝もの知り集団〟(地域性)から、研究者・専門家を加えることによって科学性を与え、市のトップが加わることで市政性を与えることになったのである。これは市史編纂の方向性を決定するほど重要なことである。

委員会はまず、市史編集の基本計画を策定するところから始めた。そこでは「どのような市史を編集するか」「なぜ市史を出すのか」「市史とはいったいなにか」といった原点的な討論をするなかから、市史編纂の方向性をつくり出していった。そして市史は、①将来への展望がある市史であること②庶民の歴史がある市史であること③市民が読める市史であること④全体像がつかめる市史をつくること――などを基本的におさえて、市史を練り直すことになった。

こうした基本的方向性を踏まえて、市の事務局では市史づくりへの市民参加の道を開くため、「村を語る会」(仮称)という市民による会をつくり、これを各字ごとに老人クラブ、婦人学級、教師といったグループとタイアップして、戦前の様子を生産、社会生活、民俗行事、芸能、教育などのあらゆる分野にわたって語り合う、体験記録の市民運動を展開していく。

市の公報に戦前の学校の卒業写真を掲載し「あなたはうつっていませんか」と呼びかけて市史への関心をひきつけ、さらに市民からの写真提供を求めている。

そういう市民とのやりとりの中から、市民の市史に対する関心も広がり、市民が自分たちの手で自分たちの歴史をつくるんだという意識も生まれ、各字の中には自分たちのおかれている字の歴史をもっと掘りさげてみようという人も育ってくる。こうして市史編纂は、かつての学者がひとり書斎で書いていた時とはガラリと様相を変え、市民がいろんなかたちで参加する市民運動にまで発展してきたのである。

今後、八重山に於ける地域史を編纂していく場合においても、こうしたA市の失敗と体験は、大いに参考にすべきだ。すなわち、市史に科学性を与えるためには、地域のもの知り集団のみに偏せず、地域性のほかに研究者や専門家、そして行政の三者で構成する委員会を発足させ、八重山史についてのキチッとした整理をした上で、基本計画をたてる必要がある。

例えば八重山史についての時代区分についても、まだ確立されてはいない。八重山史の通史としては、これまで喜舎場永珣主筆の『八重山歴史』が一九五四年に八重山群島政府から出版されており、最近では牧野清氏の『新八重山歴史』が出版されているが、いずれもその時代区分の仕方については問題のあるところである。そのことについてはすでに崎山直氏が『八重山の社会と文化』所収の論文[6]において指摘しているので、ここでは繰り返さないが、いずれにしても両著作を乗り越える通史は、いまだ創出されていないのである。

もっともそのことは、前二著がこれまで果してきた役割を否定するものではない。当時においてはやむを得ないことであって、沖縄の歴史研究が進んだ今だからこそ、またこうした批判も可能となったのである。しかし、それを乗り越える通史を創り出すことは、今後の地域史編纂に課せられた重要な課題のひとつであるといわなければならない。

五　地域史づくりと市民運動

第四に編纂事業を市民参加の文化運動として推進するということについては、すでにA市史の事例でも触れたように、これまでの市史編集の反省の中から、いまや不可欠の要素となっている。安良城氏も前引の「市町村史のあり方を考える」の中で「これまで述べてきた二つのこと（住民に親しまれるものであること、科学的なものであること）をやるためには、住民が参加し、住民による地域史がつくられていけば一番のぞましいわけです」と次のように指摘している。

「できれば地域の人たちが積極的に参加して、自分たちはこういう歴史を知りたい、こういうものをつくりたい、自分たちもいっしょになって調べたい、知りたい、とそういう運動と伴ってつくられていけば一番けっこうなわけです[7]」と。

これまでの市町村史のあり方が、特定個人の手にゆだねられたり、役所の中だけで進められてきたために、多くの市民は自分たちとは関係がないと思い、またできあがった市町村史も住民が知りたがっていたものや、求めていたものとはならなかったのである。

いまこうしたあやまちを繰り返さないようにするため、名護市や浦添市、あるいは平良市において自治体、住民、専門家の三者が一体となった市民運動としての市史編纂事業が進められているのである。

住民参加といっても言うは易く、行うは難しであるが、市民の関心をひきつけるためには、それなりの努力が必要である。例えば市民が家庭で持っている古い写真などを持ち寄って「写真にみる市民生活の歴史展」を開くとか、あるいはこれまで八重山の研究をしてきた岩崎卓爾・喜舎場永珣・宮良当壮・瀬名波長宣・宮良賢貞といった人たちの「八重山研究史展」、あるいは「八重山史料展」「八重山古地図展」といった催しものを年間スケジュールの中に組み入れ、そのつど市民に呼び掛けていく、なども考える必要があろう。

さらにこの市民運動としての地域史編集で、ぜひやらなければならないことに、組織的、かつ体系的な聞き書きをとるという重要な課題がある。八重山の調査研究は、まつりや芸能などの面においては比較的調査研究が進んでいるが、ありふれた日常生活のこととなると、案外に少ないものである。

たとえばそのひとつに、八重山住民の台湾体験がある。いまの四〇代以上の人たちで台湾で生活した体験をもつ人はかなり多い。昭和初期の不況時代、八重山の離島の女性の多くが出稼ぎに行った。女中さんとして働く人が多かったため、この台湾行きの船を〝女中船〟と称していたという。だが、このかなりの数にのぼる住民の台湾体験について、これまでまとまった記録はない。

どれだけの数の人たちが、どういういきさつで渡航し、どういう生活をおくっていたのかについての調査もなければ、聞き取り作業もなされていない。しかし、今なら体験者も生存しているのであるから、「台湾体験を語る市民の会」などをつくり、聞きとり調査を行う必要があると思う。これはほんの一例にしか過ぎない。

そこで、いま早急に聞いておかなければならないことにどういうものがあるのか、これらのことをリスト・アップし、これを全域的に行うことである。そのためには離島地域の先生方や、那覇、あるいは本土の郷友関係者の協力を得ることも必要であろう。

その点、那覇市史編纂における戦時・戦後体験の記録運動は、市民運動としての広がりをもつ良い例だろう。同市では、那覇市史編集委員会の中に、別途「那覇市民の戦時戦後体験記録委員会」を設け、広く市民からの体験記録の収集にあたっている(8)。

「市民運動で歴史の記録を残しましょう」という市民へ呼びかけた体験記録募集要項をみると、この戦時・戦後体験記録運動の意味やねらいについて、次のように述べている。①庶民にとっての戦争の実態を明らかにする②沖縄戦を広い視野からとらえ直す③戦後復興はどのようになされたかをとらえる④戦争への批判・反省がどのようになされたかをとらえる⑤戦争体験を後世に伝え、平和を求める思想として残す——と。

従ってその記録収集の対象も、①一九三一年の満洲事変から四四年一〇月一〇日の空襲前まで②四四年一〇月一〇日の空襲③県内外疎開④沖縄戦⑤収容所などでの生活⑥元居住地への移動後の生活⑦米軍占領下の生活⑧出征地での体験⑨移住・出稼ぎ地での体験——と幅広いものになっている。従来の戦争体験記が、軍人などのそれに片寄っていたのに対し、この編集では、あくまでも市民自身の体験を中心にすえているのが特徴である(9)。

八重山の場合、米軍による直接の陸上戦闘行動はなかったとはいえ、米軍艦載機による空襲や市民の疎開、そしてなによりも疎開地における〝戦争マラリア〟による住民の悲惨な体験がある。さらに離島における戦時・戦後体験といった他地域ではみられない貴重な体験があるはずだ。

これまで八重山における戦争記録ものとしては、吉田久一著『八重山戦記』(一九五三年)、浦崎純著『死のエメラルドの海——八重山群島守備隊始末記——』(一九七〇年）、瀬名波栄著『石垣島防衛戦史』（一九七〇年）、石垣正二著『みのかさ部隊戦記』（一九七七年）、などが単行本として出版されており、『沖縄県史』の中の戦争記録編の中にも八重山関係が一部収録されている。また、仲本幸信氏の『回想録』の中にも、波照間島における著者の戦時体験が紹介されている。

吉田久一氏の『八重山戦記』は、同氏が八重山における駐屯軍の一兵卒（一等兵）として、一九四四年六月から、帰還する四六年一月一三日までの島での様子を綴った私的な〝陣中日記〟である。部隊での生活や島人との交流などの様子が、ことこまかに記録されている。沖縄に配属された〝日本兵〟が、後に思い出して綴った体験記は多いが、この本のように生の日記というのは、きわめてまれである。この戦記が戦後まもなく刊行できたのは、かろうじて戦火をくぐり抜けた手帳を、吉田氏が本土へ帰還する際、米兵の検閲をまぬがれるため、携帯食糧の米の中に、手帳をバラバラにしてもぐらせたために残ったものだという。

石垣正二氏の『みのかさ部隊戦記』は、郷土防衛隊として住民によって組織された第五〇六特設警備工兵隊のことを、一小隊長であった同氏が、できるだけ当時の資料にもとづいて、その誕生から戦闘、生活状況などを綴ったもので、吉田氏のものが駐屯部隊の記録であるのに対し、石垣氏のものは現地部隊の記録という違いがあり、それぞれに興味深く、貴重である。

戦後体験に触れたものとしては、吉野高善著『ふる里と共に』（一九六七年）や、大浜信賢著『八重山のマラリア撲滅』（一九六八年）、それに桃原用永氏の近著『八重山の復帰運動史』（一九七九年）がある。いずれも行政の長や医者、あるいは大衆運動のリーダーであった人たちの記録であるが、こうみてくると八重山における戦時・戦後の体験記録は、まだまだ特定の人の筆に限られており、一般民衆の記録はこれからも数多く書かれ、残されていく必要がある。

また、敗戦直後八重山においては、一種の〝文芸復興〟とでも称すべき一時期があった。八重山文芸協会や音楽協会、童話協会や演劇協会といったものが続々と組織され、刊行物も『八重山文化』『青い鳥』『若人』『みどり』『八重山子ども新聞』といったものが、雨後の竹の子のように生まれ育ってきた。

こうした現象は、戦火ですべてが灰燼に帰した沖縄本島でもみられない八重山特有の現象で、戦後史においては特筆すべきものである。ところがこれらの刊行物の多くが散逸し、今では目に触れることも少なくなった。これらを発掘し、収録していくことも、今後の地域史編纂に課された重要な任務である。

このようにわたくしたちは、資（史）料の少なさを嘆く前に、まず残された資（史）料を十分活用すること、さらに失われたものは発掘し、創り出すことを考えていかねばならない。身体障害者に光を与えたルードイッヒ・グッドマンの有名なことばではないが「失われたものを数えるな。残されたものを最大限活かせ」である。

資料の創出は、古くは人頭税のことから、今次大戦と戦後のことに至るまで、資料のないものは民衆の記録として残していく、という作業をしなければならない。

目に一丁字ない民衆の体験を文字にして、これを後世に残していく作業は、多少なりとも学問を身につけたものの社会的な任務でもある。市民がそうした相互の作業をすることによって、個人的な体験が歴史的な体験として継承されていくことにもなる。地域史編纂の事業をそこまで広げていけるかどうかによって、この事業が真に市民のものになるかどうかの分かれ目ともなってこよう。

六　地域資料の保存と利用

最後に、資（史）料の保存とその利用のあり方について触れておきたい。資料といっても文献史料があり、さらに文献以外のさまざまな資料があるが、いずれにしても、この編纂事業を通じて八重山の歴史資料をできるだけ多く収集しておくことは、重要な仕事である。そしてこれを市民の財産として、市民に広く公開し利用させることである。

公開と利用の方法はいろいろあろうが、いずれにせよ保存するだけで、市民がこれを利用できなければ意味がない。この保存と公開の原則を打ち立てることが必要である。そしてなによりも重要なことは、この資料の収集を市民の文化運動として位置づけ展開することである。

八重山における文献史料の収集作業は、石垣市立八重山博物館を中心に、ようやく緒についた段階である。県文化課は八重山博物館と共に一九七七年に八重山の古文書の調査を行ったが、それもほんの一部でしかない。事実、その後も旧家等に秘蔵されている古文書が続々と明るみに出ており、今後もさらに明るみに出てくることは間違いない。

まずこれらの〝戸籍台帳〟を整理しておくことが必要である。どこそこの家にはどんな内容の文書史料が何点あるということを調べ、できればこれらの原本を八重山博物館のような安全な所で保管し、さらにそのマイクロ・コピー本を市史編集所や県立図書館の八重山分館なりに備えつけ、いつでも市民が手にして見ることのできる体制をつくることだ。現在の県史料編集所や、那覇市史編集所は、いずれもこうしたシステムをとっている。

史料の保管については、あくまでも市民の財産として、島外への持ち出しは厳につつしむべきである。この点について歴史家の色川大吉氏は「原資料の保管場所についていえば、それが発掘された町や村の公共的な場所に置かれることがもっとも望ましい。それはその史料を産んだ風土や住民の社会と、その史料との有機的な関連を重視するからである」と述べ、さらに次のように指摘している。

「私は地方の原史料を保存条件が良いからという理由で県立文書館や、国立史料館などに無原則に持ちこんでしまうことには反対である。そうした機関にはコピイか文書解説のついた史料目録を整備しておけばよいのだ。そうでないと、地方文化はその創造的な源泉を涸らされるし、歴史教育を現場において行うことも困難になる」[(10)]と。

けだし示唆に富む提言であるが、そのことで思い出すのが、宮良殿内の古文書がすっかり琉球大学に買収され、八重山から持ち出されていった、ということである。どのようないきさつからそうなったのか、詳しい事情のほどは知らないが、右のような文書保存のあり方からして、果して好ましい措置であったといえるかどうか。

あの当時においてはやむを得ない措置であったとしても、いずれ地元での受け入れ体制が整えば、これは地元に返還していくという姿勢が大学側にあってほしいし、地元としてもそのことを主張してもよいと思うのだが、どうであろうか。

なぜあえてこのようなことを述べるのかといえば、今後ともこのようなケースが起こりかねないからである。つい最近もこんなことがあった。八重山群島政府時代のある事を調べたいと思い、八重山支庁に伺ったところ、これらの資料は復帰後、琉球政府文書の整理のため、本庁からの通達によって戸籍や裁判記録などの一部を除いて、那覇の本庁に送った、ということであった(11)。

その時わたくしは、なぜ八重山群島政府時代の文書まで那覇に持ち出さねばならないのか、なぜ八重山で整理して地元で見ることのできる体制ができないものか、その画一的な行政のあり方に疑問を抱いたものである。しかし、これはまだ本庁で保管され、あと何年か後には那覇に来れば見ることも可能というのであるから、まだがまんのしようもあるが、一度島外へ持ち出されてどこへ行ったのか、その行方さえもわからんという史料だって、今後ないとはいえないのである。

その意味で、今後の地域史編集事業の過程で、市民の中に史料というものが、市民の共有財産である（個人のものであって個人のものでない）という意識を涵養していくことが、必要ではないかと思う。

さらに文献史料以外の資料についても、触れておきたい。住民の使用した生活用具や生産用具類が、民衆の生活を知る上での貴重な物的証拠であることについては、いまさら言うまでもないことであるが、近年これらの用具類が生活様式の変化や、生産手段の機械化などによって、急速に失われつつある。特に復帰を前後するここ数年の変貌ほど激しいものはない。〝使いすて〟の消費文化も、島の浦々まで押し寄せ、もはや役にたたなくなった農具や民具類は、破棄される運命にある。

八重山博物館では、こうした現状を黙視できず、民具資料についても、一部収集しているようであるが、現在の博物館の現状（スペースなど）からして、十分対応できるとは思われない。

そこでわたくしなりの提案をしてみたい。それは各島、あるいは各部落ごとに、一つずつ民具あるいは郷土資料館的なものをつくり、そこに部落の人たちが床下などにしまい込んでおいたり、あるいは屋根裏や庭先に放置してあるこれらの民具類を持ち寄って保管したりし、観せるようにしてはどうか。資料館といっても、それは所によっては公民館の一室でもよいし、離島などでは空家になった家屋を借りてそこに収納しておく、という方法も考えられる。

八重山博物館に集める民具類は、原則として石垣市の旧四箇のものを中心にし、他の島や部落においては、それぞれの生活の場所で残していく、というやり方を考えてみてはどうか。それは色川大吉氏がいうように「その史料を産んだ風土や住民の社会と、その史料との有機的関連を重視する」からに他ならないが、さらに欲をいえば、そうした保存運動を通して、生活者が自らの歩んできた人生や、島の歴史を問い、この運動に参加していくことができるのではないか。また、市民がこの運動に参加することによって、歴史意識の変革も可能となると思うからである。

生産用具や民具といった資料以外の資料についても、一言触れておきたい。それは史跡などの文化財についてである。現在、県や市町などが文化財を指定するにあたっては、それなりの基準がもちろんあってのことであるが、しかしこれらの公的な基準（？）に合致しないものでも、住民の生活と重要なかかわりのあったものとか、あるいはそれを知る上で残しておくことが大事だと思われるものについては、なんらかの方策がとられないものか。たとえば一八世紀の半ばの蔡溫時代に村建てされた強制移住による村落の廃村跡とか、近代に入ってからのものでは、西表島の密林の中にいまなおそのおもかげをとどめている炭坑の遺構とかいったものである。

これらはいうところの文化財の範疇には入らないかも知れないが、やはり民衆の生活とかかわりのあった歴史的なモニュメントとして、なんらかの保存が必要ではないか。本土のあるところでは、こうした文化財の基準に合致しないものであっても、民衆の生活を知る上で重要なものは〝民衆史跡〟と称して、保存していく動きも出ている。

〝史跡〟といっても、いまのところ市民運動として展開しているのであるから、行政的な保存措置にまでは至っていないが、しかし、問題はその地域に住む人たちが、そうした意識に目覚めることが大事であって、住民側にこうした意識も関心もなければ、いくら行政の側が指定したところで、それはあまり意味のあることではない。

七　おわりに

以上、八重山における地域史のあり方について思いつくままを記してみた。時に行政当局への苦言を提する形ともなったが、それというのもこの地域史編集事業の果す役割りに期待すること、大なるが故にほかならない。

地域史編集事業は息の長い事業である。それだけにこの仕事にたずさわる人たちの持続的な情熱が要求される。これまた計画性と行動力が要求される仕事でもある。これまでも述べてきたように、この編纂事業は一個人や一編集室でできるものではないし、またそうあってはならないものである。市当局が人的、財政的にこの事業に理解を示し、強力なバックアップ体制をとることはもちろんであるが、市民がこの編纂事業を、自らの歴史を子や孫たちに残していく為のものだという主体的な自覚と協力がなければできるものではない。

地域史編集事業が契機となって、市民の中にこれが文化運動として定着していくことができれば、この事業の過半は成功したといってよい。形になって現われる地域史は、当然この運動の成果を反映した立派なものになることは、間違いないからである。

注

（1）拙論「八重山近代史の一考察」（『八重山の社会と文化』所収、木耳社、一九七三年）参照。

（2）一九六六年から市史の編集を始めている那覇市の場合は、当初計画の二二巻に加え、このほどさらに一一巻が追加され、全三三巻の刊行が現在進行中である。七四年から始まった浦添市は、別冊を含めて全八巻が基本計画として予定されている。二、三年前から始まった平良市の場合は、通史を含めて全六巻が予定されている。石垣市史としては、果して何巻が適当か。前述のような史料の状況からして、近代以前だけでも一〇巻、近代以降のものが一〇巻としても、全二〇巻は下らないのではないか。一巻一年とみても、最低二〇年は要する長期事業である。

（3）金城正篤「『郷土史』編纂の現状と問題点」（『新沖縄文学』二八号、沖縄タイムス社、一九七五年四月）参照。

（4）安良城盛昭「市町村史のあり方を考える」（『地域の目』二号、一九七七年一一月）参照。

（5）市史編集室の話による。

（6）崎山直「八重山歴史――近代以前」（『八重山の社会と文化』所収、木耳社、一九七三年）参照。

（7）前掲安良城盛昭「市町村史のあり方を考える」参照。

（8）（9）これらの戦時・戦後体験記は、その一部がすでに出版されているが、いずれこれらは『戦時・戦後体験記録編』として全二巻にまとめられることになっている。

（10）色川大吉『歴史の方法』（大和書房、一九七七年）参照。

（11）琉球政府時代の文書資料については、目下沖縄県当局で一括して整理が行われている。

Ⅷ 民衆史を掘る——西表炭坑——

大宜見村の元〝あと山〟の女性（左）から取材をする三木（右）

三木の八重山研究への目線は、特に西表炭坑の研究に注がれた。

当時存命だった当事者への聞き取り調査なども積極的に行い、多くの著作を出版したほか、元坑夫・佐藤金市の手記をまとめた『西表炭坑覚書』（1980年、ひるぎ書房）の出版に尽力するなど、西表炭坑の実態を今日まで伝えることに果たした役割は非常に大きい。

八重山近代史と西表炭坑——民衆史の構築を求めて——

『石垣市史のひろば』三号（石垣市総務部、一九八二年一〇月）

一　なぜ埋もれてきたのか

なぜ私が西表炭坑のことを調べるようになったのか、ということは、私の八重山の歴史に対する見方や、かかわり方と非常に関係があるので、まず、その辺のところから述べてみたい。

西表炭坑については、その名前だけでも聞いている方は多いと思う。実は私も西表炭坑というものを初めて知ったのは、一九五五（昭和三〇）年八重山高校の頃で、確か高校文芸部のクラブ旅行で西表の白浜部落に一泊したときである。

白浜の部落は、八重山の伝統的な村落のたたずまいとはどこか違っていた。だいたい西表島の昔からの村といえば、祖納、干立にしてもかわら家で、グスク（石垣）があって、非常に歴史的な趣があるが、白浜はそういうかわら家もなければ石垣もなく、屋根はトタンぶきがほとんどで、非常に村そのものが新しいという感じがしたのである。

それでどうしてなんだろう、と思っていたら、実はそこは昭和になってから炭坑が生み落とした村である、ということがわかった。そして一晩白浜の村で泊り、かつてそこの炭坑でひどいことがあった、ということを初めて村の人から耳にしたのである。

具体的なことは、あまり印象に残ってはいないが、ただたいへん残酷なことがこの炭坑であった、という漠然としたことを聞いただけだが、それがどういうわけか、私の脳裏にはひどく焼きついて残った。

その夜、白浜の村を歩いていると、当時は電灯もなかったので真っ暗闇で、かつてここの炭坑で犠牲となった人たちの怨霊が、この村のあちこちにまださまよっているのではないか、という薄気味悪い感じがして、私は炭坑の内実をはっきり知らないまま、なんとなしに強い印象を受けたような次第であった。

その後私は上京して大学を出て新聞社に入り、記者生活をするが、沖縄返還交渉などの取材にかかわり、ふるさとの〝世替り〟を思うと、いまいちど郷土の歴史を調べなければいけないという気持にかられた。そこで同志を募って「東京八重山文化研究会」をつくり、郷土の歴史を調べるようになる。そのとき、どうしても私の心のなかにひっかかるものがあった。

それは高校のとき白浜で見聞した西表炭坑のことである。八重山の歴史について書かれたものをひもといてみたが、なぜか西表炭坑の歴史については、あまり触れられていなかった。いったい西表炭坑の歴史は、八重山の歴史ではなかったのか、見落すことのできない重要な歴史であるはずなのに、なぜあまり取りあげられてこなかったのか、というような疑問を密かに持ち始めた。

調べてみると、なるほど西表炭坑についての歴史的な資料というものが、決定的とも思えるほど少ない、ということがわかった。ちょっと調べようにも、本もなければ資料といってもどこを調べていいものやら、皆目見当がつかない、というような状況であった。

もうひとつは、当時関係した炭坑の人びとが本土や沖縄本島から来た経営者であったり、坑夫であったり、さらに遠く台湾や朝鮮あたりから海を渡ってきた坑夫たちであったため、戦後この炭坑が崩壊してしまうとこれらの人たちが島を去って、私たちは関係者から直接話を聞くという機会を失ってしまった、ということがある。

さらにもうひとつ、これはより重要なことだが、炭坑の歴史を私たち八重山の歴史として受けとめる姿勢、意識というものが弱かったのではないか、ということがある。

実はそのことが、この炭坑の歴史というものを今日まで埋もれさせてきた、より大きな要因ではなかったかと、この問題をすぐれて歴史に対する意識の問題として捉えてみたのである。

西表炭坑の歴史をひとつのフィルターとして、八重山の歴史や沖縄の近代史、ひいては日本の近代史というものをみたらどうなるか、ということを考えて、それから本格的に西表炭坑について調べてみるようになったのである。

二　資料収集と聞き書き

まずなにをしたかというと、第一点は調べ得る資料には徹底的に当たってみること、第二点は炭坑と関りのある当時の人たちとできるだけ会って、聞き書きをとり、資料と聞き書きの両面から西表炭坑の歴史像というものを私なりにつくってみよう、と考えたのである。

第一点の資料収集だが、先ほども述べたように、炭坑の資料というものがどこにあるのか皆目わからない。当時私は、勤務の都合で東京にいたので、まず国立国会図書館をあたってみた。

そしたら、ここはやっぱりたいした図書館で、日本の一番南の果ての西表島に関する戦前の資料が結構あった。大正時代に書かれた『西表島の概況』とか、昭和になって沖縄県警が出した『西表炭坑夫の健康保険調査』だとかいったものなどが見つかった。そういうものを一つ一つ手掛りにしながら、まるで糸をほぐすようにして、資料を調べていった。

西表炭坑で最初に採炭を手掛けた三井物産という会社がある。三井財閥の初期の頃だが、この三井物産の西表炭坑関係資料を見つけたときの喜びは、今でも忘れられない。

私は最初、三井の本社に行けば、あるいは関係資料が見つかるかもしれないと思って、そこへまず電話をかけて聞いてみた。そうすると、「三井関係の資料は、東京、中野の三井文庫というところに全部保管されていますので、そこへ行ってみて下さい」と言われたのである。さっそく尋ねてみた。やっぱりあった。

『沖縄石炭山綴』と書かれた古めかしい和とじの資料があった。これには一八八六年に三井物産が西表炭坑の採炭を手掛けてから九一、九二年に廃止となるまでの関係文書が綴られていた。これはどういうものかというと、三井が明治政府に鉱区設定の申請をしたときの文書とか、西表現地の三井出張所が東京の本社に送ったいろんな連絡文書や報告書といったものであった。そのなかには、八重山の蔵元から税の支払督促を受けた現地出張員からの問い合わせなどもある。また「西表炭坑規則」なども見つかった。

私は三井の他にも、通産省の資料室とか、戦前福岡にあった福岡鉱山局などもあたってみたが、鉱山局の方は戦災にあって戦前の資料は残っていない、ということであった。

さらに私は、炭坑というところを一度も見たことも入ったこともなかったので、これから炭坑のことを調べるには、一度どういうところか見ておこうと思い、北海道の夕張炭鉱を見てきた。

一九八一年にも大事故があったが、夕張炭鉱の坑内に入らせてもらった。そこには大正時代、俗に〝タヌキ掘り〟と言われていた非常に低い坑道が、今も歴史的な遺構として残されているが、そういうところも見せてもらい「なるほど、タヌキ掘りといわれている坑内とは、こういうところか」と実際にこの目で見て、感じてきたのである。

次に第二点の聞き書きについて、述べてみたい。東京にいた頃、最初に会って話を聞いたのが山田惣一郎さんである。この人は西表・船浮の出身で、東京千駄ヶ谷で簿記専門学校を自力で建てた人で、東京の西表郷友会長や八重山郷友会長もつとめた人である。

その山田さんのところへ行って「西表炭坑について、先生の知っておられることを全部聞かせて下さい」とお願いして、何回か足を運んで西表炭坑のアウト・ラインをまず聞かせてもらった。これは私にとって、非常に勉強になった。

その時山田さんは、当時西表炭坑の坑内に入った何人かの人が西表にいる、ということを教えてくれた。そのひとりに大正時代に〝女あと山〟をしたことのある人で、清水カメさんというおばあさんがおられるということを聞いた。それから私は機会をみて船浮に清水カメおばあさんを訪ね、大正時代の西表炭坑の非常に貴重な体験を聞かせてもらった。

夕陽に照らされる内離島を眺めながら、カメおばあさんは「自分は一六のときから炭坑にはいって、一〇年間もヤマで働いていた。そしていつも内離島のそばを通るたびに、よくもこんな所で働いていたものだねと思うねえ。炭坑で働いた人たちは、山原からきた人たちもたくさんいたけれど、〝八重山西表や見る方ねえらん、海と山〟とうたって泣いて、ほんとうにかわいそうでした。台湾の人たちも騙されて連れてこられて働かされていましたが、それがいやで逃げ出すと、弁髪を松の木につるされて、右から左からたたかれて、とてもこわかったよ」とまるで昨日のできごとのように語ってくれた。

石垣市登野城の厚生園には、かつて炭坑で働いた人が何人かいるが、そのなかのひとりに大井兼雄さんという元坑夫がいる。この人は鉱毒事件で有名な栃木県足尾の生まれである。足尾を出て九州の炭坑を転々とし、流れ流れてついに西表炭坑に送られた〝流れ坑夫〟である。

大井さんは「西表の炭坑に行けばバナナが手にとって食べられるし、パインは食べ放題」との巧みな斡旋人の言葉に乗せられて、何日もかかって西表に来たという。

ところが、浦内川を渡って宇多良炭坑に着いてみると、バナナは実のならないバナナ、パインはアダンの実だった、というありさま。甘い誘いのことばがすべてウソだとわかったときは、時すでに遅く、そこから一歩も外へ抜け出すことができない状態であった。逃亡すると、人繰りといわれる炭坑の労務係が徹底的に捜してリンチにかけ、とても逃げ出せるようなところではなかった……と語ってくれた。

その話を伺って何年かたったある年、一六歳の少年坑夫だったという大阪の谷内政廣さんという方が、大井さんを訪ねてきた。谷内さんは西表炭坑の末期の頃に送り込まれたのだが、もともとは南方の飛行場建設に働くことになっていたそうだ。それが香港あたりで敵の潜水艦にはばまれ、再びUターンして那覇に戻って来た。

那覇の港で乗ってきた船が爆破され沈んでしまったため、一行はそこで解散。そこへ西表炭坑に行かないかとの斡旋人の誘いで行くことになるわけだが、着いてみると先ほど述べたような状況で、出発前に聞かされた話とは全く違っていた。

そこで谷内さんは逃亡を決意。ところがマラリアにかかって倒れ、その上栄養失調で死ぬ寸前までになった。どうせここにおっても死を待つばかり、と必死の思いで脱出を図る。

どのようにして逃げたかというと、炭坑によく野菜などを売りに来る島の人の舟に頼み、カマスにもぐって荷物に見せかけて脱出している。その時、少年の脱出を手助けしたのが大井さんだったらしい。

カマスに入れられ、身を舟底に潜めていると、炭坑の監視人が鉄の棒を持って検査にきた。荷物を鉄棒で突いて怪しいものはないか調べ始めた。検査が近づいてくるのがわかり「とうとうだめか……」とあきらめていたら、どうしたことか谷内さんの所をとび越して、次の荷物を突いていった。ということで谷内さんは命拾いして石垣に逃げてくる。

石垣島の大浜部落で身を隠し、戦争が終わるのを待って本土へ引き揚げている。何日かかかって、はじめは長崎に着いたとのことだが、ここは原爆が落ちたというので上陸できず、四国へ回航して無事生還を果たす、という経過をたどっている。

ここで一人一人の事例を紹介すると長くなるが、いまひとり、県内からきた坑夫について、その典型的な例を紹介したい。

大正末期から昭和初期にかけて、沖縄は未曽有の大不況に見舞われ、〝ソテツ地獄〟というどん底の状況におかれた。八重山においても教員給料の遅配欠配が続き、大きな社会問題になったが、沖縄本島の山原あたりでは、さらに厳しいものがあったようである。そういうところでは、どこに活路を見出したかというと、一つは南米や南洋などの海外に、そしてもうひとつは県内の西表炭坑に、という状況があった。

私はその一例として大宜味村塩屋に住む宮城カマドさんという九〇歳になるおばあさんの体験を聞いたことがある。この方は一九八二年の六月に、九二歳で亡くなった。

私がこのおばあさんを知ったのは、偶然のきっかけからだった。一九八〇年NHKのラジオドキュメンタリー放送で「黒潮の涯に――西表炭鉱史」という全国放送があったが、その放送を名護市に住む方がたまたま聞いていて、私が炭坑のことを調べていると知って電話をかけてくれた。その人が言うには「実は名護市に西表炭坑にいたおばあさんがいるので、一度会って取材してみたらどうですか」と言う。

私はそれから間もなく、教えられた名護市の方を尋ねてみた。最初に会ったのが、カマドさんの妹でカナさんという方であった。カナさんもやはり西表炭坑で働いていたことがあり、落盤事故で腰の骨を打って曲っていた。そのせいかどうか、西表炭坑についての記憶は、あまりはっきりしていなかった。

息子さんが言うには「おかあさんより塩屋のお姉さんがくわしいから、そこへ行って聞いてごらんなさい」と教えてくれたのが、大宜味村塩屋に住んでいた宮城カマドおばあさんだった。その足で私は塩屋を尋ねた。

宮城カマドおばあさんは、九〇歳という高齢にもかかわらず、記憶ははっきりしていて、明治時代に習ったという国語の教科書を全部暗記していた。「西表の炭坑のことを覚えているでしょう?」と尋ねたら「覚えているよ」と言って、女あと山の体験を語ってくれた。

宮城家もソテツ地獄から抜け出すため、一家をあげて西表炭坑に行った組だ。ところがそこには炭坑地獄が待っていた。さきほどのカメおばあさんの話ではないが「八重山西表や見る方ねえらん、海と山……」と歌って泣き明かす非常に苦しい生活をしている。

それでもカマドおばあさんは、いつかはそこを出ようと、炭坑切符をたくさん貯めるのである。炭坑切符というのは、炭坑が発行した一種の紙幣というか、金券みたいなものである。これで賃金を支払ったり、坑夫が売店から日常物資を買ったりしていたが、それは発行した会社にだけしか通用せず、他所の炭坑では使えなかったため、坑夫逃亡の防止策にもなっていたわけである。

その炭坑切符を、宮城家はコウモリ傘にいっぱいためていたそうだ。ところが働いていた炭坑の坑主が、バクチで大失敗をやらかして、那覇にとん走してしまった。そうなると、炭鉱はつぶれてしまって、カマドおばあさんたちが汗水流してためた切符は、ただの紙切れ同然になってしまった。

何年も働いたあげく、また無一文で大宜味に引き揚げていくことになった。しかも船賃もなく、五人の子どもを抱えて、本当にたいへんだったらしい。西表に居たころは食べるものもなく、海から貝を拾ってきたり、アダンの実を食べたりで、赤貧洗うが如しであった、としみじみ語ってくれた。

三　台湾人坑夫と佐藤手記

西表炭坑には、県内や本土だけでなく、台湾や朝鮮などからも、たくさんの坑夫がきていた。特に地理的にも近い台湾から台湾人坑夫がたくさんやってきた。たくさんといっても、それは時代によって違うが、たとえば大正時代に渋沢敬三の書いた『南島見聞録』という記録によると、台湾人坑夫は五〇〇人ぐらいいたと書かれている。これは多いころだったかもしれない。

昭和になって、謝景という台湾人の炭坑があるが、ここでは台湾人の坑夫だけで採炭していた。このように西表炭坑と台湾人坑夫とのつながりは、非常に深いものがある。

私は西表炭坑における台湾人坑夫の実態を知るために、何人かの台湾出身の方にあった。白浜の楊添福さんは一九三七年に台湾から渡ってきて、そのまま戦後も居残った方で、現在は帰化して橋間と名乗っている。石垣市登野城の陳蒼明さんは、目が不自由だが、非常によく当時の西表炭坑のことを覚えている。そしていまも帰化を拒み続けている。

私は一九八〇年に、さきほど話に出てきた謝景の子どもで謝金龍さんという人を、台湾の基隆に訪ねた。この人は八一年の暮れに亡くなったが、残念なことに私があったときも病気のため半身不随で、あまり対談ができる状態ではなかった。それでも西表炭坑のことはよく知っていた。

台湾人坑夫のことで一番注目すべきことは、労務政策のひとつとして、麻薬が使われていたことである。坑夫たちを坑内に誘う甘いエサとして麻薬を使い、しかもその代金を賃金から差し引いたのである。坑夫たちは、働いているうちに麻薬患者に仕立てられていった。もちろん、全部が全部、というわけではないが。

麻薬を射たれた坑夫たちは、いったん西表炭坑から出て行っても、また麻薬欲しさに戻ってきた、というから、労務政策としては成功したといえるかも知れない。いずれにしても坑夫たちに対する労務政策のひとつとして麻薬が使われたということは、注目すべきことだと思う。

こうして聞き書きをとっていく過程で、私は炭坑に直接関係した人の手記とめぐり逢うことになる。石垣市登野城に住む佐藤金市さんがその人である。佐藤さんはもとは木挽だが、その腕がかわれて炭坑の施設をつくるようになった。後に紹介する宇多良炭坑は佐藤さんが発見し、坑主の野田小一郎に乞われてそこの施設をつくった。

ある日、佐藤さんから西表炭坑の話を聞こうと思って尋ねると「炭坑のことは、一日や二日では話しきれない。そんなに一生懸命調べているのなら、ひとつこれをあんたにやるから、読んでみなさい」と言って、タンスの引き出しから出してきたのが、部厚い原稿である。

表紙を見たら「西表炭鉱の歴史――私の西表炭鉱二三年の歩み」という表題が書いてある。私は西表炭坑のことを調べてからかなりなるが、いまだかつて関係者自身が書いた手記を見たことがなかったので、ほんとうにびっくりした。

「これをあんたにやるから、持っていって下さい」ということもなげに言うものだから、私は「こんな大事なものはぜひ、とっておいて子々孫々に伝えて下さい」と、いただきたい気持をおさえてそう言ったが「いや、わしはまた書けばいいんだ」と言われる。「それならなおのこと、この原稿が必要じゃないですか」と言うと「いやいや、わしは尋常小学校四年までしか出とらんので、メモをとるということをしない。だから、すべて頭のなかに覚えとるんです。同じものを書けといわれたらまた書けるから、どうぞこれを持って行って下さい」という。

私は非常に感動した。実際、佐藤金市さんは驚くべき記憶力の持ち主であった。手記を読んだら、当時の炭坑の様子がほんとうに生き生きと書かれている。その後、私は何度も佐藤さんを訪ねるが、確かに佐藤さんは、他にも西表炭坑のことを書いていた。多少のダブリはあるが、実に多くの手記を書いておられる。なるほどなあ、と私は圧倒され感心した。

それにしてもいったい何のために佐藤さんは、この原稿を書いたのか。なんどかそのことを尋ねたが「いや、わしは子や孫に仕事というものはこういうふうにしてやるもんだということをわかってほしいために書いておいたんです」とさり気なく言われるだけであった。いただいた原稿は、後に那覇の出版社から『西表炭坑覚書』という本にして差し上げた。

佐藤さんのこの本を、歴史家の色川大吉さんが東京で読んで「日本にもこんな自分史を書く立派な人がいるのか。とにかく一目でもいいから、佐藤さんの顔を見てきたい」ということで那覇で講演があった後、わざわざ足をのばして石垣に会いに来られた。

そしたら時期を同じくして佐藤さんの出版祝賀会があったので、それに出席していただいたが、その時、色川さんは佐藤さんに「おじいさん、こんなに原稿を書くには、何か理由がおありなんでしょう？　この世に対する深いうらみつらみとか、怨念というものがあるんではないですか」とたずねたそうだ。

しかし、佐藤さんは例によって「いや、わたしは子や孫のために何か残しておこうと思って書いただけで……」とさり気ないこたえだったと言う。

いずれにしても、炭坑のことを調べ始めて七、八年になるが、実際に炭坑とかかわりあった人の手記というのは初めてだったので、非常に勇気づけられた。

というのは、私はこの炭坑の聞き書きをするため、あちらこちらを歩いたが、訪ねて行けば「ああ、惜しかったですね。その方はつい昨年亡くなられました」というようなことを聞かされたことが、たびたびあったからだ。何度か「西表炭坑を調べるのは、もう手遅れではないのか」と絶望感に襲われたものである。

一人の人間の持つ歴史の重みを思うとき、私は非常にたまらない気持になった。そして逆に、こうして埋れてゆく歴史をなんとかして残しておかなければ、という責任感みたいなものにかられてきた。

実際、そういう生き証人たちの話を聞いていると、この人たちは亡くなった人たちに代わって私に語っているのではないか——としばしば思ったものである。

このように西表炭坑の歴史を、いろんな人たちの目を通して、スポットを当ててみた。つまりいろんな立場の人たち、先ほどの佐藤さんのような人もおれば、炭坑に出入りしていた行商の人や、女あと山、あるいは台湾人坑夫とか、白浜の住民であるとか、炭坑私立学校の教師であるとか、いろんな人たちの話を聞いてみた。こうした人たちの話をまとめたのが『聞書西表炭坑』(三一書房)という本である。

この本には二一人の証言をのせてある。証言者のうち、すでに数人の人が亡くなられた。本ができてから、直接手渡しできる沖縄県内の証言者には、できるだけ直接配ったが、本の出版をわがことのように喜んでくれたのが、なによりの喜びであった。

ある人は「わが家の家宝にしたい」と言われ、別の人は「この本を出すのにお金がかかったでしょう」と言って、お金を包んで下さった人もいた。証言者の人たちと喜びを分かち合えたということは、私にとっても喜びであった。

というのは、聞き書きというものは、証言者たちにまず一番に喜んでもらえるのでなければ、聞き書きとしての意味をなさない、と思っていたからである。

四　囚人労働とマラリア

以上のように、収集し得る資料と、聞き書きという両面から、西表炭坑の歴史像というものを構築してみたが、それではいったい西表炭坑はどういう歴史的経過をたどってきたのか、ここでごく大雑把に述べておきたい。

西表の石炭は西部地区に分布していて、この地域が西表炭坑史の主舞台となる。最初は内離島の対岸の元成屋で採掘され、その後、大正期に入ると内離島や仲良川の上流に移り、昭和期に入ると浦内川支流の宇多良に移っていく。それからだんだん戦争に突入して崩壊していく。戦後は上原とか、中野とかで米軍が来て一時採炭をしたりするが、そう永くは続いていない。ここでは一応戦前について述べてみたい。

さて、まず西表炭坑の発見はいつか、ということだが、この点については、どうもはっきりしない点が多い。

那根亨さんの『西表島の伝説』という本によると、ある日、島の子どもが庭掃除をして落葉を集めて火を燃やしていたら、この火が石垣に移って燃え出し、びっくりしてお父さんを呼んで消し止めた、これが〝燃える石〟つまり石炭が発見された由来である――というようなことが書かれている。

しかし、こういう石炭の発見にまつわる伝説というものは、だいたいどこの地域でも、パターンが決っている。本土でも旅の僧がたき火をしようとしたら、かまど石に使った石が燃え出し、これがこの地域の石炭発見になった、というようなことがある。従って西表の石炭発見にまつわる伝説も、どこまでが西表だけのものか、見分けがつきかねる。

それはさておき、次に幕末から近代にかけてペルリ艦隊が日本にやってきて、開国の端緒となるわけだが、このペルリ艦隊の僧官R・G・ジョーンズが発見した、という説がある。確かにペルリ艦隊が沖縄に来て、石炭がないかどうか調査したことはペルリの『日本遠征記』にも出ているが、前述のR・G・ジョーンズの発見云々については、どこにもそういう記述がなく、いまのところはっきりしていない。

ペルリ艦隊がなぜ沖縄で石炭がないかどうか物色したか、と言うと、当時の船はエンジンの石炭消費量が多い上に、石炭積載能力も小さい。そこで遠くへ行く場合、たとえばアメリカから中国へ行くような場合には、石炭をたくさん積み込まないといけない。そうなると荷物があまり積めなくなるので、どうしても中継地点で石炭を補給することが必要になってくる。こうしてペルリ艦隊も、沖縄に着くと、石炭がないかどうか技師を派遣して調査させたわけである。

こうした外国の動きに、琉球王府がどういう対応をしたのかというと、これがまたなかなか興味深い。というのは琉球王府は、外国の艦隊が目の色を変えて石炭を探し回っているので、石炭のありそうな所は、みんな木の枝をおおい、あるいは木を植えたりして隠すように、という布達を出しているからだ。おそらく石炭が外国に見つかるとやっかいな問題になる、と判断したのであろう。

ところが一八七三年に、この布達に触れる事件が起こった。石垣の大浜加那という人が、西表の石炭を薩摩の林太助に教えたのである。教えたというよりも、林太助が八重山に来て大浜加那に石炭のサンプルを見せ、このような物があったら探して欲しい、と調査を頼むわけである。

それで大浜加那は林太助の求めに応えて、西表から石炭を探して来て見せた。これが薩摩に石炭が知れわたる端緒となるわけだが、琉球王府の方は先ほども述べたように、外部に石炭の存在をもらしてはならない、という布達を出しているので、大浜加那を処罰する。

すなわち、加那は波照間に一〇年の流罪となる。これが俗に「石炭加那事件」といわれる事件である。加那は一八七九年の廃藩置県の折に特赦となり、六年で石垣に戻っている。

こうして一八七九年のいわゆる「琉球処分」を経て王府は廃止され、沖縄は明治政府の統治下におかれることになるが、明治時代になると、八六年に初めて三井物産が西表炭坑の採炭に手を染める。これが西表炭坑採炭史の最初である。

三井物産が進出したいきさつについてもいろいろあるが、ただここでひとつだけ注目しておきたいことは、囚人労働者を坑内に送り込んだ、ということである。なぜ注目したいかといえば、西表炭坑八〇余年の歴史のなか

で、囚人労働は後にも前にもこの三井だけしかやってい

ないからである。

　沖縄本島にいる囚人を西表に連れてきて、採炭をさせ

たのである。その数については、資料によってまちまち

だが、ある資料によると、一五〇人位の囚人が送り込ま

れた、という記録がある。

　ところが送り込まれた囚人労働者も、ほとんどがマラ

リアにかかって全滅に近い状態になる。このため三井物

産の採炭は、わずか数年間でつぶれてしまう。

　三井物産の後に、こんどは大倉組財閥による採炭があ

るが、この大倉組はもともと維新戦争や西南戦争の時に、

官軍、幕府の両軍に武器を売りつけてのしあがった、い

わば「死の商人」的な財閥である。それが後に中国大陸

に進出して財をなす足掛りとして、西表炭坑に目をつけ

てきたわけである。

　大倉組にしても、さきの三井物産にしても初めから、

掘った石炭は日本の国内ではなくて、外国の香港とか上

海とかの中国各地に輸出を目的としている。輸出先で足

場をつくり、大陸に進出していこうということがあった

と思う。それを「殖産興業」「富国強兵」の立場から、

明治政府は囚人労働を提供するというかたちでバック・

アップしたわけである。

五　借金・重労働・疾病・逃亡

　ところが大正期にはいると、明治政府のバック・アッ

プによる御用資本の採炭から、こんどは中小炭坑、特に

本土の中小資本や経営者による炭坑が発達してくる。そ

れにともない納屋制度と呼ばれる労務形態が導入されて

くるわけである。

　第一次欧州大戦の影響を受けて、大正期には第一期の

全盛期を迎える。全国的な石炭景気のなかで、西表炭坑

も活発な採炭が行われている。

　代表的な炭坑としては、沖縄炭坑、琉球炭坑、八重山

炭坑というのがあるが、資料によると、一つの炭坑で一

二〇〇人位の坑夫が働いていたという。坑夫たちは、九

州各地から来た人や、県内の山原とか宮古あたりから来

た人など、さまざまである。

　内離島を中心に、あちらこちらで中小の炭坑が生まれ

ては潰れ、潰れては生まれ、昭和期へ移っていく。そう

した中から成長してきた代表的な坑主に、河野吉次、野田小一郎とか星岡亀彦とかいう人がいる。河野の場合は大正期の琉球炭坑の流れだが、特に野田の場合には急に勢力を伸ばし、昭和期の西表炭坑に君臨して西表の〝炭坑王〟とまで言われるようになった。

その野田が興した炭坑が、さきほどの話にも出た丸三炭鉱宇多良鉱業所である。〝繁栄〟を誇った同炭坑も、坑夫たちにとっては〝地獄炭坑〟といって恐れられたのである。

では、納屋制度下における坑夫たちの労働と生活は、どのようなものだったか。坑内労働は一番方、二番方、三番方とあり、一番方が朝の五時頃から坑内に入って、昼頃まで働き、二番方は午後から入って夕方まで、三番方は夕方入って夜遅くまで、というふうに二四時間の三交代勤務で働いていた。

しかし、これも一応の時間であって、一日に出炭する量が決められているから、その量に満たないと坑内から上がってこれない。炭層が悪かったりして石炭がうまい具合にとれないときは、いつまでも坑内で働かされるわけだ。

特に西表の場合は炭層が薄い。平均してだいたい一尺五寸位の炭層しかない。炭層が薄いので、石炭を掘るところも自然と低くなり、せいぜい人が横になって仕事ができる程度であった、という。

坑内というところは、まず、トロッコの這入れる本坑道があり、そこから枝葉のように支坑が分かれている。その一番奥の石炭を掘るところを、炭坑のことばで「キリハ」（切羽）と呼んでいる。「キリハ」での採炭は、本土の炭坑の場合だと人が立ってやるのだが、西表の場合は先ほどのように炭層が薄いので、横になって腹這いになって仕事をしなければならなかった。

「さき山」と呼ばれる男の人が石炭を掘ると、「あと山」と呼ばれる女の人たちが、スラ箱に石炭を乗せ、それをひたいからかけたヒモで曳いて運んだ。それを何度も繰り返して、一日に割り当てられた石炭を掘り出していくのである。カンテラの光を頼りに、薄暗い坑内での労働は、私たちの想像をはるかに越えるものがある。

坑内労働の厳しさばかりではない。西表島は名だたるマラリア猖獗の土地である。三井物産の囚人労働者がマラリアでほとんど全滅して以後も、炭坑の歴史はマラリアの歴史とずっとからみ合いながら、坑夫たちの悲惨な歴史を繰り返している。

マラリアという病気は、三日熱とか四日熱とかいって熱の出る周期がある。熱が下がった時には普通の状態のようになっているので、そんな時にも坑内にかり出されて石炭を掘らされる。そうするとまた熱が出てきて床に着く。そういうことをくり返しているうちに、だんだん坑夫の体力は弱ってきて、ついには死に至る……。

それに坑内は湿度が高く、太陽の光も届かない。その上坑夫は野菜などの摂取量も少なかったので、ビタミン不足をきたし脚気にかかる人が非常に多かった。

炭坑には医務室があり、大きいところになると独自の病院もあり炭鉱医がいた。しかし、坑夫たちは病気になると、治療費は自分の賃金から自動的に差し引かれた。もちろん日常生活費も自分の賃金から引かれる。そもそも騙されて連れて来られるときから、すでにその運賃などの費用が借金として坑夫たちについているから、坑夫たちは炭坑に着いたときから借金返済のために働かされるような仕組みになっていた。

借金を返すために重労働し、そのため病気になってまた借金を背負い、その借金を返すためにまた重労働……という悪循環が繰り返された。

悪循環を断ち切るための残された唯ひとつの可能性は、逃亡である。逃亡の試みは、ずっと続けられた。炭坑ピンギムヌ（逃亡者）にまつわる話は、さきほどの『聞書西表炭坑』のなかにも、たくさん出てくる。一人の話だけで一冊の本になると思うくらい、いろんな話がある。

そのなかのひとつだけ紹介すると鳩間島の漁民と炭坑の人たちとの間で、一種のゲリラ戦みたいな抗争が、炭坑ピンギムヌをめぐって起こっている。

事件というのは、炭坑から坑夫が鳩間島に逃げたため、それを追って炭坑の探索人が鳩間島にも捜しにくる。ある島の人を炭坑から逃げてきた人とまちがえて、後ろからその人を棒でなぐりとばしたらしい。

ところがその人は炭坑ピンキムヌではなく、島の人だったので鳩間の人たちが怒って炭坑の探索人を袋だたきにした。これを聞いた炭坑側が怒って、鳩間におしかけてきた。

さらに今度は鳩間の漁民たちが船団を組んで炭坑に巻き返しに出向いた。炭坑側は坑内で使うダイナマイトを漁船に投げつけて応襲し、まるでゲリラ戦になった。それでも漁民たちはカゴの鳥の坑夫たちを連れ出して逃がしてやった、という。

それがなんと一九四三年頃の話である。四三年といえば戦時体制下である。そんな状況下でこういう驚くべき事件が起こっている。こんな事件は沖縄の歴史のどこをさがしてもない。いや日本全体でもないだろう。

しかし、これはまれな事件である。坑夫たちは逃亡しても、奥深い西表のジャングルに迷い込んで餓死するか、追手に捕えられて見せしめのリンチにかけられるのがおちだった。

リンチは凄惨を極めた。木刀やムチで血だらけになるまでたたいたり、ヒザの間にトロッコの車輪を当ててすわらせ、そのヒザの上からまた車輪をのせておくということもあった。時には死に至らしめることもあった。

このような労働の歴史が、沖縄のどこにあったろうか。八重山は「西表炭坑」という沖縄の近代史のなかには他にないような、非常に大きな重みをもつ歴史を抱えている。

六　戦争と坑夫たち

さて、西表炭坑にも戦争の足音が聞こえるようになり、米潜水艦にさえぎられて石炭の運搬ができなくなると、炭坑も急速にすたれていく。

一九四一年には船浮要塞隊が駐屯し要塞の砲台の建設が行われるが、今度はこの建設に坑夫たちがかり出される。

内離島には西方の山頂に三カ所の砲台跡がいまも残っている。そこは数一〇〇メートル位のたいへん急な坂である。そこにコンクリートを運んで砲台を建設し、大砲を運ぶ作業は実に骨の折れる重労働だったろうと思う。

まるで奴隷のようにこき使われて建設した砲台だが、一発の砲声も轟くことなく敗戦となる。しかし白浜村は炭坑と関係があったためか、空襲を受けて全焼する。坑夫たちも村の人たちと一緒に山に避難するが、ここでマラリアにかかった人も多く、野に放り出されるかたちで敗戦を迎えることになる。

坑夫たちのなかには、戦後、故郷へ引き揚げた人もおれば、引き揚げられずそのまま島に居残った人もいる。

こうして炭坑は永い歴史の幕を閉じていく。

以上、西表炭坑の歴史のあらましを述べてきたが、ここで炭坑と既存部落との関係について少し触れておきたい。

西表西部には、祖納、干立、船浮、網取、崎山などの昔からの集落があり（このうち網取、崎山は廃村となったが）、ここの人たちが炭坑とどういうかかわりをもっていたのかというと、坑内の坑木を山から伐ってきて炭坑に売るとか、女の人たちなら野菜を村に売る、というようなことをして日銭を稼いでいた。

また、ダンベー船から本船に石炭を積み込む作業にも、島の人があたることもあった。

賃金は炭坑切符でもらい、炭坑の売店から生活物資などを買ってきた。炭坑と村とはそういう関係にあった。

炭坑では、おおぜいの人たちが働いていた。しかも沖縄や日本本土の人たちだけでなく、台湾や朝鮮の人たちも働いている。その歴史の広がりと、戦後を別にしても六〇余年という長さ、そして苛酷な労働の質は沖縄の近代史のなかでは他に例をみない。

このような身近な歴史をもっと掘り下げることによってさらに広がりとふくらみを増し、日本の近代史を身近にひきつけてみることができるのではないか、と思うのである。

七　歴史のさまざまな継承を

最後に西表炭坑のことに関しこれからやりたいこと、また共に考えてほしいことについて少し述べておきたい。

まず、先程の聞き書きについて、さらにこれからも継続してやっていきたい、ということだ。つい先日も、私は与論島で二人の元西表炭坑夫に会った。そのうちのひとりはおばあさんだったが、この人は西表に機織りの新しい工場ができたから働きにきてくれ、と誘われて行ってみたら炭坑だったということだった。そして女坑夫として「あと山」をしている。

もうひとりの人は男の方で、西表炭坑がこんなにひどいところとは知らずに働きに行き、なかなか抜け出せず、お盆の帰省でどうしてもご先祖さまを拝まないといけないから、とかなんとか言って、家財道具と炭坑切符の貯金をそのままにし、あたかもまた戻ってくるかにみせかけて脱出してきた――と当時のことを語ってくれた。

聞き書き以外にも残す方法として、たとえば写真集や、絵本なども考えてみたい（写真集については、一九八七年に『写真集西表炭坑』として刊行した）。絵本についても絵本作家から話があるので、ぜひ協力してやってみたい。

炭坑の史跡なども、なんとかして保存できないものか、と考えている。先程の話にも出てきた宇多良炭坑の跡には、赤レンガの遺構が当時のおもかげを今に伝えている。これなどもいずれはジャングルに呑みこまれてしまうだろう。現在の文化財の保存基準からは外れるかもしれないが、なんとかして民衆が血と汗を流したそういう場所を〝民衆史跡〟として残し、後世にこの歴史を語り伝えていくことができないものか、と考えている。

さて、以上のように西表炭坑の歴史を掘り起こし、その歴史を残していこうと思うのだが、これはなにも特別のことではなくて、誰でもやろうと思えばできることである。私はおよそ一〇年かけてわずかこれだけのことしかやってこれなかったが、みなで協力しあえばもっと身近な歴史を掘り起こしていくことができる。

幸いにして石垣市史編集室では、八重山全体の戦時、戦後体験記録を収録していこうという計画なので、ぜひこの機会に自分の体験や自分史というものを、文章にして残してほしい。

また、多少なりとも文章の書ける人は、文章を書くことの苦手な人に協力して、聞き書きという形で歴史の体験を残していくことも必要だろう。

こうしていろんなかたちで自分たちの歴史を残すことによって、八重山の歴史もさらにふくらみを増し、「私たちはこれだけ豊かな歴史をもっているんだ」という自信と誇りも生まれ、それがひいては未来の八重山の展望をきり拓いてくれる、と思うのである。

〈註記〉

本稿は一九八二年七月一二日石垣市立文化会館で行われた石垣市史編集室主催第一回「市民講座」での講演に加除筆したものである。

草莽の民衆史・西表炭坑

琉球新報社編『新琉球史　近代・現代編』（琉球新報社、一九九二年）

近代を撃つ闇

かつて炭坑の島として栄えた西表・西部の内離島には、いまも切り立った島の南面に、ぽっかりと坑口が口を開けて残っている。カッと照りつけた陽光からのがれて坑内に入ると、一瞬目の前が暗くなる。しばらく目を凝らしていると、坑道の壁面に、生々しいツルハシの跡が幾条も見える。坑道は斜坑のため急傾斜をしており、やがて闇に閉ざされる。さながら近代沖縄の闇の歴史を見る思いだ。

坑内奥深く幽閉された坑夫たちの声に耳を傾けることなしに、近代沖縄の歴史を編むことはできない――。そんな思いにかられて十数年来、埋もれた島の民衆史を掘り続けてきたのであった。坑口の上に立つ空気口の煙突は、風化が著しい。東支那海に沈む夕陽に映えるその姿は、かろうじて語り伝えられた西表炭坑の歴史を象徴しているかのようだ。

西表島は東西およそ三〇キロ、南北に二〇キロの菱形をなし、全島がほぼ原生林におおい尽くされている。島には標高四七〇メートルの古見岳をはじめ、いくつかの原始の山々が連なっている。その大部分が第三紀砂岩のいわゆる八重山爽炭層と呼ばれる地質から成り、琉球列島中、唯一の石炭賦存地である。

島の歴史は古い。古代において島の東部の古見あたりが、八重山群島全域の中心をなしていたのではないか、との見方もあるが、近世から近代にかけてのこの島の歴史は、いくたびかの悲劇の繰り返しであった。

琉球王府の人頭税収奪のための強制移住の悲しい歴史は、島の民謡「崎山節」などのなかに今に伝えられている。強制移住はマラリアの猖獗をもたらし、やがてこの中のいくつかの村が廃村となった。そして近代に至って、島の西部を中心に展開された炭坑の歴史が、その悲しみの歴史に追い打ちをかけた。

西表島における炭坑の歴史は、明治一〇年代の終わりから太平洋戦争までおよそ六〇年、戦後の米軍操業と民間払い下げ時代を加えると八〇年近い歴史をもつ。その前史はさらに明治初年までさかのぼることができる。歴史の長さといい、規模の大きさといい、そして労働のすさまじさといい、沖縄近代史の中でも他に類をみない。

にもかかわらず、西表炭坑の歴史は、沖縄近代史のなかでも、久しく知られざる歴史であった。あたかも炭坑の坑道が深い草莽におおわれているように、忘却の彼方におしやられてきた。

だが、坑道に幽閉された幾百人、幾千人もの坑夫たちの歴史は沖縄近代史、ひいては日本近代史の土俵のなかで掘り起こさなければならぬ歴史である。なぜなら、この坑夫たちの圧制の歴史こそ、近代日本の底辺をなす歴史であり、日本の〝近代化〟を撃つ歴史でもあるからだ。

沖縄県内に限ってみても、沖縄の民衆が本土や台湾人労働者と大規模に接触した歴史は、西表炭坑の他に例をみない。その意味でも西表炭坑の歴史を通じて、近代沖縄民衆の生きざまと、政府権力や資本の沖縄とのかかわり、さらにはアジア民衆へのかかわりを知ることができる。

これらのことを浮き彫りにすることで、沖縄第二の面積をもつこの島が、なぜ今日に至るも歴史の停滞を余儀なくされてきたのかを解明することにもなる。そのことは単に過去の歴史を知るのみならず、現になお、西表島が抱えている問題にもなんらかの示唆を与えずにはおかないであろう。

ペルリ艦隊と王府の対応

西表島の石炭が発見されたのはいつのころか。いまのところ、それを確認しうる資料はない。従来の史書によれば、一八五三（嘉永六）年に琉球に来たペルリ艦隊の主任技師R・G・ジョーンズによるとなっているが、これを裏付けるような資料は、筆者の知る限り見当たらない。ただ、ペルリ艦隊の一行が琉球の石炭に強い関心をよせ、探査を行ったことは事実である。

周知の如くペルリ提督は、一八五三年米国東インド洋艦隊の四隻を率いて浦賀沖に投錨して幕府に開国を迫り、これが近代日本の開幕ともなったが、ペルリの目的は開国による日本市場の確保にあったといわれている。

そのためには蒸気船による世界的な航路網をつくる必要があり、さらにそのためには日本に薪、水、食糧とともに燃料としての石炭の補給基地を確保することが緊要となっていた。これは当時の蒸気船が船体のわりに石炭消費量が高いため、船内炭倉に場所をとられ、輸送量増強のためには、どうしても中継地が必要であったからだ。

そこでペルリは中国大陸や日本にも近い琉球の地理的位置に着目し、日本に開国を迫る以前から三度にわたって琉球を訪れ、琉球王府に対して①石炭倉の借り受け②市場における必需品の自由売買、このため従来からの習慣や法律を改めること③那覇港をアメリカ船艦の指定供給地とすること——などの要求を突きつけ、強引に呑ませた。

このようにペルリ艦隊の一行は、当初から艦隊の石炭補給地として琉球を重視し、炭脈の調査を実施したのである。ペルリの『日本遠征記』によれば、その調査のため僧官・ジョーンズと数人の軍医が選ばれ、踏査隊が派遣された。琉球の地形、地質、鉱物資源、農業的資源を調べるのが目的であった。

調査の結果、塩谷湾（Shar bay）に可燃物らしき物を発見したことがしるされている。「その供給は然るべき採掘法をもってすれば容易に得られる」と述べ「土人達が自分達の島に、その価値ある鉱物が存在していることに気づいているとは思われない」とまで書いている。しかし調査は沖縄本島であって、西表島にも足を延ばしたとの記述は見られない。

さて、再三にわたるペルリ艦隊の来航と、石炭に対する強い関心に対し、当時の琉球王府側はどう対応していたのか。王府側は石炭の存在を、ひた隠しに隠そうとし、ペルリ一行に知られるのを警戒していた、という事実がある。すなわち、一八五四（安政元）年に次のような布達を出している。

「現今沿海ニ外国船ノ出没スル折柄、其島ニ石炭有之由。果シテ然ラバ異国人ノ望ニ属スルモノニ付、自然目ニ触ルル事アリテハ故障ノ基相成ヘキニ付、島中見分ノ上、石炭ノ露出面ハ樹木等ノ植付隠蔽シ、故障筋不相成様計フベシ。又其石炭ノ有無始末等ハ、当夏迄申越ベク……」

この布達が出されたのは、ペルリ一行の炭脈調査を行った一八五三年の翌年である。石炭が露出しておれば、樹木を植えて隠蔽するように、という異常なほどの神経の使い方である。なにゆえに王府はこれほどまでに警戒しなければならなかったか。

喜舎場永珣は「大和人・異国人等が石炭を発見して採掘権を願い出られた暁には、鉱夫等の不足の場合、人口の少ない八重山から鉱夫らを依頼されて、人頭税並びに公事に支障をきたすため、なるべくこれを隠蔽しておけという意であった」と述べている（「八重山鉱業界の恩人大浜加那と西表島石炭の沿革概要」）。

確かにそうした対内的な事情もあったかもしれないが、それよりもむしろ、もし石炭があることが発覚すれば、欧米列強に琉球が占領されるかもしれぬ、という危機感があったのではないか。少なくとも紛争に巻き込まれかねないとする危惧の念があった。王府の気の配りようは、それほど異常であった。

石炭加那事件

琉球王府が布達まで出して警戒していたにもかかわらず、この禁令を破る事件が八重山で起きた。石垣島登野城に住む大浜加那という人が、西表島に石炭のあることを薩摩藩の男に教えたため、禁令を破った罪で波照間島に流罪となった事件で、後に言う「石炭加那事件」である。

八重山蔵元の史料『御手形写』や『御使者在番記』などによる事件のあらましは、次のようなものである。

薩摩で廻漕業を営んでいた林太助は帆船でしばしば八重山を訪れていたが、一八七一（明治四）年三度目の来島のときに石炭のサンプルを持参して石炭を探しに来た。

当時薩摩では、第一一代藩主となった島津斉彬が開明的な藩政をしき、近代工業の導入に力を入れていた。彼は機器類の燃料や蒸気船の燃料として石炭の重要性を認識し、藩内を探査せしめたが良質の石炭がないため、藩外に目をつけていた。琉球がそのため注目されたのである。

林太助は一八六九年の初来島以来、登野城番所役人の肝入りで、クヤマという一八になるミヤラビ（女童）と連れそっていたが、大浜加那はその兄であった。石炭探査の秘密を打ち明けられた大浜加那は、さっそくサンプルを手に石垣島を探し回ったが発見できず、こんどは西表島に渡った。とうとう類似の鉱石を見つけた加那は、それを林太助に見せると、太助は狂喜した。

現地を確認したあと鹿児島に戻り、薩摩藩に伝える。藩ではさっそく伊知地小十郎を現地調査に赴かせる。八重山に行く途中、伊知地は首里の王府に出向いて、王府側の協力を求めた。

驚いたのは王府側だ。ことの重大さを察知した王府では、さっそくその旨を八重山の蔵元政庁に伝達させ、対策を講じさせた。その後に、伊知地一行を発たせている。すなわち王府はその年二月、森田筑登之親雲上、名護里之子親雲上の二人を西表に直行させ、多嘉良里之子親雲上ら三人を石垣に送った。

蔵元では手登根在番らが大騒ぎしていた。伊知地らの来島で、新たな税負担が課せられるのではと恐れたのである。蔵元では稲穂を刈り取らせ、畳を裏返して赤貧を装わしめ、士族婦女子の裾（カカン）を袴に着替えさせるというあわてぶりであった。

ところが当の伊知地は、あくまでも石炭の調査が目的なため、そうした民情には目もくれず、かねて鹿児島から送らせてあった杉の船材で一本柱の和船を新造し、目指す西表に渡り、林太助の案内で現地を確認。将来性のあることを見定めると四月二九日には鹿児島に引き返していった。

これで一件落着したかに見えたが、おさまらないのは八重山の蔵元政庁だ。伊知地一行の帰任を待つかのように、さっそく手引きをした大浜加那がひっ捕えられ、小與座（刑務所）の役人らによって手枷、足枷がはめられて監禁され、翌一八七三年八月、波照間島に一〇年の流刑となった。

喜舎場永珣によると、大浜加那は一八四五（弘化二）年石垣島の生まれで、無系の百姓ではあったが、役人の後胤で仁侠の風格を備え、流刑を言い渡されたときも、従容として刑に服したという。

幸いにも加那は一八七九年の廃藩置県の際、赦免の特典を与えられ、一〇年の刑を待たずに生まれ故郷の石垣島に戻ってきた。加那はその後結婚して二人の男子をもうけ、一八九六年五二歳で世を去った。人呼んで加那のことを〝石炭加那〟と呼び、事件のことを〝石炭加那事件〟と呼ぶようになった。

一九三六（昭和一一）年、西表島炭鉱隆盛のころ、大浜加那と林太助の頌徳碑を建立する計画が炭鉱業者の間から持ち上がったことが当時の『海南時報』に報じられているが、実現しなかった。いずれにしても〝石炭加那事件〟は波乱の炭坑史の開幕を告げる事件であった。

明治政府の関心

薩摩は西表島に石炭のあることを知ったものの、その後実際に採掘することはなかった。版籍奉還や西南の役など相次ぐ激動がそうした実行を許さなかったのであろう。

一方、琉球側も一八七九年のいわゆる琉球処分（廃藩置県）の激動期に突入し、西表島の石炭をめぐる動きもしばし鳴りをひそめていた。再び西表島の石炭のことが取り沙汰されるのは、明治一〇年代の終わりごろになってからである。

鹿児島出身の植物学者であり、農商務省の役人でもあった田代安定は、三度にわたって八重山を調査しているが、初めて訪れた一八八二年の調査をもとに明治政府に提出した「沖縄県下先島廻覧意見書」のなかで、西表島の石炭について言及している。彼はそのなかで、西表の石炭は良質の石炭であるから、小は那覇往復の汽船用として、大は海軍省や各地への輸出に応ずることができるので「願クバ更ニ官ヨリ相当ノ鉱山吏員ヲ派遣サレ、十分実施ヲ検索シテ将来開鉱ノ可否ヲ公衆ニ告示サレンコトヲ」と建言している。

明治政府は田代意見書の三年後の一八八五年に再び田代を派遣して、一〇カ月に及ぶ八重山の旧慣調査を行っているが、このとき西表島の炭脈調査を合わせて実施している。

その調査に沖縄県御用係として参加したのが、なんと林太助であった。波照間島に流刑となった大浜加那も、そのころには特赦で石垣に戻っているが、二人がどのような対話を交わしたのか、今は知る由もない。

明治政府の関心を増すいまひとつ重要なことが、田代の八重山滞在中に起きている。一八八六年三月、時の内務大臣・山県有朋が西表炭坑を視察していることである。山県の巡視には、三井物産会社の社長・益田孝が同行している。三井はすでにその前年に西表の内離島で試掘を始めており、視察はそれとの関連が強い。

勿論、山県の沖縄巡視は、なにも西表を見ることが目的ではない。横浜を出て鹿児島、奄美大島、沖縄本島、宮古、八重山と南下し、帰路は長崎の五島列島、対馬に及ぶいわば国境の島々を視察するという海防的見地からのものである。琉球処分後の県治の実情視察の目的については言うまでもない。

八六年といえば、国内的には全国を疾風の如く吹きあれた自由民権運動の嵐が、政府の弾圧によってようやく鎮静化し、〝国権〟が確立していく時期である。対外的には帝国列強が東洋の植民地を求めて機をうかがい、朝鮮半島では後発資本主義国・日本が清国やロシアと陰に陽に確執を続けていた。国境に接する島々に、明治政府としても国境防備の観点から強い関心を示したのである。

ところで山県の西表炭坑視察について、徳富猪一郎（蘇峰）は『公爵山県有朋伝』（昭和八年刊・中巻）で、益田孝の晩年の話として次のように書いている。

「明治一九年であったか、八重山島に炭鉱があるというので、之が採掘をやろうという考えがあった。当時内務大臣であった山県公が郵船会社の長門丸を御用船に借り上げて、沖縄県を視察するということを聴き、是は好都合であるから、早速願い出て其船に便乗を允された」

山県ら一行を乗せた長門丸が西表・船浮湾に碇を降ろしたのは、一八八六年三月一〇日。そこから内離島の石炭試掘の様子を視察している。巡視から帰任してあとの「復命書」で山県は、次のような建言を行っている。

「入表（注・西表のこと）ニ於テハ之ヲ開墾シテ庶圃トナシ、又内離島ニハ炭層出スルアリ。客年来、三井物産会社始メテ借地試掘セリ。此又充分ノ測量ヲナシ、大ニ採掘スルニ至ラバ、其益尠ナカラサルヘシ」すなわち、サトウキビ栽培と石炭の採掘を勧めたのであるが、採炭にあたって彼が提案したのは、なんと囚人労働者の使用であった。

三井物産の囚人労働

山県有朋が石炭採掘に囚人を充てることを提案した理由はなにか。彼はこのときの視察日記「南航日記」の中でこう書いている。

「土人ヲ役シテ之ヲ採掘セシメントスルニ、本島ハ従来米穀品ヲ以テ納租スルノ慣習ナレト、土人賃銀ヲ得ル事多キトキハ、勢金納ヲ欲シ、旧慣ヲ破ルニ至ルヘキヲ以テ、土人ヲ役スルハ不可ナルノ説アリ」

土地の人間を使役すれば金納を求め、旧慣が破られるおそれがあるのでそれはむつかしい、というのである。

また山県は「復命書」のなかで「此地ニ於テ新タニ一ノ集治監ヲ設ケ、囚従ヲシテ蕪圃開墾、炭坑採掘ノ両事業ニ従事セシメハ、其効ヲ収ムルヤ明カナリ」と述べ、八重山に罪人を収容する集治監の設置を建言している。

実は八重山については、一八八三年一月に「沖縄県人民ニ限リ徒刑流刑ニ処セラレタルモノハ同県下八重山島ニ発配スルヲ得ヘシ此旨相達候事。但囚人取扱方ハ旧慣ニ因リ沖縄県令之ヲ管理スヘシ」との太政大臣の通達が出されている。しかし集治監設置構想は、囚人をはじめから開墾や採炭に従事せしめるためにあった。

集治監と囚人労働といえば、北海道開拓や九州の炭坑地帯で明治政府が日本資本主義の創始期において低賃金でしかも大量の労働力を確保する政策としてとったものである。そこでは自由民権運動で逮捕された民権家たちが厳寒の北海道に送られ、強制労働にかり出されて死んでいる。それと同じ政策が西表でも採用されたのである。

さて、西表炭坑史の開幕を告げた三井物産会社の採炭事業は、一八八五年の試掘を経て、翌年から本掘を始めた。三井物産会社の西表炭坑関係資料『沖縄石炭山書類』（三井文庫所蔵）によれば、西表の旧成屋に官有地五万坪の借地願が出されており、相前後して内離島にも借区願が出されている。

また、益田孝が沖縄県に提出した「内離島石炭見込上申」によれば「内離島南西面ヨリ北西ニ掛ケ隧道ヲ掘リ、運輸ノ便ニ供ス。其ノ採掘スル量ハ、一日凡ソ百噸《トン》トシ、一ケ年凡ソ三万六千噸採掘スルノ見込ナリ」とあり、輸出先は中国の福建、厦門、香港、支那南部諸港となっている。

この石炭輸出のため、内離島に長崎税関出張所が設置された。一八八六年のことである。同年に大蔵大臣松方正義が内閣総理大臣伊藤博文にあてた「沖縄県下八重山地方内離島石炭海外へ直輸出ノ件」によれば、出張所設置の理由は、ひとつは西表炭坑が本土から遠く、出張所がなければ冗費がかかること、もうひとつは清国との〝密商〟取り締まりにあった。〝密商〟とは旧士族による中国との密貿易である。

こうして採掘が始められたが、どれくらいの坑夫が働いていたのか。明治政府が沖縄の旧慣調査に派遣した一木書記官の「取調書」によれば「一部ハ本県以外ノ者ナリシト雖ドモ、其多数ハ本県監獄署ノ囚使役シ、汽船積入人夫ノ如キハ、専ラ西表及崎山、上原三ケ村ノ者ヲ使役セリ」とある。坑夫総数五〇〇人とあるものの、囚徒の数は「多数ハ本県監獄署ノ囚」とあるだけである。

笹森儀助は『南島探験』のなかで、一八八六年の数として坑夫一三〇人、懲役人一四〇、一五〇人と記している。いずれにしても山県有朋が提案した囚人労働が、採り入れられたのである。また笹森は内離島の人口内訳を坑夫八二人、船出人二八人、事務員一〇人、諸職員四人、沖縄人一二人と記しているが、沖縄人の賃金は他府県人の三分の一と差がついていた事実を記している。

三井物産の採炭事業は一八八九年には中止された。中止の最大の理由はマラリアの流行である。一木書記官の「取調書」によれば一八八六年六月から一二月までにマラリアにかかった坑夫が一五〇人中なんと一四四人、このうち四人が死亡。囚人にいたっては三三人が死んでいる。囚人労働の悲惨な結末であった。

大倉組と尚家の進出

一八九四年に勃発した日清戦争から一九〇四年の日露戦争に至る時期は、日本の国内産業が産業革命を迎えたときであり、日本資本主義が国外に目を向けていく時期でもあった。

両戦役を通じて沖縄の旧士族階層の明治政府に対する抵抗も弱まり、天皇制支配の体制が浸透していく。こうした内外の時代背景のなかで、西表炭坑も本格的な採掘の時代を迎える。三井物産会社の中止の後、一八九五年、内離島の南風坂坑を中心に進出してきたのは大倉財閥の大倉組炭鉱である。

坑夫一二〇〇人を投じて大々的な採炭事業に乗り出した。三井に比べると坑夫の数が急増し、その規模のほどを伺わせるが、事業内容や労働の実態などについては明らかではない。

大倉組は戦後の財閥解体でなくなったが、戦前は海外植民から巨利を吸い上げて、経済界に君臨した政商の色濃い財閥である。機を見るに敏な大倉喜八郎は、幕末・維新のときにいち早く鉄砲店を開き、官軍と幕府の両軍に鉄砲を売りつけて財をなし、一八七四年の台湾出兵のときにも都督府御用達商人を引き受けて巨大な富を得ている。さらに西南の役や陸海軍の軍需品の供給を引き受け、日清・日露の両戦争を通じて、合名会社大倉組は急速に発展している。

西表炭坑に手をつけたのもちょうどそのころである。おそらく中国大陸や南進路線の上で進出したものとみられる。採掘した石炭は香港や上海へ輸出されている。そのころ大倉組は朝鮮釜山に大倉農場、旧満洲に鴨緑江製材公司、本渓湖煤鉄公司を設立して、大陸に進出している。交易のために当時の金で三八万余円を投じて新造船「鶴彦丸」（鶴彦は喜八郎の雅号）を西表と大陸間に就航させたが、二回目の航海で沈没している。

そのことが影響したのかどうか、一八九九年には採炭事業を中止している。事業開始からわずか四年後のことである。

大倉組の事業中止の後、同炭坑を引き継いだのは、尚家資本を中心に設立された沖縄開運会社である。同社は内務省から下賜された郵便船「大有丸」をもとに一八八七年に設立された。社長の護得久朝惟は日清戦争後業務を拡大し、一四〇〇～一五〇〇トン級の大型船（当時）「広運丸」を購入し、「丸一商店」を設立している。

沖縄開運会社は、貯炭四百万斤を引き受け、坑夫、事務員など約五〇〇人を使い、採炭した石炭を台湾総督府銭通へ納付した。しかし同社の事業も長くは続かず、一九〇七年には中止されている。その理由は明らかではない。

沖縄関連会社の事業中止と相前後して、一九〇六年には八重山炭鉱汽船合名会社が設立され、元成屋方面で採掘を開始しているが、同社は一九二一（大正一〇）年まで続くので、時代的にはむしろ大正期に属する。同社の進出を境として、西表炭坑における資本の性格や労働の形態も変わっていくので、ここではひとまず明治期における特徴について要約しておく。

まず資本や経営主体からみるとき、三井物産や大倉組に代表されるように、明治政府の御用資本や尚家資本のように国策との関連が強いことである。その背景には、日本の南進政策の足がかりとして、西表炭坑が使われたことである。

また、坑夫の労働形態からこれをみるとき、囚人労働に代表されるように、極めて原始的かつ非人間的形態がとられたことである。それはまた、初期の西表炭坑が国策的な要請にもとづいて行われたことを裏付けるものであった。なぜなら、囚人労働者の使役は資本と国家権力とが一体となってはじめて実現可能な政策だからである。なにごとも旧慣温存を統治の基調としてきた当時の情勢下で、極めて特異であったと言わねばならない。

大正の全盛期

大正期に入った西表炭坑は、第一次欧州大戦（一九一四―一八年）と国内的には日露戦争以後の重工業化時代を反映して石炭の需要が増大し、それに支えられて第一次全盛期を迎えた。

八重山炭鉱（一九〇八年設立）、沖縄炭鉱（一八年）、先島炭鉱（二〇年）、琉球炭鉱（二一年）、共立炭鉱（二三年）、高先炭鉱（二五年）などの大小炭鉱会社が採炭に乗り出し、西表炭坑は各坑ともにわかに活況を呈しはじめた。なかでも八重山炭鉱、沖縄炭鉱、琉球炭鉱は、大正期における三大炭鉱としてその規模の大きさを誇っていた。

明治期の炭鉱が明治政府の御用資本的性格が強かったのに対し、大正期に入ると日本本土の中小資本によって事業が推進され、採炭の形態も直営的なそれから、「斤先」と称する下請制度が導入され、一つの炭鉱の下に採炭を請負う納屋制度が発展していく。そして群小の炭坑が生まれては滅び、滅んでは生まれる盛衰を繰り返す。

八重山炭鉱（正式名称は八重山炭鉱汽船合名会社）は、一九〇六年に首里の高嶺朝申、高嶺朝教、小峰幸之らによって設立され、数年間は振るわなかったが第一次欧州大戦後の好景気で、中国への輸出を伸ばしている。同社所有の末広丸、広栄丸、臨時雇船の一、二隻をもって那覇、福州、打狗、上海、香港などに輸出している。

坑夫八六四人のうち、県内が四七〇人、他府県人二一二人、台湾人一五〇人、中国人二八人となっている。家族も加えると一一〇〇人を数えたという。台湾人や大陸からの坑夫が登場するのも、同炭鉱が初めてである。船浮湾に係留された本船に石炭を積み出すときには、近隣の租納、船浮、干立、網取、崎山といった村々から村人が日雇人夫として働き、夜もすがらともす石炭のあかりを頼りに、徹夜の作業が続けられたという。

沖縄炭鉱は岐阜県の資産家・山之内豊太郎が一九一六年に設立した西表炭鉱を翌年沖縄炭鉱と改称したもので、本部事務所を白浜に置き、採炭を内離島、後には浦内にも拡大した。坑夫約一〇〇〇人を使っていた。内離島には坑夫納屋や会社の直営売店、医務室なども設置された。石炭は香港や上海などに輸出された。

琉球炭鉱は一九二一年に八重山炭鉱が採炭事業から手を退いて後、河野吉次が設立したもので、坑夫従業員一三五〇人を擁し内離島を中心に大々的な採炭にのり出した。那覇と基隆（台湾）に出張所を設け、石炭は上海や台湾、那覇へと輸出された。

一九二三年六月一一日の『八重山新報』に載った「西表紀行」の一文に、内離島炭坑の様子が次のように紹介されている。

「船は次第に船浮湾に呑まれ、愈々湾の中腹琉球炭坑附近に碇泊したのは、午後四時半頃であった。（中略）琉球炭坑の八坑は七、八〇尺の高い烟突から黒煙をあげつつ盛んに石炭を吐き出していた。其附近には四五カ所の坑口があり、何れも採掘に忙しく碾外役夫や輪搬車が頻繁にここかしこにおり、山腹には七八〇軒の納屋が立ち並んで居る」

八坑の跡は、いまも煙突や貯炭場跡が風浪に耐えて残っている。河野は昭和の初期、内離島に新しい炭坑を開口した。新坑と呼ばれたこの炭坑には十数軒の納屋が立ち、新しい炭坑の村が生まれた。現在の白浜村の向い側である。

裸一貫坑夫からたたきあげた鉱業主の河野は、莫大な利益をあげ、沖縄県内の高額納税者にのしあがり、西表の〝炭坑王〟とまでいわれた。大正期につくられた「八重山数え歌」の一節に「五つとやいつも賑わう成屋村、世界にとどろく石炭坑」といささかお国自慢的に歌われた。しかし、繁栄の陰に坑夫たちの地底での血のにじむ労働があった。

納屋制度下の悲劇

大正期における坑夫の労働は、炭坑特有の納屋制度に代表される。納屋制度とは納屋頭の下に坑夫を配し、坑夫の雇い入れから身上保証、坑内作業の割当、現場監督から賃金の支払いなど一切を請負う制度のことである。単に会社と労務供給の請負をするだけでなく、坑夫の生活管理を不可分とするところに特徴がある。

本土の産炭地ではすでに明治二〇年代ごろから導入されているが、西表炭坑にいつごろから採り入れられたかは定かでない。いまのところ資料的に確認できるのは大正期に入ってからである。この制度の下で、納屋頭は坑夫募集により受ける手当から坑夫の稼働実績による斤先料と称する歩合、飯場の賄料、日用雑貨の売勘定の収益、前借金の利子といった多面的な収入が保証された。

しかし坑夫たちは、この制度の下でがんじがらめにされ、借金に低賃金、重労働、疾病の苦痛を背負い、呻吟する日々を送った。

坑夫たちは全国各地からきた。北は北海道から南は植民地下の台湾や朝鮮からもきた。もちろん沖縄県内からもきた。窮乏にあえぐ山原や久米島、宮古などの離島からも出稼ぎにやってきた。

たいていは斡旋人の甘言に乗せられ、一獲千金の夢を求めてやってきた。しかし、西表にたどりつくまでには船賃、食費、衣服費、さらには斡旋料までが、坑夫の借金として肩に重くのしかかってきた。一獲千金どころか、西表に着いたときから借金返済のために働かねばならなかった。

坑内労働はどうか。朝の五時、六時からカンテラ下げて坑内に降り、一日に十数時間も地底で働かされた。午後から坑内に入る二番手、夜になって入る三番手などがあったが、目標の出炭量に達しなければ、何時間でも掘り続けねばならなかった。

炭層が薄いため切羽は狭く、俗に「タヌキ掘り」といわれる古い採炭方法であった。横になるか、すわってツルハシを握って石炭を掘る「さき山」と、それをスラ箱に入れて運び出す「あと山」とが一組になって作業した。

炭層が薄いため、ボタも多かった。西表の石炭は引火性ガスを発生しなかったため、坑内爆発はなかったが、落盤や潮水の噴出はしばしばであった。

夫婦者の場合は「さき山」を夫が、「あと山」を妻がやったが、女坑夫にとって坑内労働の厳しさは、想像を絶するものだった。坑夫の定着をよくするため、会社は結婚を勧めたらしいが、時に有無を言わさず組ませることもあった。

坑内労働には「人繰り」と呼ばれる現場責任者が四六時中ムチを手にして見張っていた。逃亡を警戒していたのだ。少しでも怠けようものなら、ムチやこん棒が容赦なくとんできた。

一日の坑内労働が終わって、彼らが泊まる家が納屋である。所帯持ちの小納屋と独身者の大納屋とがあるが、長屋ふうの大納屋で坑夫にあてがわれたのは、わずか畳一枚分であった。大勢の足で踏みつけられ、ボロボロになった畳に一日の労働で疲れきった身を横たえたが、そんなときにも入り口には「人繰り」の目が光っていた。

一日の疲れをいやすために坑夫たちは酒にひたり、バクチに興じることもあった。行き場のない孤島で、〝流れ坑夫〟たちはやけ酒をあおり、ケンカに明け暮れた。大正から昭和にかけての当時の新聞には、西表炭坑で起きた事件の数々が報道されている。

一九一七年三月三日の『琉球新報』は「活地獄・八重山炭坑！　坑夫を殺して罪を陰蔽せんとす」と報じ、北海道の『函館毎日新聞』（一九二五年七月二日）は「孤島の生地獄――泣き暮す同胞一九〇〇名の惨状」を報じているが、孤島に幽閉された坑夫たちにとって西表炭坑は、まさに「生き地獄」に等しかった。

「炭坑切符」

納屋制度の一種の暴力機構に加えて、坑夫たちを泣かせたものに「炭坑切符」がある。俗にキップと呼ばれた「炭坑切符」は、炭鉱会社が発行した〝斤券〟であるが、炭坑社会では一種の私製紙幣として通用していた。

切符は会社の資金不足をカバーし、坑夫の日常必需品を会社直営の売店で購入させることによって再び資金を回収する機能を持っていた。その上、切符は他の炭鉱会社や一般社会では換金できないから、坑夫たちの逃亡を防ぐ機能も果たしていた。坑夫たちにとっては、暴力以上に足かせとなったもので、炭坑切符にまつわる悲話は多い。

炭坑切符の制度は九州あたりの炭坑地帯では、早くから行われていたようである。西表炭坑にいつごろから導入されたか確定はできないが、おそらくは納屋制度の導入とともに入ってきたのであろう。

では、炭坑切符とはどのようなものであったか。一九一六年に設立された西表炭鉱会社が発行した切符が現存しているが、表には「石炭壹千斤、採炭領収之証」と書かれ、四すみには山の字がデザインされている。山は鉱業主・山内豊太郎の頭文字である。裏面には「一、本証ハ採炭領収証トシテ交付シ、毎月通貨ヲ以テ交換ス。一、此証券通用ハ當礦使役人ニ限ル。一、著シキ破損ノ分ハ交換セス。一、當礦廃業ニ至レバ此券無効タルベシ」と書かれている。

裏面の記述にもあるように、切符は通貨（本金と言っていた）と交換できることになっているが、たいていは行われなかった。一斤が一銭というように、そのまま通貨の金額を意味した。西表炭鉱会社の切符は、紙幣と見まごうほど印刷も立派なものだが、昭和の不況期に入ると、大学ノートを切ったものに金額を書き、単に鉱主のはんこを押したものなどもあった。

切符を賃金がわりに受け取った坑夫たちは、会社の直営売店で米、しょう油、石油、酒、タバコといった日常品を購入して生活した。商品には西表に持ってくるまでの船賃と、会社のマージンが加算され割高であったが、米のみは安かった。それは米の価格が、坑夫たちに支払われる賃金の基準ともなっていたからだ。

炭鉱切符は坑夫たちばかりでなく、炭坑外の近隣の村人たちの間でも使われた。村の男たちは坑内で使う坑木を山から伐り出して炭鉱会社に売ったり、石炭の船積み作業のときは、日雇い労働をして日銭を稼いだ。

また主婦たちは野菜類を炭坑の村々を回って売り歩いたが、そうした折、会社や坑夫から受け取るのが炭坑切符であった。村の人たちは帰りにこれを直営売店に行って日用雑貨と交換していた。

しかし昭和初期の不景気のころ、村人の間から炭坑切符による支払いを拒否する動きが出た。当時、西表の干立にいた黒島寛松氏の話によると、租納、干立の人たちは「今後、本金をくれなければ、いっさい炭坑の仕事はしない。野菜も売らない」と強硬な態度に出た。

租納の村人が「こんな紙切れは役に立たぬ」と怒って海に放り出した炭坑切符が、民謡で名高いマルマボンサン岩の周囲をとりまいて、海面が白くなるほどだったとか。会社はついに折れて、村人には本金で支払うようになったという。

しかし坑夫たちには相変わらず切符で支払われた。いつの日か故郷に帰らんと夢みて、せっせと切符を貯めていたのに、ある日突然、会社が倒産。せっかく貯えた切符がただの紙切れに化した。なかには偽装倒産もあったという。耐えに耐えて貯えた労働の対価が、一瞬にして無になったときの坑夫たちの気持ちは、いかばかりであったろうか。

炭坑ピンギムヌ（逃亡者）

納屋制度下における坑夫の厳重な監視や炭坑切符による二重三重の足かせにもかかわらず、坑夫たちの逃亡は後をたたなかった。大正から昭和にかけて、特に増えている。八重山では炭坑逃亡者のことを「炭坑ピンギムヌ」と呼んでいた。

逃亡を防ぐ会社側の監視も一層厳重をきわめ、炭坑によっては「請願巡査」と称して会社側が雇うガードマンのような巡査もおかれた。それでも逃亡は続いた。失敗するといかなる仕打ちが待ち受けているか、それを知りつつ彼らは死の逃避行に出た。まさに残るも地獄、出るも地獄であった。

特に西表炭坑は、周りを密林に取りかこまれ、さらにその周りを海にかこまれている。九州あたりの炭坑地帯ならば、陸続きなのでケツワリ（炭坑の言葉で逃亡のこと）もできるが、西表では絶望的な状況であった。

一九二六年、農商務省の役人であった渋沢敬三（後の大蔵大臣）が、台湾視察の帰路西表炭坑に立ち寄った。その様子を「南航日記」のなかで次のように書いている。

「彼らの多くは甘言に乗ぜられて来た内地の善良な坑夫又は労働者である。一度此島に入れられたら最後、彼等は二度と浮世には出られないのである。世に監獄部屋と云ふ話も聞く。坑夫の惨めな話も聞いた。しかし、内地に於ける彼等は如何に惨めとは言え、未だ未だ幸せであった。文通を禁ぜられ、通貨を奪われ、性欲の発動を奪われ、而も死ぬことさえもできぬ彼等の如きを、今眼の当り見ようとは真に思いもよらなかった」

渋沢がいうように〝二度と浮世には出られない監獄部屋〟であったが、それでも坑夫たちは命をかけて脱出を試みている。

一九一四年八月に起きた台湾人坑夫八人による逃亡事件は、鉱主の船を奪っての逃避行であった。郷里台湾をめざして船を出したものの途中で嵐にあって流され、波にまかせて一三日間も漂流。飲まず食わずで二人が餓死した。一四日目に屋久島沖に漂着、鹿児島裁判所へ護送されたが言葉が通ぜず、台湾へ移送された。逃亡の理由は虐待されたうえに金を与えず、切符を換金してくれなかったためと証言している。

同じ年（一九一四年）の一二月一日『琉球新報』が四回にわたって連載した「坑夫物語——あわれなる脱走者・悲惨なる炭坑生活」は、久米島仲里から西表炭坑に来て逃亡した我如古松と山城牛の二人の話で、炭坑の惨状を白日の下にさらしている。

我如古らはこの年八月、一三人で久米島から西表・内離島の八坑（西表炭鉱会社）に入った。約五〇人ほどの沖縄出身坑夫がいたが、このうち二〇人が病気にかかっていた。我加古らも一〇日とたたぬうちにマラリアにかかった。ここにいては死を待つばかりと夜、サバニを盗んで島を脱出。五日かかって石垣島にたどり着くが、炭坑さし回しの三人の追っ手に捕らえられる。抵抗したため警察に連行され、借金を返せば見逃してやる、ということになり我加古らは糸満からきた人から立て替えてもらって、なんとか那覇まで来たのであった。

いちかばちかの脱出に成功した彼らは、まことに幸運というほかない。ジャングルにさ迷って道を失い、白骨と化した坑夫たちもいる。泳いで西表から石垣島に渡ろうとしてフカのえじきとなった坑夫もいる。炭坑ピンギムンにまつわる悲話は数多い。

無一文で逃走するピンギムンに、島の人たちは同情的であった。追っ手をのがれて逃亡する彼らをかくまって逃した話も多い。暗い話で塗られた炭坑の歴史のなかで、坑夫たちと島人との連帯のエピソードは、さながら闇の坑道にさす一条の光である。

昭和期の炭坑

昭和期に入った西表炭坑は、昭和初期の世界的な大恐慌で一時不振をみたものの、一九三一年の満洲事変、三七年の日華事変を経るなかで再び活況を呈し、四一年の日米開戦ごろにはピークに達した。昭和の全盛期である。

しかし、昭和一〇年代も後半になると、坑夫が軍夫として徴用され、米軍の潜水艦が琉球列島に姿を現すころには、石炭輸出航路の安全が確保できなくなり、次々と採炭中止に追い込まれ、ついには事業停止のやむなきに至った。そのことは後に触れるとして、昭和の西表炭坑の概要を記しておこう。

前述のように満洲事変の勃発、金輸出の再禁止などにより、国内の軍需産業と輸出産業が大いに刺激され、石炭産業の景気回復の端緒となった。全国各地の炭坑地では増産、新坑の開設、休坑の復興が進み、出炭高は飛躍的に増加した。日華事変を契機として、石炭産業は各種産業の基礎的原動力として位置づけられ、国防の線に沿うよう増産計画が敷かれた。

こうした石炭をとりまく内外の状況は、西表炭坑にも早晩、波及してきた。西表炭坑の活況ぶりを、一九三九年、沖縄県警察部健康保険課が坑夫の健康実態調査をしたときの報告書『沖縄県の宝庫西表島と健康保険事業の概況に就て』は、次のように書いている。

「今や多年の苦心は酬ひられ、支那事変以来軍需景気は澎湃として本島に迫り、商取り引きも活発となり、操業も活発を呈するに至り、炭価一躍五倍に昇騰せるを見る為、大小一〇カ所の炭鉱は現在盛んに採炭に活を入れ、鉱夫らは未明より深更に至迄、作業に従事する現況にあり」

炭価が五倍に上って、大小一〇カ所もの炭鉱が採炭に活を入れている――とあるように、このころには夜間の三番手まで坑内にかり出されるほどの活況ぶりであった。炭鉱会社も大正期の琉球炭鉱や沖縄炭鉱が衰退し、かわって南海炭鉱、丸三炭鉱、星岡炭鉱などの新興炭鉱が台頭してきた。南海炭鉱は名古屋の資本で、三河セメント、東海セメントの代表をしていた山内卓郎が一九三六年に設立したもので、多くの斤先人を容して採掘を始めている。

丸三炭鉱、星岡炭鉱は、いずれも大正期に沖縄炭鉱、琉球炭鉱の納屋頭として坑夫を掌握していた人たちが独立、昭和期の新興勢力として台頭してきたものである。特に丸三炭鉱の鉱業主・野田小一郎は、浦内川の支流・宇多良にジャングルを伐り開いて丸三炭鉱宇多良鉱業所を開坑、一大炭坑村を築き上げた。

炭坑村には坑夫の納屋が十数棟も軒を連ね、劇場や病院なども設置し、最盛期にはアセチレンガスが不夜城の如く輝いていたという。野田はこの炭鉱から莫大な利益をあげ、昭和の西表炭坑に君臨した。一カ月の出炭高は四二〇〇トンで、年額四五〇〇〇トン。那覇市場の時価に換算すると一二〇万円。当時の沖縄県の生産物総額の五二分の一に相当する額であったという。

前引の沖縄県警察部健康保険課が出した報告書には、この宇多良鉱業所の全景写真がのっているが、元のジャングルと化したいまの宇多良からは、想像もつかぬ光景である。当時の炭坑景気がいかにすごかったかをありし日の宇多良鉱業所の写真は物語っている。

鉱業主・野田小一郎は一八八七年福岡県の生まれ。明治の末に八重山開墾のために石垣島に渡島、大正期に沖縄炭鉱入りしたが、持ち前の機敏さと押しの強さで頭角を現し納屋頭に。そして大正末、自ら手なづけた坑夫を引きつれて独立、昭和の石炭景気の波に乗って〝野田王国〟を築き上げたのであった。

坑夫の労働と生活

軍需景気のあおりを受けて各坑は活況を呈し、増産につぐ増産となったが、坑夫の労働条件は強化され、ますます悪化した。ひと口に坑夫といっても採炭夫、仕繰夫、運炭夫、雑夫など職種によって異なるが、賃金は熟練、未熟練によっても異なった。

さらにいまひとつ賃金を左右したのは、炭層の厚薄であった。炭層の薄い切羽に当たれば、作業能率が低下した。それだけ賃金も少なくなるので、それをカバーするために長時間労働に及んだ。これがまた坑夫たちの健康を損ねる原因ともなった。

昭和一〇年代の坑夫の就労時間は、採炭夫はおおむね朝の六時に入坑し、夕方の五時か六時には坑内を出てきた。一二時間余に及ぶ重労働が、暗い坑内でカンテラの灯をたよりに行われたのである。

一九三九年の坑夫健康調査の報告書はこう述べている。

「真裸体の被保険者（坑夫のこと）二人が一組となって細かい光の探照灯を的に切羽より採炭まで為しつつある実景を面のあたり目撃したる予等には、モグラの土掘の感を与ふ。（中略）坑内に於て彼等作業夫は、身を縮め背を屈して小鳥の巣造りそのものの如くに、或は一脚を突き出し、或は後退蹲居の態勢をとりつつハンマーを打ち込む精一杯の力は、悲壮の交響楽を奏せしむるやの感すらあり」

また坑内労働が坑夫の健康に及ぼす影響についてもこう述べている。

「本鉱山の被保険者は、入坑当時は非常なる健康の保持者なるも、漸次過労と疾病によりて、溌溂たる意気消耗し去り、昔日の勇姿を留めず、諸種の疾病を誘発し、風土病たる各種のマラリア、脚気等の疾病も加わって遂に重病に陥り、死を招くもの相当あり」

坑夫の疾病で多かったのは、脚気、寄生虫、マラリアなどである。脚気は坑内が高温多湿であることや、食事に野菜が乏しかったことなどがあげられる。非衛生的な環境は寄生虫の蔓延をもたらしたが、寄生虫の保有者は坑夫の七八・八％にものぼっている。

マラリアは脾腫が現れている坑夫は全体の二七・八％だが、既往症の坑夫も含めると七四％も占めている。マラリアは三日おきとかある一定の周期をもって高熱を出すが、熱がひくと普通の状態となるので、また入坑した。それを繰り返すうちに坑夫はついに衰弱して死に至った。

坑夫が病気で休むと収入がないから、食費や治療費などは借金となってかさむ。その借金を返すために、また重労働を覚悟で働く、前引の坑夫健康調査は「借金なきものは全被保険者の一割七分に過ぎず」と報告している。いかに坑夫たちが借金に苦しんでいたかがわかる。坑夫のなかには病気をしたときの薬代や食費が、いくら借金としてついているのかさえわからない者もいた。

このようにして重労働→疾病→借金→重労働の悪循環をくり返して呻吟していた。労働組合の組織ももちろんなく、警察に窮状を訴えても、借金ばかりはどうすることもできなかった。

炭鉱会社も坑夫たちの不満を解消するため、娯楽施設をつくり、興業芝居をうったり、映画を上映したり、お寺をつくって布教したりした。「山の神」のまつりを盛大に行い、親分子分の擬似共同体的な絆を一層強めた。

丸三炭鉱宇多良鉱業所では坑夫三〇〇人も収容できる劇場もつくられ、坑夫たちによる素人芝居も上演された。坑夫たちは浮世の苦しみをしばし忘れるのであった。当時、この素人芝居に使われたカツラが、いまも干立の公民館に保存されている。

台湾人坑夫たち

西表炭坑の長い労働史のなかの特徴の一つに、外国人労働者の就労がある。台湾人坑夫、中国本土の坑夫、そして朝鮮人坑夫たちである。なかでも地理的に近い台湾からは、たくさんの坑夫がやってきた。

日本資本主義の発展過程において、植民地朝鮮や台湾の労働者は、低廉かつ大量の労働力の確保ができること、また取り扱いが自在であったことなどから収奪をほしいままにしてきたが、西表炭坑における場合はどうであったか。


西表炭坑の外国人労働の歴史は、いつごろから始まったのか。いまのところ史料的に確認しうるのは、一九〇八年に元成屋で採炭を始めた八重山炭鉱が、福州人一五〇人、台湾人二五〇人を使ったという記録（西表マラリア防遏班編『西表島の概況』一九三六年）である。

この事実から推察すれば、台湾人坑夫が使役されるようになったのは、おそらく一八九五年の日清戦争で台湾が日本の植民地となって以後のことであろう。同年に内離島の南風坂坑で、坑夫一二〇〇人を投じて採炭を始めた大倉組の場合も、中国大陸と関係が深かった（前述）ことからみて、中国人坑夫が使われていた可能性が高い。

大正期に入ると、台湾人の謝景が経営する炭鉱が下請け採掘を始めるようになり、同坑にはほとんど台湾人坑夫が就労している。また昭和期には藩枝坑など台湾人斤先人の炭坑も現れた。丸三炭鉱などでも台湾人坑夫が働いていた。坑夫は台湾の基隆やその近くの瑞芳あたりの産炭地で坑夫をしていた人たちが多い。特に基隆が台内航路の港として沖縄とも関連があったことから、この地方の人たちが多い。

謝景などもその典型である。一九三八年八月二三日の

『海南時報』には、次のような紹介記事がのっている。

「謝景氏は基隆市の出身で、本年五〇歳。内離島旧三谷鉱を鉱区とし炭層上下本層の三層より成り、鉱区三〇余万坪、従業員五〇名、月産二〇〇噸《トン》を産出している。坑夫の大多数は台湾人で家族的待遇をなしている（後略）」

このように昭和期に入ってからも、台湾人坑夫は絶えずやってきた。台湾人坑夫の就労者数は、西表炭坑の盛衰そのものと相似的関係にあったと思われる。つまり明治後期から始まった台湾人坑夫の就労は大正末期には四、五〇〇人にのぼり、昭和初期の不況で百数十人に落ち、昭和一〇年代になって再び数百人にふくれ上がったと推察される。

台湾人坑夫のことで注目すべきは、炭鉱会社が坑夫たちにモルヒネ（モーフィと言っていた）を射ち、その〝甘いエサ〟を巧みに利用しながら、坑内労働にかりたてていた、という事実である。このことは幾人かの証言や手記によって明らかにされている。

例えば長年西表炭坑で働いていた佐藤金市（故人）はおびただしい記録を残しているが、同氏の著書『西表炭坑覚書』のなかでも、台湾人坑夫・張阿水から聞いた話が紹介されている。坑夫がモルヒネほしさに働かされ、注射の回数を重ねていくが、それが給料から天引きされて、ほとんど給料は残らなくなる。

炭坑会社雇の医師が注射をしたり、坑主の夫人が代行して射つこともあった。モルヒネを労務政策に使っていたことは、この事実からも明らかであるが、非人道的な労務政策のとられた炭坑労働史のなかでも、これほどひどいケースは他に例をみない。

戦後、坑主が台湾に引き揚げたあと、恨みを買った元坑夫たちに殺害された、という話もある。坑夫たちのなかには、戦後も八重山にとどまった者もいるが、中には陳蒼明氏のように死ぬまで帰化を拒み、日本を告発しつづけた人もいる。

戦時下の炭坑

一九四〇年代に入ると、西表炭坑も戦時色がしだいに濃厚になってきた。一九三七年七月におきた盧溝橋事件で日中戦争の端緒が開かれると、日本経済全体が急速に戦時体制へと移行した。特に産業の基礎的原動力と位置づけられていた石炭産業は、軍需と民需の調整を図る必要から「石炭配給統制法」が施かれ、統制の下におかれた。一九三九年からは増産奨励金が出され、増産に拍車をかけた。

しかし、それに伴う機械化のテンポが遅いため、いきおい坑夫の労働強化に頼るほかなかった。深夜労働禁止や就労時間制限の緩和、幼年工や婦人労働者の入坑許可などとなって現れた。東条軍需大臣は「石炭は戦力の基礎にして、之が増産は戦の鍵なり。挺身職域に精励し、万難を克服して石炭の飛躍的増産を期すべし」と檄をとばした。

西表炭坑にもこうした戦時色がしのびより、毎朝入坑前に坑夫を集めて皇居遙拝が行われたりしたが、一九四一年、日米戦争開戦の年に陸軍船浮要塞建設が始まるに及んで、炭坑の様相も大きく変わっていった。要塞建設や、海軍陣地構築のために、坑夫の徴用が始まったからである。それは軍令によって強制的に狩り出された。

石垣島の飛行場建設や海軍特攻艇の秘匿壕掘りに徴用される坑夫もいた。建設に徴用された軍夫のなかには、強制連行で連れて来られた朝鮮人軍夫が六〇〇人余もいたという。

船浮要塞の建設では海岸からはい上がるような山頂に道路をつくり、山頂で大砲を据えるための穴掘りに従事させられた。重労働な上に食糧は不足し、坑夫たちの体力は疲弊していった。旅団司令部からは一日四円が支給されることになっていたというが、鉱業主から実際に支払われたのは、一円二〇銭でしかなかったとの証言もある。

一九四三年ごろから米英の潜水艦が出没しはじめ、台湾と沖縄との定期航路が不安定になったため、石炭運搬船の就航も減少、たぶついた石炭をかかえて各坑は事実上、事業中止へと追い込まれていった。

一九四四年一二月一二日には、八重山で初めて米空軍機による空襲が始まった。西表島でも住民や坑夫たちが軍の指定地に避難する生活が始まった。坑夫たちや白浜住民が避難したのは仲良川河口の山と、俗に二番川といわれた一帯である。

翌年（四五年）四月二日には白浜の村民が避難小屋をつくっている最中に米軍機が来襲し、白浜村が全焼した。炭坑の村であったことが、攻撃の対象となったらしい。

白浜には軍隊用の慰安所もあり、朝鮮人慰安婦が六人ほどいたというが、空襲とともにいずこへともなく姿を消した。

避難地では、食糧が不足して栄養失調に陥り、マラリアが猛威をふるって襲いかかってきた。炭坑医は戦局の悪化とともに、すでに台湾に疎開しておらず、人々はヨモギの苦汁をすすり、頭から水をかけて高熱に耐えた。しかし、多くの村民が枕を並べて死んでいった。

坑夫たちはさらにあわれであった。異郷の地で頼る人もなく、食や着る物さえなかった。彼らに残された道は盗みを働くしかなかった。

こうして隆盛を極めた西表炭坑は、戦争の激化とともに衰退し、敗戦とともに崩壊したのである。坑夫たちの多くは、敗戦後それぞれの故郷に引き揚げていった。戦争という高い代償によってしか、彼らは圧制の労働から解放されることはなかったのである。

しかし、故郷へ帰還することのできた坑夫たちは、まだ幸せであった。帰るに金がなく、戦後もなお異郷の地でわびしく老後を送らねばならない坑夫たちもいた。炭坑が崩壊しても坑夫たちの心の傷は癒えることがなかったのである。

残り火・戦後の炭坑

敗戦はすべてのものを変えた。西表炭坑の歴史も、ひとまず戦争によってひと区切りをつけた。戦前からの各炭坑は、鉱業主や坑夫がほとんど散り散りとなった。一、二の炭坑で戦前の坑夫を抱えて農業をしたりしていたが、採炭は行われなかった。

しかし、戦後の新たな支配者となったアメリカ軍は、西表炭坑に目をつけ、一九四八年に採炭を始めている。こうした地下資源に対するすばやい対応は、一〇〇年前(敗戦直後から数えて)のペルリ艦隊を想起させる。

米軍による採炭は、一九四八年から五〇年まで、およそ三年間続いた。四六年一二月、戦後復興資材の確保のため、仲良川上流に駐屯した米軍のマチウス伐採隊が、上原採炭所を開設して始めたものである。敗戦直後のことで、職を求める人たちが上原採炭所に集まり、集落を形成した。それが現在の中野部落である。

月産一二〇〇トンを産出し、一部を香港にも輸出したというが、なんのために輸出されたものか定かではない。上原採炭所は一九五二年に旧権益者・山内卓郎との合弁による琉球興発会社が、坑夫一〇〇人余を使って採炭したが二年ほどで中止した。隣接地に五九年松山鉱業所（松山哲郎）が四つの坑道を使って採掘したが、ほとんど掘り尽くされ、石炭は八重山郡内の酒屋やカツオ節工場などで燃料用として利用されたにすぎない。

これとは別に、一九四八年ごろから白浜近くの赤崎坑で星岡亀彦が採掘、外離島でも旧坑の採掘権を更新して採炭を始めたが、それも坑夫一〇数人といった小規模のものであった。また、内離島の南側に屋良石炭鉱業（屋良一社長）が坑夫一〇人前後を使って月産一〇〇トンから一五〇トンと細々と採炭をしたが、一九六〇年代前半には中止した。

こうして米軍上原採炭所、琉球興発、松山鉱業所、屋良石炭鉱業といったのが採炭をしたが、事業規模は戦前にくらべると零細なものである。いわば戦後の西表炭坑は、戦前の残り火が細々と灯をともしたに過ぎなかった。一九五九年に、日米両国政府が華々しく打ち上げた西表開発構想のなかでも、地下資源の再利用が言われ、一九六〇年にはアメリカのスタンフォード研究所が資源調査を行ったが、構想倒れに終わり、炭坑が再び息を吹き返すことはなかった。

それにしても、戦前、辛酸をなめた元坑夫たちは、いったいどこに行ったのか。戦争という大きな代償を払い、見えざる鎖から解き放たれた元坑夫たちは、新たな人生を求めて島を後にした。しかし、見えざる鎖から放たれても、事情あって帰郷できなかったり、渡航賃がなくてそのまま島に居残った坑夫たちも多い。

体力のあるうちは農業をしたり、浦内川の渡しもりをしたり、あるいは石垣島に出て働いたりしたが、やがて力尽きると老残の身を石垣市登野城の厚生園に託した。戦後の一時期、こうした元坑夫たちが数一〇人も身を寄せていたが、いまではほとんどが去ってしまった。

戦後まもないころ、マチウス伐採隊が資材伐り出しのため西表山中に入ると、時折、ジャングルの中から白骨死体が発見されたという。見えざる鎖を絶ち切って、死の逃避行に走った坑夫たちの最後の姿である。人並みに葬られることもなく、山野に白骨をさらした無告の民たち――。

ジャングルの奥深く眠る草莽の民衆史に光が当てられ、沖縄近代史の陰画があぶり出されたのは、戦後も数一〇年経った後のことであった。

〈参考文献〉
三木健『聞書西表炭坑』（三一書房、一九八二年）
同『西表炭坑概史』（ひるぎ社、一九八三年）
同『民衆史を掘る――西表炭坑紀行』（本邦書籍、一九八三年）
同『西表炭坑史料集成』（本邦書籍、一九八五年）
同『写真集・西表炭坑』（ひるぎ社、一九八六年）
同『西表炭坑夫物語』（ひるぎ社、一九九〇年）
佐藤金市『西表炭坑覚書』（ひるぎ書房、一九八〇年）
同『南島流転――西表炭坑の生活』（松本タイプ出版部、一九八三年）

「萬骨」の歴史顕彰を――西表・宇多良炭鉱跡の「近代化産業遺産群」認定に思う――

『竹富町史だより』三〇号（竹富町教育委員会、二〇〇九年三月）

認定の意義

経済産業省は、二〇〇七（平成一九）年一一月三〇日に「近代化産業遺産群」として、全国から三三の遺産群、その遺産群を構成する五七五件の個体産業遺産について、認定証とプレートの授与をおこなった。その遺産群のなかに、沖縄からは高嶺製糖工場跡と、西表の宇多良炭坑跡の二つが入っている。

「近代化産業遺産群」とは聞きなれない言葉だが、一言でいえば「日本の産業近代化に貢献した産業遺産」ということである。経済産業省はこれらの産業遺産を、地域活性化のために有効活用する観点から、〇七年四月産業遺産活用委員会を設置し、日本各地に現存している産業遺産を公募した。

公募には約一九〇〇件四〇〇カ所が寄せられたという。これらを基に産業史や地域史のストーリーを軸に整理編集し、産業史に造詣の深い一三人で構成する「産業遺産活用委員会」で現地調査を交え、四回にわたる審議を経て三三に絞り込み、当該地域に提示したあと、先のような認定となったのである。

認定された遺産群を見ると、幕末から戦前にかけて日本の近代化に貢献した歴史的建造物や造船所、各種鉱山、鉄鋼、製品・原材料を運んだ鉄道跡、繊維機械、製糸、製紙、港、食品工業、観光施設などが挙がっている。主な認定遺産としては、たとえば造船所なら、旧横浜のドックヤードガーデンや佐世保海軍工廠など、港なら神戸港のメリケン波止場、横浜の赤レンガ倉庫、鉱山関係では足尾銅山や佐渡の金山といった具合である。

これらの施設は、これまでも単体の文化財資源として捉えてきたことはあった。たとえば文化庁では一九九〇年以降、全国にある産業関連の遺跡等の調査を行い、「近代化遺産」というカテゴリーを設けて使用。さらに九六年の文化財保護法の改正で、登録文化財制度が導入されるに及んで、その保護に乗り出してきたいきさつがある。近代産業が残した建造物などの研究を「産業考古学」と呼んだりしている。

今回の認定は、これらの産業遺産群を特定のテーマでつなぐことで、建造物などの価値に加え、その背景や地域の産業や技術の歴史、先人の業績などの「ストーリー」をつくって、その魅力と価値を高め地域活性化に活用しよう、というものである。当然のことながら、遺産施設については、文化庁の「近代化遺産」とも重なっている。いささか省庁間の縄張り争いの感無きにしも非ずだが、いずれにせよ、これまでこうした産業遺産が、単なる一昔前の産業設備として廃棄されてきたことを思えば、結構なことである。

宇多良炭坑は、西表西部の浦内川の支流・宇多良川沿いに栄えた昭和期の炭鉱で、正式には「丸三炭坑宇多良鉱業所」と言う。西表のジャングルの中に、忽然と誕生した炭鉱である。現在も当時の面影を偲ばせる赤レンガのトロッコのレール支柱や、コンクリートの遺構がある。風化の著しい西表炭坑の中では、かろうじて痕跡を留めている。今回それが「近代化産業遺産群」の一つに加えられ、認定の運びとなったことは、長年、西表炭坑の歴史発掘に取り組んできた者として、うれしく思う。

宇多良炭坑跡は、先述のとおり日本の近代化を支えてきた「炭鉱」というストーリーから、認定対照にリストアップされたものだ。ちなみに「炭鉱」では、北海道の夕張、小樽、三笠をはじめ、福島県の常磐炭田、長崎県の端島炭鉱（いわゆる軍艦島）、熊本県の三井三池炭鉱、北九州市の石炭積出しの旧門司港などがある。いずれも日本有数の産炭地で、文字通り日本の近代化を支えてきた地域である。

これらの地域と西表炭坑とは、質量ともに比ぶべくもないが、ただ日本本土から遠く離れた南の孤島まで、採炭が行われていたということ、しかもその孤島性の故に、特異な労働状況があったということでは、それなりの「ストーリー」性を持っていたのである。

私はその「ストーリー」の持つ魅力に取りつかれ、三

○年も前に『聞書・西表炭坑』『西表炭坑概史』『写真集・西表炭坑』『西表炭坑史料集成』『西表炭坑夫物語』などにまとめて刊行してきた。それだけに今回の認定は喜びもひとしおである。

とはいえ、いささか懸念がないわけではない。それは「日本の近代化に貢献した」ということで、この炭坑が背負ってきた「負の遺産」まで美化されないか、ということである。鉱主や創業者ばかりが顕彰され、そこで犠牲となった坑夫たちをはじめとする炭坑労働者の悲惨な歴史がスポイルされやしないか、という懸念である。

そうなれば、それこそ「一将功成りて萬骨枯る」に等しい。私はこの産業遺産群の認定によって、地底に埋もれていった「萬骨」の歴史こそ顕彰されなければならない、と思っている。今後の「ストーリー」作りの中で、これは見落としてはならない視点である。それはとりもなおさず、これら「無告の民」の犠牲の上に、日本の「近代化」は成し遂げられたからにほかならない。

宇多良炭坑

それでは認定された宇多良炭坑とは、どのような炭坑であったのか。ここに一枚の写真がある。昭和一〇年代の「丸三炭坑宇多良鉱業所」の全景写真である。写真には坑夫たちのいくつもの宿舎、劇場を兼ねた大きな集会所、坑口に向かうトロッコのレール、石炭を運ぶダンベー船が横付けされた貯炭場などが写っている。ジャングルの中に一大炭坑村が築かれたことが一目で分かる。

私は今から三十数年前に、この写真を国立国会図書館で見つけたときの驚きを、今でも忘れることが出来ない。写真を複写し、それを手に休暇を利用して現場検証に出かけた。浦内川から支流の宇多良川に入り、マングローブの林を潜って行くと、やがて榕樹に絡まった赤レンガの支柱が目に飛び込んできた。それはこの炭坑にがんじがらめにされ、救いを求める坑夫たちの姿にも思え、鳥肌が立った。そのときの感動が、まるで昨日のように思い出される。

赤レンガの支柱を手がかりに、これを全景写真に重ね

昭和10年代の代表的炭鉱・丸三炭鉱宇多良鉱業所

て、私は失われた風景を手繰り寄せた。すると目の前の遺構が次々と写真に重なっていく。このときほど私は、写真の持つ記録性に感心したことはなかった。貯炭場の跡には、黒ダイヤのかけらが木漏れ日を受けて、きらきらと輝いていた。貯炭場に引き込んだ運河には、ダンベー船の物と見られる焼玉エンジンが、マングローブの陰に見え隠れしていた。

宇多良鉱業所の建設が始まったのは、一九三三（昭和八）年である。前々年に起きた満洲事変から日本は一五年戦争の戦時体制下にあり、エネルギー資源の増産が求められていた。そうした戦時景気に乗って、丸三炭坑の野田小一郎が開坑したもので、昭和戦前期を代表する炭坑である。

厚さ二尺の炭層発見が開坑の引き金となったが、黒ダイヤは密林の中にあり、そこを切り開いて炭坑村は建設された。漆黒の闇の世界にアセチレンガスがともり、まるで不夜城と化したのである。炭坑村が一望できる小高い丘の上に坑主・野田の邸宅があり、坑夫たちは誰言うとなく「野田御殿」と呼んでいた。

一九三六年八月二〇日の『海南時報』は「近代的この

施設、来たれ見よ楽天境」の見出しで「宇多良炭坑紹介」の記事を載せている。

「病舎、通風採光に万全を期した宿舎、坑夫の慰安、独身坑夫合宿所（室長制を設け）市価より安値の売店等、温情主義を以て臨み、坑夫の質向上を企図している事実歴然たるものがある。（中略）模範坑は月収八五円を受くるものあり、貯金・保険を相当額持ち、或は蓄音器を購入するものあり、監獄部屋は往年の痴話に過ぎない。炭坑に対する認識を是正せよ、百聞を一見にしかず宇多良坑を訪れよ！」

「ちょうちん記事」ではないかと思わせるような持ち上げぶりである。確かに開坑初期のころは、鉱主も近代的な炭坑経営を目指していたと思われるが、一九四一年の太平洋戦争が勃発して以後は、戦況が悪化するに連れて炭坑も不振となる。坑夫たちの労働もきびしくなり、明治・大正期のような「監獄部屋」へと戻っていく。

私は、この炭坑で敗戦まで働かされていた元坑夫たちから取材したことがあるが、「人繰り」と呼ばれた監視人の下で、強制労働が行われた。逃亡をゆるさず、見つかれば半殺しにあった。重労働やマラリアのため死に追いやられた坑夫たちは、宇多良川べりに埋葬されたが、雨降りで水かさが増すと、死体が浮かび上がったという。

まさに坑夫たちは、榕樹に絡め捕られたレンガの支柱のように、ここから逃れることは出来なかったのだ。宇多良炭坑は、西表炭坑八〇年の歴史の中で、最初の近代的設備を備えた炭坑であったが、同時にまた、悲惨な最後を閉じた炭坑でもあった。

保存と活用

ところで「近代化産業遺産群」認定の目的は、それによって保全と活用を図っていこうというものである。では、どのように保全し、どのような方法で活用が期待されるのか。認定したからといって、特別に助成があるわけでもなさそうだ。認定は「世界遺産」の登録などと同様に、いわば「お墨付き」をもらう、という程度のものであろう。保全と活用は、それぞれの自治体で、というわけである。

西表炭坑の保全と活用に関しては、所在地の竹富町でも以前、確か友利町長のころに企画課で検討されたことがあるが、実現に至っていない。その話があったころ、私は蒐集したり自分で写したりした西表炭坑の写真を、なにかの役に立つならばと、すべて町史編集室に寄贈した。また、八重山支庁でも話が出たが、観光には不向きというので見送られた、と聞いたこともある。

話は三〇年余も前に遡るが、西表炭坑についての私の最初の本『西表炭坑概史』が出たころ、元竹富町議会議長の屋良一さん（故人）から「西表炭坑資料館を作りたい」と相談を持ちかけられたことがある。屋良さんは戦後の一時期、内離島で採炭事業をしていたことがあり、格別な思い入れがあったのだろう。白浜集落の裏山の同氏所有の土地に建てたい、というものであった。

私も構想をまとめて提案した記憶があるが、それから間もなく屋良さんは病に伏せられ、亡くなられた。結局、資料館構想は、構想倒れになった。

このように西表炭坑の保全と活用については、浮かんでは消え、消えては浮かびしたのであるが、今回の認定で何らかの進展を期待したい。保全といっても、遺跡周辺の樹木を切り倒して、コンクリートで塗り固めるようなことでは、逆効果である。せいぜい遊歩道をめぐらし、説明板を立てるなどして、見学に訪れる人に配慮する程度であろう。

できれば周りの雰囲気を損ねない場所で、資料館の一つでもあれば、なお結構なことである。当時、炭坑で使われた道具などは、ほとんど残っていないので、写真を引き伸ばして展示したり、模型を作って展示するくらいであろう。

ごく最近、佐渡の金山跡で坑内を見学する機会があった。ロボットの人形がいろんな仕草をして、実にリアルであった。今回の「近代化産業遺産群」に佐渡の金山が挙がっているのは当然としても、西表炭坑がそこまでいくには、困難が多すぎる。

私は宇多良炭坑で長年働いていた佐藤金市さん（故人）に、生前、宇多良炭坑施設の配置図を描いてもらったことがある。佐藤さんは坑夫ではなく、施設の建設や管理をする技術者である。それだけに書いてくれた地図は実に詳しく、今となっては貴重なものである。

佐藤さんはまた、宇多良での生活の手記も残されている。それらの中から『西表炭坑覚書』『南島流転――西表炭坑の生活』の二つの著書を出された。いずれも私が編集を担当したもので、特に後者は佐藤さんの亡くなる直前に刊行された。書き残された手書きの原稿数十冊は、貴重な資料で後世に残されるべきものと判断、遺族にお願いして竹富町史編集室に寄贈していただいた。

今回の産業遺産の認定は、先にも触れたように、日本の近代化を支えた産業遺産ということから、炭坑に視点を当てたものだ。しかし地域を支えた産業となると、これまた別の産業が挙げられよう。この点に関しては担当の経済産業省地域経済産業政策課も「近代化産業遺産群三三の作成は、近代化の産業史・地域史や近代化産業遺産を網羅的に整理したり、取り上げるものとそうでないものとで文化的優劣などを判定する趣旨のものではなく、各地域における遺産の価値の普及を可能な限り進める観点から行うものである」(『月刊地域づくり』二二六号「地域活性化のための近代化産業遺産群」)と断っている。

八重山に関して言えば、農業分野では製糖があるし、パイン産業もあろう。水産業では、戦前の一時期、八重山経済を支えたかつお製造業などもある。特に与那国、波照間、鳩間などではそれによって島は潤った。

しかし、残念なことにこれらの産業は、形としては残されたものがない。私たちは与那国の大きなかつお節工場も、波照間島の燐鉱採掘の跡も、今では写真でしか見ることが出来ない。

失われたものを数えても始まらない。せめて残されたものを大切に保全し、その活用を図るしかない。その意味でも、宇多良炭坑を含む西表炭坑の跡は、八重山での数少ない産業遺産として、これからも大切にしていきたいものだ。それによって「密林に消えた島の近代」を偲ぶ縁としたい。

また、長年にわたり西表炭坑の歴史の掘り起こしにかかわってきた者として、この「近代化産業遺産群」認定を機会に、炭坑犠牲者の慰霊碑を宇多良炭坑跡の一角に建立したい。その名も「萬骨碑」としたい。西表炭坑関係の慰霊碑は、内離島に二つある。ひとつは成屋の浜辺近くにあり「萬魂碑」という。もう一つは東側の南風坂坑跡の山を背にした「供養塔」である。前者は東洋炭鉱が、後者は丸三炭坑がいずれも戦前に建立したものだ。

二〇〇八年四月に慰霊碑の建立について、用地使用の件を当時の大盛武竹富町長に相談したところ、一帯は国有地でしかも管理が林野庁だったり、国立公園を管理する環境庁だったりと複雑で、竹富町としても「近代化産業遺産群」の認定を受けて、周辺一帯をどう整備していけばいいのか検討したいので、その中で慰霊碑の建立用地も検討したい、とのことであった。

ぜひ、宇多良炭坑の「近代化産業遺産群」認定を機に、竹富町としてもその保存と活用を検討してほしい。と同時に新たな「萬骨碑」の建立が、炭坑で犠牲となった人たちの末長い顕彰となることを願うものである。

琉球弧の宝庫・西表島——自然と開発との相克——

『歴博』一七五号（国立歴史民俗博物館、二〇一二年一一月）

九割が山林で国有地

　西表島というと、人は何を思い浮かべるだろうか。「ああ、あのイリオモテヤマネコのいる島ね」とか、「いちばん南の国立公園のある島か」など、とかく自然の豊かな島を思い浮かべるに違いない。島の九割が山林におおわれ、希少な動植物も多いから、確かに自然の豊かな島には違いない。

　沖縄本島から南西に四〇〇キロ、西の台湾までは二〇〇キロ。平均気温二三度の亜熱帯の島である。そこには貝塚時代からの島の人々の生活の営みと、長い歴史が刻まれてきた。特に島の山林資源や、沖縄では唯一の石炭産出地ということもあり、かつては地下資源をめぐるすさまじい炭坑の歴史がくりひろげられてきた。

　西表島は九つの有人島からなる八重山群島の一つを構成するが、自治体の竹富町役場は町域内にはなく、八重山圏域の中心である石垣市内にある。

　島の海上交通は、圏域の主島・石垣島から各島々へ放射状に結ばれており、西表島にも東部地区の大原と西部地区の上原とで結ばれている。全国でも珍しい変則的な自治体である。面積（二八八平方キロ、周囲一三〇キロ）こそ沖縄島に次ぐ二番目に大きい島だが、人口はわずか二二〇〇人余しかおらず、過疎化の歯止めがかかっていない。

　そもそも西表島の過疎化の遠因はどこにあるのか。それは遠く一九〇八（明治四一）年に島の山林の九割を、国有林として村民から取り上げたことに端を発している。豊富な島の山林は、琉球王府時代から杣山制度が敷かれて活用されていた。一七三九（元文四）年の尚敬王の時代に、島全体を一三の地区に分け材木や薪炭として利用してきた。

一三地区とは、西表、崎山、上原、高那、古見、仲間、南風見の島内七集落の他に、竹富、小浜、黒島、新城《あらぐすく》、波照間村、鳩間の六つの島々に入り合いを認められていた。これら六つの内、島々はいずれも大きな山はなく、森林資源も乏しい。こうした島々にも等しく割り当て、島民と自然との共存が成り立つシステムを作り上げていたのである。

一八七九年、いわゆる琉球処分により王国を廃して沖縄県を置いた明治政府は、置県当初は「旧慣温存」で杣山制度を黙認していたが、一九〇三年の土地整理を経て、〇八年に島の九割に当たる全山林が国有財産として取り上げられた。これを鹿児島大林区署の管轄下に置き、村民の利活用を奪ったのである。

同年、特別町村制施行により一郡一村の八重山村が誕生したとき、時の村長・上江洲由恭は、明治政府に石垣島と与那国島の国有林払い下げを陳情して実現させたが、西表に関しては地元代表の連署陳情があれば払い下げるとの内諾を得た。ところが山林を払い下げれば旧藩時代のような人頭税が山林にも課せられる、との悪宣伝に村民からの陳情はなく、払い下げは実現しなかったという。

その後、一九一四(大正三)年に八重山村は石垣、大浜、竹富、与那国の四つに分村となり、竹富村は西表島の国有地払い下げを求めてきたが、一部土地の払い下げが実現したのは、実に戦後の米軍統治下の開拓入植時である。

一九七四(昭和四九)年に竹富町役場が刊行した『竹富町誌』は、「竹富村では機会ある毎に国有林野を元の杣山制度に復活して貰いたいと幾度も陳情を続けてきたが、今日まで実現を見ず、沖縄一の広域面積を有する町村でありながら、沖縄一の貧弱町村で町民は苦しんでいる」と嘆き、「町財政を立て直し、町民が安堵して町内に安住することが出来るのも、西表島の国有地を竹富町に払い下げるのが第一策である」(竹富町誌編集委員会編、『竹富町誌』竹富町役場、一九七四年)と訴えている。

最南端の炭鉱、その過酷な労働と採掘

こうした国有地の払い下げや利活用が出来ない状態の

中で、ひとり開発が進められたのが石炭の採掘である。これを可能にしたのは、採炭事業が国策として行われたからに他ならない。

西表島の西部地区一帯の八重山峡炭層に石炭を含む地層があり、近世末期から琉球王府は「燃石」として把握していた。それが薩摩の知るところとなり、琉球処分以後、明治政府の御用資本である三井物産会社が採掘に乗り出す。一八八六年に時の内務大臣・山県有朋が三井の社長・益田孝とわざわざ西表島の内離島《うちばなり》を視察している。その結果、沖縄島の監獄から囚人を送りこんで採炭を始めることになった。長崎県の高島や北海道などで行われた囚人労働である。その数一五〇人とわずかだが、一四四人がマラリアにかかり、そのうちの三三人が死亡するという惨憺たる結果であった。

その後も新興財閥の大倉組や尚家（琉球王家）資本の沖縄広運会社などが数百人もの坑夫を投入して採炭に乗り出した。明治期の炭鉱は、囚人労働に見られるように、きわめて原始的で、非人間的なやりかたであった。

大正期になると、第一次欧州大戦（一九一四〜一八年）や、国内の重工業化を反映し石炭の需要が大幅に伸び、八重山炭鉱、沖縄炭鉱、琉球炭鉱など中小の民間資本が相次いで採炭に乗り出し、活況を呈した。

「斤先」という下請け納屋制度の下、坑夫たちは九州の産炭地や、台湾の炭鉱地帯から送り込まれてきた。最盛期には一つの炭鉱で一〇〇〇人もの坑夫を擁していた。朝の五時、六時からカンテラを下げて坑内に下りた。坑内労働はきつく、逃亡者が絶えなかった。「人繰り」といわれた労務監督が、逃亡者を捕らえて拷問を加えた。

炭坑は明治・大正期の元成屋や内離島から、昭和期には浦内川の支流・宇多良に進出し、丸三炭鉱宇多良鉱業所が、近代的施設を触れこんで一大炭鉱村をジャングルの中に建設した。

しかし、数年後には太平洋戦争に突入し、戦時増産体制の下、明治・大正期の過酷なタコ部屋に戻っていった。坑夫たちは重労働とマラリアに呻吟し、密林の炭鉱はさながら「緑の牢獄」であった。皮肉にも坑夫たちが牢獄から解放されたのは、敗戦によってである。その強制労働の歴史は西表のみならず、近代沖縄がかつて経験したことのない凄惨な歴史であった。

マラリアとの闘い

西表の開発が遅々として進まなかった要因は、土地の国有地化のほかに、炭坑の項でも述べたマラリアの問題がある。マラリアは八重山群島の中でも、山の多い石垣島や西表島に多く、特に西表島は山林が島のほとんどを覆い尽くし、マラリア蚊の発生も多かった。このため近世期から続いてきた村落もマラリアに苦しめられ、中には廃村に追い込まれた村もある。島の歴史は、一面、マラリアとの闘いの歴史でもあった。

一八九三年に八重山の村々を探訪し『南島探験』という稀有の探訪記を書き遺した弘前藩の探検家・笹森儀助は、納税やマラリアに苦しむ民衆を「租税ヲ納ム一種ノ機械」にたとえ、「本土の寒村といえどもこれほどまではない」と書いている。その上で「数十年ヲ経ズシテ廃村トナルベキ村」として一八か村を挙げている（笹森儀助著『南島探験』、平凡社、一九八二年）。

その中には西表島の浦内、上原、高那、野原、南風見、成屋なども含まれ、予言通りとなった（このうち浦内、上原は戦後復活）。いずれも明治末から大正期にかけてである。それ以外にも鹿川《かぬかわ》、崎山、網取などが昭和になって廃村に追い込まれた。

旧藩時代から続いてきた租税制度は、人頭税と呼ばれ村人を苦しめた。しかも納税のため居住地から他地域への移住は認められなかった。このため人びとは、たとえ村がマラリアの有病地であっても、他へ移動することは許されなかった。琉球処分で一八七九年に沖縄県が設置されて以後、明治政府は「旧慣温存」政策をとり、人頭税に手をつけようとしなかった。

それが解禁になったのは、一九〇四年の土地改革で、新しい税制が施行されてからである。それゆえに人頭税とマラリアに苦しむ村人たちは、土地の足枷を解かれてマラリアの村を去ったのである。

西表島でマラリア対策事業が始められたのは、一九二一年からである。同年一二月に八重山島庁内にマラリア予防班事務所が設置され、その出先機関が置かれた。四〇年余にわたり島の医師として住民の命を守った仲里朝貞や、防圧班の職員の苦労も並大抵ではなかった。

一九四一年、沖縄県警察部から西表島にマラリア患者収容所建設の計画がもたらされた。病院二五坪、診察室六坪など五七坪建てのもので、患者三〇人の収容が可能であったが、この年、太平洋戦争に突入したため、計画は立ち消えとなった（竹富町史編集委員会編『竹富町史』第一一巻資料編　新聞集成Ⅲ）。

戦争中は軍の命令で山中に疎開した人たちがマラリアにかかり、多くの死者を出した。八重山全体で三六〇〇人余に上る。いわゆる「戦争マラリア」である。

西表島では波照間島から軍命で西表島の南風見に疎開させられてきた住民一二〇〇人余の内、四六一人がマラリアと食糧難で命を落とした。また疎開学童三一三人のうち六六人が死亡している。学童が遭難した南風見浜には当時の校長・識名信升が砂岩に刻んだ「コノ石ワスレルナカレ　ハテルマ　シキナ」の文字が今も残っている。

戦災復興資材と開拓入植

敗戦は多くのものを破壊した。三カ月余に及ぶ激しい地上戦で一木一草が灰塵と化した沖縄本島では、戦災復興のために多くの木材を必要とした。このため米軍政府は復興資材確保のため、西表島の山林に目を付け、一九四七年に西表開発隊（隊長・マチウス中佐）を白浜に駐屯させ、製材所を設置して仲良川上流から戦災復興資材を搬出した。これに続き民間でも宮古戦災復興資材伐採隊（隊長・屋良一）が編成され、木材を伐り出している。

一九五〇年代は朝鮮戦争のため、米軍は沖縄本島の基地建設に乗り出し、各地で軍用地接収が始まる。農地を「銃剣とブルドーザー」で追い立てられた農民は、八重山に開拓移住するか、さもなければ遠く南米のボリビアに送り込まれた。こうして宮古や沖縄からの八重山開拓の入植が始まる。石垣島と西表島が入植地として指定され、開拓部落が誕生した。中にはいったん廃村になった村跡に、入植したケースもある。ちなみに戦後の開拓移民によって誕生した集落は、住吉、大富、豊原、仲野、浦内、上原、船浦、美原などである。

これらの多くは、島の東部地区に創設されたが、祖納《そない》、干立のある古い集落の西部地区とは、車の通う道路が一九七七年までなかった。島の北岸道路が未開通であったからだ。同じ島でありながら、島の東西はあたかも別々の島であった。一九七二年に日本復帰記念事業として県道整備がなされ、七七年にはじめて陸路で結ばれたのである。

幻の日米琉西表開発構想

一九六〇年代に入ると、日米両政府が未開拓の西表島に注目し、大々的な「西表総合開発構想」が打ち上げられた。調査団が日米琉の三者で編成され、かつてない調査が行われた。発端は総理府の特殊法人である南方同胞援護会の理事で参議院議員の高岡大輔が、西表開発に関する高岡構想を打ち上げたことにある。これに日本政府が関心を寄せ、琉球政府や米国民政府を巻き込み、大がかりな総合開発の調査となった。

日本政府が農業部門を、米国民政府が天然資源の調査を担当し、一九六〇年二月から行われた。農業調査団は日本政府から九人、琉球政府から一一人、資源調査はスタンフォード研究所に委託され、数人の専門家により同年の六月から七月にかけて行われた。かつてない大掛かりなものである。スタンフォード研究所の調査は、同年『西表島の資源及び経済の潜在力に関する調査報告書』としてまとめられた。

調査は開発計画に必要な基礎資料を提供するもので、計画立案の責任は琉球列島米国民政府や琉球政府にあったが、この総合開発構想は実現せず、文字通り「構想倒れ」に終わった。一九六〇年代後半になると、米国によるベトナム戦争が泥沼化し、アメリカは西表開発どころではなかったのである。しょせん、西表開発も、アメリカの占領政策の域を出るものではなかった。

ヤマネコの発見と国立公園指定

一九六五年、動物作家の戸川幸夫が高良鉄夫琉大教授らの協力を得て発見した「イリオモテヤマネコ」は、国立科学博物館で一族一種の新種と認定され、動物学界では「二〇世紀最大の発見」と騒がれた。あらためて西表島の「秘境性」がクローズアップされ、ちょっとした「ヤマネコ・ブーム」がおきた。

一九七二年五月の日本復帰で、西表島の四五%と石垣島と西表島の間に広がる東西二〇キロ、南北一五キロの八重山海域（石西礁湖）が「西表国立公園」に指定されたが、イリオモテヤマネコの発見が、大きく後押ししたのは言うまでもない。

野生生物の中でもイリオモテヤマネコは、生息数が一〇〇頭前後と見られ、絶滅が危惧された。このため保護への関心が高まり、環境保護と開発の問題をめぐる論争が起きた。一九七七年に英国のエジンバラ公が、ヤマネコの保護を求める書簡を皇太子あてに送った。

西ドイツの動物学者パウル・ラインハウゼの調査報告書に添えたものだが、その中で「数百の住民とヤマネコの共存は不可能である」として、住民の立ち退きを訴えていた。時あたかも環境庁が西表島に、鳥獣保護区の設定を検討していた時だけに、島の住民から「ヤマネコ優先だ」と反発の声が出た。論争は「人間優先か、ヤマネコ優先か」という二者択一の論争にまで発展した。

世界自然遺産の登録に向けて

一九七二年の日本復帰で、西表島にも大きな開発の波が押し寄せた。国立公園の指定と共に、本土資本による土地の買い占めが始まった。相次ぐ干ばつと台風で、特産のパイナップルやサトウキビがやられ、多くの農家は借金を抱えて返済にあえいでいた。そこに土地ブローカーが暗躍し、次々と優良農地が買い占められた。八重山全体がその洗礼を受け、島の危機が叫ばれた。

このままでは島の将来が危うくなる、と危機感を抱いた島の青年たちが立ち上がり、新たな「島おこし」の模索が始まった。ひとまず危機は乗り越えたが、その後もリゾートホテルの建設をめぐり、住民との対立が続いた。

自然豊かな島は、絶えず自然と開発との相克の中で、今日まで歴史を刻んできた。竹富町では過去四〇年間の国立公園の実績を踏まえ、世界自然遺産の登録に意欲的だが、住民の生活と自然保護をどう調和させていくのか、これからも模索が続くことになる。

三木健著『沖縄・八重山五十年史——沖縄返還交渉から「オール沖縄」まで』解題

我部政男

著者の三木健は、ジャーナリストであり、また、琉球・沖縄学の研究者でもある。ここでは本書の内容に触れながら、著者三木健の問題意識にせまってみたい。また、戦後アメリカ統治下の沖縄の時代状況を同時代のジャーナリストはどのように対応していたかについても少しく触れておきたい。

沖縄の新聞社、琉球新報の記者として活躍したジャーナリストの三木健は、到底一言では論じにくい多方面の分野に関心を示している。具体的にいえば、琉球・沖縄学（八重山、宮古、奄美）の学問・学術研究のみならず、ドキュメンタリー映画の制作、音楽（宮良長包）、国際交流、移民等、実に幅広い。本書の解題を書くのが目的であるが、三木健の多様な側面に光を当てるために、本来の解題の枠を少し広げて、著者の他の著書も視野に入れ、触れながら、三木の問題意識と著作との関係の在り方を明らかにする必要を感じる。取り上げたい著書は、『八重山近代民衆史』（一九八〇年）、『西表炭坑概史』（一九八三年）、『沖縄ひと紀行』（一九九八年）、『宮良長包の世界』（二〇〇四年）、『マブイの架橋』（二〇一〇年）等である。

その流れでみると、巻末の河原千春作成の年表、関連の年表、年譜と、この解題とは、対をなし、相互補完の関係にある。

本書の内容は、大きく分けて二つの分野から成り立っている。一つは、ある時期の時事的な話題の評論、時評、二つは、八重山民衆史を扱った学術的な論考である。最初の論考は、『ドキュメント沖縄返還交渉』として刊行されたことがあり、その時点の書評で好評を博している。八重山研究の西表炭坑史も未開拓の分野であり初めて切り拓いたという先駆性もあるが、その炭鉱は、それ自身歴史があり、幕末のペリー提督も、明治の山県有朋も軍事的に注目していたことを三木は、論文の中で実証的に明らかにしている。

三木の考察の特徴は、今が抱える現実感覚と民衆史との交差にあるように見えるが、その切込みのなかに自分史的な思考様式をそれとなく添えることであろう。そのことで地域史の課題を無理なく全体史の流れに注ぎこむことに成功している。

この学術的な実証分析とジャーナリストとしての活動とは、どのような位相をなすものであろうか。

現代ジャーナリズムの潮流の影響下にあるマスコミの新聞・放送の国民の意識への影響力は、はかり知れない。政府の主張を国民に伝える役割もあるが、政府の主張を批判的に厳しく見つめる側面もある。その緊張関係のなかで言論の意味を問いただす。国民の日常的な意識の形成は、多くマスメディアの影響力によるといっても過言ではないであろう。その点で、今もジャーナリストは、社会におけるパワーエリートの強力な集団であるともいえよう。流動する生きた情報と正面から向き合い、また一面において、ジャーナリストとは、同時代史家のことを指していることが多いように思う。ジャーナリストのなかには、文明評論史家や思想史家の内容及び見識を持つ人も少なくない。新聞の重厚な情報は、その豊富さに支えられているであろう。

ここでいう同時代史家とは、同時代という現在と過去の歴史とを結びつけたようでなじみの薄い言葉だが、広くは、同時代、現代、今日、今を究明し記録・表現し、歴史的な流れの中に位置づける人のことを言う程度に解しておこう。

毎日発行される新聞の紙面は、社会のニュースや出来事をはじめ、多くの記者の書いた記事で埋められている。もちろん事件を際立たせる外電や写真もあり、広告、宣伝の写真も含まれている。社会の日常のできごとが、この紙面一面にはめ込まれた思いを新たにして、連日、新聞を広げるごとに、読者は驚嘆するはずである。

戦後沖縄の新聞、琉球新報、沖縄タイムスも、その情報化社会の流れの中の一つであり、今も滔々とその流れは連なっている。今ある現状は、過去の遺産を引き受けつつ、細目で慎重に、時に大胆に未来を見つめるようにもとれる。

戦後の米軍の沖縄基地の存在が、沖縄のジャーナリストの原質を生み、ジャーナリストが沖縄の戦後史の歩みを記録に残した。基地問題は、日米関係の安全保障の議論でもなく、もちろん単なる軍事的抑止力の問題でもない。その島に住む人々の生死のあり方及び生活の問題なのである。同時に広くは、その表現のなかには、東アジア国際政治のなかの日本国家史と沖縄地方史とのせめぎあいがあり、その陰影が、特徴でもある。

その点で、東アジア国際戦略に包摂された沖縄の地位を戦後沖縄言論史・ジャーナリズムの世界で現状に鋭く切り込んだ記者を挙げるとすれば、民衆史に焦点を絞れば、すべての記者を挙げるのが順当であろう。ここで私は、三名の名前を挙げることにする。新川明、川満信一、三木健の記者である。

沖縄戦後史の同様な問題に研究者の視点を持ちながら精力的にアプローチしたのが、大田昌秀、宮里政玄、新崎盛暉、我部政明等であろう。彼らの論じた著作は、あわせると膨大な分量に達するはずである。同じくジャーナリストとして活動する、『沖縄のあしおと――一九六八―七二年』を著した嶋袋浩（筆名・福木詮）、『沖縄――アリは象に挑む』の由井晶子もその流れに連なる人びとであろう。時代の表現者として同時代の人々と共通の認識のもとに歩んでいることを意味しているのであろう。

先にも触れたが、巻末付置された三木健の来歴の年表は、沖縄戦後史の歩みと三木健の来歴を微妙に交差させる。一覧すると沖縄の歩みが、事実の自由な結びつきで、想像的なイメージとして理解できるであろう。すべての歴史は年表の記述の集積にすぎないことが、歴史の楽しみとして、明らかになるはずである。極言すれば、歴史は年表の記録にすぎないことになる。

戦後沖縄史の時代の転換点となる事件を三点拾い上げると、一九四五年の沖縄戦の終焉とアメリカの占領であろう。次がサンフランシスコ講和条約による日本からの分離である。三回目が七二年の沖縄返還であろう。その歴史の転換点を世替わりとみるならば、日米関係のなかの沖縄の歴史的な真実が、透けて見える時期に相当する。国家目的に翻弄されるその時期を沖縄をジャーナリストは、どのように記録したのか、その検証の一例として、三木の記録に注目してみる。

太平洋地中のマグマの噴出に似ていて、日米関係も時折再調整が迫られる。ここでいうマグマとは、沖縄の民衆運動であり、それに対応するかの如く政策の変更が、迫られるのである。基本の構図で見れば、基地撤去を主張する沖縄の要求と基地の自由使用を求める米軍とでは、両極に位置している。戦略上基地の自由使用が不可能になれば、秘密交渉で決着を図るが、表面上は、あくまでも「本土並み」という言葉で内容を隠蔽する道しか残されていないことになる。不思議なことに、事態は明白だが、白日のもとに真実がさらけ出されることはない。闇は、暗黒のなかに安住する。

三木の筆は、その交渉の舞台を克明に丹念に描き出す。時間の流れは引き留められない、その自覚を持った人の文章である。民衆運動の高揚と秘密条項（密約）をかわす国家の顔を描き出す。その手法は丹念な事実の積み重ねである。歴史の暗闇は深い。『ドキュメント沖縄返還交渉』の作品は、優れたルポルタージュ（記録文学）である。

ここで三木健を紹介したいのだが、河原千春の作成した添付された年譜に詳細に述べられているので、時の流れと三木個人とのかかわりに注目し、それを参照していただくとして、一つだけ注意しておくことは、三木は、沖縄の南の台湾に近い八重山の出身であるということである。その出自が、記者活動の源泉にもなっており、沖縄、八重山地域の研究の原点である。また探求心を奮い立たせる推進力の支えを形成している。出自は、単なる出身地を意味するだけでなく地域の持つ風土、伝統と一体化した文化、歴史を意味する、アイデンティティーに近い概念であろう。三木はその地点を日本の辺境と位置付け、その視座で逆に日本本土を照射する視点を獲得する。

本書に収録された、「沖縄ジャーナリズムの旗手として——偏向報道批判に抗して」「教育の自治とは何か——二つの教科書問題をめぐって」「八重山研究への視座」「民衆史を掘る——西表炭鉱」等は、この辺境精神をいかんなく発揮した文章である。とりわけ、西表炭鉱の存在とそこで働く人々とその経営の実態を解明した方法に執念を感じる。とかくその対象への接近と開眼は、遠くを見つめる八重山共和国への構想として、その後の研究の大きな転換をもたらす意味で注目できよう。三木の八重山アイデンティティーが郷里の奏でる一切を吹き抜けて世界共和国へと拡散する道程と統合する。

最初に示した三木の多様性とは、研究の分野として、農産物パインを通して台湾との人的な交流を映画に残したことであり、同様な手法で、戦前・戦後のニューカレドニヤ移民とその残された子孫の歩みを映画映像で残している。宮良長包の旋律の奏でるメロディーが八重山共和国の思想を沖縄海外移民の活動を通して同心円状に拡散する世界の形成を構想する。琉球王国を中心とした首里統一政権とは、異なる拡散の世界を志向する。

個人史と人物研究の視点は、『沖縄ひと紀行』で二二名の人物を取り上げ論述している。沖縄と個人史の視点でかかわる心情のひだを時代精神の担い手として描いている。歴史を理解するとは、個々の人物の生き方のなかに投影された時代の残像を発見することではないかと問いかけている。個性的とは、その映像の価値のなかに示されているであろう。

同様に、知的分野でも、上野英信の『眉屋私記』が屋部からキューバに広がるように、色川大吉の民衆史、個人史に引付けられるように、静かな情熱と闘志を秘めて自己の世界を豊かに広げていく。

三木健の個々の作品には、対象と自己の接点を求めてやまないたゆまぬ葛藤が秘められているように感じられる。

戦後沖縄のアメリカ統治の最大の目的は、基地としての土地の確保である。世界の各地で土地の確保が戦争を誘発し、戦争の結果が領土として、土地の再分割を行う。狭い沖縄で再燃するのもその土地の確保に他ならない。思想統制、言論統制は統治支配をより容易にする手段にすぎない。

三木健は、政府が、学校教育の教科書選定を通して思想教育を貫こうとする姿勢を厳しく糾弾する。ジャーナリズムの世界で言論の自由がいかに大切かを認識しているからであろう。

その背景に、明治以降、国民国家の形成としての皇民化教育が国家への忠誠を強要したという悔恨の情が秘められていることを忘れてはならない。

本書もまた三木健のその遠大な構想の一部であることを発見するであろう。

あとがき

本書は私が沖縄の新聞社「琉球新報社」に在職していた一九六〇年代後半から、二〇〇六（平成一八）年に定年退職し、その後、書いた時局評論や研究論文などを収録したものである。また後半は、私が仕事の傍ら研究を続けていた郷里の八重山近代史にちなむ論稿を収録したものである。個別の文章は、その時々の雑誌や新聞などに書いたもので、発表後に拙著に掲載収録したのもあるが、この機会に再録したのもある。

大雑把に分類し、①沖縄の施政権返還に関するもの②米軍基地問題③沖縄の新聞の偏向報道批判に対するもの④教科書選定をめぐる政府の政治介入⑤八重山の近代史関係⑥民衆史にちなむもの——などに区分けして収録した。大方は記者時代に書いたものだが、発表紙誌は「琉球新報」以外のものがほとんどである。

私は一九六五（昭和四〇）年に琉球新報社に入社し、四十数年間在職した。初めの一〇年は東京支社報道部（当時は「東京総局」）勤務である。初めて東京で採用試験があり、受験して採用された。入社して数年後に沖縄返還交渉がはじまり、新米記者ながらその取材現場に放り込まれた。首相官邸や総理府、外務省などに出入りするようになる。

余談だが当時、東京から那覇の本社に記事を送るのは、電報であった。頼信紙の頭に「ウナホウ」と書いて郵便局の窓口に出していた。「ウナ」は至急電、「ホウ」は報道の報で割引がある。今では目にすることもない「頼信紙」だが、マス目の用紙にカタカナで記事を書いて窓口に出した。固有名詞などの漢字は、字説きが必要である。その頼信紙の記事を持って、丸の内の大手町電報局に駆け込んで、那覇の本社に送信したものだ。受信した那覇の本社では、これを当番記者が漢字交じりのひらがなに翻訳して出稿する。パソコンで瞬時に送稿のできる現状を思うと、隔世の感がある。

入社して数年後には時事通信社と契約して、書いた記事を同社のオペレーターがカナテレで那覇支社に送信し、これを毎日、新報本社の当番記者が受け取り、細いテープに打たれたカナ文字を、漢字交じりのひらがなに転換する作業をしていた。それも二、三年するとファックスが売り出されて導入され、出先の記者クラブから那覇の本社に記事が送れるようになった。いずれにしてもこんな通信環境であるから、送れる記事量には限度があった。大半の情報は記事化されずに消えた。そんな哀れな通信環境下にあった。

沖縄返還交渉では、さまざまな裏情報などもある。これらを知りうるのは、沖縄広しといえども自分だけかもしれない、歴史の証人として記録しておく責任があるのでは、という思いに駆られた。そこで私は無駄かもしれないが、ともかく知りえた情報を原稿用紙に整理し、記録として残すことにした。その時は無駄のようでも、いつかは役に立つことがあるかもしれない、と。毎週日曜日になると、小さな取材メモ帳をめくりながら、二〇〇字詰めの原稿用紙に書きとどめた。それに私のコメントなども加え、取材現場の様子なども書き足しておいた。一九六九年初めの交渉準備段階から同年一一月の佐藤・ニクソン共同声明に至るまでほぼ一年間、その原稿書きを続けた。原稿は結構な分量になっていた。しかし、一連の取材が終わっても、その原稿が日の目を見ることはなく、押し入れで眠ったままだった。

東京支社での取材担当分野も、政治から文化関係にも広げていった。日本復帰を控えて、日本民俗学会や地理学会などの九つの学会が、共同して沖縄調査をすることになった。これらの学会を取材しているうちに、歴史や文化関係にも関心を持つようになった。当時、上京して東京教育大学の院生だった我部政男さんと国立国会図書館や、開館間もない国立公文書館、防衛庁戦史資料室（当時）などで、沖縄関係資料を渉猟してまわった。

そうして発掘した新史料を基に、いくつかの論文も書いた。郷里・八重山の歴史や文化にも関心を抱き、八重山の出身者を中心に立ち上げた「東京・八重山文化研究会」などで発表もした。会誌『八重山文化』の編集を受け持ち、通算八号までのうち前半の四号までを編集した。こうした素人研究を私は「日曜研究」と自称していたが、那覇の本社への転勤で、転機を迎えた。

一九七六年三月に一〇年に及んだ東京勤務を切り上げ、同年四月、那覇の本社へ転勤となった。日本復帰間もない沖縄県庁の記者クラブのキャップとして、屋良朝苗、平良幸市、西銘順二、大田昌秀などの歴代知事を取材。基地問題を中心に激動する県政の取材に忙殺される日々を送る。

そんなある日、アメリカ留学から帰国し、琉球大学法文学部で教鞭をとることになった我部さんの弟の我部政明さんを紹介された。「なにを大学で教えるのか」と尋ねると、彼は「沖縄返還交渉だ」という。私は東京時代に書いた沖縄返還交渉の原稿を思い出し、後日、何かの参考になればと貸してあげた。分厚い原稿の束に驚いていたが、何日かして読み終えた彼が「ぜひ、出版して多くの研究者や人たちが読めるようにしてほしい」という。

そこで私は『沖縄・西表炭坑史』を出してくれた日本経済評論社に相談し、原稿を見てもらったら引き受けてくれた。こうして押し入れに仕舞いこんでいた生原稿は『ドキュメント沖縄返還交渉』として二〇〇〇年に世に出た。執筆から三〇年もたって日の目をみたのだ。毎日新聞東京版に、作家の池澤夏樹さんが書評で大きく紹介し、評価してくれた。地元沖縄では外交史が専門の宮里政玄琉球大学教授が「モザイクのような沖縄返還交渉を読み解く好著」と評価してくれた。本書の第二章で掲載した論文はその一部で、いわばクライマックスの部分である。

本書に掲載したいくつかの論文は、こうした現実の政治や社会問題と、過去の歴史などで構成されている。両者はそれぞれ個別の問題のように見えるが、根底のところでつながりあっている。所詮、現在の問題は、歴史の積み重ねの上に成り立っているのである。

自衛隊の琉球弧への展開も、過去の歴史とは切り離せない。「歴史は繰り返す」というが、それも同じ繰り返しではない。形を変えて繰り返しているのだ。愚かな殺し合いをやるのか、知恵を出しあって平和共存をするのか、「あの戦争」の終結から八〇年を経て、いま私たちは大きな岐路を迎えている。

本書の編集に当っては、今は亡き筑豊の記録作家上野英信さんや民衆史のパイオニアである色川大吉さんのことが思い出され「こんな文章ではなっておらん」とお叱りを受けるのではないかと思い出しながら、作業をした。そのご芳情に改めて感謝したい。

最後に、本書刊行のため辛抱づよく原稿を待ってくださった不二出版には、遅れたお詫びとお礼を申し上げたい。担当の野中友貴さんにもご迷惑をおかけした。拙文の至らぬところを目配りしてくれて感謝に堪えない。また畏友・我部政男さんには終始励ましてくれ本書の「解題」の労をとってくれたことに感謝している。多忙のなか煩わしい年表をまとめてくれたジャーナリストで女性史研究者の河原千春さんには拙著の年表を煩わすことになった。また、仲本貴子さんには校正で大変お世話になった。末筆ながらお礼を申し上げたい。

二〇二四年五月一五日

三木　健

沖縄・八重山・三木健関連年表

太字＝日本・沖縄に関する出来事、細字＝三木健に関する出来事、肩書きは当時、本書収録の新聞・雑誌掲載論考は原則省略

一九四〇（昭和一五）年　０歳

二月二日、父義行、母清子の長男として沖縄県石垣町に誕生

九月、日独伊三国同盟調印

一〇月、大政翼賛会発足

一九四一年　１歳

一二月、太平洋戦争始まる

一九四四年　４歳

六月、台湾へ縁故疎開。台北滞在後、空襲のため新竹の山間部・三峡で敗戦まで過ごす

一九四五年　５歳

米軍が三月二六日に慶良間諸島、四月一日に沖縄本島中部西海岸上陸

六月一日、石垣島駐屯軍から官民に避難命令、山中疎開でマラリアが大流行

同二三日、沖縄での日本軍の組織的戦闘終結

八月一〇日、石垣島の空襲で祖母ヤエ六五歳で死去

同月、沖縄諮詢会発足

九月二日、日本が連合国へ降伏文書調印

一〇月、台湾より与那国島経由で石垣島に引き揚げ

一九四六年　６歳

一月、連合国最高司令部覚書により北緯三〇度以南が日本から分離

四月、登野城国民学校入学（二学期から登野城初等学校に名称変更）。戦災校舎などを片付け、馬小屋校舎といわれた萱葺き教室で学ぶ

父が開墾していた石垣島北東部の伊野田（現・大野）に休暇中に通い、サトウキビや茶、稲などの農作業を手伝う

マラリアが流行し、防蚊対策を体験

同月、沖縄民政府、沖縄議会設置

一一月、日本国憲法公布

一九四七年　７歳

七月、石垣町が石垣市となる

一九四八年　８歳

八月、伊江島で米軍弾薬輸送船爆発事故

一九四九年　９歳

一〇月、沖縄民政議会設置

一九五〇年　10歳

二月、連合国最高司令官総司令部（ＧＨＱ）が沖縄に恒久的基地を建設すると発表

六月、朝鮮戦争始まる

一一月、沖縄群島政府、奄美群島政府、宮古群島政府、八重山群島政府が発足

一二月五日、米極東軍司令部が「琉球列島米国民政府に関す

る指令」を発令し、米国の沖縄における長期政策指示

同一五日、米軍政府が琉球列島米国民政府(USCAR)に変更

一九五二年　12歳

四月、石垣市内唯一の石垣中学校入学

同月、四つの群島政府が廃庁され、琉球政府発足。初代行政主席に比嘉秀平就任

同二八日、サンフランシスコ講和条約発効。沖縄が日本から切り離される

一九五三年　13歳

一月、沖縄諸島祖国復帰期成会結成

四月、米国民政府が土地収用令を交付

八月九日、父義行が胃潰瘍のため四二歳で急死

一九五四年　14歳

一月、米・アイゼンハワー大統領が沖縄の基地の無期限維持に言及

三月、米国民政府、軍用地代一括払い方針を発表

一九五五年　15歳

三月、米国民政府が集成刑法公布

四月、八重山高等学校入学。文芸部に入り、夏に西表島に部の仲間と旅行。沖縄本島での米軍用地接収反対の「四原則運動」の集会が校内でも開かれる。琉米文化会館にも通い、同館で企画された演劇『埋もれた春』(秋田雨雀作、豊川善一演出)で主役

九月、「由美子ちゃん事件」

一九五六年　16歳

一月、アイゼンハワー大統領が三度目の沖縄無期限確保を言明

六月、プライス勧告。島ぐるみ闘争始まる

一九五七年　17歳

四月、三年生で文芸部部長となり、校内誌『学途』を編集発行

五月、米軍が軍用地料の一括払い強行

六月、アイゼンハワー大統領が「琉球列島の管理に関する大統領行政命令」を発布

一九五八年　18歳

二月、文芸部として顧問の喜友名(後に石島)英文『潮がれ浜——曲・詩・民謡訳集』編集。島の有線放送でラジオ・ドラマとして放送

三月、八重山高等学校を卒業し、初めて上京(石垣から那覇・鹿児島まで船で、さらに列車で東京へ。五日ほどかかった)

この頃より八重山はパインブーム

一九五九年　19歳

四月、明治大学法学部入学。同期の沖縄学生でつくる同人誌『青嵐』に参加、六二年発行の八号まで時局論などを書く。明治大学内評論雑誌部「駿台論潮」に入部、部内誌『いずみ』に米軍の集成刑法を批判した「沖縄における人権の問題」など執筆

六月、米軍ジェット機が石川市の宮森小学校に墜落

一九六〇年　20歳

一月一九日、新日米安全保障条約に署名。日米安保改定条約案が五月一九日に衆議院の特別委員会、翌日の衆院本会議で強行採決。六月一五日、改定に反対する全学連の学生らが国会に突入して機動隊と衝突し、東大生樺美智子が死亡。

同一九日、参議院で自然承認。三木も駿台論潮部メンバーと共に国会デモに参加。六月一五、一八日も国会にいた

この頃、部の先輩・後藤総一郎（後に明治大学教授）と親しくなり、後年の同氏の歴史研究や「常民論」に惹かれる

七月、プライス法制定

一二月、沖縄学生同人誌『青嵐』二号に「テロと社会的ムード」執筆

同年、教育者・溝上泰子が『受難島の人々』（未来社、一九五九年）で米軍統治下の琉球大学家政科での米国式教育批判に衝撃を受け文通。八〇年代に全一五巻の著作集（影書房）の編集委員を務める

一九六一年　21歳

一月二三日、祖父専太郎が八一歳で死去

同月、米・ケネディ大統領が「極東の緊張続く限り、沖縄の基地と施政権を保有する」と確認

四月二八日、祖国復帰県民総決起大会初開催。この年から同日を「屈辱の日」と呼ぶ

六月、『青嵐』三号に「天皇廃止論」執筆

九月、那覇市若狭旭ケ丘に戦没新聞人の碑建立

一〇月、『青嵐』四号に「『青嵐』を批判する――現代に生きる思想の樹立」執筆。同年、伊波普猷の『孤島苦の琉球史』を読み、琉球史に開眼

一九六二年　22歳

二月、琉球政府立法院が国連の植民地解放宣言を引用して「施政権返還に関する要請決議」を可決

三月、ケネディ大統領が「沖縄は日本の一部」と声明、文官民政官の設置や経済援助などを約束

四月、明治大学法学部四年生となり、中村雄二郎教授の社会思想史ゼミに所属。ゼミ同期数人と夏休みに沖縄に調査に出かけ、報告書「沖縄の戦後世代の社会意識」をまとめる。調査をもとに大学内で沖縄展を開催、初めて沖縄のことに関わる機会となる。英文学者で一九六〇年に沖縄資料センターを創設した評論家・中野好夫が目を留め、新崎盛暉との共著『沖縄問題二十年』（岩波新書、一九六五年）の序文など雑誌や著書で取り上げて反響を呼ぶ。同調査に参加したゼミ仲間の竹之内義郎（千葉県）、奥野重則（宮崎県）の両氏とは終生の親交を結ぶ

六月、『青嵐』五号に「二つの日本」執筆

一〇月、キューバ危機

一九六三年　23歳

二月、アフリカ・タンザニアで開かれた「アジア・アフリカ連帯会議」で、国連の「植民地解放宣言」に基づき、沖縄

解放の闘いを支持する決議が採択、勇気づけられる

二月、**「国場君轢殺事件」が発生。五月一日に運転手の米兵に無罪判決**

三月、キャラウェイ高等弁務官が沖縄住民の「自治は神話だ」と演説

同月、『青嵐』七号に「『新・沖縄学』のすすめ」執筆

四月、明治大学政経学部学士編入

同二八日、沖縄本島北部・辺戸岬と与論島間の北緯二七度線上で初開催の海上集会を取材。九月、『青嵐』八号にルポ「北緯二七度線の思想と行動」執筆

一九六四年　24歳

七月三、四日、八重山毎日新聞に「アメリカ建国の精神と沖縄——アメリカ独立記念日に寄す」を寄稿

一九六五年　25歳

二月、**米軍がベトナムでの北爆開始**

東京で行われた琉球新報社の採用試験に合格。三月に石垣島に一時帰郷。沖縄タイムス八重山支局を訪れ、「新南島風土記」連載中の新川明と会う。那覇から鹿児島に向かう船中で、後に沖縄近現代史研究者となる我部政男と出会う

四月、琉球新報入社。身元保証人は「なんた浜」などを作詞した郷里の先輩で、毎日新聞社論説委員の宮良高夫。東京総局報道部に配属され、総理府・官邸・国会・外務省などを取材

八月、**佐藤栄作首相が日本の首相として戦後沖縄を初訪問**

九月、**沖縄違憲訴訟始まる（判決前に事実上解消し、復帰で取り下げ）**

一九六六年　26歳

一〇月、桑原元子（新潟県長岡市出身）と結婚

一九六七年　27歳

二月、**教公二法廃案**

三月、八重山毎日新聞の東京通信員を希望して務める。同四日の同紙社告では「中央政界内における沖縄問題の動き、社会面的事件の解説記事や八重山関係の興味ある話題などについて月二三《ママ》回送稿してもらうことになりました」と記載

一九六八年　28歳

一一月、**日本政府が「日本本土と沖縄との一体化に関する基本方針」を閣議決定**

一二月、**屋良朝苗が初の公選行政主席に就任**

沖縄返還交渉が本格化する中、外務省の記者クラブに加入、取材手帳をもとに毎週日曜日に関係者の話を原稿用紙に書きとめる。同原稿は二〇〇〇年に『ドキュメント沖縄返還交渉』として出版（日本経済評論社）

一九六九年　29歳

三月、**佐藤首相、沖縄返還は核抜き・本土並みの方針と表明**

六月、長男・潮誕生

一一月、**米・ワシントンで佐藤首相とニクソン大統領による一九七二年沖縄返還合意の日米共同声明**

同年、石垣で「八重山郷土文化研究会」発足（七一年に「八重山文化研究会」と改称）

一九七〇年　30歳

三月、**「沖縄復帰対策の基本方針」を閣議決定**

五月、政府が沖縄・北方対策庁設置

一一月、沖縄で戦後初の国政参加選挙

一二月、コザ騒動（暴動）

一九七一年　31歳

二月、長女・望誕生

五月、後に人間国宝となる鎌倉芳太郎宅を那覇市文化課課長・外間政彰と訪問、保管する戦前のガラス乾板写真を見て、同一一日の琉球新報社会面で報道。同二四日から夕刊一面で氏の解説による「よみがえれ沖縄の国宝」を連載。その報道によって七二年の復帰記念企画として東京と那覇で写真展開催

六月、沖縄返還協定署名調印

同月、同郷の詩人・伊波南哲主宰の総合文化誌『虹』一四号で「八重山開拓史覚書」の連載を始める

八月、ドル・ショック

一一月、屋良主席が「復帰措置に関する建議書」を携えて上京するが、衆議院沖縄返還特別委員会で「沖縄返還協定」が強行採決

一九七二年　32歳

三月、沖縄密約事件

同一五日、日米政府が沖縄返還協定の批准書を交換

四月、『保育の友』二〇巻四号から一年間、「沖縄歳時記」連載

五月一五日、沖縄、日本復帰（施政権返還）。三木は東京・日本武道館での記念式典を取材、佐藤首相の音頭による「日本国万歳」に暗澹たる思いを抱く

屋良朝苗が沖縄県初代県知事就任、六月二五日の復帰後初の県知事選挙でも屋良が当選

六月、月刊誌『青い海』一四号に「鷲の島　八重山学の父・喜舎場永珣翁伝（上）」掲載。下は翌月発表

一九七三年　33歳

二月、次男・暁誕生

四月、米軍が県道を封鎖し、実弾砲撃演習を初実施

同月、『南島史学』二号に「研究者訪問　鎌倉芳太郎——沖縄文化研究にささげた半世紀」執筆

五月一三日、東京で八重山文化研究会創立。事務局長を務め、会誌『八重山文化』を四号（一九七六年発行）まで編集発行

同月、『虹』二〇号から「中川虎之助と八重山糖業」の連載を始める

一〇月、宮良高弘編『八重山の社会と文化』（木耳社）に「八重山近代史の一考察」を執筆

同月、『南島史学』三号に「研究者訪問　南島研究会と須藤利一教授」執筆

琉球新報一一月一日掲載の「ハワイの伊波普猷」でハワイ沖縄人移民史研究家の湧川清栄を取材

この頃、東京教育大学大学院在学中の我部政男と国立公文書館、防衛庁の防衛研究所、外務省外交資料館などで沖縄関係資料探索を行う

一九七四年　34歳

一月、伝統と現代社編『伝統と現代』二五号に「田代安定」執筆

四月、『南島史学』四号に「研究者訪問　沖縄の歴史と比嘉春潮翁」執筆

五月、『八重山文化』創刊号に「山県有朋の八重山巡視と辺境政策――山県の「南航日記」と「復命書」を中心に」執筆

石垣島測候所二代目所長・岩崎卓爾をモデルにしたＮＨＫのドラマ「風の御主前《ウシュマイ》」（一九七二年放送）でナレーターを務めた卓爾の二女・菊池南海子のインタビューを『青い海』三三号、三四号で掲載

一九七五年　35歳

三月、『青い海』四一号に「聞き書き・西表炭坑」を執筆、山田惣一郎（大正期の沖縄炭坑従業員、取材当時・東京高等経理学校長）の採録を発表。下は次号

四月、『保育の友』二三巻四号に「日本のどこかで」執筆

同月、ベトナム戦争終結

五月、編集した東京・八重山郷友会創立五〇周年記念誌『八重山』（同郷友会）刊行

六月、沖縄県立平和祈念資料館開館

七月、皇太子夫妻がひめゆりの塔参拝中に火炎瓶を投げられる

同月〜七六年一月、沖縄国際海洋博覧会開催

八月に出版された色川大吉著『ある昭和史』（中央公論社）に感銘を抱く

九月、『八重山文化』三号に「西表炭坑概史」執筆。抜き刷りを筑豊の記録作家・上野英信に謹呈

一九七六年　36歳

三月一日、琉球新報本社編集局政経部に異動。沖縄県庁を担当し、屋良朝苗・平良幸市・西銘順治の三知事を取材

四月、初版『西表炭坑概史』出版（東京・八重山文化研究会）

六月、第二代県知事に平良幸市就任

一九七七年　37歳

一月、『虹』三二号に「西表炭坑跡紀行」執筆

五月、炭坑移民の山入端萬栄が書いた『わが移民記』を上野英信に寄贈。上野が沖縄取材の打ち合わせで来沖。那覇で山入端つると対面、後の『眉屋私記』の取材が始まる

同月、『青い海』六三号に「生きているオヤケアカハチ」、『八重山文化』五号に「〈聞き書き〉西表炭坑夫物語」執筆

一二月、『新沖縄文学』三七号に「田代安定　黎明期の沖縄研究」執筆

一九七八年　38歳

二月、『南島の情熱――伊波南哲の人と文学』を津野創一と編

集、出版（伊波南哲詩碑建立期成会）
五月、編集した喜友名英文著『潮がれ浜——喜友名英文詩曲集』出版
七月、沖縄の右側通行を日本と同じ左側通行に変更
一二月、第三代県知事に西銘順治就任

一九七九年　39歳

二月、溝上泰子来沖、糸満などを案内
三月、『眉屋私記』の取材で那覇滞在中だった上野英信に、歴史学者の色川大吉と引き合わされる
五月、新石垣空港建設地が白保の海に決定され反対運動
七月、宮古島の年貢搬送船が台湾に漂着し、殺害された一八七一年の台湾遭害事件の沖縄側遺族による初の慰霊祭に台湾最南端の屏東県に同行取材。その後、単身で東部の蘭嶼島を取材
同月、『八重山文化』七号に「八重山民衆史の道標」など執筆
一一月、『西表炭坑概史』増補改訂版に上野、色川両氏の推薦文、我部政男解説
同月、編集した石島英文著『ある離島教師の白書』、執筆した『ある離島教師の軌跡——石島英文伝』出版（ともに潮の会）
一二月、『人間雑誌』創刊号に「なぜ「聞書」か」執筆

一九八〇年　40歳

一月、沖縄県の「日本・東南アジア交流センター」の可能性を探る調査団（団長・比嘉幹郎副知事）に同行取材。帰国後、「東南アジアと沖縄」連載
四月、『八重山近代民衆史』出版（三一書房）。同書に対して八三年に第五回沖縄文化協会賞（比嘉春潮賞）受賞
五月、『青い海』九三号に「私の宮良当壮論（上）」執筆。翌号に下を掲載
八月、NHKラジオで「黒潮の涯てに」と題して西表炭坑のドキュメンタリーを全国放送。ナビゲーターを務める
九月、編集・解説した佐藤金市著『西表炭坑覚書』出版（ひるぎ書房）
一〇月、同書出版祝賀会を石垣島で開催。色川大吉がスピーチ（後に「南島の民衆史」と題して、佐藤金市の二冊目の著書『南島流転——西表炭坑の生活』（松本タイプ出版部、一九八三年）の序文として収録）
一一月、**石垣市史編集委員会が発足**、委員に就任。『マラリア資料集成』（一九八九年三月発行）、『八重山写真帖——二〇世紀のわだち』（上・下、二〇〇一年三月発行）などを担当
一二月、『月刊官界』六巻一二号に「地方自治体人脈図——〈沖縄県庁〉」執筆

一九八一年　41歳

一月、『さんいち』一一号に「西表炭坑と台湾人坑夫——モルヒネが鉄の鎖であった」執筆
四月一日、文化部異動
七月、『青い海』一〇五号に「炭坑島の灯——西表炭坑と私

立学校」執筆
一一月、『八重山文化』八号に「消えた離島の村」執筆

一九八二年　42歳

一月、『経済セミナー』三二四号に「『豊かさ』の指標とは」寄稿
三月、『新沖縄文学』五一号に「炭坑ピンギムヌ譚」執筆
春ごろ、作家の新垣美登子を訪問し、自伝的小説執筆を依頼。快諾した新垣は五月から八三年四月まで二八〇回余りに及ぶ「哀愁の旅」を琉球新報に掲載
五月、『聞書西表炭坑』出版（三一書房）。沖縄タイムス、琉球新報、日本読書新聞などで紹介される
七月、文部省検定で、高校社会科教科書の沖縄戦の「日本軍による住民殺害」記述全面削除判明
八月、編集した富村和史詩集『生きる』出版
一二月、**一坪反戦地主会結成**、参加する

一九八三年　43歳

一月、文庫本『西表炭坑概史』出版（ひるぎ社）
二月、『民衆史を掘る――西表炭坑紀行』出版（本邦書籍）
四月二一日、文化部副部長就任
五月、編集した佐藤金市著『南島流転――西表炭坑の生活』（松本タイプ出版部）出版
六月、宮良高司詩集『虹立つ島』を編集し、出版
同月、那覇市で「西表炭坑史を語る集い」開催、筑豊から上野英信出席
九月、琉球新報連載の新垣美登子『哀愁の旅』を編集し、出版（松本タイプ出版部）
一一月、第五回沖縄文化協会賞（比嘉春潮賞）受賞
同月、安里積千代著『一粒の麦　八〇年の回顧――米軍施政下の四半世紀』編集、出版（民社党沖縄県連合会）
同月、琉球新報社編『世替わり裏面史――証言に見る沖縄復帰の記録』（琉球新報社）に「施政権の壁に挑む」収録

一九八四年　44歳

一月、編集した林発著『沖縄パイン産業史』出版（沖縄パイン産業史刊行会）
二月一日、コラム担当となり、朝刊一面コラム「金口木舌」を週一回担当
六月、編集した伊波南哲遺稿集『炉辺物語』出版
七月～八月、八重山毎日新聞に「八重山の戦記――その検証と課題」を連載
八月、『新生美術』三号に「ある「仕掛人」の弁明」執筆
一一月、『南島地域史研究 第一輯』に「宮良當壮と言語研究――風雪の軌跡とその背景」執筆、南島地域史研究会編『牧野清先生古稀記念論文集』（文献出版）に収録

一九八五年　45歳

一月、『那覇女の軌跡――新垣美登子八五歳記念出版』（潮の会）と金城芳子著『相思樹の花影――おきなわ女の群像』（沖縄文化協会）編集
二月、同人誌『あじさい』に「民衆史としての女性史」を寄

稿
七月一日、琉球新報連載「世界のウチナーンチュ」取材で旧南洋群島などをホテルの予約なしで五〇日間取材
同月、『地域と文化』三一・三二合併号に「『電信屋』の歴史的考察」執筆
八月、文部省が各都道府県教育委員会教育長に入学式・卒業式における国旗国歌の取り扱いに関する通知、翌年三月の県内高校卒業式で混乱
九月、『西表炭坑史料集成』出版（本邦書籍）
一二月、与那国島の石島英文詩碑建立記念誌『てんじゃばな』を編集、刊行

一九八六年　46歳

四月一日、政経部部長就任。週一回ほど社説を執筆。第一次「新報移動編集局」を開始、企画・司会などをする
三月、『写真集　西表炭坑』出版（ひるぎ社）。琉球新報（三月二六日付）に上野英信が「情熱と執念の成果」を寄稿し、「私はつねづね、民衆の記録にたずさわる人間の心構えとして、時間を惜しむな、銭を惜しむな、命を惜しむな、の三つを強調している。これはあくまでも自戒の弁であって、他人に強制するつもりはないが、三木はまことにこの三箇条のたぐいまれな実践者であると言えよう」「一巻の写真集を前にして、これほど心の高ぶりを覚え、みずからの姿勢を正すことをせまられたことは、ちかごろ絶えてない」と最大級の褒め言葉を贈った
同月、『沖縄文化研究』一二号に「遠雷――中野好夫私記」執筆
一〇月、『地域と文化』三九号に「グアム島史の中のチャモロ人と沖縄人」執筆
一二月より九一年一月にかけてバブル景気

一九八七年　47歳

六月、リゾート法施行
八月、『八重山文化論叢――喜舎場永珣生誕一〇〇年記念論文集』（喜舎場永珣生誕一〇〇年記念事業期成会）に「近代八重山における断髪騒動について」執筆
九月、筑豊に上野英信を見舞う
一〇月、国民体育大会で日の丸焼き捨て事件
一一月二一日、上野英信死去。筑豊での告別式で弔辞を読む
一二月、『地域と文化』四五号に「南洋移民史研究の課題」執筆

一九八八年　48歳

二月、名護市屋部で「上野英信さんをしのぶ集い」開催
三月、沖縄の卒業式で初めて全校で日の丸掲揚
三月、『新沖縄文学』七五号に「沖縄民衆史の道標」執筆
四月、『こみち通信』一五〇号「追悼・上野英信」に「最後の沖縄行き」と題して、告別式での弔辞を掲載
五月、『新垣美登子作品集』編集、出版（ニライ社）
九月、『沖縄を語る――金城芳子対談集』編集、出版（ニライ社）

一〇月、『オキネシア文化論――精神の共和国を求めて』出版（海風社）。産経新聞（一九九〇年二月二六日付）の読書面で中上健次が「オキネシア論の新しいところは、島尾敏雄氏や谷川健一氏が言い出した日本を南方からの島の連鎖としてとらえるヤポネシア論から、ヤマト（日本）を切り棄てた点である」「問題提起の本である。議論百出必須の魅力的なテーマである。一読をすすめたい」と紹介（『中上健次エッセイ撰集　文学・芸能篇』恒文社二一、二〇〇二年に収録）。

一一月、『上野英信と沖縄』編集、出版（上野英信追悼文集刊行会）

一九八九（平成元）年　49歳

一月、『国際おきなわ』二四号に「見てきたミクロネシア」執筆

二月、竹富町史編集室設置

四月一日、編集局次長就任

五月、戦争マラリア犠牲者の遺族らが「沖縄戦強制疎開マラリア犠牲者援護会」を結成し、国家補償を求めて活動開始

八月、琉球新報・沖縄テレビ・ラジオ沖縄が共催で派遣した南米県人交流視察団に参加。ブラジル、ペルー、アルゼンチン、ボリビアの四カ国で県系人を集めて討論会をし、その司会を務め、帰国後に連載

九月、『八重山研究の人々』出版（ニライ社）、同年度の沖縄タイムス出版文化賞（正賞）。受賞の言葉として「八重山研究をはじめて二〇年になる。その締めくくりとして出版したが、これが受賞したことで記念すべきこととうれしく思っている。八重山研究の九人をとりあげて生きざまを描き、そこに八重山の近代の歩みをみることをねらいとした。また受賞によってこうした先輩たちの学恩に報いることができた、と思っている」と寄せる

石垣市の市史編集委員として担当した『マラリア資料集成』（『石垣市史　近代三』も特別賞受賞。同書に概説「近代のマラリア」を執筆

一一月、八重山近代史研究及び西表炭坑史の発掘・研究に尽くした業績により第五回八重山毎日文化賞受賞

一二月、冷戦終結

一九九〇年　50歳

四月一日、論説副委員長に就任、一面コラム「金口木舌」と社説を週一回執筆

同月、米国務省のプログラムで約一カ月北米大陸を取材、帰国後「アメリカＮＯＷ」を六月九日から連載。それをまとめた『アメリカ・エスニック紀行』を二〇一〇年に出版（ニライ社）

七月、『リゾート開発――沖縄からの報告』出版（三一新書）

八月、ニライ社の島袋捷子とともに編集した金城芳子の歌集『おもひがなし』出版（ニライ社）

九月、『まなぶ』三七八号に「農と畜壊すリゾート開発をすすめる本土資本」執筆

一一月、新書判『西表炭坑夫物語』出版（ひるぎ社）。八重山毎日新聞（一九九一年二月一日）に上江洲儀正が書評を寄稿。色川大吉が、元西表炭坑夫・佐藤金市の手記『南島流転』の出版祝賀会で「普通、研究者というのは、とってきの貴重な資料が手に入りますと、囲ってしまって他人には見せたがらないものです。（略）まだ論文も書かないうちに、そのままの形で世の中にお出しになった三木さんの研究者としての態度、（略）研究者としての非常に謙虚な精神に敬服します」と人柄をたたえたあいさつをしたことに触れる

一二月、**第四代県知事に大田昌秀就任**

一九九一年　51歳

一月、**湾岸戦争始まる**

一月二一日から始まった「新報ティーチ・イン」を毎月企画、司会を担当

三月、日本基督教団社会委員会編『沖縄――その歴史のなかの教会』に「本土経済の収奪」執筆

同月、『住民と自治』三三五号に「リゾート開発の規制は可能か――沖縄県恩納村の条例制定の背景と問題」執筆

五月、**大田知事、軍用地の強制使用公告・縦覧代行を拒否**

六月、那覇で「沖縄・八重山文化研究会」を波照間永吉らと立ち上げ、毎月研究例会を開催。宮城信勇会長の下で事務局長就任。会報は五年ごとに一冊にまとめて刊行（一九九六年、二〇〇一年、〇六年、一一年）

九月、『原郷の島々――沖縄南洋移民紀行』出版（ひるぎ社）

一〇月、金城芳子の『惜春譜』編集、出版（ニライ社）

一一月、『甘きいずみ――喜舎場永珣生誕一〇〇周年記念誌』（喜舎場永珣生誕一〇〇周年記念事業期成会）に「八重山の文化遺産」執筆

一九九二年　52歳

二月、『アサヒグラフ』（二月一四日号）に「〝脱和入亜〟の時代――首里城復元がキー」執筆

三月、**竹富町史編集委員会が発足**、委員に就任

同月、『沖縄の小児保健』一九号に「金城芳子の生と死」執筆

同月、『新沖縄文学』九一号に「宮城文『八重山生活誌』」執筆

同月、沖縄文学全集編集委員会編『沖縄文学全集　第一八巻評論』（国書刊行会）に「オキネシア文化論」収録

四月、『八重山近代史の諸相』出版（文嶺社）

五月、沖縄文学全集編集委員会編『沖縄文学全集　第一二巻紀行』（国書刊行会）に「沖縄から見た東南アジア」収録

一〇月、『沖縄・脱和の時代』出版（ニライ社）

一一月、**首里城正殿が四七年ぶりに復元**

一二月、琉球新報社編『新琉球史　近代・現代編』（琉球新報社）に「草莽の民衆史・西表炭坑」執筆

同年、沖縄の女性の地位向上のための研究や活動をしている個人・グループを助成する「金城芳子基金」設立。嶺井百

合子、新島正子、外間米子、由井晶子とともに運営

一九九三年　53歳

一月、NHK大河ドラマ「琉球の風」放送開始

四月、『天使館』四号に「うるまの海」執筆

五月一日、編集局長に就任

七月、第二次「新報移動編集局」（テーマ別）が始まり、企画・司会などを務める

八月、『新聞研究』八月号「てい談――復帰二〇年を終えた沖縄と新聞の役割」に参加

九月、明治、大正編を執筆した『琉球新報百年史』（琉球新報社発行）出版

一〇月、『吉田久一著作集七　社会福祉・宗教論集　同時代史を語る』（川島書店）の月報に執筆

一九九四年　54歳

六月二七日、取締役編集局長

九月、防衛施設庁の宝珠山昇長官が「沖縄は基地と共生、共存する方向に変化してほしい」と発言

一九九五年　55歳

六月、沖縄県が「平和の礎」を糸満市摩文仁の平和祈念公園に建立

七月、籐内敬司・松本昌次編『さまざまな戦後　第二集』（日本経済評論社）に寄稿

同月、『沖縄・八重山文化研究会会報』四九号に「八重山戦を考える――地元新聞記事の事例を中心に」執筆

九月四日、米兵による少女暴行事件発生

同二八日、大田知事が米軍用地未契約地主に対する強制使用手続きの代理署名拒否を正式表明

一〇月五日、少女性暴力事件に関連して米・モンデール駐日大使に琉球新報編集局長として単独会見、同六日朝刊一面に記事を掲載

一一月、第二回世界のウチナーンチュ大会開催

同二〇日、日米両政府が「沖縄の施設区域に関する特別行動委員会」（SACO）設置

一二月七日、国が大田知事を被告とし、沖縄の米軍用地の強制使用手続きに必要な代理署名を求めて提訴

同月、八重山地域の戦争マラリア遺族補償で国が慰藉事業費三億円計上

一九九六年　56歳

三月、石垣市刊行の『平和祈念ガイドブック　ひびけ平和の鐘』に執筆

同月、『軍縮問題資料』一八四号に「沖縄にも平和の配当を――代理署名拒否の背景にあるもの」執筆

四月、橋本龍太郎首相とモンデール駐日大使が普天間飛行場の条件付き返還合意

六月二六日、常務取締役（編集統括）編集局長

七月、局長として関わった編集企画「異議申し立て基地沖縄」が第一回新聞労連大賞・JCJ奨励賞

八月、沖縄代理署名訴訟の最高裁判決で大田知事敗訴確定

九月、米軍基地の整理・縮小と日米地位協定の見直しの賛否を問う県民投票、賛成が八九％を超える
同月、琉球新報社編『時代を彩った女たち——近代沖縄女性史』（ニライ社）に「山之端つる——三線ひとすじに」収録
同月、『新聞研究』五四二号に「琉球文化の花」執筆
一〇月、『沖縄・西表炭坑史』出版（日本経済評論社）
一二月、編集・解題を務めた山入端つる著、東恩納寛惇校閲『三味線放浪記』出版（ニライ社）
同月、SACO最終報告公表

一九九七年　57歳

二月、『沖縄へのメッセージ——琉球新報連載』（琉球新報社出版部）巻頭に「沖縄の方向性を探るヒントに」収録
三月、橋本首相・大田知事会談で、沖縄返還時における在沖米軍基地使用について日米両政府が交わした秘密合意文書公表
本土の一部新聞が基地問題などで沖縄の両紙は偏向していると批判、五月三日の憲法記念日に署名入りで反論執筆
九月、世界ウチナーンチュ・ビジネス・ネットワーク発足

一九九八年　58歳

六月二四日、常務取締役（事業担当）
九月、『沖縄ひと紀行』出版（ニライ社）
一二月、第五代県知事に稲嶺惠一就任
同月、『沖縄・八重山文化研究会会報』八六号に「八重山の戦争体験記録——吉田久一著『八重山戦日記』を中心に」執筆

一九九九年　59歳

三月、編集した吉田久一『八重山戦日記』出版（ニライ社）
五月、八重山平和祈念館開館
九月、琉球新報社編『新南嶋探験——笹森儀助と沖縄一〇〇年』（琉球新報）の巻頭に「激動の一〇〇年顧みるよすがに」収録
一一月、稲嶺知事、普天間飛行場移設地を辺野古沿岸と決定
一二月、岸本建男名護市長、辺野古移設受け入れ表明

二〇〇〇年　60歳

一月、『ドキュメント沖縄返還交渉』出版（日本経済評論社）。毎日新聞（三月一二日）の書評で作家の池澤夏樹が「著者は個々の現象を追いながら、全体の構図をも正確に捉えている。ジャーナリストとしての同時代的な仕事が三十年後に読めばそのまま優れた歴史記述になっている（これはリアルタイムで書かれた記録であって、回想録ではない。従って読んでいても印象が新鮮）」「読みの深さと鋭さが本書の魅力」などと紹介（池澤著『沖縄への短い帰還』ボーダーインク、二〇一六年に収録）
三月、湧川清栄遺稿追悼文集刊行委員会編『アメリカと日本の架け橋・湧川清栄——ハワイに生きた異色のウチナーンチュ』（ニライ社）に「戦前の軌跡を中心に」執筆
同月、沖縄県環境基本条例制定
四月、新石垣空港建設地をカラ岳陸上案に決定（二〇一三年

三月七日開港）
六月、ラジオ沖縄取締役会長兼務（二〇〇六年六月まで）
七月、沖縄サミット開催
八月、一九日の図書新聞で「世界を映す島・島から日本を、世界を見据えて」として、米田綱路編集長によるインタビュー形式で三ページにわたり三木の著作を特集
九月、『在沖石垣市郷友会創立三〇周年記念誌』を編集、刊行
同月、『情報やいま』九月号に「講演　密林に消えた島の近代史——西表炭坑が物語るもの」収録
一〇月、『八重山を読む——島々の本の事典』出版（南山舎）
一一月、石垣繁編『宮良當壮記念論集』（宮良當壮生誕一〇〇年記念事業期成会）に「分野別、時代別、島嶼別分析を中心に」執筆
一二月、琉球王国のグスク及び関連遺産群が世界遺産に登録

二〇〇一年　61歳

一月、『沖縄・八重山文化研究会会報』一〇八号に「近代八重山の出版文化に関する一考察」執筆
三月、『情報やいま』三月号に石森こずえの「八重山の肖像」に取り上げられる
四月、NHK連続テレビ小説「ちゅらさん」放送開始
同二七日～五月六日、中国東北地方（大連、瀋陽、平頂山、旅順など満州事変跡）を取材。琉球新報に「満州事変七〇年・歴史の現場を訪ねて」を六月五日、七日連載。大連池宮印刷所も紹介
七月一七日、社内出版委員最高責任者となる
九月、米国同時多発テロ
一一月、第三回世界のウチナーンチュ大会開催
同月、伊野田入植五〇周年記念事業期成会『入植五〇周年記念誌』に執筆
同月、ゴルバチョフ元ソ連大統領が沖縄初訪問。那覇市と共催した琉球新報社の担当役員として受け入れ交渉

二〇〇二年　62歳

三月、『宮良長包——「沖縄音楽」の先駆』出版（ニライ社）
同月刊行の鎌田慧著『地方紙の研究』（潮出版社）で、在京紙による沖縄地元紙批判に対する編集局長時代の反論が取り上げられる
同月、編集した母・三木清子八五歳生年記念『やいま情けに支えられ』出版（南山舎）
四月二八日～五月五日、ベトナムのハノイからホーチミンまでバスで一人旅。近世期の琉球との交易跡や、ダナンで友人の写真家・石川文洋のベトナム戦争写真展などを見る。
六月二八日、専務取締役（営業統括）就任
九月二五日、二六日、八重山毎日新聞に「人頭税廃止百年に思う」（上・下）連載
同年、『那覇市史　資料篇第三巻二　戦後の社会・文化』に「米国統治下の琉米親善」執筆

二〇〇三年　63歳

一月、『ラメール——海と船の雑誌』一五八号から「隠れた離

島史・西表炭坑」連載
二月〜七月、ラジオ沖縄制作・放送の「宮良長包歌紀行」（月〜金曜、計一一〇回）で解説を務める
二月、『沖縄・八重山文化研究会会報』一三一号に「宮良長包とその時代——珠玉のメロディーはいかにして生まれたか」執筆
三月、イラク戦争始まる
同月、共著『最新版　沖縄コンパクト事典』（琉球新報社）出版
四月、『沖縄・八重山文化研究会会報』一三三号に「画期的な大山さんの採譜——長包作品の全容明らかに」執筆
六月、在沖石垣市郷友会長として宮良長包生誕一二〇年記念コンサート実行委員長を務める。琉球新報社創立一一〇年記念事業として宮良長包音楽賞創設を社内役員会に提案、沖縄音楽の発展と活性化を図る目的で一二月からスタート
六月、『琉球文化圏とは何か』（別冊『環』六号、藤原書店）に執筆
七月、『八重山研究の歴史』出版（南山舎）
八月、沖縄都市モノレール（ゆいレール）開通
同月、南の美ら花ホテルミヤヒラ創業五〇周年記念誌編集委員会編『八重山観光の歴史と未来』に、作家立松和平との対談を収録
九月、八重山人頭税廃止一〇〇年記念事業期成会記録誌編『あさぱな——人頭税廃止一〇〇年記念誌』（南山舎）に「野底村跡の保存を」執筆
一〇月、『「東京八重山文化研究会」三〇周年記念誌』（東京八重山文化研究所）に「『八重山研究史』と東京・八重山文化研究会」執筆
一一月、『西表炭坑写真集』出版（ニライ社）
一二月、『沖縄県図書館協会誌』一九号に「思い出の八重山琉米文化会館」を執筆

二〇〇四年　64歳

二月、『宮良長包著作集——沖縄教育音楽論』出版（大山伸子との共著、ニライ社）
同月一一日、一二日、一七日に琉球新報で「台湾に田代安定の資料を訪ねて」を連載
六月二五日、琉球新報社取締役副社長就任、新社屋記念新聞博物館の創設に当たる
七月、『宮良長包の世界』出版（南山舎）
同月、『沖縄・八重山文化研究会会報』一四七号に「八重山の活動写真興行史」執筆
八月、米軍海兵隊大型輸送ヘリコプターが沖縄国際大学に墜落
九月、宮良長包生誕一二〇年記念事業期成会編『ふるさとの風——宮良長包生誕一二〇年記念誌』（南山舎）に「長包の名曲探訪　首里古城／なんた浜／赤ゆらの花／泊り舟／嘆きの海／夕やけ／えんどうの花／ふる里／新安里屋ユンタ」「宮良長包生誕一二〇年記念事業」「経過報告」執筆

一一月、台湾金門島での第八回世界島嶼会議出席、金門島の戦跡、集落などを取材

二〇〇五年　65歳

三月、『創立九〇年　沖縄県立図書館八重山分館のあゆみ――八重山初の図書館として』（沖縄県立図書館八重山分館）に「発刊のことば」執筆

四月、沖縄大学地域研究所特別研究員委嘱（二〇〇八年三月末まで）

六月、児童向け『戦場の「ベビー！」――タッちゃんとオカァの沖縄戦』出版（ニライ社）。琉球新報で紹介

一二月、二〇〇四年度の沖縄大学地域研究所編『沖縄大学地域研究所年報』一九号に「台湾に田代安定の資料を訪ねて――幻の旧慣調査報告書の出現」「「小三通」の島・金門島紀行――「アジアのジブラルタル」は今」を執筆

二〇〇六年　66歳

一月、南米ペルーの沖縄移民百年祭に会社を代表して出席

二月、『篤学の沖縄研究者――比嘉春潮』（比嘉春潮顕彰碑建立期成会）に「沖縄史研究のパトス――底に流れる愛郷と在野精神」執筆（同年九月、『比嘉春潮顕彰事業報告集――ふるさとを愛した篤学・反骨の研究者』（比嘉春潮顕彰碑建立期成会）に再録）

三月、児童向け『にこぽん先生の沖縄（ウチナー）メロディー――宮良長包物語』出版（ルック）

同月、『竹富町史 第一〇巻　新城村頭の日誌』に「土地整理事業と八重山」執筆

同月、茅原南龍著『心の調べ――茅原南龍調和体を書く』（茅原書藝會）の巻頭に寄稿

四月、那覇市文化協会主催の音楽劇「南国の花・宮良長包――その生涯と音楽」（照屋京子監督）の原作・脚本を担当（那覇市民会館、石垣市民会館で上演）

五月、日米安全保障協議委員会（2＋2）で普天間飛行場の移設先の辺野古基地にV字型滑走路設置を決定

六月二七日、琉球新報退職

八月五日から退職後の初仕事としてニューカレドニアの沖縄移民の子孫を現地に取材。帰国後、琉球新報（八月二九日～九月九日）「空白の沖縄移民史」を一〇回連載

一〇月、**第四回世界のウチナーンチュ大会開催**、ニューカレドニアから一家族四人が初参加。身元引受人となる

一二月、**第六代県知事に仲井眞弘多就任**

同月、沖縄ニューカレドニア友好協会の初代会長に就任。以後、ニューカレドニアを延べ一五回訪問

同年、監修した映画『えんどうの花』（本永良夫監督、シネマ沖縄制作）公開

二〇〇七年　67歳

三月、**文部科学省高校歴史教科書検定で沖縄戦における「集団自決（強制集団死）」の日本軍強制の記述削除**

二〇〇八年　68歳

五月、南城市に交流のためのオキネシアハウス完成

八月、八重山高校第一〇期生会卒後五〇周年記念誌『山の彼方に』に「私たちの生きてきた時代――戦争・アメリカ世・そしてヤマト世」執筆

一一月、神山長蔵編『沖縄〈復帰の日〉――新沖縄県発足式典・記念行事の記録』に「跋・沖縄の今を見る縁に――『沖縄・復帰の日』をよむ」執筆

同年度発行の沖縄大学地域研究所研究彙報第六号「台湾特集」に「田代安定『駐台三十年自叙詩』余滴――天野鉄夫氏と『蔓草庵資料』のこと」執筆

二〇〇九年　69歳

二月、西表島・宇多良炭坑跡に「萬骨碑」建立、期成会会長に就任

四月、竹富町の西表島炭鉱の保全・利用を考える検討委員会委員長に就任

七月、民主党の鳩山由紀夫代表が普天間基地の代替施設は「最低でも県外」と発言

九月、民主党政権が誕生

一二月五日、六日、琉球新報に「アイデンティティ確立へ向かう県系移民――ニューカレドニア訪問記」連載

同年、映像資料『密林の黒いダイヤ――西表炭坑伝』（井上真喜監督）監修

二〇一〇年　70歳

一月、沖縄ニューカレドニア友好協会『マブイの架橋「第二次訪問団記録」――沖縄・ニューカレドニア』編集、刊行

三月、石垣島・台湾農業者入植顕頌碑建立期成会副会長に就任。碑文を起草

六月、西表島・宇多良炭坑の萬骨碑建立除幕式開催、『西表島・宇多良炭坑　萬骨碑建立記念誌』（萬骨碑建立期成会）編集、刊行

同月、『「八重山合衆国」の系譜』出版（南山舎）

同月、沖縄・ニューカレドニア友好支援チャリティコンサート開催、プログラムに寄稿

八月、『アメリカ・エスニック紀行――沖縄記者の大陸感情ルポ一九九〇』出版（ニライ社）

同月、藤原書店編集部編『「日米安保」とは何か』（藤原書店）に「米国従属と沖縄差別の半世紀」執筆（初出は『環』四一号、二〇一〇年）

同年より歴史家・色川大吉を山梨県八ケ岳南麓の山荘（自宅）に、友人の我部政男と訪問。以後、毎年訪問する（二〇二〇年と翌年は新型コロナウイルス流行で中断）

二〇一一年　71歳

二月、藤原書店編集部編『「沖縄問題」とは何か――「琉球処分」から基地問題まで』（藤原書店）に「約四十年、何も変わっていない」収録

三月、東日本大震災、東京電力福島第一原発事故

同月、委員長を務めた西表島炭鉱の保全・利用を考える検討委員会編『西表島の炭鉱』（竹富町商工観光課）出版

五月、『うらそえ文芸』一六号に「八重山からみた尖閣問題」

執筆
七月、八重山地区の歴史と公民の教科書採択を巡る問題が初報道
九月、季刊『新沖縄フォーラム　けーし風』七二号に参加した座談会「第五回世界のウチナーンチュ大会を迎えて――新たな段階をどう開くか」掲載
一〇月、第五回世界のウチナーンチュ大会開催

二〇一二年　72歳
五月、石垣市民会館で上演された八重山音楽協会主催の音楽劇「潮がれ浜」の原作・脚本を担当
同月、「時の眼―沖縄」実行委員会編『復帰四〇年の軌跡「時の眼―沖縄」――比嘉豊光・山城博明写真展図録集』(琉球新報社)に「国の責任を放置」執筆
七月二九日、八月一日、八重山毎日新聞に「パインと水牛導入功績を後世へ」寄稿
八月、八重山台湾親善交流協会が発足、顧問に就任
同月、石垣島・台湾農業者入植顕頌碑除幕
九月、政府が尖閣諸島のうち民間所有の三島の購入を閣議決定
一〇月、オスプレイが普天間基地に配備
一〇月、編著『八重山の民衆詩人　石島英文――人と作品・楽曲CD付き』出版(八重山音楽協会)
一一月、『台湾農業者入植顕頌碑建立記念誌』編集、刊行

二〇一三年　73歳
四月、大浜方栄著『魂の命ずるままに――おもと会理事長大浜方栄記念集』(おもと会)に「事業は人なり」寄稿
七月、『やんばる学研究会会誌』創刊号に「地域から世界が見える「やんばる学研究会」発足に寄せて」執筆
一二月、仲井眞知事、辺野古移設に向けた政府の埋め立て申請を承認

二〇一四年　74歳
四月、『龍の舞い　八重山パイン物語――龍之舞　八重山的鳳梨故事』出版(呉俐君訳、熊谷溢夫挿絵、八重山台湾親善交流協会)
五月、謝花佐和子・仲里なぎさほか編『麗しき琉球の記憶　鎌倉芳太郎が発見した美――沖縄県立博物館・美術館　美術館企画展』(沖縄文化の杜)に「『鎌倉資料』が世に出たころ」執筆
八月、浦添市史移民調査でフィリピンのダバオを取材
一二月、第七代県知事に翁長雄志が就任

二〇一五年　75歳
三月、石垣市教育委員会の副読本『八重山の歴史と文化・自然』監修、「八重山の現代」を執筆。従軍慰安婦や南京事件の表現を巡り、市教委が介入。修正を拒否したため配本が二年で打ち切られる(石垣市副読本問題)
同月、『浦添市移民史』(本編)に、フィリピンのダバオ移民について執筆

同月、山城博明著『抗う島のシュプレヒコール――ＯＫＩＮＡＷＡのフェンスから』（岩波書店）に「戦後七〇年――問われる「本土復帰」」寄稿
四月、編集した宮良政貴詩集『八重山夜曲』刊行
六月、藤原書店編集部編『「アジア」を考える』（藤原書店）に「たとえ道は遠くとも……」執筆
七月、『八重山文化　解説・総目次・索引　一九四六年七月～一九五〇年三月』（不二出版）に「八重山「小国家」時代の原動力」執筆
八月、原案・監修した映画『はるかなるオンライ山――八重山・沖縄パイン渡来記』（本郷義明監督、シネマ沖縄制作）公開
同月、『映画「はるかなるオンライ山」こぼれ話――八重山・沖縄パイン渡来記』（「はるかなるオンライ山」映画制作委員会）出版
一〇月、**翁長知事、辺野古沿岸部の埋め立て承認の取り消しを正式決定**
一一月、沖縄満州会記念誌委員会編『沖縄それぞれの満州――語り尽くせぬ記憶　沖縄満州会一五周年記念誌』に「歴史の被害と加害」寄稿
一二月、**「辺野古新基地を造らせないオール沖縄会議」発足**

二〇一六年　76歳

一月、藤原書店編集部編『これからの琉球はどうあるべきか』（藤原書店）刊行。参加した座談会など収録
三月、**陸上自衛隊与那国駐屯地開設**
六月、宮里テツ著『テッちゃんのうた物語』（沖縄自分史センター）に「歌を通して生活を耕す」寄稿
一〇月、**第六回世界のウチナーンチュ大会開催**
一二月、**東村高江周辺のヘリパッド建設工事完了**

二〇一七年　77歳

四月、政府が辺野古埋め立て工事着手
五月、『空白の移民史――ニューカレドニアと沖縄』出版（シネマ沖縄）
七月、原作・監修を務めた映画『まぶいぐみ――ニューカレドニアの引き裂かれた移民史』（本郷義明監督、シネマ沖縄制作）公開、二〇一八年度文化庁映画賞文化記録映画部門大賞
一〇月、谷川健一責任編集『民衆史の遺産　第一二巻　坑夫』（大和書房）に「沖縄・西表炭坑史」抄録
一一月、福岡市文学館『上野英信展――闇の声をきざむ』に「上野英信と沖縄」執筆

二〇一八年　78歳

一月、世界ウチナーンチュセンター設置支援委員会（ＷＵＣ）が発足し、共同代表に就任
三月、八重山高校同期で琉球新報社同僚の山根安昇の遺稿集『明日を生きるウチナーンチュへ――沖縄の新聞人山根安昇』編集、出版（新星出版）。巻末解題に「底流に沖縄魂と反骨精神――山根安昇の人生と書き残したもの」

同月、『沖縄ニューカレドニア友好協会一〇周年記念誌』刊行、「ニューカレドニアの県系人」など寄稿
五月、石垣市教育委員会の副読本を、執筆者が中心に作った刊行委員会（二〇一七年六月発足、代表・田本由美子）が市民向けに改訂した『八重山を学ぶ――八重山の歴史・自然・文化』出版（沖縄時事出版）
六月、『宮良長包生誕一三五年記念音楽祭』（宮良長包生誕一三五年記念音楽祭実行委員会）に「近代沖縄音楽の先駆・宮良長包」執筆
七月、翁長知事が辺野古埋め立て承認撤回の意向を表明
八月、翁長知事死去
一〇月、第八代県知事に玉城デニー就任

二〇一九（令和元）年　79歳

一月、八重山高校一〇期生の傘寿記念誌編集委員長に就任、八月に『傘寿記念誌・人生交響楽』刊行
二月、辺野古米軍基地建設のための埋め立てを巡る県民投票実施、反対が七割を超える
同月、『脈』一〇〇号に「『眉屋私記』をめぐる人々」執筆
三月、陸上自衛隊宮古島駐屯地開設
五月一九日〜七月七日、東京民報に「沖縄東京をつなぐ」を連載
六月、長嶋俊介編『日本ネシア論』（別冊『環』二五号、藤原書店）に「海に開かれた「ネシア」を」執筆
八月、『現代詩手帖』八月号に「ニューカレドニア「まぶいぐみ」の旅――沖縄系移民のアイデンティティをめぐって」執筆
一〇月、首里城正殿焼失

二〇二〇年　80歳

一月、日本で新型コロナウイルス者初確認。世界的流行
八月、『眉の清らさぞ神の島――上野英信の沖縄』出版（一葉社）。朝日新聞などで紹介。上野英信・眉屋私記文学碑建立期成会共同代表就任
同月、潮平正道『絵が語る八重山の戦争――郷土の眼と記憶』（南山舎）に「愚かな歴史を繰り返さぬために」寄稿
一〇月、『世界ウチナーンチュセンター――沖縄に本家（むーとぅやー）をつくろう！』（世界ウチナーンチュセンター設置支援委員会）に「「世界ウチナーンチュセンター」の必要性」「「世界ウチナーンチュセンター」の構築は私たちの責任」執筆

二〇二一年　81歳

一月一五日、母清子一〇三歳で死去
三月公開の映画『緑の牢獄』（黄インイク監督）に協力、パンフレットに寄稿
四月、「従軍慰安婦」という用語を「慰安婦」とするのが適切などと閣議決定
五月、名護市屋部区で眉屋私記文学碑除幕式、期成会代表であいさつ
七月、奄美大島、徳之島、沖縄島北部及び西表島が世界自然

遺産登録

八月、編集・解題を務めた山入端つる著、東恩納寛惇校閲『三味線放浪記　新版』出版（ボーダーインク）

九月、編著『沖縄と色川大吉』出版（不二出版）。同六日、我部政男、不二出版の小林淳子社長と同書を八ケ岳南麓の色川に届ける。翌七日に九五歳で逝去した色川大吉の追悼文を琉球新報に、「民衆史の志を受け継いで」を八重山毎日新聞（一〇月八日付、九日付）に執筆

二〇二二年　82歳

二月、ロシアがウクライナに侵攻

四月、NHK連続テレビ小説「ちむどんどん」放送開始

五月、編著『民衆史の狼火を――色川大吉追悼文集』出版（不二出版）

同七日、玉城知事が「平和で豊かな沖縄の実現に向けた新たな建議書」を公表

同一五日、沖縄復帰五〇周年記念式典開催

同日、仲宗根勇・仲里効編『琉球共和国憲法の喚起力』（未来社）に「「オキネシア」から「琉球共和国」への旅」執筆

同月刊行の『沖縄県史　各論編　第七巻　現代』に「世界のウチナーンチュ」を執筆

六月、野入直美・藤浪海・眞壁由香編著『わったー世界のウチナーンチュ！――海外県系人の若者たちの軌跡』（琉球新報社）に「引き裂かれた家族の歴史――半世紀を経て「まぶいぐみ」の旅へ」執筆

一〇月、第七回世界のウチナーンチュ大会開催

一二月、安保関連三文書改定閣議決定、南西諸島はじめ全国でミサイル配備が進む

二〇二三年　83歳

二月、安保土地利用規制法の区域指定初施行

同月、『映画「まぶいぐみ～ニューカレドニア引き裂かれた移民史～」収蔵記念上映会&トークショー』（沖縄県立図書館）作成

三月、陸上自衛隊石垣駐屯地開設

同月、大田昌秀先生顕彰事業期成会『顕彰記念誌　大田昌秀先生』に「沖縄戦後史のなかの大田県政」を執筆

五月、『おきなわ音楽の父　宮良長包ものがたり』出版（沖縄時事出版発行、沖縄学販発売）

六月、防衛財源確保法、防衛産業基盤強化法成立

八月、聞き書きした清水カメ「わたしの女坑夫体験」が源啓美・河原千春編『沖縄ともろさわようこ』（不二出版）に採録

九月、妻元子が保育園園長退職記念にエッセイ集『おきなわの光と風の中で』出版

同月、東邦定写真集『ウチナーンチュの貌』（沖縄タイムス社）に取り上げられる

一〇月、東京・八重山文化研究会例会五〇〇回記念誌に「島へとつながる地下水――例会五〇〇回・五〇年の歴史に乾杯」寄稿

一一月、大山伸子編著『宮良長包作曲全集――生誕一四〇年記念』（琉球新報社）に「長包生誕一四〇年の記念碑的作曲集」寄稿
一二月、米軍新基地建設の名護市辺野古沖の地盤改良工事をめぐり、国が沖縄県にかわって工事承認の「代執行」決定
二〇二四年　84歳
一月、沖縄県が「世界ウチナーンチュセンター」設置を発表。五年後に与那原町内のマイス（国際商業施設）内に設置決定
三月、うるま市の陸上自衛隊勝連分屯地に沖縄本島初の地対艦ミサイル連隊発足
四月、防衛省、沖縄県うるま市に陸上自衛隊の新たな訓練場を整備する計画を白紙撤回
五月、米・エマニュエル駐日大使が初めて与那国島を訪問
同月、『青い海【復刻版】』広報誌（三人社）に「沖縄戦後史の中の『青い海』時代」執筆
六月一一日～一五日、我部政男が蔵書を台湾大学に寄贈し、目録贈呈式に出席するために台湾に滞在
同月、米軍による性暴力事件隠蔽発覚
七月、編集した『十五年戦争極秘資料集　補巻五六　尖閣群島測候所建設調査報告』（不二出版）に、解説「幻の「尖閣諸群島測候所」――「軍事極秘」文書に見る建設構想とその挫折」を収録（初出は『環』五四号、二〇一三年七月）
一〇月、国連女性差別撤廃委員会による日本政府への勧告で、在沖米軍による性暴力事件に初言及
一二月、『沖縄・八重山五十年史――沖縄返還交渉から「オール沖縄」まで』出版（不二出版）

主な参考文献　沖縄県教育庁文化財課史料編集班編『沖縄県史 各論編 第七巻 現代』二〇二二年、沖縄県公文書館ホームページなど

（作成・河原千春）

初出・出典一覧

序文

この道はいつか来た道――南の島から見えるものは――
（書き下ろし）

Ⅰ　辺境から見えるもの

〝辺境〟から見えるもの――沖縄の新聞記者として――
（簾内敬司・松本昌次編『さまざまな戦後　第二集』所収、日本経済評論社、一九九五年）

Ⅱ　施政権返還と沖縄

沖縄返還交渉取材の頃
（『うるまネシア』一四号、Ryukyu企画、二〇一二年五月）
『ドキュメント沖縄返還交渉』抄録
（『ドキュメント沖縄返還交渉』日本経済評論社、二〇〇〇年より序章・第五章を抜粋）
施政権の壁に挑む――沖縄違憲訴訟の軌跡――
（初出：『琉球新報』一九八三年二月一六日付
出典：『世替わり裏面史――証言に見る沖縄復帰の記録』琉球新報社、一九八三年）

沖縄の復帰とは何か――民衆不在の領土返還――
（初出：『虹』一二号、伊波南哲主宰同人誌、一九七〇年八月
出典：『沖縄・脱和の時代』ニライ社、一九九二年）
幻の賠償請求書――つぐなわれぬ沖縄の傷あと――
（初出：『時代』一巻一号、時代出版社、一九七一年七月
出典：『沖縄・脱和の時代』ニライ社、一九九二年）
国益か県益か――沖縄返還と振興開発の課題――
（初出：『経済ハイライト』四〇三号、経済ハイライト社、一九七二年五月
出典：『沖縄・脱和の時代』ニライ社、一九九二年）
世替わりの過渡期で――復帰七年目の現状――
（初出：『月刊琉球新報にみる情報と資料』三巻五号、琉球新報社、一九七八年五月
出典：『沖縄・脱和の時代』ニライ社、一九九二年）
押し寄せる本土化の波――復帰一五年沖縄の素顔――
（初出：『地方議会人』一七巻一二号、全国町村議会議長会、一九八七年五月
出典：『沖縄・脱和の時代』ニライ社、一九九二年）
沖縄経済の抱えるもの――日本の「ゆたかさ」と地域の実態――
（初出：『経セミ――経済セミナー』三八四号、日本評論社、一九八七年一月
出典：『沖縄・脱和の時代』ニライ社、一九九二年）
沖縄―きのう・きょう・あす――万国津梁の邦と国際化――
（『ＩＢＭ　ＵＳＥＲＳ』三二五号、日本ＩＢＭ、一九八九年五月）

Ⅲ　米軍基地をめぐる攻防──大田県政から「オール沖縄」へ──

沖縄の記憶──湾岸戦争と沖縄──
（初出：『よむ』二号、岩波書店、一九九一年五月
出典：『沖縄・脱和の時代』ニライ社、一九九二年）
沖縄からの異議申し立て──「代理署名」拒否が提起したもの──
（『潮』四四七号、潮出版社、一九九六年三月）
大田知事はなぜ「代行」応諾を決断したか
（『潮』四五三号、潮出版社、一九九六年一一月）
沖縄米軍用地特別措置法の改正と民主主義──戦前の翼賛政治に逆戻り──
（『影書房通信』一五号、影書房、一九九七年六月）
重圧続く米軍基地──記者からみた沖縄の三〇年──
（『部落解放』五一二号、解放出版社、二〇〇三年一月）
約四〇年、何も変わっていない──基地集中の真の原因──
（『環』四三号、藤原書店、二〇一〇年一〇月）
「オール沖縄」と県知事選挙──翁長知事誕生の背景──
（『論潮会会報』二〇一四年一〇月号、明治大学論潮ＯＢ会）
求められる思考の転換──構造化する基地差別──
（『環』五六号、藤原書店、二〇一四年一月）
戦後七〇年──問われる「本土復帰」──
（山城博明『抗う島のシュプレヒコール──ＯＫＩＮＡＷＡのフェンスから』序文、岩波書店、二〇一五年）

Ⅳ　沖縄ジャーナリズムの旗手として――偏向報道批判に抗して――

沖縄の五〇年とこれからの報道――地域と世界を結んで――
（『新聞研究』五二二号、日本新聞協会、一九九五年一月）

沖縄の主体性守る砦――歴史の転換点で言論の使命果たす――
（『琉球新報』一九九六年九月一五日付）

憲法記念日にあたって――県民世論とともに歩む、偏向報道批判にこたえる――
（『琉球新報』一九九七年五月三日付）

沖縄の新聞は偏向か
（『新聞之新聞』一九九七年五月一日付）

Ⅴ　リゾートブームへの警鐘

リゾート・ブームの裏表――真夏の沖縄から――
（『世界』五三二号、岩波書店、一九八九年九月）

沖縄のリゾート開発――本土企業の土地買収と地元の新たな動向――
（『自由と正義』四二巻四号、日本弁護士連合会、一九九一年四月）

リゾートに揺れる沖縄の離島
（『地球号の危機ニュースレター』一三四号、大竹財団、一九九一年八月）

VI　教育の自治とは何か——二つの教科書問題をめぐって——

文科省の「強権発動」の意味するもの——八重山の教科書問題への視点——

（『琉球新報』二〇一四年一月六日付）

八重山教科書問題と政治介入——前川喜平著『面従腹背』に見る——

（『八重山毎日新聞』二〇一八年一〇月二一日付・二二日付・二四日付）

忍びよる歴史修正主義——石垣市教委副読本中止の背景と問題点——

（『琉球新報』二〇一七年三月一四日付・一五日付）

VII　八重山研究への視座

シマの復権をめざして

（初出：『沖縄思潮』六号、沖縄思潮編集委員会、一九七五年一月

出典：『沖縄・脱和の時代』ニライ社、一九九二年）

八重山近代史への視点

（『八重山近代史の諸相』文嶺社、一九九二年）

明治政府と辺境政策——山県有朋の八重山巡視を中心に——

（『八重山文化』創刊号、東京・八重山文化研究会、一九七四年五月）

「電信屋」の歴史的考察——明治期沖縄—台湾間の海底電線敷設問題——

（『八重山毎日新聞』一九八五年四月一六日付〜二〇日付）

近代八重山とマラリア——撲滅政策を中心として——

（『石垣市史　資料編・近代三「マラリア資料集成」』解説、石垣市、一九八九年）

極秘の「西表島癩村」構想――暴露された光田健輔の隠密行動――
(『竹富町史　第八巻・西表島編』所収、竹富町、二〇二五年刊行予定)
八重山民衆史の道標――地域史づくりの胎動――
(『八重山毎日新聞』一九七九年四月一七日付~二五日付)

Ⅷ　民衆史を掘る――西表炭坑――

八重山近代史と西表炭坑――民衆史の構築を求めて――
(『石垣市史のひろば』三号、石垣市総務部、一九八二年一〇月)
草莽の民衆史・西表炭坑
(琉球新報社編『新琉球史　近代・現代編』所収、琉球新報社、一九九二年)
「萬骨」の歴史顕彰を――西表・宇多良炭鉱跡の「近代化産業遺産群」認定に思う――」
(『竹富町史だより』三〇号、竹富町教育委員会、二〇〇九年三月)
琉球弧の宝庫・西表島――自然と開発との相克――
(『歴博』一七五号、国立歴史民俗博物館、二〇一二年一一月)

解題執筆者

我部政男（がべ・まさお）

一九三九年生。琉球大学教授。山梨学院大学名誉教授。著書に『明治国家と沖縄』（三一書房、一九七九年）、『近代日本と沖縄』（三一書房、一九八〇年）、『沖縄史料学の方法』（新泉社、一九八八年）、『地方巡察使復命書』上・下（三一書房、一九八〇年）、『日本近代史のなかの沖縄』（二〇二一年、不二出版）など。

年表作成

河原千春（かわはら・ちはる）

信濃毎日新聞記者。著書に『志縁のおんな――もろさわようことわたしたち』（一葉社、二〇二一年）、編集・解説にもろさわようこ著『新編　おんなの戦後史』（ちくま文庫、二〇二一年）など、共編に『沖縄ともろさわようこ――女性解放の原点を求めて』（不二出版、二〇二三年）など。

執筆者

三木　健（みき・たけし）

ジャーナリスト、一九四〇年石垣島生まれ。八重山高校、明治大学政経学部卒後、琉球新報社へ入社、編集局長、副社長など歴任。

竹富町史編集委員、沖縄ニューカレドニア友好協会顧問（初代会長）、世界ウチナーンチュセンター設置支援委員会共同代表。

編著書に『八重山近代民衆史』（三一書房、一九八〇年）、『聞書・西表炭坑』（三一書房、一九八二年）、『民衆史を掘る——西表炭坑紀行』（本邦書籍、一九八三年）、『八重山研究の人々』（ニライ社、一九八九年）、『沖縄・西表炭坑史』（日本経済評論社、一九九六年）、『ドキュメント沖縄返還交渉』（日本経済評論社、二〇〇〇年）、『空白の移民史——ニューカレドニアと沖縄』（シネマ沖縄、二〇一七年）、『沖縄と色川大吉』（二〇二一年、不二出版）など。

沖縄・八重山五十年史

沖縄返還交渉から「オール沖縄」まで

著者　三木　健
2024年12月25日　初版第一刷　発行

発行者　船橋竜祐
発行所　不二出版　株式会社
〒112-0005
東京都文京区水道2-10-10
電　話　03（5981）6704
FAX　03（5981）6705
郵便振替　00160・2・94084
https://www.fujishuppan.co.jp
組版・印刷／昴印刷　製本／青木製本
乱丁・落丁はお取り替えいたします。

ISBN 978-4-8350-8832-7 C0021

不二出版　関連図書

引揚エリートと戦後沖縄の再編

丹念な定量分析と事例分析によって明かされる戦前の植民地社会と戦後の日本社会を接続する「悲惨」なだけではない、もう一つの「引揚げ」の形。

野入直美 編　2024年2月刊

A5判・上製・388頁　4,070円（本体3,700円＋税10％）　ISBN 978-4-8350-8534-0

〈主な収録内容〉

第一部　定量分析篇

第一章　戦後沖縄経済の牽引者としての台湾・満洲引揚者（渡邉勉）／第二章　一九五六年沖縄引揚者の類型化と職業移動（渡邉勉）／第三章　沖縄と本土の満洲引揚者の比較（野入直美）／第四章　外地就学と戦後就労（野入直美）

第二部　事例分析篇

第五章　戦後沖縄における糖業復興（飯島真里子）／第六章　剣とペンと台湾引揚者（菅野敦志）／第七章　玉井亀次郎とパインアップル（松田良孝）／第八章　台湾引揚をヘテロトピアとしての八重山から捉えなおす（八尾祥平）／第九章　台湾引揚を支えた縁の下の力持ち・琉球官兵とその戦後（中村春菜）／第十章　奄美籍の引揚者・泉有平と沖縄の「自立」（野入直美）／第十一章　林義巳と「満洲経験」（佐藤量）／終章　戦後東アジア再編と「引揚エリート」（蘭信三）

占領期奄美・沖縄の青年団資料集成

全4巻・付録1・別冊1

米軍占領下の奄美・沖縄における青年団の5つの機関誌・紙を集成!!
祖国復帰運動や移動・移民の実態など、青年たちの足跡を一望する

山城千秋・農中至 編・解説　2024年7月刊

B5判／B4判／A5判・上製・総約1,900頁
揃定価110,000円（揃本体100,000円＋税10％）　ISBN 978-4-8350-8529-6

〈主な収録内容〉

『新青年』（1950～53年）・『青年奄美』（1953年）：奄美大島連合青年団発行
『沖縄青年』（1949～53年）：沖縄青年連合会 発行
『沖縄青年』（1956～60年）：沖縄県青年団協議会 発行
『青年隊だより』（1960～61年）：沖縄産業開発青年協会 発行
『十周年記念　沖縄県青年団史』（1961年）：沖縄県青年団協議会 刊行

八重山文芸協会／八重山文化社　発行

八重山文化　全3巻・別冊1

自治意識の高まりの中で活字文化の「黄金時代」を迎えた戦後の八重山
「地方文化の確立」を掲げて創刊した総合文化誌を復刻

三木健 解説　2015年7月刊

B5判／A5判・上製・総1,350頁
揃定価75,900円（揃本体69,000円＋税10％）　ISBN 978-4-8350-7653-9

〈復刻版収録内容　全39冊収録〉

第1巻　通巻第1号～第14号（1946年7月～47年10月）
第2巻　通巻第15号～第29号（1947年11月～49年5月）
第3巻　通巻第31号～第40号（1949年6月～50年3月）　（通巻第30号は欠番）

不二出版　関連図書

沖縄ともろさわようこ　女性解放の原点を求めて

女性史研究家もろさわようこが沖縄で見つけた女性解放像。地域女性史の先駆者と沖縄の50年の歩みを振り返る84編。

源啓美・河原千春 編　2023年８月刊

Ａ５判・並製・480頁　定価4,950円（本体4,500円＋税10％）　ISBN 978-4-8350-8751-1

〈主な収録内容〉

第一部　沖縄ともろさわようこ――もろさわようこ著作より

沖縄おんな紀行／元始女性考／恩納なべの末裔たち／沖縄女性史と日本／私と沖縄と女性史／戦争に無抵抗・不服従を貫く（書き下ろし）など計50編

第二部　沖縄の言葉――『ドキュメント女の百年』より

宮良インツ、宮良ルリ、上原栄子、溝上泰子、松原オナリ、長田マツ、清水カメ、大城昌子、知念カマド、松永孝子、外間守善・新里幸昭(訳)、金城きよ

第三部　『オキナワいくさ世のうないたち』より

【筆者】源啓美、玉那覇豊子、平美千子、石川吉子、新垣ヨシ、大嶺初子、渡嘉敷喜代子、宮国ハル子、新垣匡子、島本幸子、比嘉英子

第四部　もろさわようこと沖縄

【執筆者・語り手】阿部岳（沖縄タイムス編集委員）、海勢頭豊（音楽家）、大城弘明（写真家）、大濱聡（元ＮＨＫディレクター）、小池康仁（与那国島歴史文化交流資料館事務局長）、下地恵子（ライター）、平美千子（一般財団法人「志縁の苑」理事）、宮城晴美（沖縄女性史家）、狩俣信子（元沖縄県議、「志縁の苑」評議員）、新垣匡子（元「仁愛療護園」理事長）

第42回沖縄タイムス出版文化賞特別賞・第39回東恩納寛惇賞　受賞!!

日本近代史のなかの沖縄

沖縄を通して、近代日本の実像を明らかにする近代沖縄史研究家・我部政男の集大成

我部政男 著　2021年７月刊

Ａ５判・上製・484頁　定価7,700円（本体7,000円＋税10％）　ISBN　978-4-8350-8463-3

〈主な収録内容〉

まえがき／Ⅰ　琉球から沖縄へ／Ⅱ　明治初期の政府と沖縄地方――脱清行動と血判誓約書を中心に／Ⅲ　近代日本国家意識への対応――琉球沖縄地域の場合／Ⅳ　沖縄戦争時期のスパイ（防諜・間諜）論議と軍機保護法／Ⅴ　軍機保護法とスパイ（防諜・間諜）論議／Ⅵ　沖縄：戦中・戦後の政治社会の変容／Ⅶ　占領初期の沖縄における政軍関係／Ⅷ　地方巡察使と尾崎三良の沖縄視察／あとがきにかえて

山城翠香　短命のジャーナリスト

近代琉球の言論人・山城翠香　初の評伝集

高良勉 編著　2024年３月刊

Ａ５判・並製・272頁　定価3,080円（本体2,800円＋税10％）　ISBN　978-4-8350-8585-2

〈主な収録内容〉

〈Ⅰ〉山城翠香論（高良勉著）

〈Ⅱ〉『机上餘瀝』抄（山城翠香著／高良勉編）

『沖縄毎日新聞』1911年４月１日～８月14日　より

〈Ⅲ〉山城翠香セレクション（山城翠香著／高良勉編）

『沖縄毎日新聞』1911年４月１日～13年１月29日　より

〈Ⅳ〉「編輯日誌」「編輯の後」一覧（山城翠香著／高良勉編）

『沖縄毎日新聞』1911年３月14日～12年６月29日　より

不二出版　関連図書

民衆史の狼火を　追悼 色川大吉

民衆史の地平、色川史学という山脈——。追悼記事64編、『沖縄と色川大吉』書評11編他収録。

三木健 編　2022年５月刊

四六判・並製・210頁
定価1,980円（本体1,800円＋税10％）　ISBN 978-4-8350-8542-5

〈主な収録内容〉

〈序文〉追悼 色川大吉先生（我部政男）

Ⅰ　色川大吉　追悼記事集成

新川明・鎌田慧・渡辺京二・成田龍一・我部政男・実川悠太・望月由孝・新井勝紘・大門正克・桜井厚・奥武則・高島千代・下嶋哲朗・成田龍一・増田弘邦・鈴木義治ほか

Ⅱ　『沖縄と色川大吉』書評録

安里英子・砂川哲雄・三木健・伊佐眞一・伊高浩昭・戸邉秀明・大里知子・成田龍一ほか

〈特別寄稿〉色川さん、ありがとう（上野千鶴子）　〈編集後記〉色川山脈の登山道（三木健）

沖縄と色川大吉

——沖縄の歴史の底辺に埋もれた民衆思想の鉱脈《エッセンス》を、真の自立への〈未発の契機〉として編み直す。

三木健 編著　2021年９月刊

A5判・並製・344頁　定価2,530円（本体2,300円＋税10％）　ISBN 978-4-8350-8474-9

〈主な収録内容〉

序—沖縄の文化・精神・友情に触発され—（色川大吉）

第Ⅰ部　沖縄への視座（色川大吉）　１、自由民権と沖縄／２、民衆史の旅／３、民俗誌探訪／４、沖縄の未来へ／５、随想

第Ⅱ部　沖縄からの視座

精神の挑発者—「色川大吉著作集」刊行によせて—（新川明）／色川大吉さんと私（川満信一）／沖縄・アジアと色川史学（比屋根照夫）／連なる激流（我部政男）／色川大吉と南島の民衆史（三木健）／色川大吉さんのこと（仲程昌徳）／色川さんと「自分史」（上間常道）／集団自決と民衆史（下嶋哲朗）／色川大吉「民衆精神史＝民衆思想史」開拓の原点（増田弘邦）／民衆史に触発されて（仲松昌次）／色川大吉さんを訪ねて（我部政男）／民衆思想史の原野を開墾—色川大吉『明治精神史』から五〇年—（我部政男）／民衆史家・色川大吉の思想—八ケ岳南麓の山荘に訪ねる—（三木健）

色川民衆史の地平—「あとがき」に代えて—（三木健）

十五年戦争極秘資料集　補巻56

尖閣群島測候所建設調査報告　全１巻

石垣地方気象台に残されていた「軍事極秘」文書から判明した幻の計画とその挫折!!

三木健 編著　2024年７月刊

B5判・上製・148頁　定価16,500円（本体15,000円+税10％）　ISBN 978-4-8350-8773-3

〈本書の特色〉

・戦前の尖閣諸島に関する貴重な資料23点
・軍事史学と気象史学の交点を示す重要な実例
・沖縄と台湾をつなぐ南西の要衝の戦中の姿に迫る

〈収録資料〉

尖閣群島調査報告書（第一号）提出ノ件／尖閣群島中ニ測候所建設ニ関スル調査ニ付キ海軍現地部隊ト協議済事項報告ノ件／魚釣島調査ノ件／地図調製方依頼ノ件　など